上海社会科学院创新译丛
主编 张道根 于信汇

James T. Hamilton

Democracy's Detectives

The Economics of Investigative Journalism

民主侦探

调查性新闻的经济学

[美] 詹姆斯 · T. 汉密尔顿 著
上海社会科学院媒体融合发展研究创新团队 译

上海社会科学院出版社
SHANGHAI ACADEMY OF SOCIAL SCIENCES PRESS

本丛书的出版得到
上海社会科学院创新工程办公室大力支持

目　录

引　言

制造假货可以做成一门生意，曝光假货也可以做成一门生意。

19 世纪 50 年代，没人能想到供应纽约市的儿童牛奶，追根溯源竟来自约翰逊第十六街酿酒厂。每周，成百上千桶泔水一样的酒糟从地下管道流向附近的奶牛养殖场，那里生活着约两千头奶牛，一年下来，每头奶牛能给约翰逊带来近 20 美元的管理费。[1]疾病缠身的母牛吃着泔水一样的饲料，躺在污秽恶臭中，等候挤奶工的到来——这样生产出的“泔水牛奶”和父母们渴求的健康牛奶相去甚远。贴有各个乡镇标志的运奶车成群结队地排列在畜舍外，牛奶经销商将泔水牛奶运往毫不知情的消费者手中，或者运往牛奶加工厂。在那里，工人在牛奶中掺入水和添加剂，劣质牛奶就摇身一变，成为“健康奶”。人们经常购买“纯正乡村牛奶”，却不知道这些混合物的真正来源。孩子们因饮用牛奶染疾，而由于诱发疾病的因素太多，父母们并不能确定孩子真正的病因。欺骗消费者为约翰逊和牛奶经销商赚取了大量利润，另一边，因为饮用假冒的乡村牛奶，越来越多的儿童开始生病。

弗兰克·莱斯利(Frank Leslie)用原创的图画和新闻曝光了假冒伪劣牛奶，并由此获得了一个简单的商业计划：提供独家新闻。1858年，《弗兰克·莱斯利新闻画报》(*Frank Leslie's Illustrated Newspaper*)还是一份图画和新闻混编的周报，它的竞争对手是纽约市的政党日报和《哈珀文明周刊》(*Harper's Weekly Journal of Civilization*)。莱斯利在1858年5月8日刊印的报纸中第一次对泔水牛奶进行了讨伐，强调了《新闻画报》与其他报纸的差异：

> 从一开始我们就下定决心，准备奋战到底。我们绝不会夸大其辞，也不会不顾事实，美化丑行。我们等了太久，没有一家日报秉承严肃、认真、无畏、执着的精神追究这一事件，我们的等待不过枉然。各大日报的编辑们只关注政治新闻，或对切身利益有直接影响的当地新闻；而对于我们关注的事件，他们选择一笔带过。[2]

这一报道让民众义愤填膺，也引发了对牛奶产业的严格审查。随后，《新闻画报》通过对比其他报社，说明了自家报道的影响，又一次强调了市场的竞争本质："迄今为止，在打击纽约和布鲁克林的泔水牛奶交易方面，我们取得的成效已经超过了所有医疗界的抗议，以及纽约各家日报和周刊作用的总和。"[3] 文中指出，报道之所以影响巨大，应归功于《新闻画报》对图画的独特应用：

> 我们认为，只有诉诸视觉的报纸才能让公众在读完之后

> 留下深刻印象；鉴于文字在唤起公民义愤、促进立法进程方面让我们大失所望，在新闻中附加图片势在必行。我们的想法获得了成功，这显而易见……畜舍里有一群遍体鳞伤、疾病缠身、散发着腐败气息的奶牛，而这些奶牛存在的唯一意义就是让健康的孩子染上麻风病——成千上万名读者在浏览这些描述详尽的文字时打起了瞌睡，但当他们看见一幅幅栩栩如生的病态画面后，不禁大为震惊。[4]

《新闻画报》坦承"泔水牛奶"新闻使报纸销量上升，但坚称获取利润并非其动机："本报虽然销量巨大，但我们获取的利润与已经支出且未来还要继续支出的成本不成比例。无人出手相助，但我们心甘情愿，我们付出的努力不会白费。邪恶由来已久，威胁着同胞的生命安全，而我们为同胞免受邪恶侵害贡献了力量。"[5] 然而，莱斯利鼓励读者购买下一期《新闻画报》，许诺将刊登更多调查结果。泔水牛奶调查的第一期报道里列举了牛奶运输路线，这些路线信息是由被称作"侦探"的工人/记者搜集到的。在列表末尾，《新闻画报》承诺："我们的侦探团队将会继续夜以继日地开展调查，我们会在下一期披露他们的调查结果。更多有关邪恶泔水牛奶的内幕和图片将在下期登出。"[6] 莱斯利的调查性报道很快就为他带来了经济效益。历史学家迈克尔·伊根（Michael Egan）发现：

> 新闻流行的效果立竿见影，拯救了他的生意。1857 年，莱斯利自称拥有 9 万户订阅，但彼时，他正和新创办的《哈珀

文明周刊》进行激烈竞争。而 1858 年末，莱斯利扬言《新闻画报》订阅已增至 14 万户，连带特刊销量也显著上升。基本可以确定，莱斯利对泔水牛奶进行调查是订阅量上涨的直接原因；在调查过程中，莱斯利不断缩减并最终取消八卦专栏，腾出位置给新闻和社论。[7]

莱斯利的《新闻画报》通过报道约翰逊第十六街酿酒厂和奶牛场的日常运营，向世人揭露了商家利用泔水牛奶坑蒙拐骗、危害社会。读者看到了一幅幅素描：拥挤肮脏的畜舍；酒厂外一头奶牛奄奄一息；带有"韦斯切斯特郡"虚假标示、亮锃锃的运奶车停在畜舍外面；甚至还有肢解已经"腐烂"的奶牛尸体，旁边堆着肠子的场景。[8] 多期《新闻画报》披露了接收约翰逊牛奶的房屋和工厂的地址。[9] 该报纸的"侦探"也记录了运奶车的名字。一些运奶车打着"橘子郡"和"韦斯切斯特郡"的旗号，另一些则没有名字。慢慢地车主也有了警觉，他们开始把运奶车上的名字盖住。莱斯利指出，"泔水场长"约翰逊另外用谷物和干草饲养了一头奶牛，产出牛奶供自己一家饮用。画报还刊登了目击者的证词：市议员迈克尔·图梅——在出任"泔水牛奶调查委员会"主要领导后——到访约翰逊位于第五大道的"宫殿"（即约翰逊的家），并在里面待了几个小时。搜集牛奶市场中弄虚作假的证据，并查明其政治保护伞并非易事。莱斯利在系列报道的第一期就提到了这一点：

他们绞尽脑汁阻挠我们调查真相、绘制图画。我们的画师被人丢石子、捅棍子；我们的侦探被人从车里拽出来，车子

> 被人砸烂后扔到河里。有人威胁我们的朋友，说要宰了他们或烧了他们的房子。简言之，他们想尽了一切办法阻挠调查和曝光，但我们绝不会放弃，一定要让这个杀人的产业体系大白天下。[10]

“泔水牛奶运动”在新闻业备受瞩目的原因有几个方面。在“扒粪运动”(Muckraking Movement)①诞生的40余年之前，莱斯利就已经使用了我们现在熟知的新闻形式：调查性报道。在他人(包括牛奶商和为牛奶商提供保护伞的政客)企图掩盖真相的同时，该系列报道通过原创内容，向公众披露了至关重要的新信息。系列报道向我们展示了：通过改变市场和政界中的信息分布，人们可以改变权力分布。报道产生的短期影响包括：人们开始清理畜舍，经营纯奶的商人获得更多机会，消费者对有关牛奶产地的骗局也有了警惕。长期影响包括：支持奸商的政客倒台，后来纽约州出台了旨在取缔泔水牛奶交易的法律。[11] 读者喜爱耸人听闻的故事，这增加了报纸发行量，也带来了新的广告主。

莱斯利曝光假货事件展示了媒体利用调查性报道，通过提供“人无我有”的图片和文本助力新闻业务的可能性。他在报道中引入了数据分析，和现代“数据新闻”有些相似。“侦探”们将运奶

① 扒粪运动，又称“揭丑运动”。20世纪初期，以记者林肯·斯蒂芬斯(Lincoln Steffens)和小说家厄普顿·辛克莱(Upton Sinclair)等为代表，公开发表了大量揭露政府、企业、社会黑幕的文章，专门揭发诸如大企业与资产阶级政客相互勾结进行贿赂、操纵、贪污，政府和立法机关徇私舞弊，新闻机构卖身投靠等现象，形成专门揭丑的“扒粪运动”，引发了民众的广泛关注。——译注

路线、收奶地址、运奶数量(通常会记录数量，单位是罐或夸脱)、运奶车名称记录下来，并将数据整合在一起。数据还有别的来源，比如其他报纸或杂志刊出的关于泔水牛奶化学成分和纽约市儿童死亡趋势的报道。

莱斯利曝光泔水牛奶是关于第十六街最有名的调查性报道。然而在《纽约时报》(*New York Times*)长达一个多世纪的报道中，记者也记录下了第十六街上出现的问题。下面是一些样本：两警官因未打击鸦片馆被控玩忽职守罪(1893)；一幢五层公寓失火事件暴露出的违法行为——煤气被断，走廊也没有照明设备(1900)；尼克·"蟑螂"·吉利亚因在餐馆贩卖瓶装酒被逮捕——其在被捕过程中还试图贿赂便衣警察(1943)；四名犯罪嫌疑人在席麦科进口公司被捕，罪名是将低价进口手表换牌子，冒充精工和欧米茄手表(1977)；[12] 环保局对勒曼服装店下达了多项噪音违规通知：同一幢楼的租客多次举报，说自己可以听见勒曼店面里发出的空调噪声、员工噪声和音乐噪声(1999)；2004 年共和党全国代表大会期间数百名示威者被逮捕，包括很多在第十六街活动的示威者，曼哈顿检察官认为逮捕错误，市民投诉调查委员会的调查指出警察在滥用职权(2006)。[13]

《纽约时报》采用原创报道的形式披露了一部分位于第十六街的公共机构和私人公司的运营情况。1882 年，一名记者调查了布莱克威尔岛①上的天花医院，认为其存在管理不善的问题。这名记者发现该医院的医生每天都会使用东第十六街的渡口，这

① 现名为罗斯福岛。——译注

种行为可能会扩大天花病毒的传播范围。[14] 在各媒体都热衷于报道消费者新闻的时候(1975),《纽约时报》发明了测试商家是否存在欺骗消费者、滥收费行为的方法:把一辆有点小毛病的汽车(拿掉固定汽车节流阀的夹子)送往多个汽车维修店(其中一家在西第十六街)。结果是:"本来是一个很容易察觉、修复的小问题,但 24 家维修店中有 13 家要么完全没找到问题所在,要么推荐价格昂贵、没有必要的维修服务。"[15] 1977 年,"一份《纽约时报》的调查报告显示,一项旨在为残疾人训练护工的项目因为管理不善、欺诈等原因,拖欠了数千名参与人员的酬劳,并浪费了数百万美元。"[16] 一名记者耗时两周,每日与"成百上千名在曼哈顿东第十六街 109 号等待领取酬劳、满腔怒火的参与者交流",完成了上述调查。1999 年,一篇题为"找停车位难? 警察有诀窍"的文章提到,"一辆贴着警官个人停车许可的丰田陆地巡洋舰停在了史岱文森广场公园东第十六街入口处,旁边立着'严禁停车'的标志牌"。该调查文章指出"警方否认了有关其并未做好自我监督的指责",这也印证了一个从罗马时代就一直存在的谜题:"谁来监督监督者本身?"[17]

司空见惯的法律纠纷和腐败事件并不意味着第十六街是一条异于寻常的街道。更重要的原因在于:这是一条存在了将近 200 年的街道,它所在的城市足够大,城中有足够多的媒体去记录政府开展的调查,这些媒体也会偶尔出具自己的调查报告。直至今天,在一个人们可以自己找到更多信息的时代,我们仍然需要媒体去甄别、分析政府机构和企业团体的运营活动。

1853 年,约翰·穆雷(John Mullay)在《纽约及毗邻地区的牛奶贸易》(*The Milk Trade in New York and Vicinity*)一书中设想了如果民众持续接触揭穿伪劣牛奶的信息，他们会作何反应：

> 如果布告张贴在全城和城郊的每一条街道，上面写着醒目的文字：纽约、布鲁克林、威廉斯堡和泽西市的居民每年花费300万美元购买劣质奶、泔水牛奶；花费将近50万美元去购买纯牛奶和非纯奶里掺的水；这些地区的居民消费的牛奶中有2/3都是假货。人们看到上面的布告，比如你看到这些布告，会不会感到难以置信？人们会不会对受害消费者的漠视感到诧异？人们会不会对市政当局保持沉默、近乎默许的行为大声疾呼："警察究竟在哪里？"[18]

当下，数据无处不在，社交网络使人们的自我表达变得便捷、丰富，传递信息的费用也较以往降低。这意味着比起19世纪50年代，现在我们更容易得知第十六街上发生的食品安全问题。市政府要求餐馆张贴卫生监督机构颁发的卫生评级，供消费者检查。纽约市健康和心理卫生局向公众提供了一个可供搜索的在线餐馆数据库。在市场、酒店、餐馆目击食品安全违规行为的居民可以直接拨打纽约市的311热线或者登录311官网举报。[19] 失望的或因食品问题生病的顾客还可以在推特或Yelp① 上发泄不满。现在的智能手机就好比放在口袋里的布告，搜集食品安全问题的证据不过是举手之劳。

---

① 美国最大的点评网站。——译注

尽管推特可以让你远离某一家不卫生的餐厅，但是总结大量餐厅数据，并找出数据后隐藏模式的成本巨大，绝非某一食客或顾客可以承担。监控、分析、调查需要大笔费用，媒体机构可以通过收取订阅费和刊登广告的方式分摊成本，将数据和故事结合，从而探寻城市生活更深处的真相。《纽约时报》利用市政府的数据库创设了自己的数据库网站，人们可以按照地点、菜式和违规类型这几个标签分门别类进行搜索，更加易用。[20] 同时，《纽约时报》也对政府卫生监督机构的评级系统进行了跟踪报道。其中一篇文章指出政府的“评级系统过于粗糙，因为同一评级的餐厅之间质量差异巨大。在纽约市，评级为 A 的餐厅究竟品质如何？不好说。仔细研究数据，我们发现一些餐厅十分可疑，处在 A 级和 B 级之间的临界点”。[21]

在 2012 年，如果第十六街某一家餐厅的就餐体验很差，你可能会在离开餐厅时打电话告诉你的朋友。但你也可能在不知情的情况下把你的部分信息透露给了美国国家安全局——国安局一直在民众不知情的情况下搜集通话数据。在“9・11”事件后，国安局搜集的数据包括电话的主叫号码和被叫号码、通话时长、通话时间。[22] 2013 年，告密者爱德华・斯诺登向《卫报》(*Guardian*)和《华盛顿邮报》(*Washington Post*)提供了美国国安局监听美国(包括国际)通信的文件证据，两家报社进行了报道。一石激起千层浪，国际社会对此种做法的合法性和必要性展开了激烈讨论，两家报社也因此获得 2014 年普利策公共服务奖。

通过上述事件我们可以得出三个结论。“多屏幕”(如电视、笔记本、智能机、传感器)时代的信息爆炸为政府暗中监视私人生活提供了新方式；数据复制和传输的便捷性意味着任何一个人——如切尔西·曼宁和爱德华·斯诺登——都有能力向外界泄露成百上千份政府文件；然而，想要全面解读纽约市第十六街（或美国其他任何一条街区）中机构的运转，我们仍然需要一个有文件搜索能力、分析能力、写作能力和专业素养的记者团队。

本书书名"民主侦探"提出一个基本问题：谁为研究民主运作买单？在美国历史上的不同阶段，有多种原因支撑人们对政府和私人机构进行调查研究：有时政党为了利益向出版社注资；有时是因为挖掘出的丑闻具备娱乐价值；在个体所有制和家庭所有制的时代，人们提供公共服务有利可图，这也使得问责类新闻（accountability journalism）蓬勃发展。[23] 美国报纸行业广告收益大幅下滑，这导致2007—2014年美国日报的全职记者数量下降40%，上述情况引发了业内担忧，人们不禁思考严肃新闻是否还有市场，还有没有生存能力。[24] 各种大会、研究报告和专业书籍列举了种种从事公共事件报道的记者的替代物：公众、社交媒体、开放式政府数据库和算法。[25]

《民主侦探：调查性新闻的经济学》将关注点放在新闻的一个小方面——调查性报道。凯瑟琳·芬克（Katherine Fink）和迈克尔·舒德森（Michael Schudson）的研究发现，在《密尔沃基哨兵报》（*Milwaukee Journal Sentinel*）、《纽约时报》和《华盛顿邮报》的头版新闻中，调查性报道的占比分别为：1955年0%，1967年0%，1979年1%，1991年3%，2003年1%。[26] 在对1998—2001年之间154个地方电视台播出的33 000则新闻进行内容分析后，汤姆·罗山迪尔（Tom Rosentiel）与合著者发现电视台播出的调查性新闻占全部政治类新闻的 0.62%，占全部非政治类新闻的 1.10%。[27] 调查性新闻报道尽管数量较少，但它的影响和数量不成比例。在政府官员和企业领导者试图对某些重要事件保持沉默时，调查性报道站了出来，披露了相关事件的新信息。这类报道的溢出效应——某人引咎辞职或者被开除、引发政策辩论，甚至调整预算计划和修改法律——解释了为何新闻从业者和研究者如此重视调查性报道。

我对美国调查性报道的研究遵循了由来已久的惯例：先说理论，再说实践，最后开处方。第一章利用媒体经济学中的概念解释了调查性报道何时、如何产生。第二章通过援引历史数据（包括分析媒体内容、搜集获奖情况、查找国会听证会数据）的方式，研究调查性报道出现的频率。为了观察问责新闻在不同媒体和不同时代的运作方式，我以非营利性新闻组织调查记者和编辑协会（Investigative Reporters and Editors，IRE）举办的新闻竞赛报名表为基础，编制了一个数据集。我分析了 12 000 篇调查性报道记者和编辑协会奖新闻投稿，找出了这一调查性报道的子集在 1979—2010 年这段时间调查了哪些事件（第三章），这些新闻造成了哪些影响（第四章），撰写这些新闻的过程（第五章），以及谁为这些调查活动提供资金（第六章）。第七章深入介绍了普利策奖获得者帕特·斯蒂斯（Pat Stith）的调查性报道。最后一章，即第八章则描述了新兴的计算新闻（computational journalism）如何帮助监督型报道（watch-dog reporting）保持生命力，并取得突破。

本研究提供的数据，呈现令人沮丧的趋势。获奖的调查性报道变得越发集中——20 世纪 90 年代，前五大新闻机构囊括了主要调查性新闻奖项的30%，而到了21世纪，这一比率变为50%。在一个新闻从业者职业预期下滑的时代，现代调查性报道的普利策获奖者比20世纪80年代的获奖者平均年长约10岁。2005—2010年，援引美国《信息自由法》(*Freedom of Information Act*, *FOIA*)向联邦机关提交信息公开请求的地方报社数量下降了将近一半。地方报社曾经是研究、刊载调查性报道的主力军；而现在，精于研发和共享的从业者已经集中到非营利性机构、大学校园和大型媒体机构。所有趋势表明：旨在调查地方机构的问责新闻被刊登的可能性越来越小。

上述章节也探讨了记者进行侦探工作需要的成本和产生的价值。有获奖可能的报道通常需要6个月以上的准备时间。案例研究表明：调查性报道可以触发政策改良，报社每投入一美元，就能够为社会带来数百美元的效益。成本数千美元的新闻可以为社会带来数百万美元的效益。帕特·斯蒂斯的经历向我们表明，一个记者在先进科技的帮助下能够撰写出更加详明、影响范围更广的报道，从而不断改变生活和法律。在帕特·斯蒂斯作为调查性报道记者的职业生涯中，他几乎每年都能促成新法律。因为他的调查性报道，加利福尼亚州通过了31项法案。

本书的结论包括一个警告和一个愿望：

调查性报道在新闻市场中供给不足，但是借助新兴的数据和算法，记者可以更加容易地发掘各大机构和机关的违规运营情况，创作并刊登问责新闻。

上述结论的加长版：

调查性报道是指通过原创形式将某些人想要掩盖的重大问

题报道出来。这种报道成本高昂，在市场中供给不足，且常常“遭人白眼”。有经济实力、有意愿、有人文关怀、有担当的媒体才有可能做好调查性报道。媒体市场中的数据变化说明地方媒体的调查活动步履蹒跚。因为读者的阅读兴趣受地域限制，地方报社能够获取的资源不多，这意味着有些与地方机构有关的新闻最终不了了之。然而，虽然科技进步使得编辑工资下滑，但是科技却很可能为调查性报道提供新的助力。计算新闻利用算法使发掘新闻的成本和难度降低，为新闻提供了更加个性化的表现形式，让新闻变得引人入胜。

关于调查新闻学的图书有多种形式，如揭秘、研究报告、选集和基础入门类图书。然而一言以蔽之：调查性报道的成本高昂，记者可能会受到政府、公司和非营利性机构的阻挠，但是它可以触发政策改良，改变民众生活。本书对调查性报道的影响和其中的经济原理进行了研究，我希望公众能借此认识到为何某些问责新闻最终没有发表，胎死腹中。倘使有利可图，人们就会花心思去搜集整理这些新闻故事。但是，有关公共事件的原创报道虽然对社会大有裨益，但媒体公司的投资人却得不到多少利润。我希望本书能够促进社会投资，并帮助调查性报道创新，因为充当“侦探”的记者仍然是民主运作中不可或缺的一部分。

第一章
调查性报道的经济理论

调查性报道试图解决反复出现的有关权力的谜题，这些谜题非常重要且令人着迷。有关恶棍和受害者的描述能轻易吸引读者、观众和网民的注意。如果故事讲得好，监督型新闻可以改变公共政策，从而改变生活。调查性新闻的“新”是指披露新事实、新情况，但其采用的都是我们耳熟能详的大纲和模式。在很多方面，调查性新闻都是从老故事中发掘出新故事。

信息经济学解释了为何权力之谜是可预测的并且可以长久存在。调查性新闻的生存面临三个颇具挑战性的信息问题：第一，媒体公司如何计算成本和收益，如何决定投资调查性报道；第二，如何决定是否对某一个潜在故事展开调查；第三，为什么会出现问题（这个问题通常与一个机构的运作或某一个体的行为有关），以及对这个问题进行披露会造成什么影响。解释调查性报道的出现、内容和影响就变成了回答下面三个问题：谁在提问？故事是什么样的？为什么会出现问题？

这些问题全部和经济有关，因为要找到答案就必须理解个体如何在“缺乏”的前提下作出决策。有关腐败等的丑闻每天都在发生，但是记者需要清醒地权衡对哪些违法行为进行披露。编辑们生活在一个多重“缺乏”的世界：受众的注意力有限，职员能力有限，有时新闻报道的经济回报也有限。记者的深挖活动其实类似赌博：赌某个地方有故事，赌他们的辛苦不会白费。一个滥用职权、欺骗客户的企业高管也在作一个“反向赌博”：他在赌自己的行为不会被人发现，赌自己不会遭受惩罚。在一个监管缺失的世界，不守规矩、撕毁合约的人们其实在赌没人发现他们的行为，他们可以因此功成名就。

经济学决定了记者将会在哪里挖掘出哪些故事。与几十年前相比，现在互联网上存在大量信息。但是如何将信息碎片拼凑起来，找出某些机构运作的蛛丝马迹，这需要实证研究。记者将会报道哪些有关权力的故事？这取决于对三个问题的不同回答——谁在提问？故事是什么样的？为什么会出现问题？然而三个问题的答案并非一定会影响调查性新闻的问责能力。本章引用经济理论解答上述问题，旨在为后续章节中讨论诱因和限制如何影响调查性报道铺路（发现了什么新闻故事、新闻故事的影响、新闻故事写作的过程、调查活动的经济来源）。

选择开展调查性报道：谁在提问？

调查性报道的记者通常和牛虻类似，是一群反传统的人。但在他们的支持下，1975 年一个名为“调查记者和编辑协会”的草根协会成立了。协会宗旨是与会员分享实践经验并鼓励从业者进行问责新闻的创新。调查记者和编辑协会出版了《调查记者手册：有关文献、数据库和技巧的指南》(*The Investigative Reporter's Handbook: A Guide to Documents, Databases and Techniques*)，书中尝试对调查性报道究竟是什么作出了解释：

> 记者和学者一直在对"调查性新闻"的具体含义展开争论。调查记者和编辑协会将其定义为："由某人发起并原创，对读者、观众和听众至关重要的报道。通常，报道对象都希望被调查事件保持未公开状态。"多年来，记者逐渐拓展了定义的范围，现在包括分析并披露崩坏的社会、司法系统，并记录其影响。[1]

关于调查性报道的讨论甚多，但实践较少，其中一部分原因我们可以从上述含蓄的表述中看出。在调查记者和编辑协会的定义中明显存在三个经济概念。原创作品意味着故事的写作过程需要固定成本。报道的主题有至关重要的社会意义，这有时意味着报道会对机构的运作造成影响。改变政策和法律的报道并不会让媒体的广告量和订阅量出现巨幅增加，因改变政府运作产生的溢出效应的受益者主要是读者以及类似的"非读者"群体。由于媒体机构的收益并不会出现巨量增幅，经济学家将这些改变称作"正外部性"(positive externalities)，这些是媒体公司享受不到的利益。政府想要对某些数据保持秘而不宣，这意味着新闻写作过程中的交易成本显著上升，例如，因援引《信息自由法》从政府机关获取文件而产生的麻烦成本上升。[2] 媒体市场中的固定成本、正外部性和交易成本之间的互动决定了媒体机构会在何时、何处选择打出调查性报道的招牌。上述三个概念可以解释问责新闻的核心问题："谁在提问？"[3]

如果你可以承担相应成本，有意独树一帜，在乎影响并且能够克服阻挠，那么你就可以制作出原创、真实的揭秘文章。原创性意味着要承担调查成本，多种媒体机构有能力承担该成本。发行量很大的报纸可以将调查性报道的成本分摊到大量读者身上，所以大型报社更有可能成为问责新闻的发起者。国家新闻机构也可以报道关乎群众利益的新闻，因为联邦政府机构和国家安全事务能够影响到很多个体。小众媒体关注小团体的利益，因而可以针对某个较小的主题或者群体开展调查。非营利性组织如果想要扩大影响，可能也会选择承担上述成本；如果非营利性组织愿意与大型商业媒体或小型本地报社合作，那么产生的影响将会被放大。原创报道也可以被视为媒体实施产品差异化战略的一环，因为调查性报道可以向受众提供独家信息，帮助媒体树立"优质报道"的声誉。

调查性新闻的影响很大。披露事实、揭露机构或个人的违规违法行为可能会引发社会争论，导致某些人丢掉工作，或促使新政策、新法律出台。不同类型的媒体基于不同的原因刊登问责新闻。对通过刊登广告、增加订阅量来增加利润的商业媒体来说，调查性报道引发的人事或政策变动并不能带来大量利润，因此这些媒体不会在调查性报道中投入大量资金。那些抱有不同动机——比如想要改变人们的世界观或影响选举局势——的媒体则会非常看重调查性报道产生的影响。非营利性组织和其赞助者可能会通过刊载一系列报道的方式向外界传递改革机构的意愿;家族式媒体机构的掌舵人也可能会看中自己的报道对引发政策辩论和促进政策实施作出的贡献。

使调查性报道与普通报道区别开来的第三个要素——发掘某些人想要保密的信息——也和成本有关。记者从公司和机构获取信息的能力取决于信息产权的界定,这意味着政府可以通过修改信息公开政策,决定记者获取信息的范围。试图阻挠调查记者的机构也可以推迟同意或否决记者根据各州或联邦政府《信息自由法》提出的信息公开请求。获取信息的交易成本或麻烦成本的上升可能会阻止记者报道公共事件,媒体如果想要获取信息,就必须愿意付出成本:培养信息来源,跟进信息公开请求,甚至不惜对簿公堂。

生产成本、产品差异化、溢出效应和交易成本可以决定谁来作调查性报道,我们将在下文中逐一分析。

独创性和成本

新闻市场中供给方的显著特征是:新产品的固定成本很高,而可变成本较低。固定成本是指不因产品产量变动而发生变动的成本。当你印制出第一份日报时,你要承担高昂的固定成本:记者薪水、编辑工资、设计和制作人员酬劳、推销广告的销售人员的报酬和购买昂贵印刷机的支出。可变成本则取决于产品的产量,包括墨水、纸张的消耗和投递费用。因为存在高昂的固定成本(尤其是购买印刷机和建立投递网络),所以同一个城市的受众没有能力长久支撑多家日报社。

新兴的互联网大幅度降低了固定制作成本,并减少了可变成本(比如不再使用墨水和纸张)。当新闻故事撰写完毕,每多生产一件产品(即网页访问量增加一次)的边际成本几乎为零。这意味着如果你的报道有很多替代品,那么你将不能对互联网访客收费。竞争市场(人们对同一种货物有多种选择)中的货物按照边际成本定价,而在线新闻的边际成本为零。如果你尝试对某个有多种来源的新闻收费,消费者就会转向其他免费提供信息的网站。只有当消费者认为你提供的新内容有价值且没有明显替代品的时候,你才可以通过“付费墙”(Paywall)模式收费。互联网上高度差异化的产品可以收费,比如高品质的《纽约时报》,提供即时金融信息的《华尔街日报》,以及分享大量深刻见解的《经济学人》。然而,对没有特点且获取来源众多的信息收费是不现实的。

当新闻故事写作完毕,它往往会在互联网上免费流传。其他网站可以赋予新闻故事新的用途,或者直接拷贝,抑或与其他新闻合并,这意味着利用其他网站新闻内容创建新网站的成本非常低。[4] 发掘并撰写一则与公共事务有关的原创新闻成本很高,与之相比,娱乐新闻要容易许多:公司的宣传人员十分愿意向媒体提供明星和体育比赛的信息,所以明星的宣传新闻和体育比赛的报道都很容易撰写。一则有关政府的调查性新闻则复杂许多:记者需要在工作的同时不断学习相关知识,找出机构运营中的薄弱之处,还必须要有翻阅资料和档案的意愿、挖掘出政府秘而不宣的信息的决心。开展调查活动好比钻探石油，你可能会觉得某地有油田，但事实并非如此。所以撰写调查性新闻要比撰写“软新闻”困难百倍，因为软新闻中的演艺界人士和运动员可能会为了增加曝光率，乐于奉送信息。

投递费用的变化也削弱了新闻机构补贴制作问责新闻所需固定成本的能力。过去，当你在吃早餐时，投递人员会把一捆报纸扔到你家门口，这时媒体已将不同种类的新闻，即有关政治、商业、娱乐和烹饪的新闻凑在了一起。报社将包罗万象的一捆报纸一次性送到你面前，而不是把体育新闻、娱乐新闻、政治新闻分三次送达。这意味着吸引某些广告主，包括地产商、汽车制造商和食品生产商的新闻与广告主不感兴趣的新闻，如报道国外贫困人口和灾难的新闻混在了一起。也就是说，以往媒体用消费者关注的新闻赚取利润，而这些利润为撰写选举类新闻提供了资金保障。新闻捆绑销售可以提升新闻整体售价，因为消费者为信息集合付费的意愿的离散程度较小。[5]

当下，新闻通过网络和移动设备进行电子化传播，投递费用消失，媒体公司也没有必要采用新闻捆绑的形式降低投递费。读者可以轻易在各种网站上找到关于体育、房地产、金融和明星八卦的专门新闻。广告主可以在自己的网站上宣传自己的产品，或投放搜索引擎广告，而不是像以前一样通过为新闻付费的方式打广告。分类广告版块曾经为各大报纸赚取40%的收益，而现在诸如克雷格列表(Craigslist)的分类广告网站免费提供这些信息。[6] 从整体上看，网络使新闻共享和投递成本大幅下滑，从事新闻创作的公司则面临着挑战。

对调查感兴趣的公众数量影响着调查活动发生的可能性。本地市场中人口越多，受众就越有可能有能力承担开展调查活动必需的高额固定成本。诸如杂志类的全国性媒体可以集聚全国力量，支撑对小众问题展开调查。小众群体虽然占人口百分比较小，但是从全国层面看，其绝对数量并不小。因此，小众群体极为关心的问题可以在全国性媒体上得到反映。所以，有关种族、性别、性认同、收入不平等、主流外政治话题的新闻全部由全国性媒体报道。[7]

独创性和产品差异化

人们对诸如图书、杂志、单个新闻等信息产品的需求是一个谜团：如果你不读一篇故事，你怎么知道自己是否喜欢这篇故事？对某些产品来说，你可以在购买前就知晓其性状和质量。你可以试坐一把椅子、试穿一件外套。经济学家把这些产品称为“搜寻商品”(search goods)，因为你可以在“搜寻”产品的过程中了解产品质量、决定自己是否想要某件商品。“体验商品”(experience goods)是指在购买前买家很难确定产品质量、判断是否符合自己需求的商品。餐厅的食物和电影是体验商品，因为如果想要知晓其质量，你必须去亲身体验(你必须付钱购买)。卖家会采用一些方式让消费者可以预先体验产品：放出预告片、邀请家喻户晓的明星出演、使用书籍(甚至漫画书)改编的剧本等——这些都预示了电影中将会出现什么样的内容。

由于你经常阅读新闻以获知新信息，媒体公司必须想方设法让你可以预先了解体验商品的内容。不同新闻之间差异很大：如长度差异、表述风格差异、框架差异和主题差异。尽管世界每时每刻都在发生变化，但媒体公司每天采用同一种方式向读者提供可以预测的消费者体验。随着时间推移，电视节目主持人、专栏作家和博客作者变成了新闻的一部分：其中一个原因是他们独特的嗓音或表述手法可以让消费者对新闻内容产生预期。如果长期坚持同一种表述手法，那么品牌就出现了，品牌可以让消费者打消对新闻内容的疑虑。媒体人〔如蕾切尔·玛多(Rachel Maddow)、肖恩·汉尼迪(Sean Hannity)、汤姆·弗里德曼(Tom Friedman)〕和其雇主(微软全国广播公司、福克斯新闻和《纽约时报》)共同创建品牌，消费者可以根据预期选择是否观看其播报的新闻。

经济学家将媒体公司如何塑造品牌的理论称作"空间模型"(spatial models)，因为为一家媒体选择特定的表述风格和新闻内容类似于为一家零售店挑选店面位置。正如店铺的位置分布各有不同(如消费者到店花费的时间、与竞争对手的距离、周边客户基数的大小的不同)，媒体机构的定位也根据其提供的产品的特性而产生差异。对于新闻来说，产品差异意味着媒体需要清醒地选择报道的深度、准确性、表述风格、及时性、倾向性和主题。我们可以根据不同的标准划分媒体机构：硬新闻(如公共事务报道)和软新闻(如娱乐新闻或其他有人情味的新闻)；左翼和右翼；突发报道和新闻特写与娱乐新闻；包罗万象和专注某一领域；观点新闻和客观报道。[8] 地方报社和电视台根植于特定的地理位置，因此它们选择树立的品牌也各有不同。纵观地方媒体市场，由于各地区发生的事件不同，公众的兴趣也不同，所以地方媒体的报道内容也不尽相同。在某个既定市场，一家媒体公司会根据该市场内其他媒体公司的产品调整自己的品牌策略。[9] 新闻市场内竞争者数量对新闻内容的广度和深度、媒体的羊群效应、新闻质量的逐底竞争到底有何影响？这是一个开放性的实证问题，业内讨论甚多。

在空间模型理论中，读者的乐趣取决于媒体是否报道了他们喜欢的新闻。而媒体是否报道个体喜爱的新闻取决于共同偏好、政治疆界和所有权。市场中与你有相同喜好的人越多，媒体就越有可能报道你喜爱的内容。[10] 相似的人口统计学特征如年龄、性别、种族、教育背景以及相似的个体特征如生活方式、运动方式、爱好是群体共同偏好的成因。广告主重视的群体，如 18—34 岁的女性群体（购买家庭用品）和受过高等教育的消费者群体（有较多的可支配收入），会受到媒体的特别照顾。[11] 如果报社和电视台只覆盖同一政治管辖范围的一个地区，那么报社和电视台可能会报道更多有关本地代表的新闻；[12] 如果一个媒体市场覆盖的区域不限于同一政治管辖范围，那么有关当地政治的新闻就会比较少见，因为其他地区的人可能不会关注报社所在地的某一位政府官员的所作所为。

调查性新闻能够满足人们的信息需要，这也是调查性新闻可以帮助媒体实现产品差异化的原因之一。媒体市场中，各公司使用“新闻”一词描述“事实的集合”，如谷歌新闻、《CBS 晚间新闻》（*CBS Evening News*）、《纽约每日新闻》（*New York Daily News*）。安东尼·唐斯（Anthony Downs，1957）指出阅读新闻的兴趣来自四个各不相同的信息需要：作为消费者，个体希望知晓产品价格和质量，以便买到性价比高的商品；生产者则希望获取资料，作出正确的决策，从而获得回报；想要寻求消遣的受众会去寻找感兴趣的头条；选民则希望了解有关政策、政治的信息。

满足前三种需求的信息产品比较受欢迎，因为读者会主动寻找提供信息的新闻报道。如果你想买车，提前浏览《消费者报告》(*Consumer Reports*)或 Edmunds. com 可以让你买到更便宜、更安全的汽车。如果你不作准备，你可能会买到一辆“柠檬车”[①]，汽车店老板要大笑三声。阅读《华尔街日报》或登录彭博终端可以让你掌握切实可行且能够从中受益的情报。当你做足功课，而交易的另一方还茫然无知时，你可能会不禁感叹：“难得糊涂。”消费者或者企业员工愿意花费时间和金钱寻找信息，因为信息可以让他们作出更好的决定。

有些想法和图片不能帮助你作出更好的决定，但它们就是有趣。你愿意为这些新闻付费，因为你觉得它们太诱人了。各花入各眼，罗马人也有句话，叫作“各有所好”。有人觉得厨艺比拼引人入胜(看《顶级大厨》)，有人觉得球类比赛有趣(看英超联赛)。但是你必须要观看比赛才能获得快乐。阅读有关“热火挑战”(Quickfire Challenge)和阿森纳足球俱乐部比分的推特远远不够，要想达到娱乐效果，你最好看整个挑战节目或者看完整场比赛。

有些信息可以帮助你在选举中更好地投票，但是这些信息给你带来的回报要小很多。试想一位选民在美国总统大选中面临

---

① 外表无瑕疵，但质量有问题的次品车。——译注

的窘境。我们假设相比候选人 B，候选人 A 的政策能为你带来更多利益。你获取了相关信息，准备把票投给候选人 A。然而，你的选票改变选举局势的可能性微乎其微。在一场竞争激烈的选举中，你是一名摇摆州的摇摆选民的可能性很小。但是想要获取信息却需要实实在在的成本投入。如果你想了解候选人，你就必须花时间阅读博客、观看 YouTube，或者买一份报纸。搜集候选人政策信息的净预期收益等于（相较于候选人 B，候选人 A 给你带来的收益增加量）×（选民作出正确选择的可能性增加量）×（选票决定选举的可能性）-（获取信息的成本）。即便你能从候选人 A 那里获得大量收益，并且获取信息会让你决定给候选人 A 投票，但是因为你的选票左右选举的可能性微乎其微，所以获取信息的收益不足以抵消成本。如果把搜寻信息视为一种投资，那么搜寻全部政策信息的举动实为不智。唐斯将其称为“理性忽略”（rational ignorance），它很好地解释了为何大部分人在作决策时故意忽略某些细节。[13]

政治类新闻市场主要由“3D”驱动，即义务（duty）、消遣（diversion）和戏剧性（drama）。一些人认为自己有了解候选人并进行投票的义务，因此他们会去主动搜寻有关候选人和其政策的信息。这些人之所以阅读新闻，之所以参与政治活动，原因并非想要投资，而是想要消费。通过投票，他们获得了认同和世界观（如成为一名负责任的公民、决定政治倾向），表达了自己的观点，或者成了某个党派或候选人的粉丝。另一些人觉得政府的运作细节非常有趣。对他们来说，有关国家安全和隐私的听证会与波士顿红袜队的比赛一样，可以作为消遣。最后，某些受众乐于为饱含人情味的新闻付费。一些政治新闻与报道赛马类似。它们重点报道丑闻，或“不论事而论人”，通过讲述某人故事的方式拨动受众心弦。尽管这部分受众阅读新闻的初衷是找乐子，但通过阅读，他们也了解到候选人的详细情况以及选举活动中发生的重要事件。

对机构运营和个人工作产生重大影响的新故事——一些机构和个体宁愿严守秘密——可以满足安东尼·唐斯提出的四项信息需求。曝光伪劣商品和服务较差专业人员，可以让消费者购买到质量更好的产品或服务。商业报道中披露的数字和公司行为可以帮助企业管理人员和投资人赚取更多利润。有人情味的受害者传记和讲述恶棍的道德说教故事读来津津有味，地方电视台新闻和杂志深谙此道，常刊出一些耸人听闻的故事。有关市议会、州议会和国家安全机构运作的公共事务类报道则有助于拓展选民的信息集。

在媒体竞争的空间模型中，新闻机构为了保持差异化竞争优势，会选择制作调查性新闻报道。以高收入、受教育程度较高群体为目标受众的媒体机构可能会选择开展与公共事务有关的调查，以满足读者需求。要想吸引大量读者，媒体就必须照顾各种口味的受众，因此调查性报道可以作为吸引部分消费者的一种新闻形式。媒体机构的所有人、管理者和记者除了要考虑利润最大化，还必须酌情选择报道的主题。监督型新闻对社会有重大影响且容易获奖，不失为一个好选择。一些媒体机构秉持改变人们对世界的看法/改变机构运作的模式的理想，专注于创作激发变革的新闻。

当一家媒体初来乍到，或应对新入场的竞争对手，或即将退出市场时，可能会作出投入资源、创作独树一帜新闻的决定。有关新闻挖掘、讲述、传布的科技和经济理论日新月异，媒体市场的新成员借助上述理论对调查性报道的主题和风格进行了重组。在美国，从19世纪70年代开始，牵涉调查性报道的新型新闻形式包括新新闻（new journalism，19世纪80年代）、“扒粪”新闻（muckraking）、黄色新闻（yellow journalism）、改革运动新闻（crusading journalism）、调查性报道、监督型报道、精确新闻（precision journalism）、计算机辅助报道（computer-assisted reporting，CAR）和问责新闻。[14] 这些新闻形式通常是媒体市场的新成员发明的，它们也乐于采用新兴的新闻形式，原因在于如果你本来没有品牌、没有约定俗成的做法（或者没有历史遗留人员），那么创建新品牌比较容易。有时市场中的老将也会开展调查活动，作为应对新人的手段。在当代，互联网使报道高质量硬新闻的全国性新闻机构变得触手可及，为了应对竞争，一些地方报社搬出调查性新闻，企图实现产品差异化。最后，即将倒闭的媒体公司可能会通过开展调查活动尝试起死回生。全国性插图类杂志《生活》（*Life*）曾经试图通过扩大调查性新闻团队、刊载更多调查性新闻的方式扭转乾坤，但最后未能如愿。

公共产品和溢出效应的实体影响

“公共产品”和“正外部性”的定义帮助解释了为何公众需要

调查性硬新闻——一种记录公共机构和私人机构运作的报道。[15] 公共产品缺乏竞争性和排他性。某个事实和某种观点是典型的公共物品。我知道某个事实,并不能阻止你也知道同一个事实。当某个事实散布开来,尽管你没有为发现事实作出任何贡献,但这并不妨碍你了解它。尽管你没有付费,但我们几乎不可能阻止你"消费"某个事实。相比之下,试想有一个私人产品的情况,比如一份外卖披萨。如果我"消费"了这块披萨,那么你就没得吃。如果我不付钱,送餐员就不会把披萨送到我手中。因此,人们总是会为外卖披萨付钱,却不常为媒体公司创作的新闻付费。

版权保护法的出台把"虚拟的记述"变成了私人产品——如果你想阅读一本精装书,你得先在书店的收银台付费。如果没有授权,人们不能把小说内容上传至互联网。然而"事实"不受版权保护,所以一篇新闻报道的绝大部分属于公共产品。当媒体公司刊登一篇新闻后,任何人都可以免费了解新闻内容(无竞争),即使没有付订阅费,你也可以"消费"这篇新闻(不排他)。

所有新闻中的事实都是公共产品,而牵涉政府和政治的新闻引出了另一个公共产品:可问责性(accountability)。对体育迷来说,阅读篮球新闻是为了获取私利。比如,得知某场比赛结果而产生的满足感。对选民来说,阅读有关学校董事会新闻既是为私利,也照顾到了公利。通过阅读报纸的教育版块,选民可能会更深入地了解自己孩子所在学校的运营情况。同时,如果学校董事会成员知晓有记者在记录他们的所作所为,他们可能会变得在意公众反应,更加忠实地履行竞选承诺。因报道学校新闻产生的可问责性是一种公共产品,因为就算一位读者获得了利益,别的读者也可以从中获利，甚至社区中的其他人不用付费（不必订阅报纸或者阅读新闻）也可以享受福利。[16]

可问责性是调查性新闻引发的积极溢出效应之一，经济学家将这种正面的结果称为“正外部性”。一家报社可能投入大量资源对缓刑期罪犯继续犯罪的现象进行系列报道。[17] 报道引发的结果是：有关缓刑的制度、政策、预算可能会发生改变；而最终影响是被缓刑罪犯杀死的人变少了。该报道吸引了公众的注意力。忠实的顾客会继续订阅，新读者可能会选择开始订阅报纸，这样一来，新的广告主也出现了。缓刑罪犯谋杀案减少，社会因此得到的收益是实实在在的，但是读者和记者承担了成本。犯罪率降低是新闻报道的积极溢出效应，本地居民不论是否订阅报纸，都能享受这一福利。于是，报社赚取了不能变现的收益。

市场中会出现公共产品和正外部性比较稀缺的现象，这种现象被称作“市场失灵”（market failure）。就公共产品而言，个体往往不会为生产产品出力，而是免费使用他人产出的产品。就外部效应而言，个体可能不会投入足够的成本和资源去做一件事。如果人们分不清“作为公民我们需要知道”和“作为受众我们想知道”两者的不同，那么市场中有关政府的新闻就会出现供给不足。出现这种问题的原因是个体获得的私人利益小于社会获得的公共利益（公共利益等于私人利益加上因积极溢出效应产生的价值）。

因此尽管有关公共事务的调查性报道能给社会整体带来巨大好处，其市场需求度却较低。产生这种现象的原因至少有四个。[18] 因为信息是公共产品，个体往往可以坐享其成，让别人花时间阅读有关学校董事会的报道。由于新闻可以提供名为“可问责性”的公共产品，所以一旦新闻出现供给不足，那么可问责性也会出现不足。单个选民影响选举结果的可能性极低，个体获取信息的成本大于预期收益，因此理性忽略现象大行其道。最后，一位选民主动获取信息、参与政治的行为而生发的溢出效应可惠及他人，然而该选民本身却无法享受上述溢出效应。因此可能为社会创造“净收益”的主题，如教育、医疗卫生和环境，往往报道较少。

调查性新闻对公众和政策产生的溢出效应有多种表现形式。在《义愤新闻：美国调查性报道和其议题建构》(*The Journalism of Outrage: Investigative Reporting and Agenda Building in America*)一书中，大卫·普罗泰斯(David Protess)与合著者描述了调查性报道造成的三种影响：审议影响(deliberative)、个体影响(individualistic)和实体影响(substantive)。[19] 披露报道可以促使政府机关启动审议程序，具体形式有进行追加调查、召开听证会、开展相关研究。政府在公共部门拥有更多资源和权力(如传唤权)，所以它们能够针对记者发掘的问题进行更加彻底的调查。政策制定者热衷于召开听证会，一方面是因为听证会可以披露真相；另一个原因在于，虽然有时听证会辩论的形式大于内容，但是召开听证会可以增加选民对政府的信任。当记者报道了某一个体的渎职行为后，该个体可能会面临被解雇、辞职、竞选落败、被定罪几种结果。实体影响有几种形式，如出台新预算计划，通过新法规、法案，甚至建立新机构。后续章节中我将会沿用审议影响、个体影响、实体影响的分类方法记录问责类新闻的影响。

促使个体投入时间和资源创作调查性报道的诱因有以下几种：(1)我想把你的注意力出售给他人——广告模式；(2)我要你为信息付费——订阅模式；(3)我要你投票——党派模式；(4)我想通过改变你的思想改变世界——非盈利模式；(5)我想与你分享我的想法——表达模式。[20] 有关公共事务信息生产/消费的分析往往把关注点放在利润诱因上(广告和订阅收入)。而如今，人们认为其他诱因也可以激发政治信息产出。候选人为了获得选票将个人详细信息放到网上，这意味着公民越来越容易接触到定向党派信息。[21] 独立非营利性地方新闻机构开始崛起，美国国家公共电台(NPR)不断壮大，非政府组织提供的信息的范围扩大至健康、教育和人权领域——它们报道了商业媒体较少涉足的新闻主题，弥补了空白。最后一类是人们出于满足表达需求，通过社交网络或博客分享的信息：这是公众获取信息的新渠道。然而，我们面临的挑战是如何在经济上支撑高成本、高社会收益(多种调查性新闻都具备这两个特点)的新闻。

空间模型理论中，媒体公司的所有权也可能会影响产品定位。如果一家公司的掌门人愿意放弃一些利润，那么他可能会选择为大众提供更多关于公共事务的报道。媒体公司的老板和记者都可能会看重调查性报道产生的影响，因为调查性报道有可能为他们带来职业晋升和声誉，或满足他们改变世界的理想。

秘密和交易成本

软新闻的来源常常会主动寻找记者。电影宣传员会安排明星接受采访，体育比赛宣传员会为记者提供一大堆比赛数据，出版商则会通过多种社交媒体平台宣传作家的图书和生平。调查性新闻报道的对象往往会反其道而行之。为了保守自己渎职的秘密，政府官员和企业领袖会拒绝采访、拒绝提供文件和资料。理论上来说，由于记者有权援引《信息自由法》从执政机关获取资料，报道有关政府机关的新闻应该比较容易。但在实践中，收到信息公开请求的机关有很多方法拒绝记者。负责执行《信息自由法》的政府官员采用的方法有：无视请求、延迟回复、篡改文件、提供无法识别的文件格式、收取高额费用或者引用联邦法或州法中的豁免条例直接拒绝提供资料。

获取数据的麻烦成本显著提升，调查记者难免灰心。媒体机构拥有的资源可以帮助记者跨过这些障碍。让一个人坚持继续挖掘信息的前提其实和让一个人选择开展调查活动的前提相同，那就是这个人要有承担成本的能力、有创作原创新闻的动机、看重问责新闻产生的价值。

在一个立法过程都会被现场直播的世界，你可以在推特上看电视，边吃早饭边刷“照片墙”（Instagram），你很难相信有些新闻没有被报道、有些想法没有被分享。在信息爆炸的时代，好几块屏幕一整天不间断地放出消息，这时注意力是一种稀缺品。然而就算我们生活在大数据和脸谱网的时代，未报道的新闻仍然是多数。

在供应侧，照搬或重新包装别人发现的故事几乎不需要成本。在需求侧，我们必须弄清有多少受众单纯喜爱突发新闻，又有多少受众喜爱与社会问题有关的原创报道。在分析整合供给和需求后，一些媒体机构就会选择树立调查性报道的品牌。究其缘由，无外乎追求利润、名誉、影响几种。而在你打定主意报道调查性新闻之后，你将会遇到更多问题，如去哪里寻找故事、如何找到这些故事。

决定调查：故事是什么样的？

如欲开展编辑室外的调查活动，你必须首先在编辑室内作好调查，也就是说预先判定是否要调查某一个潜在故事。负责资源分配的编辑有时会将新闻故事归纳为两个维度：努力和影响。创作故事付出的努力可多可少，取决于准备新闻报道耗费时间的长短、搜集资料的多寡，还有被调查的政府和公司抵触程度的强弱。不同的新闻故事造成的影响也不尽相同，有的新信息可以改变信念，改变政策制定的因果关系，或改变某一政治辖区内人民的生活。新闻有两种：容易做的和难做的；影响也分两种：影响大的和影响小的。德博拉·纳尔逊（Deborah Nelson）在《洛杉矶时报》任华盛顿调查编辑时曾指出，需要用不同的策略应对不同的“搭配方式”[22]：遇到容易做且影响大的新闻，“立马做”；影响虽大但很难做的新闻需要有“正义感”的人去做；对于又难做影响又小的新闻，“必须说不”；而容易做但影响小的新闻类似安慰性食物，虽然诱人，却没有营养。

信息产品的本质决定了我们无法找到一个放之四海而皆准的标准，用以判定某事件是否值得调查。对读者来说新闻故事是体验商品，因为只有读完以后你才能判定故事的好坏；但对于新闻故事的创造者来说，新闻同样具有不确定性，因为如果不投入资源真正展开调查，你就不知道会发现什么。因此，计算调查活动的预期净收益非常困难。你获得的市场收益取决于你的故事是否独树一帜、是否重要，但是调查活动发掘出的故事是不确定的。

编辑在决定调查哪类故事时可能会考虑故事的影响。然而影响有很多种，19 世纪初期的“扒粪记者”（muckrakers）和 100 年后的编辑都认为影响就是改变机构运作模式。按这种标准，如果某新闻引发了有关政策的讨论并改变了政策的实际运行方式，那就可以看作新闻有了很大影响。对地方电视台来说，它们希望稳定收视率，从而获得广告。大都市中的日报社则准备通过长期刊载独树一帜的地方新闻（编辑希望此举可以建立品牌，让消费者对报纸产生忠诚，增加订阅量）的方式与网络新闻竞争。从未涉足，也不打算涉足调查性新闻的媒体可以将资源投资在影响虽小但影响很“好”的新闻中。上述媒体不会去关注本地医疗系统的问题，但是它们会把目光放在单个表现欠佳的医生上。报道机构成本高昂，但报道个人的趣闻轶事可以让新闻变得有人情味。

发掘故事如同钻探石油——人们不能确定探索的回报。从事资源开采的企业愿意为事前资料付费：在钻探前分析地质情况，或者进行试验开采。新闻行业也有一样的模式。调查记者和编辑协会的《调查记者手册》将新闻调查活动分为几个理想化的阶段：概念、可行性研究、决策、建库、计划、独创性研究、重新评估、填补空白、最终评估、写作和校订及出版/播放新闻与后续新闻。[23] 按照该模式，记者需要新撰写一篇“推销文章”，概述他认为调查活动将会发现什么样的问题以及需要多少成本。如果编辑通过了调查活动，记者可能在一段时间（如两周）内开展初步挖掘。之后他需要撰写备忘录再次提交编辑审核。如果记者没有挖掘出问题，那么调查活动可能就此终止。如果取得进展比较困难，最终记者可能会撰写一篇影响和篇幅都有限的新闻，或者编辑发话继续追究，同意将调查期延长数周或数月。最终，编辑和记者需要决定发表什么内容，或撤销调查活动。如果最后的调查结果意义重大，那么在新闻刊出后，记者还会开展追加调查。

调查活动的时间表并非一成不变。一些记者喜欢边调查边报道，因为在这个过程中他们能收集更多消息、开拓更多调查领域。一些编辑希望尽早了解故事的“最小版本”，因为他们不想白费力气。在每个阶段，决策者都需要计算边际收益，即计算继续投入资源将会发掘出什么样的新材料。已经支出的成本无法收回，在计算未来投入时我们应该忽略这些成本。然而不论是在生活中还是在媒体机构，人们很难做到忽略沉没成本（已经支出的成本）。因此从前曾有不重要的调查报道占据大量篇幅的情况，因为编辑认为已经投入的成本必须产生价值。夸张的新闻细节可以吸引读者，这是媒体向调查性新闻里“加料”的另一个原因。对新闻调查活动的影响预期过高也会影响人们的决策。

机构失灵、个体失职是指他们的实际表现和先期允诺通常差距较大。调查性报道通过研究问题出现的规律，试图定位失信的单位或个人。记者很幸运，随着时间推移，他们的经验能够告诉他们去哪里寻找故事。这是因为人性、稀缺性和诱因并未变化，根据经验我们可以预测哪个市场、哪个政府部门会出现犯罪行为。

机构、信息与沟通不畅：为什么会出现问题？

许多调查性报道有一个共同的主题，即机构内委托决策系统的失灵。最普遍的经济机构——公司是由一系列嵌套的决策关系组成的。（理论上）股东选举董事会，董事会将权力授予管理团队，管理团队将生产决定权下放给部门经理，部门经理将一部分决定权交给工人。在政治活动中，选民将选择权交给当选的代表，当选的代表借助专业人士的帮助作出决定，然后交由监管机构执行。

经济学家将这种决策权的委托称为“委托代理关系”（principal-agent relationship）。委托人将决策权下放给代理人。劳动分工让委托人可以把决策权交给专业人士，从而让自己专注于其他事务。如果我们生活在一个信息免费、交易透明的世界，代理人将会作出和委托人一样的决策。但现实世界的信息是昂贵的，这意味着代理人有两个优势：隐藏行动和隐藏信息。[24] 代理人损害委托人利益的行为很难被察觉。因为代理人知道自己可以利用哪些数据和手段开展活动，而委托人并不知道上述信息。

在公司中，委托代理关系牵涉金钱和努力。股东可能只有一个目标：利润最大化。委托人可能会担心经理人和工人游手好闲，不事生产。政治活动中的委托代理关系更加复杂。代理人的政策倾向可能和委托人不同，委托人常常担心代理人是否尽职尽责、努力的方向是否正确。股东的目标就是获取最大利润，但选民可能会有多种目标。委托人的目标各不相同，这导致监管者很难决定到底实现哪些委托人的目标。美国环境保护局局长可能会收到来自总统、参议院、众议院的三份各不相同的指示。选民将权力赋予政府，而政府使用权力压迫选民——凯维特（Kiewiet）和麦克库宾斯（McCubbins）将其称为“麦迪逊式困境”（Madison's Dilemma）。[25] 这意味着如果政府代理人不顾委托人的利益（比如以国家安全为名不顾个人隐私），委托人将束手无策，因为委托人赋予了政府使用暴力的法定垄断权。市场活动中的委托人可以终止关系（如卖掉某公司的股票）；政治委托人想要终止关系（移民），或通过“呼吁”的方式改变公民自由政策和国家安全政策，是一件比较困难的事。[26]

尽管公私机构和非营利性组织承担的使命各不相同，但它们的委托决策系统都按照类似的模式运行。调查机构内个体渎职行为的记者可以从以下五个主题着手：工作、钱财、福利、权力和信息。工作不认真会导致浪费、管理不善、玩忽职守。代理人追求职位之外的钱财会导致多种犯罪：行贿受贿、挪用、盗窃和腐败。代理人拥有的额外福利——不论是心理上的福利还是物质上有形的福利包括裙带关系、庇护、偏袒和利益冲突。在政治领域，保住官职的野心还会导致以权谋私和权力寻租（为监管者提供的津贴和税收优惠可以视作特殊利益群体收取的租金）。[27] 权力行使不当也有很多形式：滥用、骚扰、处理不当、歧视或误用。企图掩盖权力滥用信息的行为包括：欺诈、瞒骗或误导。

由于采用相似的委托决策系统，调查性新闻中的故事在不同年代、不同地点不断重演。从社会角度来看，最好的办法并非根绝这种现象。因为根除行动需要花费大量资金和人力物力，忍受一定程度的管理不善或庇护行为所需要的代价可能更小。[28] 要注意有些违背委托代理关系的行为并非一定是消极的，它们可能仅仅说明了某个代理人具有采取隐蔽行动、利用隐藏信息抵触委托人利益的能力。一些行为甚至可以为社会带来积极效应。如果价格管制造成了供应短缺或效率低下，贿赂会有助于出清市场、增加产量。[29] 庇护可能会导致“任人不唯贤”的情况，但是它同样可以增强党派忠诚，从而增加某项政策的连贯性和稳定性。

调查记者可以把重点放在机构的职能和承诺上，这样他就会在调查性报道中保持中立视角。记者可能不需要直接批评某机构或某官员采取的政策，他要做的是调查官员和机构在公开政治主张后，能否兑现承诺。委托代理关系中可挖掘的调查性新闻很多。记者要想保持高效和公平，可以把重点放在分析权力被滥用的原因以及受害者群体上。[30]

结语

乍看之下，调查性报道的经济形势似乎不太好。调查性新闻采用原创手法报道对社区具有重要意义的重要事件，而有些人可能会从中作梗。挖掘新故事、搜集数据需要高昂成本，且即便报道改变了公共政策，媒体机构也不可能将报道产生的积极溢出效应全部变现。被调查的机构有能力通过提升麻烦成本的方式阻挠调查活动；政府机关可以通过解释《信息自由法》，拒绝向记者提供资料。

然而调查性报道仍然层出不穷，一代又一代的记者继续创作各种形式的调查性报道。品位差异、科技发展、资源整合和机构支持，上述几项回答了调查性报道背后的经济问题：谁在提问？故事是什么样的？为什么会出现问题？一些媒体机构也确实通过开展调查活动树立了声誉、赚取了利润。它们根据几大因素考量是否开展调查性报道：能否承担成本，是否有追求产品差异化的想法，发掘出的新闻能有多大影响，以及有没有战胜阻挠的决心。记者会权衡利弊，决定调查哪些事件。机构的委托决策必然导致问题产生，记者也总能在这方面发掘出新闻。

促使人们生产、消费调查性报道的诱因既是古今一辙的，又是与时俱进的。自从 19 世纪 70 年代美国独立媒体出现以来，调查性新闻都可以用类似理性忽略、产品差异化、外部性、代理人损失等概念进行阐释。而随着媒体市场发生改变，调查模式也发生了更新和变化。互联网崛起、主要都市报纸没落、数据处理成本下降、非营利性媒体扩张——调查活动的推力发生了改变。下文将会讨论调查性报道发掘出了什么，其影响如何，其创作过程，以及谁在为美国的调查记者提供经济支持。最后本书将提出几点建议，阐释如何支撑昂贵的调查性报道创作。要想展望调查性报道的未来，我们首先必须了解其过去。

第二章

侦探、“扒粪者”和监督者

人们往往通过研究“最热门调查新闻选集”的方式研究美国调查性报道的历史。学者通常认为20世纪初的“扒粪时代”是调查性报道的滥觞。彼时，艾达·塔贝尔（Ida Tarbell）、林肯·斯蒂芬斯和厄普顿·辛克莱频有经典佳作登出，《科利尔》（*Collier's*）、《麦克卢尔》（*McClure's*）、《人人》（*Everybody's*）、《大都会》（*Cosmopolitan*）等杂志成为美国“进步时代”的催化剂。然而在1910年后的十年间，经典调查性新闻的汹涌大潮变成了涓涓细流，这种情况到20世纪60年代才有所好转。20世纪70年代有关“水门事件”的报道是监督型新闻的顶点，此后大量调查性新闻出现在报纸、电视和杂志中。1975年调查记者和编辑协会成立，此后该协会不断进化，这表明调查性报道一直存在；调查记者和编辑协会每年都会举办调查新闻竞赛，通过为特定调查新闻颁奖的方式，反映调查新闻的机制和关注点的变化。有关20世纪80、90年代及21世纪初的调查性新闻的评论文章将“扒粪运动”和“水门事件”作为比较对象，指出了当代调查性报道面临的挑战：哗众取宠、文字诽谤、所有权链、政府不让步和媒体机构营收下降。[1]

调查性报道的历史中“时有巅峰”，这让人们觉得在巅峰之间的低谷时期，调查性新闻的数量可能会出现大量减少的情况。[2]关注大型媒体机构，如全国性杂志、大都市的报纸和广播网络，我们可以发现一些趋势。市面上缺乏易搜寻的印刷资料和广播材料，这意味着我们需要引用记者传记与已经数字化了的期刊和报纸文档对调查性新闻进行分析。调查性报道缺乏一贯有效的定义，这意味着它很难归档。综观各类分析文章，符合调查记者和编辑协会调查新闻定义的报道，即揭露某个体/机构意图保密的、与社会群体相关的新信息曾经有各种不同的名字。我们可以在新新闻、“扒粪”新闻、黄色新闻、改革运动新闻、调查性报道、监督型报道、精确新闻、计算机辅助报道和问责新闻中发现调查性报道的要素。

在本章中，我将采用四种方式探索调查性报道的历史模式。我检视了报纸文章、调查性作品奖项、广播电视网络新闻文本以及记者出席国会听证会的情况，数据的时间跨度长达几十年。上述数据分析在一定程度上推翻了“记录名记者的生涯和广为流传的新闻就代表记录了历史”的观点。在检视长期报道数据后我们可以发现如下模式：调查性报道一直存在，此种报道常常由非营利性的大型家族式机构发起并实施，而且越来越多的媒体公司开始加入这一行列；调查性报道似乎对国会听证会中的公开辩论影响较小；顶尖作品往往由较年长的记者撰写，这种现象也向我们提出了一个问题，即谁来训练、支持未来的调查记者。

在 20 世纪初期的“扒粪”杂志之前，报社就已经开始针对管理不善和腐败的现象开展调查活动。比如在 19 世纪 80 年代，报纸中关于庇护和欺诈行为的新闻就要比“进步时代”(1900—1910)多。尽管有关委托代理关系失灵的新闻数量在 20 世纪 40 年代达到最低点，但是对美国报纸文献进行横向分析后我们发现，1910—1950 年间调查性报道仍然十分活跃。尽管两极格局导致 20 世纪 60 年代的对抗时期调查性报道数量不断增加，但是数据也表明 20 世纪 50 年代主题为挪用、庇护、偏袒的调查性新闻数量多于 20 世纪 60 年代。

在分析新闻奖项的获奖者后我们发现：随着时间推移，调查性报道通常需要大型记者团队、新闻机构合作完成。如能获得普利策奖，个体记者的前景就会改善，有了出版相关图书的可能。以前的记者通常会在职业生涯中期获奖。但在一个记者容易失业的年代，获奖记者的年纪变得更大了。在对电视新闻进行分析后我们发现，当电视台打算重塑品牌时，它们往往会开展调查活动，报道独家新闻，而且通常会更换节目主持人。电视广播公司的调查性报道曾经将重点放在政策问题上，如国际事务政策、国防政策、法律/犯罪/家庭相关政策，而在 1946—2010 年间，立法委员也通常会在与这些领域有关的国会听证会中邀请记者作为证人。然而如今，记者作为证人出席听证会的可能性越来越小，这表明记者在提供公共事务新信息中起到的作用可能也变小了。

在报纸新闻中追踪委托代理问题，1870—1979

在 1903—1912 年间，乔恩・马歇尔(Jon Marshall)指出“一

组 20 多人的调查记者团队撰写了将近 2 000 篇文章”，这些文章使披露和调查定义了那个时代。[3] 这些有关制度失灵的新闻故事涵盖了多种问题：垄断、贫困、交通、劳动力、环境、食品安全、种族关系（偶尔出现）。它们刊登在全国性杂志上，并激发了全国性讨论，促使国会采取行动。相关书籍和文章引发了频繁的争议，并吸引了政治家的目光。[4] 西奥多・罗斯福总统在一场演讲中为了斥责某些只关注制度缺陷的记者，将调查活动称为“扒粪”。[5] 学者在研究美国调查性报道时通常从“扒粪”杂志说起，因为杂志影响较大、贡献突出、容易获取（与杂志文章相比，报纸文章被归档的可能性较小）。

将 20 世纪初期作为调查新闻起始的学者忽略了美国报纸上刊登的时间更早的调查性新闻。[6] 这些报道的地理位置分布较为分散，且日报新闻具有“昙花一现”的属性，因此归纳 19 世纪晚期的报道模式是一件困难的工作。然而当代日报内容的数字化赐予了我们研究问责新闻进化过程的新方法。为了探究调查性新闻的趋势，我将重点放在一个主要制度问题上——委托代理关系中委托决策权的失灵。我指出了代理人违背委托人意愿行事的潜在可能，主要涉及 5 个方面：工作、钱财、福利、权力和信息。我又进一步将这些问题细化成一份包含 21 个委托代理问题的列表：浪费（wasted/wasteful）、管理不善（mismanagement）、玩忽职守（neglect）、行贿受贿（bribery）、挪用（embezzlement）、盗窃（steal）、腐败（corruption/corrupt）、裙带关系（nepotism）、庇护（patronage）、利益冲突（conflict of interest）、权力寻租（rentseeking）、以权谋私（influence peddling）、偏袒（favoritism）、滥用（abuse）、骚扰（harassment)、处理不当(misconduct)、歧视(discrimination)、误用(misuse)、欺诈(fraud)、瞒骗(deception)和误导(mislead)。

通过在数据库 newspaperarchive. com 中搜索这些词条，我跟踪记录了调查性报道的发展模式。newspaperarchive. com 每年会收录成百上千份报纸的副本，该数据库包含了某些报纸多年的期次，另一些报纸的期次则不全。为了控制某一特定十年间报纸期次的变异量度，首先我统计了 1870—1979 年间每十年中包含某一特定委托代理问题关键词(如欺诈、玩忽职守、瞒骗等)的页面的数量。同时我搜索了关键词“一月”(January)，此操作可以反映某个十年数据库中可获得文章的相对数量。之后，我用与委托代理相关的页面数除以包含关键词“一月”的页面数。这样一来，我们就可以对不同十年中的委托代理问题展开比较。[7]

表 2. 1 与调查性报道的“标准历史”——调查性新闻在 20 世纪初期达到顶峰，在 20 世纪 60 年代出现复苏，并在 20 世纪 70 年代出现“渐强”现象相悖。就我跟踪的 21 个委托代理问题而言，表 2. 1 记录了 1870—1979 年哪些十年间的索引值达到顶峰，哪些十年间跌落低谷，以及 1950 年代、1960 年代、1970 年代的索引值的相对排序(从高到低)。12 个问题在 19 世纪 70 年代(管理不善、腐败、裙带关系、庇护、欺诈)和 19 世纪 80 年代(浪费、玩忽职守、行贿受贿、盗窃、瞒骗、偏袒、误导)达到峰值。“扒粪”杂志时期即 1900—1909 年只有两个关键词(滥用和挪用)的索引值达到峰值。在 1870—1979 年间，20 世纪 70 年代上榜的比率最高，大部分问题和寻求福利(利益冲突、权力寻租、以权谋

私）或权力行使（骚扰、处理不当、歧视、误用）有关。[8] 与非法金钱交易和隐藏信息相关的问题似乎在1900年之前就达到巅峰，这也解释了为何“进步时代”会出现预防腐败和促进信息披露的改革运动。

表2.1 报纸新闻中的委托代理问题的索引值，按每十年划分，1870—1979

委托代理问题关键词	数值高的十年	数值低的十年	排序，高至低，1950年代—1970年代
工作			
浪费	1880年代	1960年代	1950年代 1970年代 1960年代
管理不善	1870年代	1950年代	1970年代 1960年代 1950年代
玩忽职守	1880年代	1970年代	1950年代 1960年代 1970年代
钱财			
行贿受贿	1880年代	1940年代	1970年代 1950年代 1960年代
挪用	1900年代	1970年代	1950年代 1960年代 1970年代
盗窃	1880年代	1940年代	1960年代 1970年代 1950年代
腐败	1870年代	1940年代	1950年代 1970年代 1960年代
福利			
裙带关系	1870年代	1920年代	1970年代 1960年代 1950年代
庇护	1870年代	1970年代	1950年代 1960年代 1970年代
利益冲突	1970年代	1900年代	1970年代 1960年代 1950年代
权力寻租	1970年代	1870年代	1970年代 1960年代 1950年代
以权谋私	1970年代	1900年代	1970年代 1950年代 1960年代
偏袒	1880年代	1890年代	1950年代 1960年代 1970年代

（续表）

委托代理问题关键词	数值高的十年	数值低的十年	排序，高至低，1950 年代—1970 年代
权力			
滥用	1900 年代	1960 年代	1970 年代 1950 年代 1960 年代
骚扰	1970 年代	1900 年代	1970 年代 1960 年代 1950 年代
处理不当	1970 年代	1940 年代	1970 年代 1950 年代 1960 年代
歧视	1970 年代	1920 年代	1970 年代 1960 年代 1950 年代
误用	1970 年代	1870 年代	1970 年代 1960 年代 1950 年代
信息			
欺诈	1870 年代	1940 年代	1970 年代 1960 年代 1950 年代
瞒骗	1880 年代	1950 年代	1970 年代 1960 年代 1950 年代
误导	1880 年代	1940 年代	1970 年代 1960 年代 1950 年代

委托代理新闻的相对出现率在 1940 年代最频繁地触底，最低点与如下问题相关：行贿受贿、盗窃、腐败、处理不当、欺诈和误导。许多历史研究认为调查性新闻在 1960 年代复兴，但如果参照表中数据仔细研究 1950 年代、1960 年代、1970 年代三个十年，我们会发现一套不同的模式。纵观上述三十年内的排名可以发现：在 1970—1979 年，14 个问题的索引值排行第一；6 个在 1950 年代排行第一，包括浪费、玩忽职守、挪用、腐败、庇护和偏袒。在 21 个问题中只有 10 个问题的索引值符合一些新闻历史专著的观点：即在 1950 年代—1970 年代年间出现频率随时间推移而上涨。

特定关键词相关新闻出现的频率取决于多种因素：某问题

在真实世界中出现的频率；记者作出的选择和他们的调查能力；这些问题受记者调查事项不断变化影响的相对出现率；称呼某种失灵现象的术语发生变化。庇护的索引值在十一个十年间呈现下降趋势，19 世纪 80 年代发起并在其后不断巩固的公务员制度改革[①]可以解释这一趋势。欺诈的索引值则呈现"曲棍模式"：在 1870 年代和 1880 年代处于高位，之后在 1910—1950 年间触底，而后在 1960 年代和 1970 年代又出现增长。1970 年代的上涨可以说是"随大流"，从表 2.1 很容易看出大部分调查主题在 1970 年代都出现了增长。骚扰的数值变化模式不同，从 1870 年起至 1940 年代，其索引值一直保持在较低水准，而到了 1960 年代和 1970 年代则出现急剧上涨。部分原因可能在于民权意识崛起，以及针对美国特定群体免受骚扰的法律保障不断加强。

另一种审视变化的方法是给某个十年间的问题进行排名。表 2.2 向我们展示了三个十年中基于"关键词计数除以一月计数"法得出的索引值：1880（通常是一些委托代理问题索引值峰值出现的时间段），1940（通常是谷值），1970（另一个峰值）。通过对比 1880 年代和 1970 年代的新闻我们会发现某些问题，如欺诈和盗窃，一直处于前列；两个十年间出现较少的关键词是以权谋私和权力寻租（学术界喜欢用这个词语描述特殊利益交易，但是记者不怎么用这个词）。庇护急剧下滑，在 1880 年代排行第一，而在 1970 年代名列第八。这可能要归功于公务员改革的成

---

① 指当时的彭德尔顿法案，主要规定了政府应当根据能力而非政治从属关系录用政府工作人员。——译注

功，政客给支持者安排职位的情况减少。另一个出现下滑的是挪用和偏袒，这可能意味着一些极为恶劣（通常违法）的制度失灵现象在不断减少。相较于1880年代的关注政治，1970年代的记者更加关注民权，关注工作场所的权力行使和关系问题。这可能解释了为何包含关键词歧视和骚扰的新闻出现了相对上涨。水门事件引发的政府改革可能是引发利益冲突新闻上涨的催化剂，在1970年代的委托代理问题新闻中，利益冲突处于中游。

表2.2　委托代理问题索引值排序，在某一个十年内，1870—1979

	1880—1889		1940—1949		1970—1979	
排名	委托代理问题	索引值	委托代理问题	索引值	委托代理问题	索引值
1	庇护	0.49	盗窃	0.13	盗窃	0.20
2	欺诈	0.32	玩忽职守	0.11	滥用	0.18
3	玩忽职守	0.30	浪费	0.09	歧视	0.14
4	盗窃	0.23	庇护	0.08	欺诈	0.13
5	滥用	0.20	欺诈	0.07	浪费	0.08
6	浪费	0.19	歧视	0.04	玩忽职守	0.07
7	腐败	0.12	滥用	0.04	腐败	0.06
8	行贿受贿	0.08	腐败	0.02	庇护	0.04
9	歧视	0.07	瞒骗	0.02	行贿受贿	0.04
10	瞒骗	0.06	行贿受贿	0.02	骚扰	0.04
11	挪用	0.05	误用	0.01	误用	0.03
12	误导	0.04	挪用	0.01	利益冲突	0.03

（续表）

	1880—1889		1940—1949		1970—1979	
排名	委托代理问题	索引值	委托代理问题	索引值	委托代理问题	索引值
13	徇私	0.02	偏袒	0.01	处理不当	0.03
14	处理不当	0.02	处理不当	0.01	瞒骗	0.03
15	管理不善	0.01	误导	0.01	误导	0.02
16	误用	0.01	管理不善	0.01	管理不善	0.01
17	裙带关系	0	骚扰	0	挪用	0.01
18	骚扰	0	裙带关系	0	徇私	0.01
19	利益冲突	0	利益冲突	0	裙带关系	0
20	权力寻租	0	以权谋私	0	以权谋私	0
21	以权谋私	0	权力寻租	0	权力寻租	0

1940 年代中索引项的数值表明，在 1880 年代和 1970 年代两个高峰之间，调查性报道没有消失，而是一直存在。但是许多问题报道的频率确实出现了降低现象，这也解释了为何美国学者在研究全国性杂志和大都市报纸后可能会得出调查性报道曾经在某个时间段消失的结论。在 1880 年代，7 个问题的索引值大于或等于 0.1，16 个大于或等于 0.01。而在 1940 年代，尽管仍然有 16 个大于或等于 0.01，大于等于 0.1 的却只有 2 个。至于新闻中调查性语言，即披露（expose）、调查（investigate）、揭露（reveal）或揭发（uncover）的使用情况，1880 年代和 1940 年代相差不大。

《麦克卢尔》杂志,1893—1929

人们通常将1903年1月出版的《麦克卢尔》杂志看作美国调查性新闻"扒粪时代"的起始。[9] 这份曾经拥有近40万读者的杂志刊登了三篇里程碑式的文章:艾达·塔贝尔的《1872年的石油战争》(*The Oil War of 1872*),该文是她披露标准石油公司文章中的一部分;林肯·斯蒂芬斯的《明尼阿波利斯的耻辱:一座被出卖城市的救赎》(*The Shame of Minneapolis: The Rescue and Redemption of a City That Was Sold Out*),该报道最终收入《城市的耻辱》(*Shame of the Cities*)一书;雷·斯坦纳德·贝克(Ray Stannard Baker)的《工作的权利:"不罢工"矿工的故事》(*The Right to Work: The Story of the Non-striking Miners*)。在随着这三篇文章一起出版的社论中,S. S. 麦克卢尔指出腐败已经渗透至美国人民生活的方方面面:

> 头版文章《明尼阿波利斯的耻辱》可以换个名字,叫作《美国藐视法律》,这个标题同样可以用来命名塔贝尔小姐撰写的标准石油历史,同理,该标题和贝克先生的《工作的权利》也完美契合。三篇文章很好地向我们展示了普遍根植于我们当中的危险。塔贝尔小姐向我们展示了精明的资本家是如何处心积虑地违反法律,又是如何巧妙地利用法律清除一切挡在前面的障碍。贝克先生讲述了工人——资本古老的敌人在抱怨雇主的不法行为时,自己也违反了法律,并为

> 自己开脱的故事。在《明尼阿波利斯的耻辱》中我们可以看到官员们为了自己的利益雇佣恶棍犯罪，而市民们——优良、有着超越平均文化水准的美国人，和诚实、健康的斯堪的纳维亚人，却满足现状，不知警觉。[10]

麦克卢尔提到，市场和政府中违法交易的成本最终会被转嫁到消费者和选民头上。政治经济学家们指出，集中利益相关者（如大资本家、工人领袖和市政官员）将会获得福利，更高的价格和税费则需要大批公众（通常是被动的）承担。为了引发人们对类似交易的警觉，他继续写道："我们最终会付出代价，每一个人都跑不掉。而最终需要清偿的是我们的自由。"[11]

《麦克卢尔》杂志的受众分布全国，这使得它有能力负担针对市政官员的昂贵的调查活动，也有能力出版有争议性的新闻。林肯·斯蒂芬斯文章中的一些事实取材自地方记者的一些报道，他的贡献则是将腐败问题放到地方企业（如想要获得特许权的天然气垄断企业和交通公司）与市政府之间关系出现系统性问题的大背景中去讨论。[12] 其他情况下，《麦克卢尔》的记者也有能力报道地方媒体（与政治机器融为一体）很难登出的丑闻。麦克卢尔为记者提供了时间和资源去创作调查性新闻，每篇新闻成本约为 1 000—4 000 美元（约等于 2013 年的 26 000—104 000 美元）。[13]

正因为受众的关注（由此产生了订阅费用和广告投放收益），全国性杂志才有资源开展调查活动，"扒粪"新闻才能被公之于众。全国性杂志可以在全国售卖，发行商利用获得的关注支撑昂贵的原创报道。虽然获取详细的受众信息非常困难，但是《麦克卢尔》杂志还是发布了一篇题为"基于1917年5月刊数据的〈麦克卢尔〉杂志发行量分布分析"（An Analysis of the Distribution of the Circulation of *McClure's* Magazine Based on the Issue of May, 1917）的报告。[14] 报告指出，1917年该杂志在美国全境的总发行量为542 122份，而根据1910年的人口普查，当时美国的总人口约为9 300万。[15] 杂志的报道使公共政策发生改变，50多万读者的付费阅读使9 200余万没有订阅的公众享受到了"正外部性"。

表2.3展示了哪些人的关注帮助《麦克卢尔》杂志产生了正外部性。美国大城市（人口10万+）的读者承担了杂志发行量的1/3还多（38%），当时这些地区的人口只占美国总人口的20%。61%的人口生活在居民数低于5 000的小城市，这些人却只承担了杂志销量的33%。很多《麦克卢尔》新闻将重点放在城市生活的弊端上，也难怪大城市的读者更加关注。利用《麦克卢尔》1917年的美国人口估数（他们的数据来源是1910年人口普查）和当年发行量数据，我进行计算并得出如下结果：在人口10万+的大城市，每1 000人中流通着10.9本杂志；在人口小于等于5 000的小城市，每1 000人有3.2本；二者之间的中等城市，读者比率的范围在8.5%—8.8%之间波动，读者数量与大城市比较接近。不同地区的发行量占比也有差异。新英格兰的读者占比10%，西部州的读者占比15%，当时两个地区的人口分别只占美国总人口的7%。

表 2.3 《麦克卢尔》杂志发行量，按人口规模和地区分类，1917

	占美国人口百分比	占《麦克卢尔》美国发行量百分比	发行量	每 1 000 人发行量
人口规模				
100 000 +	20. 2	38. 1	206 297	10. 9
50 000—100 000	4. 4	6. 5	35 346	8. 5
25 000—50 000	4. 3	6. 5	35 211	8. 8
10 000—25 000	5. 9	8. 8	47 501	8. 7
5 000—10 000	4. 6	6. 7	36 549	8. 5
少于 5 000	60. 6	33. 4	181 218	3. 2
地区				
新英格兰	7. 1	10. 3	55 910	8. 5
北大西洋	23. 0	27. 5	149 050	7. 1
南大西洋	11. 3	5. 4	29 035	2. 8
南中部	18. 7	8. 7	47 213	2. 8
北中部	32. 5	32. 9	178 358	6. 0
西部州	7. 4	15. 2	82 556	12. 1

新闻奖项，1918—2013

从定义看，新闻获奖者属于离群值。通过审视获奖作品的方式得出的有关新闻行业一般态势的结论是具有误导性的。然而通过分析长期以来的获奖作品，我们可以了解某一特定时期的新闻典型。为了研究调查性报道中的杰出范例，我选取四个不同的奖项，并收集各奖项的获奖者、提名候选人的数据，以及其他有价值的参赛作品数据。我研究了普利策奖中最有可能包含调查性报道的四个奖项：调查性报道奖（Investigative Reporting Awards，始于 1985 年）、地方调查性专门报道奖（Local Investigative Specialized Reporting，1964—1984）、国家报道奖（National Reporting Awards，始于 1948 年）和公共服务奖（Public Service Awards，1918 年首次颁奖）。其他样本则来自调查性报道金匠奖（Goldsmith Prize for Investigative Reporting，1993 年首次颁奖）、调查性报道塞尔顿·林奖（Selden Ring Award for Investigative Reporting，1990 年首次颁奖）、调查性新闻沃斯·宾厄姆奖（Worth Bingham Prize for Investigative Journalism，1967 年首次颁奖）。样本文章共 654 篇。时间跨度为 1918—2013 年。[16] 四个奖项中有三个重点关注报纸和线上新闻，金匠奖则同时囊括了广播新闻和电视新闻。

表 2.4 列举了创作获奖新闻的媒体机构，其中两家媒体脱颖而出。《华盛顿邮报》占比 9%，《纽约时报》占比 8%。如果算上《洛杉矶时报》《费城调查者报》（*Philadelphia Inquirer*）和《西雅图时报》（*Seattle Times*），排名前五的媒体产出了 31%的获奖作品。出现这种现象与城市的大小相关。大都市地区的报纸拥有资源（通常来自广告收入），可以支撑有全国影响的调查活动。媒体机构的所有制结构可能也会影响其投资意愿。《华盛顿邮报》和《纽约时报》都与某个家族关系紧密，前者是格雷厄姆家族（Grahams），后者是索尔兹伯格家族（Sulzbergers），两家媒体长期刊登高质量新闻。二元股票结构让家族可以保留决定权，控制报

纸的走向。在这段时期，《西雅图时报》的控制者是布莱森家族（Blethen），他们向来以乐于投资地方调查报道著称。[17] 营利性媒体《圣彼得堡时报》（*St. Petersburg Times*）曾经被非营利性组织波因特研究所（Poynter Institute）掌控，该研究所拥有大量资源，使报纸能够自由报道公共事务新闻。ProPublica 有 8 篇获奖，这不禁让人称奇，因为这家非营利性线上新闻机构直到 2008 年才成立。

表 2.4　新闻机构获奖分布，1918—2013（数量＝654）

新闻机构	总获奖数	累计百分比
《华盛顿邮报》	60	9.2
《纽约时报》	52	17.1
《洛杉矶时报》	35	22.5
《费城调查者报》	31	27.2
《西雅图时报》	25	31.0
《波士顿环球报》（*Boston Globe*）	22	34.4
《华尔街日报》	21	37.6
《芝加哥论坛报》（*Chicago Tribune*）	19	40.5
美联社（Associated Press）	13	42.5
《迈阿密先驱报》（*Miami Herald*）	13	44.5
《纽约日报》（*Newsday*）	10	46.0
《巴尔的摩太阳报》（*Baltimore Sun*）	9	47.4
《得梅因纪事报》（*Des Moines Register*）	9	48.8
《亚特兰大宪政报》（*Atlanta Journal and Constitution*）	8	50.0

（续表）

新闻机构	总获奖数	累计百分比
《底特律自由新闻报》（*Detroit Free Press*）	8	51.2
ProPublica	8	52.4
《圣彼得堡时报》	8	53.7
《皮卡尤恩时报》（*Times-Picayune*）	8	54.9
《代顿每日新闻》（*Dayton Daily News*）	7	56.0
《圣路易斯邮讯报》（*St. Louis Post-Dispatch*）	7	57.0
6 篇获奖的媒体（2 家）	12	58.9
5 篇获奖的媒体（4 家）	20	61.9
4 篇获奖的媒体（9 家）	36	67.4
3 篇获奖的媒体（15 家）	45	74.3
2 篇获奖的媒体（33 家）	66	84.4
1 篇获奖的媒体（102 家）	102	100

城市规模较大并非创作杰出新闻的必要或充分条件。许多美国大城市的媒体并未出现在上表中（指 7 篇以上获奖）。比如旧金山、休斯敦、凤凰城和圣迭戈的媒体并没有出现在前排，但也有批评者指出原因在于早年普利策奖中存在“偏爱东海岸”现象。[18] 我们可以把目光转向列表下方，2010 年普利策公共服务奖颁给了《布里斯托尔先驱信使报》（*Bristol Herald Courier*），因为其报道了“西南弗吉尼亚成千上万名土地所有者的天然气特许权使用费处置失当”事件。这表明了小城市的媒体一样可以获奖，因为评委会特别关注“超常发挥”的小媒体。[19] 超过 1/4 的奖项颁给了只有一次或两次获奖经历的媒体（包括一些广播站和电视节

目组）。

然而时间一久，许多小型媒体机构不得不因为经济原因放弃调查性新闻。全国性奖项，包括宾厄姆奖、金匠奖、普利策奖和塞尔顿奖，越来越集中在几个顶级媒体机构之中。20 世纪 90 年代，前五名媒体机构（《费城调查者报》7.1％、《华盛顿邮报》6.5％、《纽约时报》5.8％、《西雅图时报》5.8％、《洛杉矶时报》5.2％）囊括了奖项的 30.4％。2000—2009 年，前五名机构囊括了 47.4％的奖项（《华盛顿邮报》16.7％、《纽约时报》12.4％、《洛杉矶时报》8.1％、《芝加哥论坛报》5.4％、《西雅图时报》4.8％）。2010—2013 年，前五名包揽了 41.6％的奖项（《纽约时报》12.5％、ProPublica9.7％、《洛杉矶时报》8.3％、《华盛顿邮报》6.9％、《西雅图时报》4.2％）。

调查性报道获奖作品的性质也在随着时间推移发生变化。表 2.5 列举了 1990—2013 年颁奖时提及的个人和机构数据。一些奖项直接颁发给单一媒体机构，并不会提及任何参与创作的记者的名字（如因揭露加利福尼亚贝尔市腐败事件，2011 年普利策公共服务奖颁给了《洛杉矶时报》）。[20] 另一些奖项则提到了参与者个人的名字——很明显，如果想获奖，团队合作非常重要。在 1990 年代，所有提及个人的奖项中，58％列出了至少两名参与的个体。在 2010—2013 年，这个数字是 61％，这说明在当下，一位记者单打独斗已经不再流行。列出 4 人以上的颁奖占比从 1990 年代的 8％提升至 14％。机构间合作却并非常态，虽然如此，这个数值还是出现了上涨。在 1990 年代，92％的奖项是由单一媒体机构创作，而到了 2010—2013 年，这个数字下滑至 86％。涉及三家媒体机构的数值从1990年代的1%上涨至2010—2013年的11%，部分原因是不同类型的媒体间开展合作，以及非营利性机构为了增加传播而与盈利性实体合作。

表2.5 获奖新闻的创作，1990—2013

	被提及个人数					参与机构数			
	占奖项百分比					占奖项百分比			
时间范围	1	2	3	4+	总奖项数	1	2	3	总奖项数
1990—1999	42.3	40.7	8.9	8.1	123	92.3	6.5	1.3	155
2000—2009	34.1	40.0	18.5	7.4	135	94.1	1.1	4.8	186
2010—2013	38.6	33.3	14.0	14.0	57	85.9	2.8	11.3	71

经费紧张是媒体机构间开展合作的原因，同理，经费问题也是新闻编辑室成员发生变动的原因。2006—2009年，日报新闻编辑室的雇员数量下降了25%（从2006年的55 000人下降至2009年的41 500人）。美国报纸编辑协会（American Society of Newspaper Editors，ASNE）年度普查显示，2000年新闻编辑室雇员数量为56 400人，到2014年下降了40%，变为32 900人。[21] 更年轻、工资更低的记者取代了退休或失业的记者，这种情况引发了担忧，即某些记者可能会因为选择更加稳定的工作而离开，或被低薪记者取代，如此一来，编辑室中将缺少处于职业生涯中期的记者。[22] 表2.6证明了我们确实应该担忧产业内的人才流失情况。1918—2012年，普利策四大奖项（调查性报道奖、地方报道奖、国家报道奖、公共服务奖）中获奖且被提及姓名的个人通常都

处于职业生涯中期，获奖人的平均年龄为40.4岁，提名候选人平均年龄为42.3岁。[23] 超过一半的候选人年龄低于41岁，超过一半的普利策获奖者低于40岁。如果把获奖者和候选人（1980年代开始公开）的年龄每十年作一次比较，你就可以发现调查新闻记者获普利策奖的年龄随时间推移而上升。1980年代，普利策奖获奖者和候选人的平均年龄为37岁。到了2000—2009年，获奖者平均年龄升至44岁，候选人45.5岁。在2010—2012年，获奖者年龄上升至45岁，提名候选人上升至48岁。

表2.6 年龄与普利策奖，1918—2012

	记者获奖时年龄占比（%）								
	25—29	30—34	35—39	40—44	45—49	50—54	55—59	60+	总人数
获奖者	7.0	19.5	25.9	15.7	14.6	11.9	4.3	1.2	185
提名候选人	6.0	16.1	20.2	22.0	11.3	12.5	7.7	4.2	168

	平均年龄			
	获奖者	总人数	提名候选人	总人数
1980—1989	37.4	43	36.9	48
1990—1999	40.8	32	42.2	52
2000—2009	44.1	39	45.5	51
2010—2012	45.0	10	48.0	17

数据显示，普利策获奖者/提名者的平均年龄增长近10岁。在现实中，我们的确可以看到正变得“中空”的编辑室，年轻记者不断取代处于职业生涯中期的记者，调查经验丰富的老记者们则

继续工作，创作出获奖作品。现在的获奖者在职业生涯早期都得到了系统的培训和指导，这是一件幸运的事。而如今缺乏中年获奖记者的事实让我们不禁要问：未来，创作高难度调查性新闻的人才从哪儿来？

普利策获奖/被提名记者拥有更好的前景，他们往往有机会将文章传递给更多受众，并通过出版图书的方式获取额外收入。在获奖/被提名之前，获奖者和候选人平均出版图书的数量近似，[24] 获奖者平均 0.2 本，候选人 0.3 本。具体奖项的情况也类似，如全国报道奖（平均均为 0.3 本）和调查性报道奖（获奖者 0.1 本，候选人 0.3 本）。在获得名誉之后，获奖人和候选人之间的出版量差距就体现出来了。如果你承认获奖者和候选人的作品质量相差（如有）不大，那么前后差距产生的原因可能就是知名度和曝光率的变化。总体上看，获奖者在被授予奖项后平均出版 1.3 本书，而候选人为 0.7 本。真正已出版过图书的获奖者和候选人则差距不大：获奖者平均出版 3 本，提名候选人 2.9 本。但关键在于，36.2%的提名候选人一本书也没出过，而近半数（49.2%）的获奖者都出版过至少一本图书。

作为国会听证会信息来源的媒体，1946—2010

调查记者和编辑协会对调查性报道的定义中有这样的表述：创作对社会影响较大的新信息。记者是否被邀请至国会听证会，或听证会有没有引用某记者的作品，可以反映某一篇报道是否对社会产生了影响。我使用了上述两种情况的数据研究调查记者为特定公共政策作出了什么贡献，以及听证会以记者作为信息来源的做法发生了哪些变化。这些数据只是粗略的测量，因为记者被邀请的原因可能有两种：一种是以调查记者的身份被邀请；也有可能是作为评论员或专栏作者收到邀请。调查性报道的核心是为实质性主题提供新信息，出席听证会也可以看作为公众提供了有价值的新信息。

弗兰克·鲍姆加特纳(Frank Baumgartner)和布赖恩·琼斯(Bryan Jones)开发的“政策议题项目”(Policy Agendas Project)将美国“二战”以来的全国政策辩论划分为19个大类。这个分类系统被广泛用来研究与美国国会法案、国会听证会、总统演说、美国法律甚至最高法院诉讼相关的议题。[25] 政策议题项目将1946—2010年中超过90 000场众议院/参议院听证会进行归类，表2.7就按照政策主题对上述听证会进行了分类。为了将记者参与听证会的情况进行量化表示，我用关键词“新闻工作者”(journalist)、“记者”(reporter)、“通讯员”(correspondent)搜索了ProQuest国会数据库中的听证会数据库，这种方法让我找出了与带有这些头衔的人有关的听证会。同时我也在听证会文献中搜索了关键词“TV纪录片”(TV documentary)和“电视纪录片”(television documentary)，这使我获得了与电视纪录片相关的听证会的数据，该数据可以间接反映某些政策辩论是否提及某些电视纪录片的内容。[26] 我检索了记者多种称谓(新闻工作者、记者和通讯员)的原因在于这些词语的使用频率是不断变化的(1946—2010)。Google Ngram数据显示，在20世纪40年代的美国书籍中这些词语使用频率由高至低的排名是：通讯员、记者、新闻工作者。到了20世纪80年代，情况发生了变化：记者、新闻工作者、通讯员，该频率排名一直延续到21世纪初。[27]

在1946—2010年的90 000余场听证会中，我发现其中有613场听证会邀请了具有“通讯员”“记者”“新闻工作者”身份的证人。将所有听证会的相对分布与邀请媒体证人的听证会数量进行比较后，我们可以发现记者对某些政策领域关注甚少，因此出席相关领域听证会的数量也较少，如宏观经济学政策、农业政策和交通政策领域。但他们是另一些领域的听证会的常客。有关民权、少数民族问题、民众自由的听证会占听证会总数的2.7%，但“通讯员”“记者”“新闻工作者”列席的听证会中，有14.2%为此类。有关法律、犯罪、家庭问题的听证会占听证会总数的4.6%，但媒体列席听证会总数的12.9%涉及这些领域（这些领域是调查性报道的传统聚焦点）。16.3%的媒体列席听证会与国际事务和国外援助有关，但这类听证会只占全部听证会的7.1%。11.4%的媒体列席听证会与政府运作有关，这与调查性报道专注政府机构失灵的传统和有关政府运作的听证会基数较大的现实（政府运作的相关听证会占总听证会数的15.5%）一致。

413场提及关键词“电视纪录片”的听证会中，排名前二的政策领域是“公共土地和水源管理”（14.5%）和“政府运作”（12.8%）。“电视纪录片”在法律、犯罪、家庭问题领域（占被提及听证会的7.3%）和健康领域（8.0%）出现的频率较高，这两个也是调查性记者经常涉猎的领域。因为观众较少或不适合拍摄，有些领域中纪录片的数量本来就较少，因此听证会引用的情况也少，如宏观经济、农业和交通。尽管航天活动经常出现在电视屏幕上，但是有关航空、科学、科技、通信的听证会仅占听证会总数的3.2%，贡献了援引电视纪录片的听证会总数的6.3%。

表2.7　作为国会听证会信息来源的媒体，1946—2010

	占听证会的百分比					
政策议题主题	所有听证会（数量=91 188）	新闻工作者作为证人（数量=218）	记者作为证人（数量=313）	通讯员作为证人（数量=132）	新闻工作者、记者、通讯员作为证人（数量=613）	被提及电视纪录片（数量=413）
宏观经济	3.5	1.4	2.6	0	1.8	1.9
公民权、少数民族问题、公民自由	2.7	20.6	14.4	15.9	14.2	3.9
健康	5.8	3.7	9.0	3.0	6.5	8.0
农业	3.6	1.4	1.3	0.8	1.1	1.7
劳动力、就业、移民	3.8	1.4	5.1	0	3.1	5.8
教育	2.3	1.8	0.6	0	1.0	3.4
环境	4.2	1.8	3.5	1.5	2.8	5.1
能源	4.4	0.9	1.9	0.8	1.5	2.4
交通	4.8	0.5	1.0	0.8	0.8	1.9
法律、犯罪、家庭问题	4.6	7.8	19.2	4.6	12.9	7.3

（续表）

政策议题主题	占听证会的百分比					
	所有听证会（数量=91 188）	新闻工作者作为证人（数量=218）	记者作为证人（数量=313）	通讯员作为证人（数量=132）	新闻工作者、记者、通讯员作为证人（数量=613）	被提及电视纪录片（数量=413）
社会福利	2. 1	1. 8	3. 5	0. 8	2. 6	3. 9
社区发展和住房问题	2. 1	1. 4	1. 6	0	1. 3	2. 7
银行、金融和国内贸易	7. 7	5. 1	5. 8	2. 3	5. 2	4. 6
国防	10. 9	9. 6	6. 4	16. 7	8. 3	5. 8
航空、科学、技术、通信	3. 2	3. 2	2. 6	3. 0	2. 8	6. 3
国际贸易	2. 5	1. 4	0. 6	3. 0	1. 5	1. 0
国际事务和外国援助	7. 1	28. 9	2. 6	25. 0	16. 3	7. 0
政府运作	15. 5	3. 7	13. 4	16. 7	11. 4	12. 8
公共土地和水源管理	9. 2	3. 7	5. 1	5. 3	4. 9	14. 5

（续表）

每十年	按每十年划分的百分比					
	所有听证会（数量=91 283）	新闻工作者作为证人（数量=234）	记者作为证人（数量=348）	通讯员作为证人（数量=149）	新闻工作者、记者、通讯员作为证人（数量=680）	被提及电视纪录片（数量=441）
1946—1949	5. 2	1. 3	4. 6	10. 1	5. 0	0
1950—1959	12. 6	14. 5	16. 4	20. 8	17. 8	1. 1
1960—1969	10. 6	3. 0	12. 1	14. 1	10. 3	12. 2
1970—1979	17. 0	21. 8	37. 1	24. 2	28. 8	32. 2
1980—1989	19. 7	29. 5	18. 1	20. 1	20. 3	27. 0
1990—1999	17. 4	20. 9	10. 1	8. 7	13. 5	23. 1
2000—2009	16. 3	8. 1	1. 7	2. 0	4. 0	4. 3
2010	1. 3	0. 9	0	0	0. 3	0

表 2. 7 也证明了媒体作为公共事务新信息供应源的能力在不断下滑，部分原因在于 2000—2009 年的经济衰退。在调查性报道大量出现的年代，新闻工作者、记者和通讯员列席听证会的次数也越多。在 1950 和 1970 年代，媒体列席听证会的比率较高，1950 年代的听证会占所有听证会的 12. 6%，但是贡献了所有

媒体列席听证会的17.8％。1970年代的听证会占全部听证会的17.0％，然而28.8％的媒体列席听证会出现在这个十年。在1990年代，一个软新闻走俏、公共事务新闻减少的年代，媒体证人被邀请的次数也出现了降低。1990—1999年的听证会数量占总数（1946—2010）的17.4％，但这个十年只有13.5％的媒体列席听证会。这种情况在2000—2009年更加明显，这一时间段美国新闻市场的商业模式彻底崩坏，虽然听证会数量占总数的16.3％，但是只有4.0％的听证会邀请了媒体作为证人。

国会听证会数据也记录了电视纪录片作为信息来源的起伏。[28]1960年代的听证会数量占“二战”后听证会总数的10.6％，占援引电视纪录片作为资料来源的听证会总数的12.2％。之后一段时间援引电视纪录片非常普遍，1970年代占援引总数的32.2％，1980年代为27.0％，1990年代为23.1％。2000—2009年，电视纪录片对公共事务的贡献率出现明显下滑。这一时间段的听证会占总数的16.3％，但只贡献了援引电视纪录片听证会总数的4.3％。

广播电视新闻中的独家新闻和调查新闻，1989—2012

广播电视晚间新闻的功能和内容随着时间不断变化，以迎合受众不断变化的消费需求。在20世纪60年代和70年代早期，三大广播频道播出的晚间新闻和日报类似，新闻简短，旨在让受众快速了解一天内发生的各类事件。地方新闻台不断进步，科技发展使受众足不出户就可以看到来自世界各地的图片，加上网络的出现，这一切都改变了人们每天浏览新闻的方式。这就要求广播电视台寻求突破，打造差异化产品：尝试为新闻提供更多背景知识、提供更加翔实的新闻故事、在新闻中加入更多话题（包括软新闻要素，如犯罪、体育和娱乐）。[29]

从 1968 年开始，范德比尔特电视新闻档案库（Vanderbilt Television News Archive）对广播电视新闻节目作了记录和摘要。[30] 为了研究晚间新闻中的调查性报道，我在该数据库中用关键词“调查新闻”（news investigation）和“独家新闻”（news exclusive）进行搜索。独家新闻一词在 1989 年首次出现，这一年调查新闻出现了 11 次。[31] 广播电视网络在命名时包含这些词语，试图塑造品牌、打造差异化产品（如“ABC 独家新闻”“CBS 调查新闻”）。1989—2012 年，291 则新闻摘要提及了“调查新闻”，272 则提及了“独家新闻”。

我用政策议题项目的分类法对提及上述关键词的新闻摘要进行分类，发现这两个关键词在不同类型的新闻中均有出现。电视晚间新闻的受众是全国人民，所以我们可以理解为何它们关注全国性话题。32.4％提及“独家新闻”的新闻属于国际事务话题，紧随其后的是国防话题，占比是 31.6％。这些新闻通常会邀请高级官员作为嘉宾，而嘉宾也想通过晚间新闻节目与全国的电视观众接触。另一个打着独家旗号的广播电视新闻话题是法律、犯罪、家庭问题，占 13.2％。其中一些新闻与某些一般犯罪行为有关，有些电视节目通过专注某一种犯罪行为打造品牌，增强竞争力。[32] 11.0％属于政府运作（浪费、欺诈、滥用类新闻的典型区域）主题。

摘要中包含“调查新闻”的新闻故事通常与传统调查性报道相关。在带有该关键词的新闻中，19.7%与法律、犯罪、家庭问题相关，其他话题占比为银行、融资和国内贸易（通常和“欺诈”新闻有关）13.7%，政府运作 9.9%，健康 8.8%。有一些故事具有针对全国观众并覆盖全国范围故事的特性，国防话题占 15.1%，国际事务话题占 10.6%。

电视网络从何时开始使用这些关键词？这个问题乍看之下很难回答。“独家新闻”关键词在 2005—2009 年达到顶峰，紧随其后的是 2010—2012 年。“调查新闻”的使用率巅峰分别出现在 2010—2012 年和 1990—1994 年。假设新闻摘要中的关键词在正文中也出现了，那么相较于哥伦比亚广播公司（CBS）和美国国家广播公司（NBC），美国广播公司（ABC）更喜欢采用“调查新闻”和“独家新闻”二词。表 2.8 表明在 1989—2012 年期间的 288 个月中，ABC 每月平均有 0.65 篇标有“调查新闻”，CBS 为 0.24 篇，NBC 为 0.12 篇。同样，ABC“独家新闻”每月平均 0.58 篇，CBS 为 0.28 篇，NBC 为 0.07 篇。总体上看，相较于其他两家媒体，ABC 更偏爱打出“独家”或“调查”的牌子。[33]

广播电视新闻是一种体验商品，它的内容每天都会变化，但是某个节目的主持人能为观众带来与众不同的体验。当节目主持人发生变化，电视台可以借着这段时间重新进行产品定位。这可能包括重新安排节目计划、重新选择话题、重新设计布景、重新搭配图片风格。电视台通常会投入大量资源为主持人造势，突出节目的与众不同，吸引新观众，留住老观众。在 1989—2012 年出现了几次比较大的主持人变动。ABC 曾在 2007 年和 2010 年为新主持人进行了一整年的宣传；CBS则在1994年、2007年和2012年有过同样的运作；NBC只有一次，在2005年。

表2.8的数据表明，在更换主持人后的一年，ABC和CBS更加倾向打出"调查新闻"的招牌。ABC在上述时间段曾经尝试重新安排节目计划、吸引新观众，"调查新闻"的出现次数从每月0.61次上升至每月1.0次。虽然CBS的数量比ABC的少，但在新主持人上任当年，其出现次数也出现了上升，从每月0.21次上升至每月0.47次。关键词"独家新闻"也遵循相似的规律：ABC居首位；如果电视台更换主持人，那么在紧随其后的一段时间内"独家新闻"出现的数量也会上升。更换主持人后的一年，三家电视台的"独家新闻"数量都增加到三倍。ABC的"独家新闻"次数从每月0.5次上升至每月1.5次，CBS从每月0.21次上升至每月0.75次，NBC从每月0.07次升至每月0.25次。尽管调查新闻和独家新闻的成本高昂，但是数据显示电视台愿意为其投资，因为这样做可能会成功打造品牌，吸引更多观众。[34]

表2.8　广播电视晚间新闻中的产品差异，1989—2012

	每月平均提及数					
	调查新闻			独家新闻		
时间	ABC	CBS	NBC	ABC	CBS	NBC
所有月份	0.65	0.24	0.12	0.58	0.28	0.07
旧主持人年月份	0.61	0.21	0.12	0.50	0.21	0.07
新主持人年月份	1.0	0.47	0	1.5	0.75	0.25

结语

本章包含的数据来源于不同世纪、不同地域、不同媒体。这表明虽曾经低谷,但是有关制度缺陷和制度失灵的新闻还是弥漫于美国的历史长河、弥漫于美国的各个角落。本章详述的最新趋势并不能振奋人心。20 世纪 90 年代,英国前五大媒体机构仅仅获得了 30%的调查性新闻奖项,而到了 21 世纪,它们分别包揽了 47%(2000—2009)和 42%(2010—2013)的奖项,这说明优秀的记者越发集中在一小部分媒体机构。在记者职业前景不甚光明的时代,获得调查性报道普利策奖的记者的平均年龄上升了近 10 岁(相较于 20 世纪 80 年代)。这向我们提出了一个问题:在何时、在何处培养下一代专注于报道问责新闻,特别是专注于报道地方机构的记者。尽管现在记者仍然偶尔列席国会,但是相较于 2000—2009 年,20 世纪 70 年代的记者更有可能以信息来源的身份被邀请至众议院或参议院的听证会。

我用来研究调查性作品的数据通常是间接的:与委托代理问题相关的关键词出现数,记者作为证人出席国会听证会的次数,或电视新闻摘要中某一标签关键词出现的次数。在接下来的章节中我将会把目光投向一段更短的时期(1979—2010),研究该时间段内调查记者和编辑协会奖参赛作品的情况。通过深度审视记者讲述的自己和同行进行新闻创作的经历,我可以更加详尽地分析调查记者和编辑时代调查性报道的主题、影响、创作和资金来源。

第三章

故事是什么样的？

2014年第35届调查记者和编辑协会调查性报道颁奖典礼如期举行，507份参赛作品中产生了17个奖项，这些作品向我们展示了一幅幅描绘渎职行为和管理不善现象的图画。扑面而来的数据、文件、访谈证实了社会中存在大量不完善的机构和腐化的人群。这些奖项（按不同媒体类型、不同市场规模分类）落入了各类从事问责新闻创作的机构囊中：《卫报》（美国）、ProPublica、《密尔沃基哨兵报》、《萨拉索塔先驱论坛报》（*Sarasota Herald-Tribune*）、路透社、调查性报道中心（Center for Investigative Reporting，CIR）、美国有线电视新闻网（CNN）、KNBC①、WVUE②、WFAA③和inewsource网站。[1] 在新闻中接受检视的政府机关和项目也包罗万象：美国国家安全局，美国酒精、烟草、枪支和爆炸物管理局（U. S. Bureau of Alcohol，Tobacco，Firearms，

---

① 美国国家广播公司（NBC）旗下机构。——译注

② 隶属福克斯广播公司（FOX）。——译注

③ 隶属美国广播公司（ABC）。——译注

and Explosives)，美国联邦医疗保险处方药计划(Medicare Part D)，加利福尼亚州公共医疗和药物补助制度(California's Drug Medi-Cal program)，圣迭戈郡北部交通系统(San Diego's North County Transit system)和路易斯安那州圣坦慕尼教区法医办公室(St. Tammany Parish coroner's office in Louisiana)。我们从与佛罗里达州银行、孤儿院、南加州旅游巴士、新生儿血液测试相关的新闻中了解到了有缺陷的产品和危险的服务是如何影响人们的生活的。单单一年内的获奖作品就已经展示了美国调查性新闻覆盖面的广度，但这种广度也向我们提出了一个具有挑战性的问题，即我们能否系统性地总结归纳近年来美国出现的调查性报道？

为了回答上述问题，本章提供了一些描述此类新闻的主题的新方法。调查记者和编辑协会的调查性报道的定义——通过原创手法披露某人/机构想要保密的实质问题，将焦点放在了方法、影响和障碍上，而不是重点关注特定主题。[2] 凯瑟琳·格雷厄姆(Katherine Graham)曾经决定公布部分五角大楼文件，在她的鼎力支持下，数百篇水门事件相关新闻顺利出版，而她更加重要的贡献是将调查性报道分为两种类型。奥库安(Aucoin)指出："1974 年，《华盛顿邮报》出版商凯瑟琳·格雷厄姆在一场演讲中对调查性报道进行了分类。第一类是符合广为流传的调查性报道定义的新闻：披露不法行为和官员渎职现象。第二类则'将研究的目光聚焦在系统和机构层面，找出这些系统和机构的真正运作模式：谁在行使权力，谁受益、谁被害'。"[3] 某些记者精通其中一种类型，另一些精通两种。鲍勃·伍德沃德(Bob Woodward)

因与卡尔·伯恩斯坦（Carl Bernstein）共同报道水门事件而声名大噪，《华盛顿邮报》也因此获得了 1973 年普利策公共服务奖。他出版的 18 本书中包括了调查性报道的两种形式：既报道不法行为，也报道了机构——白宫、最高法院、美联储和中情局真正的运作模式。尽管伍德沃德因报道“总统权力”扬名，但他在职业生涯早期就已经展现出撰写有关各级政府机构失灵的新闻的能力。在供职于《邮报》的前九个月里，他创作的头条新闻数量比其他 60 位《邮报》市内员工中的任何一位都要多。在 1976 年出版的编年史《新“扒粪者”》（*The New Muckrakers*）中，莱昂纳德·唐尼（Leonard Downie）详尽地记录了伍德沃德在水门事件前发掘出的丑闻：“超市非法售卖肥肉；药店出售过期、错标的处方药；位于市中心的最昂贵的餐厅违反健康管理条例；医生利用公共医疗补助制度牟取私利；房东和商人违反 1972 年联邦物价和房租冻结规定；古巴贩毒团伙经迈阿密向华盛顿运输毒品；警察局中本应承担监督职责的廉政部门腐败成风。”[4]

在我对记者和编辑的采访中，由于经济方面的原因，他们总是特别强调“少有人讲的故事”。前《华盛顿邮报》主编、哥伦比亚大学新闻学院现任院长史蒂夫·科尔（Steve Coll）指出了两种少有人讲述的故事。第一种情况是对方掌握大量资源，即使不向记者提供任何信息，他们也不会感受到任何压力。这类公司通常是硬茬，如果股东监督力不足，公司管理层通常可以保守秘密。第二种是有关边缘化的人群的复杂报道。记者可以搜集到边缘人群的信息，但是付出的时间和努力与获得的读者关注度不成正比。[5] 莎拉·科恩（Sarah Cohen）在《邮报》工作时获得过普利策奖，她现在担任《纽约时报》计算机辅助报道团队的主编，她持有同样的观点，即有关弱势群体的报道供给不足。同时她指出人们对于隐私的担忧使得与儿童有关的报道发展缓慢；很少有记者对囚犯进行报道；工作场所记者的消失意味着有关失业人群、加油站和百货商店的报道越来越少。[6]

长期担任《西雅图时报》执行编辑的大卫·博德曼（David Boardman）提到"资源有限"常常意味着媒体不会自己开展调查活动，而是跟踪政府开展的调查活动。[7] 这种现象有时会导致记者报道更多与浪费、欺诈和滥用有关的新闻。博德曼指出，在地方电视新闻市场，一些电视台通常会将简单的"盒子里的故事"包装成大型调查性新闻。调查性新闻基金（Fund for Investigative Journalism）执行主席桑迪·贝尔戈（Sandy Bergo）指出，地方电视台记者任务重，这意味着他们更有可能会关注个体而非机构（如揭发"坏医生"的恶行，而不是去投入资源披露医院内存在的系统性问题）。[8] 调查记者和编辑协会执行主任马克·霍维特（Mark Horvit）评论说，因为专线记者数量下降，与很多主题相关的调查新闻的数量也出现下滑。[9] 大都市的报社曾经会指派一名"挖掘手"和一名"常驻人"驻扎在市政厅，而今天这两个职业可能已经消失了（专注于住房问题、环境问题、州政府问题的专线记者可能也消失了）。《新闻与观察者》（*News & Observer*，北卡罗纳州罗利市）调查记者约瑟夫·内夫（Joseph Neff）指出，当代大都市日报缩减边缘主题报道的战略使得某一领域都不再有记者报道，因为上述领域的专线记者遭到裁撤。[10]《华盛顿邮报》前主编菲尔·贝内特(Phil Bennett)指出，除非记者愿意花费时间和精力在机构内部培养信息源，否则如果只研究文件，很多违法行为将继续保持无人知晓的状态。[11]

上述访谈构建了多种研究美国调查性报道内容的方法。我们可以作以下对比：地域对比（这里对比那里），时间对比（现在对比当时），媒体对比（这家对比那家）以及问题发生与实际报道对比（理想对比现实）。根据上述模式研究调查性新闻的专著较为罕见，因为类似书籍需要作者构建分类系统、收集样本文章、投入大量资源展开分析。[12] 尽管记者经常说由于经济因素制约，调查性报道创作受到影响，但是长期以来调查记者挖掘出的新闻形成的数据，还是为比较提供了可能。

本章中我以调查记者和编辑协会奖竞赛的调查新闻类参赛作品为数据基础，展示了问责新闻的主题如何根据不同媒体、不同市场规模产生相应变化。纵观各类型的媒体机构，可以发现大家普遍关注的话题——接近1/4的新闻与法律、犯罪和家庭问题相关。除此之外，不同的媒体类型、不同的地域、不同的受众规模将会导致不同主题的调查性报道出现。我发现报社更加喜爱报道机构运作，电视媒体更喜爱报道交易中的行为，如欺诈；广播和非营利性机构热衷于报道其他类型媒体较少涉足的话题；杂志和图书偏向全国性问题，聚集小众受众的注意力，报道特定主题；发行量较大的报纸偏爱报道委托决策系统失灵，涉及的地域广泛。

这些报道主题的差异非常重要，因为它可以影响各类媒体的收益。受众的地理范围和规模大小最终决定了媒体报道哪些新闻。本章将找出不同媒体类型、不同市场范围、不同受众规模下的调查性报道出现的模式，分析哪种新闻面临危险。

调查记者和编辑协会奖竞赛

调查记者和编辑协会成立于1975年，旨在支持调查性作品创作，该协会很早就开始了经典报道的收集和归档工作。调查记者和编辑协会自1979年开始举办调查性作品年度比赛，记者每年向调查记者和编辑协会寄送作品和解释如何创作作品的调查问卷/信件。为了传播故事、分享方法、扩大影响，调查记者和编辑协会开始出版图书，每一年名列前茅的参赛作品都会被收入其中。[13] 截至1990年，调查记者和编辑协会的保罗·威廉姆斯纪念资源中心(Paul Williams Memorial Resource Center)已经将5 300篇新闻归档并编入索引。为了鼓励记者使用该中心的资源，调查记者和编辑协会出版了《调查记者资料索引》(*The Investigative Journalist's Morgue*)，该书将新闻故事用一句话总结并按索引归类，同时给每篇新闻编了号。该书的引言中写道：

> 记者如同公共侦探。他们开展调查活动，打通交流的渠道。他们挖掘文档，跟踪信息源，厘清隐藏其中的系统……我们将报纸、杂志、广播、电视中出现的最优秀的调查性新闻编纂成册，记者大可不必“白手起家”……本书收录了资源中心中的文档，旨在为从事调查新闻创作、寻找类似案例、观摩

他人方法者，抑或单纯想要浏览者提供便利。[14]

在前互联网时代，记者可以利用该书找到某一主题（如教育），之后通过打电话或书面申请的方式获得文献，并向调查记者和编辑协会支付复印和运输费用。截至1990年，调查记者和编辑协会一直将该索引当成计算机数据库使用。在描述如何充分利用该资源时，《索引》一书提到：

当你写信或打电话给我们时，我们可以根据你的需求搜索数据库，并找出有关该主题的最新文献。我们也可以按关键名称、关键日期、关键短语查找相关文献。我们尽量选择常用的词汇作为索引词和“参看”/“也可参看”条目用词。但是和其他索引一样，我们一定没有收录某些你习惯使用的单词，所以在使用过程中，请发挥想象力。如果你仍然没有找到相关主题的文献，请联系我们，我们可以一起进行头脑风暴活动，找出该文献。[15]

从2012年开始，调查记者和编辑协会奖竞赛调查表发布在了网上，并按照调查记者和编辑协会资源中心给出的索引进行了分类。[16] 我在分析美国本土媒体机构时引用的数据来自1979—2010年调查记者和编辑协会奖竞赛的参赛作品，它们由调查记者和编辑协会提供，文件是PDF格式。我认为这12 700篇新闻代表了调查记者和编辑协会时代最优秀的美国本土调查性报道。[17] 对问卷进行关键词搜索，使我得以构建与新闻的主要发现、新闻的影响、新闻产生的原因、新闻的创作特点（包含文件引用次数、援引《信息自由法》请求获取信息的次数、完成调查活动的时间）相关的变量。在使用关键词搜索后，研究助理会阅读文献节选，减少误报。比如对于关键词“浪费”（waste），研究助理将会挑选出与政府或机构浪费资源相关的文献，剔除有关“有毒废弃物”（toxicwaste）的文献。

但这幅描绘问责新闻的图画并不完美，原因有几个方面。基于关键词搜索获得的数字很可能会低于问题或相关问题报道出版的真实次数，因为记者在描述某种现象时，可能并不会选用特定关键词。比如一则新闻可能谈及腐败问题，但是记者可能会在新闻中只使用“付钱”（payoff）一词，因此本篇新闻就不会被计数。一些重要的调查性报道并不会出现在调查记者和编辑协会奖竞赛中，因为调查记者和编辑协会曾经由于“利益冲突”拒绝了一些有关调查记者和编辑协会董事会成员和调查记者和编辑协会奖竞赛结果的调查性新闻参赛。调查记者和编辑协会奖调查表的措辞也可能会影响我对趋势的衡量。1992 年调查表新增“使用了哪些数据库”问题，1994 年问卷新增“是否援引《信息自由法》请求获取信息”问题，此举措很可能让记者更倾向于上报相关数据。我的数据也并非来自对美国新闻、美国调查性报道的随机抽选，因为只有当记者主动选择提交参赛作品时，才会被收录至调查记者和编辑协会奖数据库。最后一点，记者可能会通过夸大调查活动的困难性和其作品的影响力的方式来打动评委。虽说如此，调查表的存在和经验丰富的评委还是可以抑制某些记者“自卖自夸”的倾向。总体上看，调查记者和编辑协会奖竞赛数据库中收录了美国最努力的调查记者的作品，可以帮助我们研究调查新闻在不同时间、不同媒体、不同地域中所呈现出的趋势。

表 3.1 调查记者和编辑协会奖参赛作品(数量＝12 440)中排行靠前的主题

主题	频率	主题	频率
汽车	155	住房	219
商业	195	保险	103
竞选经费	143	心理健康	126
儿童	326	军事	326
市政府	246	非营利性机构	124
大学	116	警察	425
法院	133	政治	156
犯罪	341	污染	128
刑事司法制度	251	监狱	219
医生	132	房地产	120
毒品	242	宗教	107
教育	314	学校	109
环境	167	性侵犯	101
联邦政府	184	体育	188
欺诈	369	州政府	282
医疗保健	277	税	110
医院	114	恐怖主义	144
		交通	168

每篇调查记者和编辑协会奖参赛作品都会被归入某一主题大类。1979—2010年美国的参赛作品被分别录入近290个大类。表3.1列出了35个至少包含100篇新闻的主题。从表格中我们可以看出调查性新闻经常涉足的领域是政策问题和公共机构。牵涉相关政策议题与传递有关商品和服务的机构的主题通常集中在一起，形成集群，如"医疗保健"集群（如医生、医疗保健、医院、心理健康），"犯罪"集群（如法院、犯罪、刑事司法制度、警察、监狱）和"教育"集群（如大学、教育、学校）。调查记者和编辑协会有时会按照"交易类型"对新闻进行分类，所谓的交易类型通常包含委托决策受到破坏、产品市场中的信息问题、一段关系中滥用信任的问题，如新闻主题大类中存在的"欺诈"和"性侵犯"。购买前难以判断质量的商品也会被用来作为主题名称：汽车（155），保险（103），房地产（120）。数据库中出现最频繁的主题，即包含至少300篇新闻的主题有：警察（425），欺诈（369），军事（326），儿童（326）。由于调查记者和编辑协会奖竞赛的参赛作品来源包含地方媒体和全国性媒体，这些主题出现地域差异也是理所当然的。一些主题是全国性的（如军事和恐怖主义），一些是州一级的（如监狱和大学），还有一些是地方性的（如学校和警察）。同时，调查记者和编辑协会也会根据新闻报道的政府级别进行分类，州政府中有282个调查项目，紧随其后的是市政府（246）和联邦政府（184）。

表3.2按照参赛者所属类型、媒体类型、媒体规模和年代归纳了调查记者和编辑协会奖的参赛作品。由于参赛新闻并非1979—2010年美国报道中随机抽取的样本，所以我并不能以此

表为据总结这段时间内问责新闻的发展趋势。例如,我并不知道某一类媒体中的记者是否比另一类媒体中的记者更加偏爱向调查记者和编辑协会投稿。然而如果你认为调查记者和编辑协会参赛作品能够代表最优秀的调查性新闻,那么你就可以利用表 3.2 中的数据得出一些结论。参赛者所属类型中的频率计数表明调查记者和编辑协会奖参赛作品的来源极为广泛。1999 年新加入的“在线”类〔在线非营利性新闻组织如公共诚信中心(Center for Public Integrity)、ProPublica〕说明调查记者和编辑协会奖正在不断适应媒体市场出现的新变化,并不断细化分类。[18] 比较流行的有关调查性报道的讨论通常将重点放在报纸刊登的新闻上,其原因从表中可以看出。报纸中的参赛作品占调查记者和编辑协会奖参赛作品总数的一半以上(56.3%);超过 1/4 来自电视;很少的一部分来自广播(1.5%)和图书(2.0%);关注小众群体和全国性问题的杂志则承担了 10%的参赛作品。

表 3.2　按参赛者所属类型、媒体类型、媒体规模和每十年分类的调查记者和编辑协会奖参赛作品

	频率	百分比
参赛者所属类型(数量=12 502)		
发行量 75 000 + 的报纸(1979—1993)	1 914	15.3
发行量低于 75 000 的报纸(1979—1993)	933	7.5
发行量低于 100 000 的报纸(1994—2010)	827	6.6
发行量 100 000—250 000 的报纸(1994—2010)	1 274	10.2
发行量 250 000 + 的报纸(1994—2000)	599	4.8

（续表）

	频率	百分比
地方发行周报（1998—2010）	441	3.5
发行量 250 000 + 的报纸或通讯社参赛者（2001—2002）	202	1.6
发行量 250 000—500 000 的报纸（2003—2010）	451	3.6
发行量 500 000 的报纸或通讯社参赛者（2003—2010）	397	3.2
小型电视市场（1979—1983）	43	0.3
大型电视市场（1979—1983）	62	0.5
市场排名前 20 的电视台或电视网（1984—1991）	452	3.6
市场排名前 20 以外的电视台或电视网（1984—1991）	328	2.6
市场排名前 20 以外的电视台（1992—2010）	809	6.5
市场排名前 20 的电视台（1992—2010）	922	7.4
广播电视网和联合有线电视网节目（1992—2010）	926	7.4
图书（1984—2010）	252	2.0
广播（1979—2010）	184	1.5
杂志（1979—1992）	425	3.4
杂志和专业刊物（1993—2010）	789	6.3
在线（1999—2010）	272	2.2
媒体类型（数量＝12 502）		
报纸	7 039	56.3
电视	3 542	28.3

（续表）

	频率	百分比
图书	252	2.0
广播	184	1.5
杂志	1 213	9.7
在线	272	2.2
媒体规模(数量＝9 213)		
小型报社	1 760	19.1
中型报社	1 725	18.7
大型报社	3 112	33.8
小型电视台	1 180	12.8
大型电视台	1 436	15.6
每十年(数量＝12 216)		
1980 年代	2 773	22.7
1990 年代	4 311	35.3
2000 年代	5 132	42.0

调查性报道成本高昂，在创作过程中需要投入大量固定成本，如搜集文献、整理并分析数据、进行大量采访、不断摸索调整角度以挖掘观点。大型媒体机构的受众庞大，可以分担成本，因此大型媒体机构可能更倾向于从事此类报道。如果仅仅审视报社和电视的调查记者和编辑协会奖参赛作品，那么你很容易发现大型报社创作了更多的调查性报道。大型报社创作了报纸和电视新闻总数的约 1/3(33.8%)，小、中型报社(基于发行量)产出的数量类似：小型报社 19.1%，中型报社 18.7%。在参赛新闻

电视大类中，调查记者和编辑协会主要根据电视市场的大小划分类别。处于美国地方电视台市场前20的电视台制作的新闻占报纸和电视参赛新闻总数的15.6%。请注意在1979—1991年，本大类也包括全国广播电视和有线电视节目。广播和有线电视网络可以将调查性报道的成本分摊至更广的受众群体，位于大都会地区的地方电视台也可以做到这一点，所以它们制作调查新闻并不会让人感到奇怪。排在大型都市市场下面的约180个地方电视市场产出了参赛新闻的12.8%。我们可以从调查记者和编辑协会奖投稿作品所呈现的时间趋势看出过去三十年间人们对于问责新闻的热情。尽管2008年出现了萧条，调查记者和编辑协会奖参赛作品数量呈现断崖式下跌，但在1980—2009年，参赛作品的数量每十年都会出现增长。

为了能得出更有概括性的结论，我根据政策议题项目的《纽约时报》新闻索引缩减了调查记者和编辑协会奖新闻主题的数量。[19] 近1/4的新闻被划到"法律、犯罪和家庭问题"类——这一类别里包括经常出现的调查记者和编辑协会奖主题是：儿童、警察、监狱。其他占比在10%左右的有"银行、金融和国内贸易"类(10.2%)，"健康"类(9.9%)，"州、地方政府行政机关"类(9.5%)。上述四类主题占据了这一时期调查记者和编辑协会奖参赛作品的一半以上。其中的许多新闻都与州和地方的政策执行问题相关，也难怪许多参赛作品出自报道地方事务的地方性媒体机构(见下文)。占比适中(即5%左右)的主题有教育、环境、交通和(联邦)政府运作。并未产出多少调查性报道(即占比小于等于1.5%)的类别有：宏观经济、公民权/少数民族问题/公民自由、农业、能源、航空/科学/技术/通信、公共土地和水源管理、天气和自然灾害、艺术和娱乐、教堂和宗教。

在分析美国调查性报道主题分布时有一个关键性的问题:“相对于什么?”表 3.3 将调查记者和编辑协会奖参赛作品与 5 种全国政策辩论〔国会听证会、记名投票、美国公法、最高法院案例和《国会季刊》(*Congressional Quarterly*)文章〕讨论的问题进行对比,试图回答上述问题。政策议题项目将听证会、投票、法律、案例和文章分为 19 个政策领域。对于 1980—2009 年这个时间段,我能够将调查记者和编辑协会奖参赛新闻在这些政策领域的分布与政策议题项目政策行为的分布进行对比。这意味着我要将参赛新闻归类至各主题大类中:如“州、地方政府”类。被归类至“健康”的调查记者和编辑协会奖参赛新闻很可能具有地方性质,如某一地方媒体对某一家特定医院进行报道,而不是对全国医院进行整体报道(经常如此)。但从总体上看,我可以将调查性报道覆盖的主题与政策制定过程中讨论的主题进行对比,因为调查记者和编辑协会奖参赛新闻也关注了政策议题项目关注的问题。

相较于调查记者和编辑协会奖参赛新闻,美国国会听证会更偏好国际事务和外国援助(占听证会 8.8%,占参赛新闻的 2.2%)、联邦政府运作与公共土地和水源管理。这与参加调查记者和编辑协会奖竞赛的媒体机构具有地域局限的特性是一致的,因为这些媒体更倾向于服务地方/区域性受众,而非全国性受众。众议院和参议院中记名投票更加偏好宏观经济(占投票议案的 7.5%,占参赛新闻的 1.5%)、国防和政府运作。近 1/4 的记名投票议案与联邦政府的运作相关,对比之下调查记者和编辑协会奖参赛新闻中只有6.2%与该主题相关。最高法院案例的分布与调查性报道讨论的问题差异显著，因为法院的关注点是公民权、少数民族问题和公民自由。与该大类相关的案例占最高法院诉讼事件总数的15.3%，与之形成对比的是参赛的调查新闻中仅有1.8%与该大类相关。调查记者和编辑协会投稿作品的重点关注对象是法律、犯罪和家庭问题（占与全国性问题相关的政策领域新闻的27.2%），与听证会（5.6%）和记名投票（4.9%）的关注点有巨大的不同。但上述问题也是最高法院诉讼事件表的焦点：逾1/3（34.9%）的案例与法律、犯罪和家庭问题相关。小众媒体《国会季刊》旨在满足对国家治理感兴趣的人群——媒体职员或说客的信息需求。相较于调查记者和编辑协会奖参赛新闻，《国会季刊》更加偏爱国会听证会和记名投票议案讨论的主题，如联邦政府运作与公共土地和水源管理。

表3.3 政策议题领域，1980—2009，调查记者和编辑协会奖参赛新闻对比5种全国政策辩论

（单位：%）

政策议题领域	调查记者和编辑协会奖参赛新闻	国会听证会	记名投票议案	公法	最高法院案例	《国会季刊》文章
宏观经济	1.5	3.9	7.5	1.4	1.7	6.4
公民权、少数民族问题和公民自由	1.8	2.2	3.2	1.0	15.3	3.7
健康	11.4	7.9	4.3	6.9	2.8	6.3
农业	1.6	3.1	3.1	2.8	0.4	3.3

（续表）

政策议题领域	调查记者和编辑协会奖参赛新闻	国会听证会	记名投票议案	公法	最高法院案例	《国会季刊》文章
劳动力、就业和移民	3.5	4.0	4.2	2.5	9.3	4.3
教育	5.5	2.7	3.3	3.3	1.3	2.7
环境	6.1	5.4	2.6	3.7	2.1	6.0
能源	1.2	4.3	2.2	1.9	1.8	3.5
交通	5.6	4.4	3.7	3.7	2.2	4.3
法律、犯罪和家庭问题	27.2	5.6	4.9	5.4	34.9	5.7
社会福利	2.0	2.3	2.9	1.7	1.1	2.5
社区发展和住房问题	4.9	2.1	1.7	1.2	0.8	1.7
银行、金融和国内贸易	11.8	8.7	4.0	4.8	11.0	7.4
国防	5.9	8.5	11.2	6.5	0.9	9.4
航空、科学、技术、通信	1.3	4.1	2.2	2.2	1.9	3.3
国际贸易	0	3.0	2.3	1.7	0.6	3.2
国际事务和外国援助	2.2	8.8	8.1	5.3	0.7	5.4
政府运作	6.2	12.0	23.1	25.3	6.9	15.4
公共土地和水源管理	0.6	6.9	5.4	18.7	4.2	5.6
总数量（篇）	10 278	49 114	22 075	7 853	3 638	6 147

注：在判断调查记者和编辑协会奖参赛新闻的政策议题领域分布是否与听证会、投票、公法、法院案例和文章分布无关的卡方检验中，0.01 即为统计学显著。

调查记者衡量政府机构/项目成功与否的一个方法是看某项政策的实施情况有没有达到预计的目标，“既定目标”通常来自立法语言和规章制度。调查性报道在“执行结果”和“预期结果”之间寻找一致的现象也许可以解释为何调查新闻在上表中的分布与一些公法的分类类似。我们假设在每个政策议题项目大类中，违反法律行为出现的概率是一样的，且调查性报道只是如实地反映了出现的问题，那么公法议题和记者针对机构的新闻报道之间出现重叠就并不会让人讶异。表 3.3 表明，参赛新闻和公法议题在很多政策议题大类中的百分比都较为近似（在两个百分点之内）：宏观经济、公民权、农业、劳动力、教育、能源、社会福利、国防、航空/技术。其他主题中存在中度差异：参赛新闻偏好健康和环境，而国会通过的公法偏好“国际事务和外国援助”。

其中四个大类出现了较大不同，这说明美国最优秀的调查性报道的主题与美国公法要解决的问题之间出现了显著差异。（通常）地方性调查新闻在超过 1/4 的时间内都在重点关注法律、犯罪和家庭问题，而国会通过的法律中只有 5.4%与该类型问题相关。调查记者和编辑协会奖参赛新闻中的重点还有银行、金融和国内贸易（11.8%），相比之下联邦立法对该问题的关注度要小不少（4.8%）。国会负责批准项目并决定拨款额度，鉴于此以下比例就不足为奇了：25.3%的公法议题关注联邦政府运作问题，18.7%关注公共土地和水源问题。上述两个主题占联邦法律议题的 44%，但只有 6.8%的调查报道与之相关。在对调查新闻和公法的大类分布之间是否存在不同进行检验后，我认为关于“不同政策大类分布相同”的假设是错误的。在 1980—2009 年间，调查作品涉及的主题与国会通过的法律的主题分布并不相同。[20]

记者决定创作有关哪一主题的调查性报道牵涉许多经济因素：受众的兴趣；出售给广告主的受众地理分布的共性与新闻中出现机构的政治和经济疆域；其他竞争者的新闻；挖掘故事的成本；故事的讲述方法和某一种媒体具备的比较优势。表3.4表明上述因素使得不同媒体的调查性作品呈现不同的模式。[21] 本章的分析以政策议题项目的《纽约时报》新闻索引为据，探索了调查记者和编辑协会奖参赛新闻的大类分布如何因媒体不同而产生差异。

表3.4显示报纸有关法律、犯罪、家庭问题主题的新闻占比最高(25.1%)，电视紧随其后(24.1%)。[22] 杂志和线上机构更倾向于关注全国性问题，法律、犯罪和家庭问题主题的新闻占比较小(15.7%)。相较于全国性媒体机构，报纸中“国防”主题的调查性报道较少(3.8%的报纸参赛作品)。报纸中关注州、市级政府机构的新闻占比最高(11.6%，与在线类不相上下)。

电视新闻除了关注犯罪外，其对交通(8.3%)的关注也在平均水平之上，包括汽车、航空、机场等主题。电视台(主要是地方性电视台)也重点关注银行、金融和国内贸易新闻(12.2%)。受众对伪劣商品和诈骗公司的兴趣浓厚，因此电视台乐于报道相关主题：银行、商业、欺诈、保险、股票和证券。相较于报纸，电视媒体不太关注州、地方政府运作(占电视新闻的8.0%)或联邦政府运作(3.0%)。广播，主要是公共电台，更加偏爱能够聚拢可靠的受众群体的主题：健康(占广播调查新闻的14.8%，总体的9.9%)和环境(占广播的8.5%，总体的5.2%)。在线机构(包括不大会关注地方性问题的在线非营利性新闻机构）的特点突出，它们更加倾向于报道有关政府的话题和其他全国性话题。国防（10.1%）和联邦政府运作（11.0%）在在线机构的报道中出现最多，它们对州、地方政府运作（11.6%）报道的关注与报纸不相上下。

表 3.4　不同政策议题领域/关注点的调查记者和编辑协会奖参赛作品百分比，按媒体类型分类

	报纸	电视	图书	广播	杂志	在线	总体
政策议题领域（数量=12 171）							
宏观经济	1.6	0.8	1.2	0.6	0.8	1.1	1.3
公民权、少数民族问题和公民自由	1.3	1.6	2.0	1.1	2.9	0.8	1.5
健康	9.4	10.8	10.2	14.8	9.0	9.7	9.9
农业	1.2	1.6	1.6	2.3	1.5	1.1	1.4
劳动力、就业和移民	3.3	2.5	2.0	5.1	3.1	2.6	3.1
教育	5.3	3.5	1.2	3.4	4.9	1.9	4.6
环境	5.3	5.4	5.3	8.5	3.9	3.0	5.2
能源	1.1	1.0	2.5	1.1	0.9	1.1	1.1
交通	3.7	8.3	1.6	4.6	2.4	3.4	4.8
法律、犯罪和家庭问题	25.1	24.1	23.3	21.0	15.7	15.7	23.6
社会福利	1.9	1.5	0	1.7	1.7	1.1	1.7

（续表）

	报纸	电视	图书	广播	杂志	在线	总体
社区发展和住房问题	5.3	3.0	0.8	3.4	2.2	1.1	4.1
银行、金融和国内贸易	8.4	12.2	8.2	5.1	15.5	15.0	10.3
国防	3.8	6.4	9.4	4.0	7.8	10.1	5.2
航空、科学、技术和通信	0.6	0.9	4.5	0.6	3.2	4.1	1.1
国际事务和外国援助	0.9	2.4	6.5	2.8	5.3	1.5	1.9
政府运作	5.6	3.0	6.5	8.5	9.0	11.0	5.3
公共土地和水源管理	0.7	0.3	0	0.6	0.5	0	0.5
州、地方政府机构	11.6	8.0	3.3	8.5	3.2	11.6	9.5
天气和自然灾害	0.6	0.3	1.2	0.6	0.3	1.1	0.5
艺术和娱乐	0.2	0.2	1.6	0.6	3.6	0.8	0.6
体育和休闲	2.4	1.0	3.3	1.1	1.9	1.9	1.9
教堂和宗教	1.0	1.4	3.7	0	0.9	0.4	1.1
关注点（数量=12 190）							
机构	43.3	36.2	28.1	35.4	30.8	31.8	39.4
问题	52.2	55.6	70.7	59.6	65.6	61.0	55.1
交易	4.5	8.3	1.2	5.1	3.7	7.5	5.6

注：在检测政策议题领域和关注点是否独立于媒体的卡方检验中，0.01 即为统计学显著。

杂志和图书的受众可能遍布全国(有时遍布世界)，这一特性使它们有能力扩大或者缩小其关注点。一家媒体报道全国性新闻的举动可以吸引全国范围内对国家政治和政策感兴趣的受众。同时，某些媒体在全国发行的特征使其聚集小众受众成为可能，媒体机构可以将受众的注意力出售给广告主，通过收取订阅费的方式出售新闻，或者将信息归拢成书供消费者购买。相较于其他大多数媒体机构，杂志更有可能去关注国家性事务如国防(7.8%)和联邦政府运作(9.0%)，同时其艺术和娱乐新闻占比最高(杂志参赛作品占比3.6%，相较于总体的0.6%)。图书通常关注覆盖广阔地域的主题，如国防(9.4%)与国际事务和外国援助(6.5%，对比所有参赛作品的1.9%)。图书中的航空、科学、技术和通信大类占比最高(4.5%)，这与图书能够聚拢关注某一主题但分布分散的受众有关。同理，其他媒体不大会关注的教堂和宗教主题在图书参赛作品中出现的比率最高(3.7%)。

表3.4向我们展示了另一种调查记者和编辑协会奖参赛作品的分类方法，即按照机构、问题、交易划分。机构包括公共和私营机构、系统，如机场，银行，刑事司法体系和市、郡级政府。问题则包含一大批主题，如：酒精、动物、纵火、艺术、石棉、汽车、航空。交易包括以下主题：利益冲突、腐败、欺诈、骚扰。每家媒体中超过一半的新闻都会与某一个问题相关，这就是定位。不同媒体机构的新闻模式截然不同，报纸的最爱是调查地方机构，因为地方受众关注本地机构。最不具有地域性的媒体——图书——中有关机构的故事的百分比最低(28.1%)。与之形成对比的是图书

中与问题相关的参赛作品所占的百分比最高(70.7%)，部分原因是图书具有聚集不同州甚至不同国家的读者的能力，图书销售可以抵消调查成本。电视节目通常被认为是满足娱乐需求的媒体，如果观众觉得硬新闻不好看，他们会立刻换台，电视中关注交易(调查活动中发现的特别坏的、特别无法无天的行为)的新闻最多。8.3%的调查记者和编辑协会奖电视参赛作品与交易有关，如欺诈主题的新闻，在线媒体(YouTube、脸书和推特也面临着满足娱乐需求的压力——如果不满意，受众会立刻换网站)紧随其后(7.5%)。

调查性报道面临的一个挑战是判断某一个机构内的委托决策权是否出现问题。因为很难知晓代理人如何权衡工作、钱财、福利、权力和信息，所以机构会出现系统性失灵。我利用第二章中的委托代理问题列表中的关键词搜索了调查记者和编辑协会数据库，借此研究记者如何报道机构失灵。

我发现欺诈(与不提供准确、充足的信息有关)主题的新闻最为普遍。近7%的参赛作品涉及某些形式的欺诈。涉及滥用(通常与对资源和人行使权力有关)的作品占所有投稿的5.4%。腐败(金钱流动影响决策)主题的新闻出现率为4.4%。对人群的风险(比如产品质量问题引发的风险、工作场所潜在的风险、影响公共卫生带来的风险)主题的新闻出现率为5.7%。综观搜索结果，我认为问题出现率与媒体类型无关的假设是不正确的。不同媒体中某一问题的出现率各有不同。少数问题(歧视、风险、性侵犯、性骚扰)在各类媒体中的出现率相似，除此之外，大多数问题(某一些)会经常出现在某一特定媒体。

在报道委托代理问题新闻方面，报纸和电视较为类似，但电视更加喜爱发掘具有娱乐性和轰动效果的新闻。最大的不同是报道关于欺诈的新闻的比率，电视是9.4%，报纸是6.2%。电视节目喜爱报道有缺陷的消费品和服务。报纸则更加关注(公共)机构，其新闻报道不像电视台那样乐于制造轰动：关于处理不当的报道占报纸新闻的2.6%，电视新闻的1.5%；关于误用的报道占报纸新闻和电视新闻的比率分别是1.8%和0.9%；关于利益冲突的报道的占比是1.9%和1.0%；关于玩忽职守的报道的占比是3.2%和2.3%。电视报道更倾向于关注违法行为，如盗窃(电视参赛作品的2.7%，报纸参赛作品的1.4%)。有关政府机构运作的新闻，如腐败，更多地出现在报纸中(5.1%参赛作品)，相较于电视节目(3.1%)而言。

在腐败类故事方面，图书作品数量排行第一：7.9%的图书与此类主题相关(通常与政府机构有关)，占参赛作品总数的4.4%。图书迎合小众受众，从而创建跨地域的可靠收益来源的属性使得其更多地报道有关不公正的新闻(1.6%，与广播并列第一)。发掘有关瞒骗的故事需要大量时间，这也解释了为何此类基于信息的问题在图书中出现最多(3.6%)。广播(通常是非营利性机构的领域)通常关注报纸和电视等盈利性机构较少关注的问题。相较于其他类型媒体，广播在涉及歧视(2.2%)、不公正(1.6%)、性骚扰(2.2%)方面的新闻数量排行第一。杂志的调查性报道比较特殊，因为它不太关注委托代理问题。除涉及歧视的新闻外，杂志关于所有其他问题的新闻数量都低于参赛作品的总体平均水平。在线新闻网站的投稿中有关欺诈(9.2%)和盗窃

（2.9%）的作品数量远高于平均水平，和电视类似，网络新闻也比较注重娱乐效果。在线类作品数量在风险主题的新闻中排行第一，8.5%的在线网站参赛新闻与消费者、工人、居民面临的风险有关。

表3.5将1994—2010年调查记者和编辑协会奖参赛新闻的主题按照媒体规模分类，该时间段内参赛媒体的规模相对稳定。不论规模大小，所有媒体有关法律、犯罪和家庭问题的参赛新闻约占参赛作品总数的1/4。但是除此之外，不同政策议题领域新闻的分布取决于媒体规模。健康类新闻的数量随媒体规模增长而出现上升：从小型报社的6.9%增长至大型报社（包含通讯社作品）的11.9%。大型电视市场中健康主题的新闻也比小型的多一些。相较于大型报社（4.6%），教育在小型报社（6.4%）和中型报社（6.8%）中是更为重要的调查主题，这可能是因为大都市学区较多，报社不太可能花费大量时间分析每个学区的好坏。交通（包括有关诸如汽车和航班之类产品和服务的新闻）主题在小型电视台（8.2%）出现的比率要比小型报社（3.3%）高很多，在大型电视台（11.8%）中也比大型报社（5.1%）要高。电视台关注消费者相关调查的特点在银行、金融和国内贸易领域也很明显。小型电视台中13.0%的调查与此大类相关，小型报社中是7.6%。同样，相较于大型报社（8.8%），大型电视台（11.1%）也更加关注此类主题。

表 3.5 政策议题领域与调查记者和编辑协会奖参赛作品的调查结果，按媒体规模，1994—2010，百分比

	小型报社	中型报社	大型报社	小型电视台	大型电视台	总体
政策议题领域(数量＝5 247)						
宏观经济	1.4	1.8	1.7	1.0	1.0	1.5
公民权、少数民族问题和公民自由	2.0	0.8	0.7	0.8	1.8	1.1
健康	6.9	9.2	11.9	8.5	9.4	9.4
农业	0.7	0.9	1.4	1.1	1.1	1.1
劳动力、就业和移民	3.6	3.2	3.6	1.8	3.4	3.2
教育	6.4	6.8	4.6	5.5	4.1	5.6
环境	4.7	5.4	3.8	4.8	5.3	4.8
能源	1.2	1.1	0.8	1.0	0.7	1.0
交通	3.3	4.4	5.1	8.2	11.8	6.1
法律、犯罪和家庭问题	27.7	25.9	25.0	27.1	24.7	26.0
社会福利	2.0	1.2	1.6	1.0	1.0	1.4
社区发展和住房问题	6.0	5.3	3.8	3.9	3.5	4.6
银行、金融和国内贸易	7.6	6.8	8.8	13.0	11.1	8.9
国防	2.3	3.6	4.3	4.6	3.7	3.7
航空、科学、技术和通信	0.5	0.5	0.8	0.8	0.5	0.6

（续表）

	小型报社	中型报社	大型报社	小型电视台	大型电视台	总体
国际事务和外国援助	0.5	0.5	1.4	0.3	0.7	0.7
政府运作	5.8	5.6	6.8	2.2	2.8	5.0
公共土地和水源管理	0.9	0.3	0.3	0.3	0.2	0.4
州、地方政府机构	13.3	13.0	9.1	11.3	12.0	11.8
天气和自然灾害	0.5	0.7	0.7	0.6	0.1	0.5
艺术和娱乐	0.1	0.1	0.3	0.1	0.1	0.2
体育和休闲	2.1	2.4	3.0	1.3	0.2	2.0
教堂和宗教	0.9	0.7	0.5	0.8	0.8	0.7
调查结果（数量=5 317）						
滥用	5.8	6.4	8.2	5.5	5.3	6.4**
腐败	6.0	4.7	6.1	2.2	3.7	4.7***
欺诈	6.5	6.3	6.9	6.6	9.8	7.1**
处理不当	2.8	2.8	3.8	1.2	2.4	2.7**
管理不善	2.8	2.2	2.2	0.8	2.1	2.1*
玩忽职守	2.8	3.1	5.1	1.9	1.8	3.1***
风险	3.6	7.2	10.0	6.2	8.1	7.3***
盗窃	1.0	1.7	2.0	2.8	2.8	2.0*

注：在判断调查作品的政策议题领域分布是否与媒体规模无关的卡方检验中，0.01 即为统计学显著。在判断调查结果是否与媒体规模无关的卡方检验中，*** = 0.01 为统计学显著；** = 0.05 为显著；* = 0.10 为显著。

小型报纸受地域限制，更有可能从事社区发展和住房问题(6.0%)的调查，大型报社作品数量占比则为3.8%。然而在报社大类，大型报社更有可能开展国防调查(4.3%，小型报社为2.3%)和联邦政府运作调查(6.8%，小型报社为5.8%)。电视台调查联邦政府运作的倾向较小，无论处于小型还是大型市场。不论发行量大小或市场大小，地方媒体问责新闻的“中流砥柱”——对州、地方政府的调查，在报社和地方电视台中都较为普遍。然而，小型报社(13.3%)和中型报社(13.0%)中有关州、地方政府机构的调查要比大型报社和通讯社(9.1%)多。

有关委托代理关系失灵的调查发现在很大程度上取决于媒体规模。相较于电视台，报社的调查更加深入。因此在表3.5中，大型报社每一类问题的新闻的百分比都高于大型市场中的电视台(有两个主题例外：欺诈和盗窃)。大型市场中的电视台的参赛新闻中有10%关注欺诈，这个比率比小型市场的电视台和所有报纸都高。大、小型市场中电视台有2.8%的参赛新闻与盗窃有关，这一比率比报社高。大型报社拥有更多资源，这可能解释了为何大型报社有关每一个问题的参赛作品占比都高于小型报社(管理不善除外)。大型报社有关风险(10%)的调查也多于小型报社(3.6%)和中型报社(7.2%)。

结语

30年来，调查记者和编辑协会奖一直吸引着杰出的调查性作品参赛，创作记者来自美国境内不同类型、不同规模的媒体机构。综观不同类型的媒体，近 1/4 的参赛作品与法律、犯罪和家庭问题相关。虽然各类媒体对法庭、警察和刑事司法制度的关注程度较为相似，但不同地域的媒体和不同记者创作的调查性报道还是存在显著差异。报社重点关注机构运作，电视台则更加关注出了问题的交易行为（如欺诈）。广播（通常是非营利性机构的领域）通常报道其他媒体较少关注的领域，比如歧视和不公正。杂志和图书面对全国受众，因此多讲述全国性故事如国防，以及小众主题如教堂和宗教。大型报社发行量巨大，拥有的资源也较为丰富，因此倾向于报道机构中失败的委托决策系统。另外，大型报社也倾向于报道跨地域的主题，比如联邦政府运作和国防。小型报社则将注意力放在了地方主题上，如教育和社区发展和住房。

几个原因决定了“谁”发现“什么事”。不同类型、规模的媒体机构的经济情况迥异，某些记者职位消失，这意味着一些故事未能面世。而了解这些未能面世的故事出现在哪里也很重要，这是因为它们可以告诉我们哪些机构需要为此负责、哪类问题迫切需要公众监督。第四章我将把目光转向那些获得编辑批准的调查新闻，这些新闻披露了许多机构和公司意图秘而不宣的问题，我将利用经济理论和数据分析这些调查新闻产生的影响。

第四章

有何影响?

2016年奥斯卡最佳电影奖获得者《聚焦》(*Spotlight*)讲述了《波士顿环球报》调查天主教教堂掩盖下属神父性侵犯丑闻的故事。报社的四人调查小组想方设法翻阅了包含教堂内部文件的保密法庭记录,采访了受害人,绳锯木断,最终创作了改变全世界天主教教会运作的新闻。影片中颇具戏剧性的关键一幕是报社面临选择的时刻:是直接曝光作为个体的神父的罪行,还是挖掘更多机构内部的丑闻,再进行报道。扮演当时《环球报》总编辑马蒂·巴伦(Marty Baron)的演员解释了为何“聚焦”调查小组必须继续深挖事实,即使丧失独家报道的机会也在所不惜。他说如果只报道个体神父的罪行:

> 那么我们就会重蹈覆辙,只不过又一次报道了波特(20世纪90年代一名因性侵犯入刑的神父)事件。这样的报道雷声很大,但是世界却丝毫没有改变。我们必须专注于机构,而不是单个神父。观察它们的动作,研究它们的政策。

> 让我看到教会通过暗箱操作使神父免于刑罚的证据；让我看到它们一次又一次让这些已经犯罪的神父重返教会的证据；让我看到可以证明这是一种由上而下的、系统性的腐化现象的证据。

《波士顿环球报》的视野更广，刊登了一系列相关报道，并获得普利策奖。因为这些报道，神父被辞退，性侵犯受害者得到赔偿，教会修订了自己的政策，自梵蒂冈往下，所有神职人员都受到了影响。波士顿的新闻使世界各地的教堂都发生了改变，也为我们开展“机构调查”上了几课。第一堂课是“机构影响的范围”。在某一项调查活动改变了法律或政策后，成千上万甚至数以百万计的人民将因此受益。《聚焦》给我们上的另一堂课是“机构可以调查其他机构”。《波士顿环球报》的发行量最多曾达到 40 万份，订阅和广告收益颇丰，这是它能够支撑调查成本的部分原因：获取法院文献的费用，以及记者团队花费 3—4 周分析教堂名录、找出可能已经离职的神父所付出的成本。但有时有关个体的故事往往比有关机构运作的故事更有趣。我们可以将媒体市场中的投资与其产生的外部性加以对比，然后再将娱乐市场中的投资和其产生的外部性加以对比。电影《聚焦》通过描述记者和主编们的人生经历的方式，引人入胜地讲述了一个故事背后的故事。这个好莱坞版本的“调查性报道”的预算是 2 000 万美元，是《环球报》最初调查活动成本的 10 倍还多，而《环球报》的上述调查活动最终影响了成百上千名神父，成千上万名受害者，以及数以百万计的教民。

在本章中我将展示调查性报道的三种影响：审议影响，如辩论和调查；个体影响，如解雇和辞职；实体影响，如新政策和新法律。我对调查记者和编辑协会奖参赛作品进行分析后发现："低成本的影响"更为常见；问责报道产生的影响取决于媒体类型和媒体规模。最常见的审议影响是引发（通常由政府实体开展的）调查活动。近15％的调查记者和编辑协会奖参赛作品指出其引发了他人开展的调查活动；最常见的个体影响包括辞职（6％）、指控（4％）和解雇（3％）；略多于1％的调查记者和编辑协会奖参赛新闻最终使与之相关的新法案获得通过。

大型报社的新闻作品造成影响的比率高于小型报社，市场中前20的电视台的新闻作品造成影响的比率也高于小型电视台。发行量较大的报纸中有近18％的参赛新闻引发了进一步的调查活动，而小型报社的比率是10.5％。新闻作品导致解雇、辞职、听证会和有关改革的讨论也遵循上述规律。就地方电视台报道来说，大型市场中近25％的参赛作品引发了更多调查活动，小型市场电视台是15％。影响不同的原因可能在于：大型机构或大型市场拥有更多资源，发行量较大的报纸和大型市场中的电视台的受众更多。

报道披露问题的类型不同，产生的结果也会出现巨大的差异。在有关性骚扰的新闻中解雇的出现率最高，20％的性骚扰类调查记者和编辑协会奖参赛新闻最终导致解雇情况发生。如果调查活动中没有发现违法行为，那么解雇则是出现可能性最小的影响。在有关不公正的作品中，只有1.5％导致解雇出现。而在专注于不公正的调查中，听证会的出现率达到最高点11％。在涉及歧视和危险环境（unsafe conditions）的相关新闻中，听证会的发生率与“不公正”新闻导致的情况相似。对于最普遍的问题——欺诈、滥用和风险，审议影响是最有可能出现的影响，排在后面的是个体影响，最后是实体影响。就不公正主题的新闻（与社会力量和社会模式有关）而言，其引发政策改变和法案通过的可能性大于引发某一官员辞职或被解雇的可能性。

新闻引起政策改变的成本并不低，但对整个社会来说很便宜。为了证明这一观点，我对特定调查新闻进行了首次成本效能分析。在三个案例研究中，我计算了媒体机构创作作品的成本，估算了（由该作品引发的）公共政策改变造成的影响，并对其在真实世界造成的影响进行估值（按美元）。结果表明，虽然问责新闻的成本高达数千/数万美元，但由于它们具有促使新政策出台的效果，因此社会获取了数以百万元计的净收益。在新闻中每投入一美元，可以产生数百美元的收益，虽然如此，媒体机构却很难将这些收益转变成自己的资源。

本章从不同视角探索了调查性报道的影响：回顾新闻史；分析 1979—2010 年调查记者和编辑协会奖参赛作品的影响；讨论当今非营利性媒体机构的种种尝试；研究“计算报道影响”过程中遇到的挑战。最后我针对三个系列调查性报道进行成本效能分析，展示如何计算因报道引发政策改变而产生的净收益量。

作为调查者和协调员的报纸

长期以来，不同的报社所有人和记者对于“调查性作品能在多大程度上影响公共/私人决策”这一问题所持的观点各不相同。有时，机构或公司中委托决策权出现问题的新闻能够吸引读者（从而吸引广告主），媒体机构可以借助此类新闻树立“积极参与公共事务、为社会提供独创内容”的品牌。记者和媒体所有人的动机也可能仅仅是创造公共产品，比如披露某一项目开展过程中的腐败行为。订阅费用、广告收益和精神收益促使媒体机构开展了一批调查活动，但媒体机构创造第二种公共产品——协调各方努力从而改变政策——的意愿却在不断随着时间推移发生变化。1911年，约瑟夫·普利策在描述报纸“促进影响”的潜力时这样说道：

> 没有人和“与所有人有关的事”有关——除了记者。如果记者不关心，那么所有的改革都会胎死腹中。他让官员谨守岗位；他披露了耻辱的掠夺行为；他践行了每一个可能推动社会进步的计划。如果没有记者，舆论不过一片混乱，抑或鸦雀无声。我们的合众国和出版社命运相连。一家有能力、有公德心、无偏见的出版社和一群明辨是非、英勇无畏的成员才能够维护公共美德，而如果社会中不存在美德，政府就只是一场拙劣模仿的骗局。[1]

普利策通过在《圣路易斯邮讯报》（1878年他开始出版该报）刊登调查性作品的方式实践“新新闻主义”。一位新闻史学家评论道：“普利策……想要吸引读者，进而吸引广告主。它披露犯罪行为，报道对普通民众非常重要的事件。《圣路易斯邮讯报》的记者揭露了选举中的欺诈现象、可疑的房地产交易行为、政府对于妓院和赌场的庇护。某一个系列报道则披露了一些最富有的市民和市领导没有为自己的财产纳税的丑闻。”[2] 1883年，普利策开始运营《纽约世界报》（*New York World*）。在执掌报社的第一周，他就发布了一份包含十条内容的列表，为报纸奠定了基调。列表清晰地反映了普利策的报纸反对财富的倾向，因为他呼吁实施下列措施：

1. 对奢侈品征税
2. 对遗产征税
3. 对大额收入征税
4. 对垄断者征税
5. 对享有特权的公司征税
6. （起征）财政关税
7. 公务员改革
8. 惩罚腐败官员
9. 惩罚贿选行为
10. 惩罚在选举中威逼雇员投票的雇主[3]

最终，除了关税改革之外的所有条目都被制定成了法律。普利策的《纽约世界报》因为将调查性报道和编辑改革运动——奋力争取改革、维护社会公正——结合起来而广为人知。报社中最著名的记者是伊丽莎白·科克伦（Elizabeth Cochrane），笔名内莉·布莱（Nellie Bly）。布莱是卧底报道领域的创新者。她常常通过伪装的办法开展调查，接连曝光了多家违规运作的机构。她曾经伪装成布莱克韦尔岛上的精神病人〔著名的电影《疯人院十日》（*Ten Days in a Madhouse*）记录了这段经历〕、女仆、工厂工人、一位企图阻挠议案通过的商人妻子（这让她向公众披露了有关政治游说的阴谋诡计）。[4] 普利策重点强调报纸“为公共服务”的角色，并总结了该报的一些正面效应：

> 《纽约世界报》将继续与违法行为作斗争，继续秉持正义、披露欺诈、保护弱小，继续维护公民权利、抵制腐败的财富和权力被滥用，继续曝光煽动家、贪赃枉法、欺诈和无法无天——这一切都是为了给读者献上一份正直、让人信服的报纸，而这样的报纸并世无两……我们的目标不仅仅是让《纽约世界报》成为发行量最大、最兴旺的报纸，还应该是让它成为英语世界中品德最为高尚的报纸，从而为民众提供最优秀的公共服务。[5]

威廉·伦道夫·赫斯特（William Randolph Hearst）也创办了一些广受欢迎的报纸。他的报纸主要披露一些可能对大量消费者和选民造成影响的市场失灵或政府失灵现象。赫斯特在 19 世纪 80 年代晚期接管《旧金山观察家报》（*San Francisco Examiner*）时雇用了一批调查记者，他将这些记者称为“《观察家报》的侦探团”，他们力求赶在警方之前查明一些备受瞩目的犯罪案件。赫斯特同时指示记者揭露：

> 市政府运作和城市生活中展现出的人性的弱点。根据他的指示，有关对读者造成消极影响的现象的新闻在报纸中的出现率日益增长——工厂女工的悲惨生活；城市中的公立

学校、教师工资和公园缺乏财政支持；本地剧院、学校、教堂的安全标准低下，消防警察拿不到足额工资；本地缆车的安全管理问题亟待解决；天然气公司乱收费，让人无法容忍。[6]

1895年赫斯特前往纽约买下了《新闻晨报》(*Morning Journal*)后，他将新闻改革运动推向了一个新高度。他手下最有名的主编阿瑟·布里斯班(Arthur Brisbane)宣称“真正的新闻业”是“有行动、有担当的”，它们包含“正能量的行为”。[7] 一些公益活动正是如此：向居住在出租屋中的7万多名儿童发放40万份圣诞节礼物；在一场大火摧毁了部分商业区后，“《晨报》救援列车”为数千群众提供了食物和车厢住宿；派出“《美国日报》①旅行厨房”，为无家可归和饥饿的人群提供食物。[8] 同时，该报也大力推动提升工薪阶层读者生活品质的改革运动。比如，《美国日报》曾为警察争取更高的收入和更少的工作时间。赫斯特传记的作者这样描述这场改革运动：

在接下来的六个月里，布里斯班按照典型的赫斯特式方法行事。女人、牧师、政客和名人纷纷寄出推荐信，支持报社的倡议。早报和晚报每日刊登请愿书，读者将其裁下并签名，海量的请愿书(总计超过30万份)被寄往市政官员办公室和州长办公室。社会中缩短工作日的呼声似乎日益高涨，

① 《美国日报》(*Joural and American*)，《新闻晨报》的另一种称呼，分早报和晚报。——译注

> 之后赫斯特出钱“添柴加火”——举办大型公众集会获取支持、“煽动”群众；为300名杰出领袖（说客）准备前往奥尔巴尼的“《日报》特别专列”，争取通过“《日报》（支持的）法案”；不间断地报道警察的英勇行为、个人牺牲、无私奉献（甚至无法照顾家庭）。[9]

赫斯特为了支持他的纽约报纸事业，甚至不惜与人对簿公堂。他曾起诉过政府承包商和市议员；申请针对市长和其他市政官员的有关天然气政策的强制令，为了（用他的报纸的话说）“扼制泛滥的天然气攫取行为！”。[10]

赫斯特和普利策在纽约报纸中开展的改革运动开创了一种新的新闻形式——“黄色新闻”〔名称取自连环漫画《黄童子》（*Yellow Kid*），该漫画先在普利策的《纽约世界报》连载，后转移至赫斯特的《纽约新闻报》（*New York Journal*）①〕。黄色新闻将耸人听闻的犯罪故事配以大量图画，旨在为受众提供娱乐性阅读体验。这种报道的缺点是：慢慢地，记者开始为了表达特定观点或吸引读者而扭曲事实。1902年赫斯特被选为国会议员后，他立刻降低了政府腐败报道的刊载率。同年，媒体观察家查尔斯·康诺利（Charles Connolly）的批评解释了为何该形式会走向衰落，因为：

> 新闻没有以客观事实或公共利益为据撰写。反之，其试

① 《美国日报》的另一种称呼。——译注

> 图剑走偏锋，表达新奇、独特的观点……这些观点吸引了读者的眼球，迎合了他们的偏见而非理智；报纸为了表达特定观点、迎合商业需求，或因为收到了报社主人的特别指示，而改编事实、压制真相；这类报纸一有机会便会大谈自己如何为人类利益而战，并吹嘘相较于竞争对手，自己拥有更多发行量。[11]

在黄色新闻之后的时期，地方报社继续领导改革运动和集体行动。1926 年，诺曼·J. 拉德尔（Norman J. Radder）出版了《社会服务中的报纸》（*Newspaper in Community Service*），该书列举了报社在社会中担任协调员的例子。拉德尔是一位新闻学教授，曾经在《纽约时报》和《基督教科学箴言报》（*Christian Science Monitor*）工作。他提到出版该书旨在指导行动：

> 在过去十年内新闻行业一个最显著的发展是：编辑认为报纸有可能成为社会发展的决定性因素，而且这种可能性还在不断变大……本书不仅列举了报社贡献的杰出社会服务，还试图分析其中的方法。它旨在展示编辑如何有效地促进乡村、城市、国家的进步运动。[12]

该书开头的几章将重点放在报社可能取得的“成就”上。章节名称类似从公共财政学课本中截取出来的公共产品列表：“开发公园和游乐场”，“为农业指明方向”，“扶持教育和娱乐”，“住房和健康”，“建设性慈善”，“作为改革先锋的编辑”和“信息与建议”。

“（我们）需要整合公共产品供给”作为主题贯穿了上述章节。例如，拉德尔指出，《旧金山纪事报》（*San Francisco Chronicle*）在鼓励发展果园和葡萄园产业时注意到了天气预警对柑橘和葡萄生产商的重要性，可惜美国陆军信号部队下属气象局并没有足够的资金为农民提供天气预报。因此《纪事报》在农业区域放置了超过100个公告牌，这样一来，来自旧金山的天气预警信息就很容易传播了。通过利用“多种装置传递信息，如举旗子、吹哨子等，乡村很快发生了变化”。[13] 在《纪事报》的示范项目获得巨大成功后，国会最终决定为天气预报系统（气象观测站将报告电传农业部气象局，然后气象局向全国各地发送天气预报）提供财政支持。

拉德尔对编辑的大部分建议都与如下思想相关：整合运动、获取公众支持，从而促使生产公共产品，如公园和学校。然而，他同时强调编辑有时也必须关注城市中消极的一面，比如污染造成的溢出效应，由贪腐引起的资源浪费。他指出，充当“改革先锋”并非编辑的日常职责，但它却是报纸在历史中具备的一项功能：“许多报纸起名‘护民官’（Tribune，论坛报）。护民官是一种古罗马官职，平民可以向其控诉作恶者的罪行，他的职责就是保护平民百姓。‘捍卫者’（Guardian，卫报）也有同样的意味——报纸是公众利益的捍卫者。”[14] 他认为报纸在激发积极溢出效应的同时，也应该限制消极溢出效应的产生。上述二者都需要“协调力”（通常以改革运动和社会服务的面貌出现）。正如他所言：“改革运动给了报纸向公众提供公共服务的机会。如果一家报纸只是呼吁建设美丽的草坪、拆除广告牌、建立战争纪念碑，却对大型商场和剧院中不完善的消防通道、城市污水乱排乱放、人为原因造成的火车事故视而不见的话，那么这家报纸就不能被称作'社会筑造者'。"[15]

19 世纪 90 年代的改革运动和 20 世纪 20 年代的社会服务项目表明：在当时，报纸公开承认其在"通过创作调查作品从而影响政策制定"的过程中起到"协调和整合"的作用。美国新闻史中，报社对协调者这个定位的追求不断发生变化。20 世纪 80 年代晚期和 20 世纪 90 年代早期，美国出现了一场鼓励报纸在公共辩论中扮演更加强有力的角色的"公共新闻"运动。西奥多·格拉瑟(Theodore Glasser)和弗朗西斯·李(Francis Lee)总结道："公共新闻有一个简单但明显有争议的前提，即出版业的目标是宣传并切实提升公众或公民的生活品质，而并不满足于报道和抱怨。"[16] 在实践中它通常以选举倡议的形式出现，也可能以特殊报道项目的形式出现——报纸通过调查地方社区、参与焦点小组，或主持公共论坛的方式，找出利益相关的问题，然后创作有关这些主题的新闻(通常把重点放在问题对居民的影响上)，之后还通常会召开会议，通过公众讨论找出新闻中问题的解决方案。刘易斯·弗里德兰(Lewis Friedland)和桑迪·尼科尔斯(Sandy Nichols)在这个时间段的美国找出了 600 多个与公共新闻有关的特殊报道项目，但到了 21 世纪早期，该术语就失宠了。[17] 近期非营利性媒体机构(这些机构通常希望通过开展调查性报道激发影响)增多，它们开始估量(甚至量化)问责新闻产生的效应/影响。

调查记者和编辑协会奖参赛作品的影响

有关调查性报道的学术研究表明这些报道确实改变了市场和政府。“扒粪”期刊中有关瞒骗和腐败的文章使“进步时代”的立法者更加关注食品安全法和毒品法，并且导致美国改用直接选举制选举参议员。在1917—1960年间，约一半的普利策奖调查新闻类投稿宣称自己引发了改良行动（约40％以政府官员和政客作为目标）。研究表明，1987—2002年间有关欺诈的新闻造成股市下跌，记者通过撰写原创调查报道，成为这些欺诈行为的第一发现人。[18] 在《义愤新闻》一书中，大卫·普罗泰斯及其同事设计了一种归类方法，用于将问责新闻引发的变化进行分类：“当政策制定者召开正式会议商讨政策问题和解决方案时（如召开立法听证会或成立执行委员会），审议影响就出现了。当政策制定者制裁某一特定个体或实体时（如起诉、解雇、降职），会出现个体影响。最后，实体影响包括规章变化、法律变化和/或管理变化。”[19]

上述分类法为研究1979—2010年调查记者和编辑协会奖美国参赛作品的影响提供了一种明确的方法。对于这三个影响的每一类，我分别使用关键词搜索了参赛作品，研究调查性报道的“宣称结果”。举例来说，个体影响通常包括辞职，审议影响包括听证会和调查，实体影响则包含政策变化或通过法案。我首先使用关键词搜索参赛作品，之后研究助理会检查搜索结果，确保文献内容与关键词相关（如若某文献被标记为辞职，那么某位官员确实曾因该调查报道辞职）。由于想要在竞赛中获奖，大多数记者有可能会坚称自己的作品造成了影响，虽然如此，本章收录的例证可能还是没有完全统计调查记者和编辑协会参赛作品的真正影响，原因有几个。某一年的参赛作品通常会在次年一月份整理，所以调查问卷通常反映的是调查报道创作年的情况。鉴于此，其影响需要很长时间才能“发育完全”的作品很可能不会出现在参赛作品中。关键词搜索法也可能意味着某一产生了影响的作品并没有被分类至相关类别，原因在于作者并没有使用我们研究过程中采用的关键词/术语/措辞。举例来说，我们可能就没有完全统计促使新规章出台的新闻的数量，因为作者在描述新规章的产生过程时采用了不同的措辞。

表 4.1 记录的影响中，调查性报道引发的最频繁的结果是调查活动。近 15%的新闻促使他人（通常是政府部门）开展进一步调查。在审议影响中，紧随其后的是有关改革的讨论（6%调查记者和编辑协会奖参赛作品）和听证会（5.4%）。就审议影响来说，“‘影响普遍出现’与媒体类型无关”的观点是不正确的。[20] 很明显，不同类型的媒体机构会引发不同类型的影响。就调查活动而言，报纸（14.6%的报纸参赛作品）和电视（18.0%）新闻更有可能引发上述影响，对比图书（7.1%）或杂志（8.2%）。调查记者和编辑协会奖中图书类参赛作品的作者更加有可能坚称自己的作品引发了公共辩论（6.0%），对比报纸（1.8%）或电视台（0.9%）。报纸更有可能激发有关改革的讨论（8.3%的报纸参赛作品），对比电视、图书和广播。在线机构（通常是关注公共事务报道的非营利性机构）在激发有关改革的讨论（4.8%）方面排行

表 4.1 调查记者和编辑协会奖参赛作品的影响，按媒体类型(数量=12 502)，百分比

影响	报纸	电视	图书	广播	杂志	在线	总体
个体							
候选人竞选失败(Candidate defeated)	1.2	0.4	0	0.5	0.3	0	0.8***
降职(Demoted)	0.6	0.3	0	0	0.3	0	0.5**
处罚(Disciplined)	0.4	0.7	0	0	0.2	0	0.4
罚款(Fined)	1.1	1.2	0.4	1.1	0.5	0.7	1.0
解雇(Fired)	3.6	3.7	0.8	1.6	1.4	0.7	3.3***
起诉(Indicted)	4.8	3.8	1.2	2.2	1.9	1.5	4.0***
检举(Prosecuted)	0.3	0.5	0	0	0	0.4	0.3*
重新分配(Reassigned)	0.8	0.6	0	0	0.1	0	0.6**
替换(Replaced)	1.4	0.6	0.4	1.1	0.6	1.5	1.1***
辞职(Resigned)	7.9	4.6	4.4	3.8	2.7	2.2	6.2***
开除(Removed)	0.8	1.1	0	1.1	0.6	1.5	0.9
制裁(Sanction)	0.3	0.3	0	0	0.1	0	0.3
下台(Stepped down)	0.3	0.1	0	0	0.1	0	0.2
审议							
审计(Audit)	2.3	1.7	0	0	0.5	2.6	1.9***
议案草案(Bill introduced)	2.6	1.9	1.2	1.1	1.7	2.6	2.3*
辩论(Debate)	1.8	.9	6.0	1.1	3.9	4.0	1.8***

（续表）

影响	报纸	电视	图书	广播	杂志	在线	总体
听证会（Hearings）	6. 0	4. 8	3. 2	4. 4	4. 8	4. 8	5. 4**
调查（Investigation）	14. 6	18. 0	7. 1	13. 6	8. 2	11. 8	14. 7***
有关改革的讨论（Reform disucssed）	8. 3	2. 7	2. 0	2. 7	3. 4	4. 8	6. 0***
政策复审（Review of policies）	0. 4	0. 4	0	0	0	3. 3	0. 4***
实体							
通过新政策（Approval of new policy）	0. 2	0	0	0	0	0	0. 1
政策改变（Change in policy）	2. 1	2. 2	0. 8	1. 1	1. 0	4. 0	2. 0***
程序改变（Change in procedures）	0. 3	0. 3	0. 4	0	0. 1	1. 1	0. 3
法案通过（Legislation passed）	1. 6	1. 7	2. 0	1. 1	1. 1	1. 1	1. 6
颁布新法（New law enacted）	1. 3	1. 4	1. 2	1. 1	0. 9	1. 1	1. 3
议案部分通过（Bill passed partially）	0. 3	0. 3	0. 8	0	0. 2	0	0. 3
新规章（New regulations）	0. 4	0. 4	1. 6	0	0. 1	0. 4	0. 4**
禁令（Results in ban）	0. 4	0. 3	0	0. 5	0. 2	0. 4	0. 4

注：在判断“影响是否与媒体类型无关”的卡方检验或费希尔精确检验中，*** = 0. 01 为统计学显著；** = 0. 05 为统计学显著；* = 0. 10 为统计学显著。

第二。

调查记者和编辑协会奖参赛新闻中排行前三的个体影响为辞职(6.2%)、起诉(4.0%)和解雇(3.3%)。就三种影响而言，在不同媒体类型中其出现率有很大差异。近8%的报纸参赛作品引发了辞职，对比电视的4.6%或杂志的2.7%。引发起诉的调查在报纸(4.8%的报纸参赛作品)或电视(3.8%)中出现率更高，对比图书(1.2%)和在线机构(1.5%)。报纸和电视新闻引发解雇的比率相似(3.6%和3.7%)，远高于图书(0.8%)或杂志(1.4%)。报纸更倾向于将候选人竞选失败(1.2%的报纸参赛作品)当成自己的调查性报道引发的效应，对比电视(0.4%)。一些针对个体的比较温和的惩罚方式，如处罚、制裁、下台，在各媒体类型中的分布相似，比率都较低。

影响的成本各不相同。和个体谈话的成本较低，而处罚个体的成本较高。修订政策或改变机构的运作方式可能是成本最高昂的影响，原因在于要想达成如上结果，公众可能需要合力施压，可能还要聚集一批人制定政策，最后再加上资源转移带来的成本。这可能解释了为何审议影响的出现率高于很多个体影响的出现率，为何表4.1中实体影响的出现率最低。在实体影响中，政策改变是出现最频繁的结果。在在线机构参赛作品中，4.0%指出它们的作品引发了政策改变。相较于图书、广播和杂志的参赛作品，报纸(2.1%)和电视(2.2%)作品更有可能引发政策改变。1.6%的参赛作品引发了某些形式的法案通过(一院通过或两院皆通过)，该影响在不同媒体类型中的分布类似。1.3%的新闻引发了颁布新法，该影响较为罕见，不同媒体类型分布类似。

从总体上看，图书引发的实体影响较少，但是其引发制定新规章的比率最高（1.6%图书参赛作品）。

报纸和电视市场规模不同，其引发的影响也各不相同。大型报社的新闻作品引发影响的比率高于小型报社。同理，电视市场前20高于小型市场。部分原因在于较大的发行量和较大的电视市场规模意味着更多的受众，这表示这些媒体可以将更多的资源投入调查性报道。在大型报社参赛作品中，近18%引发了由他人开展的进一步调查活动，对比之下仅10.5%小型报社参赛作品提到了同类影响。大型报社和小型报社的差距还体现在解雇（4.6%对比2.9%）、辞职（8.8%对比6.4%）、听证会（9.4%对比3.0%）和有关改革的讨论（12.7%对比6.9%）等影响上。电视新闻的模式类似。接近1/4的大型市场电视参赛新闻引发了调查活动，对比较小电视市场中的15.3%。不同大小电视市场影响的区别也适用于辞职（6.6%对比4.8%）和有关改革的讨论（4.6%对比1.7%）。而政策改变或通过法案等实体影响则较为罕见（2%—3%的参赛作品），且与媒体类型无关。

新闻最终造成的影响取决于它的发现是否涉及犯错的个体或有缺陷的机构（或二者并存）。表4.2将个体、审议、实体结果的普遍性按照报道发现的类型进行了划分。[21] 有关委托决策系统失灵的发现包括个体的违法行为（如行贿受贿、盗窃）和机构失灵现象（如不公正、浪费）。某一特定影响的出现频率因发现（主题/话题）不同而出现重大差异。就出现率而言，每种影响排行前三的发现均不相同。比如，性骚扰相关新闻中解雇出现的频率最高，参赛作品中超过20%关于性骚扰的新闻最终导致了解雇出

表 4.2　调查记者和编辑协会奖参赛作品的影响(数量＝12 690)，按新闻发现，百分比

	个体影响			审议影响		实体影响		
发现	解雇	指控	辞职	听证会	调查	政策改变	法案通过	行总数
滥用	8.6***	6.0***	11.0***	9.1***	23.4***	4.2***	2.6**	684
行贿受贿	11.8***	27.5***	11.8***	9.8**	32.7***	0.7	1.3	153
利益冲突	5.5*	4.5	22.9***	6.0	25.4***	2.5	2.5	201
腐败	10.4***	14.4***	19.6***	7.9***	27.2***	1.9	3.4***	555
瞒骗	7.7***	4.2	9.1	5.6	21.0**	2.1	2.1	143
歧视	3.6	0.7**	5.0	10.1**	15.1	2.9	2.9	139
挪用	9.3**	20.4***	38.9***	1.9	31.6***	0	5.6**	54
欺诈	5.0***	13.1***	8.2***	7.1**	29.1***	1.5	1.6	868
不公正	1.5	6.2*	3.1	10.8*	20.0	6.2**	4.6*	65
处理不当	7.6***	7.6***	13.5***	8.0**	23.6***	3.6**	3.3**	275
管理不善	8.8***	7.3***	20.0***	7.7*	26.9***	4.2***	1.5	260
误用	12.5***	8.5***	18.7***	5.1	30.1***	2.8	0.6	176

（续表）

	个体影响			审议影响		实体影响		
发现	解雇	指控	辞职	听证会	调查	政策改变	法案通过	行总数
玩忽职守	6.8***	4.5	8.6*	8.9***	16.0	3.3*	2.1	337
裙带关系	9.3**	2.3	20.9***	4.7	25.6**	0	7.0**	43
结党	11.4***	7.6	21.5***	6.3	25.3***	2.5	3.8	79
风险	2.6	1.8***	4.6*	8.1***	14.1	0.3**	2.2	724
性侵犯	5.7	7.4*	13.9***	8.2	17.2	4.9**	5.7***	122
性骚扰	20.3***	1.7	23.7***	3.4	20.3	6.8**	0	59
盗窃	12.4***	10.7***	12.4***	4.0	20.0**	3.1	1.8	225
不安全/危险	5.4*	3.2	6.5	10.2***	22.0***	1.6	4.3***	186
浪费	5.8*	8.4***	12.3***	8.4*	26.6***	5.2***	3.2*	154
总计	3.2	4.0	6.1	5.4	14.5	2.0	1.5	12 690

注：在判断作品影响是否与发现无关的卡方检验或费希尔精确检验中，*** = 0.01 为统计学显著；** = 0.05 为显著；* = 0.10 为显著。

现。在导致解雇出现方面位列二、三位的是误用（12.5%）和盗窃（12.4%）。在不一定涉及违法的情境中解雇的出现率最低，如不公正（仅有1.5%最终导致解雇）和风险。源自披露违法行为的关于起诉的新闻中，排行前三的是：行贿受贿（27.5%的贿赂主题参赛作品导致指控）、挪用（20.4%）和腐败（14.4%）。导致辞职出现的前三类发现全都与个人的不法行为有关：挪用（38.9%）、性骚扰（23.7%）和利益冲突（22.9%）。

在审议影响领域，听证会通常源自解决机构失灵中的系统性问题。有关不公正的新闻导致的听证会出现率最高，10.8%的上述主题参赛新闻导致召开听证会。危险环境和歧视主题新闻中听证会的出现率类似。相较之下，调查活动似乎源于个体的不正当行为和个体滥用他人授予的权力。有关行贿的新闻中有接近1/3引发了后续调查活动。挪用和误用的相关新闻引发相似的调查活动出现频率。就实体影响中的政策改变而言，排名前二的主题都与公平公正有关。6.8%的性骚扰相关新闻引发了政策改变。关于不公正的新闻情况类似（6.2%）。5%关于浪费的新闻引发了政策改变。引发法案通过（通常包括颁布新法案，但也包含只有一个立法机关通过的法案）的发现与众不同。7.0%的裙带关系类新闻促进了立法，性骚扰（5.7%）和挪用（5.6%）类新闻也促进了立法机关通过相关法案。在揭露特定委托代理关系失灵或不良社会结果的频率方面，不同调查记者和编辑协会奖参赛作品也存在差别。

表4.2表明这些调查新闻中排行前三的发现为欺诈、滥用和风险。然而，纵观各发现的分类，审议、个体、实体影响随着新

闻的出版、发布、播放而出现的模式类似。纵观各发现的类别(从滥用到浪费)，我们发现调查的出现频率是最高的(有两个例外)。对挪用和性骚扰两种发现来说，辞职(而非调查)是更加普遍的结果。对多数发现类别来说，辞职的频率排行第二。而对于一些关乎社会而非个人的问题来说，听证会的出现率排行第二，如不公正、玩忽职守、风险、危险环境等主题。除不公正外，每种发现的可能影响排序通常为审议、个体，最后是实体。由于不公正通常关注制度性或系统性问题(而不是关注某一个体/因素)，有关不公正的调查更有可能导致政策改变或法案通过，而非某个体的辞职或被解雇。

估量非营利性媒体的影响

在一个营利性媒体世界，政策改变通常是媒体在招揽读者、观众或广告主过程中出现的副产品。在非营利性媒体世界，故事产生的影响可以成为媒体发掘、讲述该故事的理由。影响对利润驱动的媒体机构来说属于溢出效应和外部性，但非营利性机构的记者(受到的市场压力较小)却非常看重影响。营利性机构记者也可能会看重影响，因为有影响的作品可能会获奖，也可以满足作者改变社会的理想，作者可能会因此出名，然后在事业发展的过程中将名声变现。但在非营利性媒体机构，影响是它们的核心任务之一。正如ProPublica的理查德·托福(Richard Tofel)在一篇分析媒体影响的文章中所言："非营利性媒体机构在这方面有优势。作品有多大价值取决于作品产生了多大影响。比如，

ProPublica的使命——它存在的原因，就是‘揭露权力滥用问题，披露政府、商业机构、其他机构辜负公众信任的行为，同时通过不断曝光作恶者，利用调查性报道的道义力量促使改革发生’。”[22]

针对调查性报道的慈善援助出现了增长，而捐赠者也希望知晓媒体有没有妥善利用款项、了解调查活动有没有结果。[23]这促使人们开始研究用于描述〔以及量化（如可行）〕新闻结果的命名法和方法论。谷歌分析（Google Analytics）可以提供在线受众活动的数据，包括用户数、页面访问量、时段、用户所在位置和用户访问网站的途径〔通过谷歌、雅虎或必应搜索访问；通过输入统一资源定位符（URL）直接访问；通过社交媒体链接访问；或者接受信息来源如维基百科或《赫芬顿邮报》（*Huffington Post*）指引访问〕。[24]监控用户在网站上停留的时间（即“投入时间”）也是一种度量法。媒体影响力项目与调查性报道中心通力合作，准备对调查性报道的线下影响进行分类。

在线下影响指标术语库（Offline Impact Indicators Glossary）中，调查性报道中心的林赛·格林·巴伯（Lindsay Green-Barber）认为影响分为三个层面：微观、中观和宏观。[25]媒介消费后的反应在微观层面包括：意识、态度和行为（如选举、其他公民参与的活动）的变化，且我们可以通过调查法、投票资料分析法或对读者和观众的其他行为进行计数的方法估量变化的程度。中观反应包括群体的跟踪反应，这可能牵涉到：审视某一群体知晓的信息和所持的观点是否发生了变化；观察会议、游说、结盟等社会活动有何成果；其他媒体是否认同某一系列报道的思想，并进行接续报道；媒体获奖能否促使该媒体加大对某一主题的报道力度。估量中观层面变化的方法有调查法、内容分析法、机构行为变化的自我报告。格林·巴伯将宏观层面的改变定义为那些“发生在机构或掌权者层面的，会导致结构性变更（的改变）。”[26] 这包括：议题设置，官员改变议题的优先级；机构行为，如调查、解雇和罚款；法律措施，如刑事诉讼或撤销判决；立法机关的反应，包括提交、通过新法案；管理层行为，如职位变更或执行政策；以及公司或非营利性机构中掌权者的行为出现变化。审视宏观层面变化的方法有内容分析法、采访法和政策研究法。

格林·巴伯通过分析纪录片《田野里的强奸》（*Rape in the Fields*）——讲述女性农业工作者亲历性骚扰、暴力和不公正，向我们展示了该评估框架如何工作。调查性报道中心携手美国公共广播公司（PBS）《前线》（*Frontline*）节目、联视集团（Univision）、伯克利调查性报道实验室（Berkeley's Investigative Reporting Workshop），共同制作了该片。此片首次播放就有330万名观众收看，再加上之后互联网、报纸和公共广播电台相继报道，该片的受众总数“超过600万人”。[27] 调查性报道中心采用了“结果跟踪器”（Outcome Tracker）软件，记者可以输入调查性报道引发的反应和反响，这些反响可以为我们提供有关的定性信息，如来自官员的联系或上述影片的放映。调查性报道中心还雇人开展“每日剪报”活动，收集“每一个提及‘调查性报道中心’的媒体来源”。[28] 上述影片引发的宏观层面的反响有：美国就业机会均等委员会获取了一份影片副本，作为培训资料；加利福尼亚州参议院通过了与农场劳工和性骚扰相关的法案。中观层面的反响包括：该片在全美放映了超过100场；出现提及该片的专栏文章；支持者群体争相传看;获奖,如艾尔弗雷德·I. 杜邦-哥伦比亚大学奖(Alfred I. duPont-Columbia University Award),爱德华·R. 默罗奖(Edward R. Murrow Award)和罗伯特·F. 肯尼迪正义与人权奖(Robert F. Kennedy Award for Justice and Human Rights)。个体反响则包括:观众联系记者,表达自己深受该片影响。

ProPublica 是概念化调查性报道影响的前沿阵地,也是估量调查性报道的先锋机构。该机构主席理查德·托福指出,在选择新闻方面,ProPublica 不能选择不可能造成影响的主题。他写道:"如果某一新闻提议关乎无可救药的不公正现象或无法解决的问题,那么至少在同 ProPublica 一样、以创造影响力为己任的媒体机构,记者应该着手选择另一个主题。"[29] 他继续写道,如果报道的某个问题有解决方案,那么记者应该同时报道问题和解决方案,之后还应该继续报道,直到"该问题被解决"。他指出调查性报道与辩护有很大不同,辩护从答案和假定的事实说起,而调查的过程以提出问题开始,之后寻找事实,随着活动不断推进,最后找出可能的解决方案。对某一事件进行持续性报道是 ProPublica 的特色,托福写道:"新闻报道时刻提醒读者(包括官员和其他有能力推动变革的人群)问题和解决方案的存在是有好处的。近几十年来传统新闻业存在这样一个弱点:半途而废,熬不到改革实行的那一天。这样的新闻算不上良性中立。"[30]

ProPublica 通过"跟踪报告"跟踪"深挖类"(deep dive)新闻的影响。跟踪报告每日更新,每月分享至高级管理层和机构董事会成员处。该报告"收录了受某新闻影响某官员行为出现变化的例子(如官员或机构发表的讲话和声明,或者某种类型非公开政策复审的通告)，出现变革的机会(如召开立法听证会或成立某委员会)，以及最终实体化的成果”。“只有当管理层确信理性的公众认为 ProPublica 的新闻报道与变革机会或最终成果的出现之间存在因果关系后”，[31] ProPublica 才会对外宣称该新闻报道产生了影响。在董事会议中会出现一份“影响报告”，该报告总结了跟踪报告的内容，并囊括了最终导致变革产生的“一次性”(非系列报道)文章。ProPublica 每年会发布年度报告，总结并分享一年内产生了结果的作品：2010 年计 8 个，2011 年 9 个，2012 年 10 个。表 4.3 一字不差地复制了 ProPublica 发布的 2010—2012 年影响力评估表。[32]

表 4.3 展示了 ProPublica 影响的范围之广。它的报道影响了政府机构、公司、非营利性机构的行为，在联邦、州、地方层面都引发了变革。其中一些变革产生的原因并非是公众舆论受到影响，而是通过发表专业出版物影响决策层。尽管 ProPublica 与美国国家公共电台共同创作的有关美军如何治疗创伤性脑损伤的新闻广为流传，但是只有当“《星条旗报》(*Stars and Stripes*)——军方独立报刊，在美国和全世界发行继而转载该报道后，美国的高级官员才仔细研究了相关事件，之后五角大楼开始修订政策、改变实践做法，受伤的军人才得到了良好救治”。[33] 有一些改变则需要花费很长时间。ProPublica 与纽约公共广播电台(WNYC)、《奥尔巴尼联合时报》(*Albany Times-Union*)合作，于 2008 年 6 月发表了一篇有关液压破碎法的新闻，之后一发不可收拾，相继发表了 160 余篇系列报道，吸引了很多其他媒体机构的注意，以及广泛的寻求合作者，最终这场持续数年的系列报道引发了多项

政策改革。[34] 约 20 人的记者团队、约 1 000 万美元的年度预算造就了表 4.3 中的改变。托福指出这份“每年仅列举了 8 至 10 个影响”的列表说明“真正的影响——改变真实世界的影响……相对罕见”。当你估算出获得这些改变所付出的成本后，他继续写道：“几乎每一位参与过制度慈善的人都会认同：用近百万美元的成本创作专注于改革的作品，从而获得一个具有重大意义的影响——这是很少一部分捐赠者希冀的高标准。”[35]

表 4.3　ProPublica 调查报道的影响，2010—2012

年份	新闻故事	影响
2010	新奥尔良警察	联邦层面进行监督；官员被指控
	透析	政府最终公布机构资料
	英国石油公司原油泄漏	简化索赔流程
	中国石膏板	仁人家园（Habitat for Humanity）发起矫正措施，劳氏公司付出了更大的代价
	液压破碎法	纽约市钻井限制出台
	联邦看护人员数据库	数据库大修，登出有关局限的警告文字，更换监管团队
	养老院使用精神类药物	伊利诺伊州颁布新法
	核磁共振药物	美国食品药品监督管理局限制使用
2011	担保债务凭证	证券交易委员会解决 4 亿 + 美元；并考虑禁止类似交易
	军人创伤性脑损伤	紫心勋章授予新规
	“金钱医生”	收紧规章，在大学医疗机构执行

（续表）

年份	新闻故事	影响
	液压破碎法	美国科学院开展研究，环境保护局认为此举伤害水源；揭露更多相关化学物信息，一些州实行了管制
	机场扫描设备	美国运输安全局要求独立审查
	美国心脏检查	伊利诺伊州总检察长提起诉讼；科罗拉多州罚款
	联合住房抵押贷款	联邦提起欺诈诉讼；美国住房和城市发展部取缔了公司
	新奥尔良警察	联邦同意令；官员获罪
	抵押贷款	公众批评美国房贷可负担贷款调整计划
2012	野马	紧缩规章，限制销售
	众议员比尔·欧文斯	退还前往台湾的旅行费用；对员工进行道德教育
	总统特赦	司法部要求复审；警务总监报告不合规；建立门诊满足申请者需求
	联邦通信委员会教育宽带项目	电话公司开启培训活动
	“金钱医生”	更多的大学限制实践
	机场扫描设备	美国科学院研究；最繁忙机场的扫描设备移除
	类鸦片	美国疼痛基金会解散
	担保债务凭证	证券交易委员会解决 1.27 亿美元，马萨诸塞州在另一个案件中解决 500 万美元

（续表）

年份	新闻故事	影响
2012	克拉伦斯·佩奇	退款
	养老院使用精神类药物	司法部以欺诈罪起诉芝加哥医生

来源：Richard J. Tofel，“Issues around Impact，”（white paper，ProPublica，2013）。

计算调查性报道的影响

在第一章中，我将调查性报道定义为“披露某人意图保密的信息、对社会有重要影响的原创报道”，并列举了阻碍调查性报道创作的三个经济因素。创作有关公共事务运作的新信息需要投入高昂的固定成本，这包括决定某一问题是否值得调查而花费的时间和精力，以及创作报道耗费的资源。如果报道引发了真实世界中的改变，如改变了政策制定和政策执行，那么社会因此得利，但对媒体机构来说，这些福利属于外部性。对于媒体机构来说，报道的溢出效应，如更好的学校、更高的入学率、更规范的工厂、废气排放量的减少，很难变现。尽管我们生活在一个可以援引《信息自由法》获取信息的时代，但想要暗箱操作的政府官员还是可以通过提高麻烦成本和交易成本的方式阻挠记者的调查活动。政府逃避问责新闻监督的方式有：“慢处理”获取信息的请求；收取高额信息收集费用和复印费用；直接拒绝提供信息，因为他们觉得媒体不太可能选择起诉。

有关固定成本、正外部性和交易成本的概念解释了为何一些通过了成本效能测试（从社会的角度出发）的新闻最终未能面世——因为它们不能为出版商带来收益。表 4.4 展示了人们在评估调查性报道过程中的选择与权衡。我们可以试想一位编辑面临的选择：是否向某一可能出版（报纸或在线）的调查活动投入巨额资源。其中一个需要考虑的因素是读者兴趣。在消费者看来，选择阅读某一调查性报道意味着在阅读时间内放弃处理其他事务。其他事务可能是看网飞（Netflix），刷脸书，发推特，或去外面店里喝杯咖啡。消费者的选择取决于：阅读给其带来的"实用性"；另一个选择的诱惑力；订阅费用，如订阅或购买单份报纸。要想计算阅读的收益，我们要看报道提供的信息满足了哪些信息需求。如果在阅读有关公司或政府项目运作的新闻后，某人在工作中受益，那么这个人可能会倾向于阅读，因为获取的信息可以助其提高收入、获得晋升。如果有关缺陷商品/服务的报道可以让消费者作出更好的选择，那么人们就会主动寻找有关金融欺诈和管理不善的养老院的报道。如果调查报道栩栩如生地描摹了一位渎职的个体，那么受众可能会出于获取娱乐的目的阅读报道。对娱乐性的追求可能会使记者（尤其是电视台记者）着重关注新闻的戏剧性。

调查性报道产生的溢出效应通常牵涉公共机构（法庭、管理机构、立法机构）运作的改变。理性忽略逻辑意味着很少有人会在主动了解政策详情后投票，因为某人选票决定选举结果的可能性太小，人们花费时间研究政府的成本大于知情投票（informed vote）获取的收益。如果某一个体认为阅读仅仅是一种投入时间成本、获取私人收益的活动，那么他们就不会去阅读有关学校和地方非营利性机构的新闻。然而，一些人认为自己有责任在掌握相关信息后投票，并且通过践行该世界观获取消费乐趣。如果他们是某政党的支持者并且坚信人们有权知情，那么阅读政策类新闻可以使他们成为党派的铁杆粉丝，成为“知情的、积极参与的”公民。一些人可能会因为想要成为积极参与的公民阅读调查性报道，而另一些人也会阅读新闻，前提是新闻可以满足三种信息需求（即帮助工作、帮助作出更好的选择、仅仅是因为具有娱乐性）。如果其他娱乐性新闻（如有关奥林匹克运动会的报道）较少，那么人们选择阅读调查性报道的可能性也会增加。[36]

阅读新闻故事意味着什么和新闻故事的形式——对这两个问题的回答日新月异。我们在分析谷歌新闻（Google News）读者资料后发现超过 40％的网站访问者只看标题，不会点击阅读新闻内容。[37] 对这些读者来说，仅仅阅读文章的大字标题就可以满足他们的信息需求。网站中文章内容无人阅读，这意味着新闻未能获取读者注意力，也就不可能吸引广告主。尽管调查性报道有时包含成千上万个单词，但当下主要报纸纷纷加入“抢夺注意力”的战争，报社掌握的资源越来越少，上述因素导致长篇作品的数量出现下滑。2003—2012 年间，《华尔街日报》中包含 2 000＋单词的新闻的数量下降了 35％；《华盛顿邮报》下降了将近一半；《洛杉矶时报》下降了 86％。在这一时间段，《纽约时报》的 2 000＋单词新闻数量下降了 25％，但是其 3 000＋单词新闻数量却上升了接近 1/3（这与该报一直重视重大调查性报道有关）。[38]

成功出版调查性报道牵涉一系列相互关联的决定：记者团队的规模大小；向此类新闻投入多少报道资源；是否有足够证据

证明某一故事值得深挖。出版商（通常遵守母公司管理层的指示）会和编辑互相交流，决定记者团队大致规模，之后编辑有权决定（在规定的预算框架内）是否成立调查团队、调查团队的规模、专线记者对某一问题挖掘到什么程度。编辑可能会备有一套现成的流程，记者根据该流程指引开展“实验挖掘”，判断某一故事是否值得进一步投入资源。就某一项目而言，编辑/记者作出“进或退”决定的根据可能并不是某一调查项目的“货币收益”。一些编辑想要通过开展调查性报道打造差异化产品，这样的编辑会权衡某一项目能否为媒体塑造长期品牌作出贡献。互联网时代的报纸仍然是体验商品。如果你不消费，那么你就不知道报纸内容；因为你不确定今天是否会订阅报纸，所以你也无法得知明天报纸的确切内容。但投入一定资源树立品牌可以让受众对媒体形成预期，如某报纸定期刊载重要的原创报道，这些报道揭露了某些人企图掩盖的（或出现在光天化日之下的）行为。

表 4. 4 描述了出版过程中的决策活动，但我并未暗示编辑将计算每一个调查项目的可能收益和成本。他/她不大可能知道特定调查报道究竟产生了多少效益，原因在于媒体在打造优秀的原创问责性新闻这个长期品牌的过程中，刊载了大量调查性作品。然而随着时间推移，在外人眼里编辑就好像经过了精确计算，才作出了决定（这也让我们可以按照模型对决定进行预测），因为不考虑市场因素的出版商和编辑要么早就失业，要么正在一个不景气的机构内工作。在新闻出版和上线后，编辑可以设想其产生的收益：网页中的数字广告；分散在文章周围的印刷广告；出于对新的新闻调查的需求而购买单个副本的销量。决定订阅或者决

定付费网上浏览，意味着你即将购买一批可能出现的新闻故事。如果某一读者群体的子集倾向于订阅有调查传统的报纸，那么订阅量增加的可能性会因调查性报道产出增量收入（和增量广告收入，通过订阅或续订产生的曝光率）。如果作品通过社交媒体广泛传播，在谷歌新闻和脸书新闻动态（Facebook News Feeds）中出现，在搜索引擎结果中排名靠前——上述都是数字广告收入的可能来源（特别是当浏览者点击链接访问原网站时）。虽然追加调查产生的增量收益很难计算，但是编辑很容易算清楚新闻故事的成本，比如薪资、时间、获取数据的成本和法律咨询的花费。编辑和记者也可能因为追求某种理念（如迫使机构承担责任）、追求职业晋升、希望获奖/获得认可开展影响世界的调查性报道。

表 4.4　评估调查性报道的成本与收益：出版、消费、政策影响

决定	选择中考虑的因素
出版	收益>成本？ 收益：印刷和数字广告，订阅，单本销量。作为社会重大问题新信息提供者的长期声誉/品牌，可以扩大上述收益。新闻在社交媒体和搜索引擎中传播，由此产生的注意力可以变现 成本：发掘故事，讲述，发行 与营利无关的动机：记者或出版商渴求影响、职业晋升和获奖
更有可能出版，如果……	广告主认为读者的价值高 读者更愿意为信息付费 大量感兴趣的读者 产生的影响使公众对报纸产生刊载有趣和重要的新闻的心理预期，这意味着订阅可能增加，广告收益可能随之上涨

（续表）

决定	选择中考虑的因素
	数据和算法降低发掘、分析故事的成本 《信息自由法》和开放政府倡议使获取信息更加容易 记者本身的知识储备增加故事被发掘的可能性 记者和编辑更加自由，将造成影响作为终极目标
消费	实用性，其他选择，价位？ 实用性取决于四种信息需要：消费者、生产者、娱乐、选举 代替阅读调查性作品的其他选择（即网飞、脸书、推特、线下生活） 媒体收费对比其他选择的收费
更有可能消费，如果……	更有趣的新闻，对工作有帮助，对选择产品有帮助，或可能培养公民履行公民责任、进行集体活动的动机 同一时间段，其他故事和渠道缺乏吸引力
政策影响	政策收益＞政策成本？ 收益：政策变化的可能性，部分取决于接触到信息的读者数量、消费的读者数量、改变观点的读者数量和采取政治行动的读者数量。若政策发生改变，其被执行的可能性大小和最终真实世界发生了哪些改变（资源分配、措施实施） 成本：政策变化的可能性，以及政策实施后决策变更招致的资源成本。可能包含个体、审议、实体变化
更有可能造成影响，如果……	消费新闻的读者是：在相关政策决策者选区内且在政治活动中表现积极的选民 非政府组织和利益集团开始积极行动 在公众出现反应之前，政策制定者直接依据新信息开展行动 改变产生的收益集中，而成本的分布范围很广 改变取决于相对成本：审议影响可能最低，之后是个体影响，成本最高的是实体影响

如果挖掘、出版调查性报道的决定与预期收益和预期成本有关，那么新闻面世与否就取决于需求侧因素和供给侧因素的相互作用。在利润驱动的媒体中，编辑创作的调查新闻会面向广告主重视的读者群，针对更乐意付费的读者群，关注读者群数量很大的主题。这些动机可能并不会被摆上桌面，但是编辑谈论的“内容战略”其实包含了上述权衡。比如，对大都市区域的报纸来说，编辑偏向报道大量订阅者感兴趣的主题，因为拥有上述订阅和读者注意力就等于拥有了广告主。调查活动应该瞄准城市市场而不是偏远地区，因为市区读者更有可能订阅。在某一覆盖多政治疆域的报纸中，常住人口较少的低级行政区划内发生的故事被刊登的可能性较小。如果对机构（如学校系统或地方警局）的报道包含诸如日常跟踪、参加会议、找出政策和执行中的漏洞等固定成本，那么调查资源更有可能被分配至影响大量读者的地方机构。[39]

编辑在计算时可能会将影响当成工具——一种塑造报纸品牌的工具。当今世界媒体机构比比皆是，新闻发行的节奏很快，很多在线渠道免费提供新闻资源。在这种背景下，一些新闻机构将开展调查性报道作为实施产品差异化战略的必由之路。编辑报道有关实体问题的原创新闻、塑造读者预期的决心越大，他就越有可能在决定是否开展调查活动时考虑故事产生的影响这一因素。调查新闻品牌是读者选择订阅或续订的一个原因，而订阅和续订是媒体广告收入的基础。追求影响可以不考虑利润。记者和编辑如果将造成影响作为一个纯粹的目标，那么追责机构的新闻问世的可能性就会更大。记者也可能会因为如下原因追求影响：在帮助民主完善的过程中获取实惠；职业晋升或物质奖励；调查性新闻可能会获奖〔如普利策奖、波尔克新闻奖（Polk Award）、杜邦奖、金匠奖、塞尔登奖〕，从而为作者或机构带来声望。非营利性机构中的记者可能会更加直接地追求影响，因为其做法正好与机构规章和投资人目的相符。在个体或家族掌舵的营利性机构，如果所有人愿意用一部分利润换取改变社会的机会，那么记者就更有可能创作促使政策发生改变的新闻。

在权衡特定调查项目时，资源消耗通常是需要明确考虑的因素。降低成本、使某一项目成功可能性更大的因素为：记者是否有足够的经验识别机构运作过程中释放的种种信号，并辨别哪些事情意味着该机构已经出现问题。如果撤销专线，或者用新手记者代替经验丰富的记者，那么挖掘出故事的可能性就会降低，因为官员和机构被监督的可能性降低了。《信息自由法》和开放政府倡议让信息获取变得更加容易，有利于调查活动开展。然而，即使存在开放政府倡议，我们也不能保证许诺一定会变成现实——记者一定可以得到信息，从而创作问责新闻。[40] 目前，信息更易获取，新闻业开始引入算法——发掘、分析故事的成本出现下降。大数据可能为记者提供了更好的机遇，记者可以充分利用该技术，找出从前难以发现的官员行为模式。[41]

虽然记者和编辑可能会考虑问责新闻中的新信息造成的影响，但是他们不会去追究最终引发的政策改变（影响）能不能通过成本效能测试。从一开始，调查性报道的预期收益和成本都取决于报道中的新信息引发改变（包括个体影响如解雇和辞职，实体影响如颁布新法和新规、政策执行方式的改变）的可能性的大小。[42] 一系列事件可能会影响上述可能性：接触到新闻内容的读者数量；选择消费的读者群体；因新闻改变观点的读者数量；观点/态度改变导致政治行为（如投票或联系官员）出现的可能性。如果人们的观点和政策偏好出现变化，而这些变化又已经通过政治程序转化为政策结果，那么还剩下一个问题没有解决，即成本效能分析中如何对真实世界因资源分配和行为方式改变而产生的收益进行估值。在伴随主要联邦规章发布的规章影响分析中，社会在采用某一规章后的获利或损失通常用市场价格表示。然而，我们经常遇到的一个问题是：政府政策是针对市场失灵的领域制定的，所以直接根据价格判断价值是很困难的（如：为健康和环境领域政策打分十分困难，因为它们并不总是按照牌价交易）。

尽管在计算效能是否大于成本的过程中充斥着诸多困难，但是我们还是可以确定哪些因素会使社会获得积极效应的可能性增加。试想社会中存在市场失灵，如某一公共产品供应短缺或对负外部性限制不严。举例来说，一个管理不善的学校董事会可能会影响初等教育（公共产品）的供应；或污染防治法执法不严可能会导致污染物排放量增加，儿童哮喘病病例数上升（负外部性）。此外，试想存在一种政策解决方案（如重构招聘校长的流程或招聘额外的工厂废弃物监管员），而如果这种解决方案能够得以执行，在实施该方案后，政策改变的净收益（即因政策实施产生的收益减去政策的成本）为正，那么社会是否能够获取净收益取决于某一调查性报道能不能改变政策的实施方式。

新闻引发改变的可能性取决于信息如何流动和潜在政策改

变的成本与收益如何分布。如果新闻报道的读者积极参与政治，是有能力改变机构运作的政策制定者的选民，或如果报道引发了非政府组织和利益集团的后续动作，那么报道就更有可能造成影响。有时，创作报道的过程中记者会与政府官员互动，这样一来，官员可以提前知晓存在的缺陷和可能的解决方案。在上述情况中，改变可能会先于报道出版，或与报道出版同时到来，原因是官员看到了改良的可能性或预见了改良将会吸引选票。如果改变的收益集中在一小部分公司、个体或利益集团中，并且成本分布较广，那么个体和公司集合力量支持改变的收益将按照每人/每公司计算。[43] 因为负担成本的人（实体）可能会抵制政策改变，所以产生影响的可能性还可能取决于改变的类型。政策审议活动（如听证会）可能是最有可能出现的影响，因为讨论的相对成本较低。解雇和起诉——个体影响——可能排行第二。出现可能性最低的可能是实体影响（如通过新法案），因为它包含集体行动和引导制定政策的机构（该类机构与生俱来的属性是抵制改变、维持现状）。

新闻颁奖典礼的祝词常常会重点强调调查的影响。[44] 然而揭露出的问题和弊病不过是对社会顽疾带有偏见的反映，因为编辑决定了哪类调查能获得资源，哪类不能获得。当今世界，媒体机构持有的资源有限且不断下降，因此可能有大量故事因未通过媒体机构的成本效能测试而未能面世，尽管其引发的社会净收益为正。如果你将消费者阅读新闻获取的净收益与媒体机构获取的净收益相加，再加上政策改变带来的净收益，如此一来，即使媒体机构的净收益为负，总体社会收益仍然大于成本。新闻成本直接由新闻机构承担，而其收益广泛分布于没有阅读新闻、没有为新闻付费、没有阅读广告（也就没有为媒体机构贡献广告收入）的人群中。媒体机构无法使调查作品的溢出效应变现，这一事实导致其对问责新闻的投资不足。故事未面世导致政策未改变，这是新闻业内的市场失灵现象。[45]

为了弄明白媒体机构的计算方法和政策分析师的逻辑之间的不同，我选择针对三个系列调查性报道进行案例研究：北卡罗来纳州罗利市《新闻与观察者》的有关北卡罗来纳州缓刑系统的调查报道；《华盛顿邮报》审视哥伦比亚特区警官的枪击事件；KCBS①地方新闻有关洛杉矶郡卫生局运作的调查。[46] 三者的媒体类型各不相同（都市日报，全国性报纸，地方电视台），报道的政府级别也不相同（州级，市级，郡级），但每一个系列报道都向我们展示了披露有关机构运作的新事实可以显著改变政策。我将各调查系列及其影响分为六个方面讲述：发现，新闻成本，媒体收益，政策改变，政策影响和社会收益。

《新闻与观察者》系列报道："误入歧途：北卡罗来纳州残疾的缓刑系统"②

发现

2008 年 3 月 5 日清晨，北卡罗来纳大学学生会主席伊芙・卡

① 一家洛杉矶电视台。——译注

② Losing Track：North Carolina's Crippled Probation System。

森被两名处于缓刑期的罪犯绑架、抢劫并杀害。[47] 该案件使北卡罗来纳州《新闻与观察者》针对缓刑系统——未能有效监督罪犯，导致卡森被谋杀——开展了一系列持续的调查活动。2008 年 12 月，其刊载了连续三天的系列调查性报道，该系列报道最终使北卡罗来纳州变更相关政策。该报在 2008 年调查记者和编辑协会奖参赛表格中总结调查发现时提到：

> 多年来，北卡罗来纳州的缓刑系统一直处于混乱状态。缓刑监督官人数不足，导致其工作过于忙碌。其对犯罪人员的监督很少，甚至出现零监督的情况，有时灾难性的后果由此发生。顶层管理者对此现象一直视而不见，否决了多个旨在监管罪犯的项目。缓刑监督官无法定位的罪犯约为 13 000 名。自 2008 年起，已经有 580 名罪犯在缓刑期间被定罪为谋杀。案例研究向我们展示了管理不善方面的一个个恐怖故事：罪犯继续杀戮，缓刑监督官没有申请逮捕令；罪犯继续杀戮，缓刑监督官选择无视；缓刑监督官并未严格执行法院要求的电子软禁（electronic house arrest）。这还只是冰山一角。[48]

新闻成本

创作过程持续 6 个月。[49] 记者利用州公开记录法获取报道中使用的主要文件：北卡罗来纳刑事案件数字法庭记录；缓刑监督官撰写的严重犯罪报告；管理人员对严重犯罪案件的审核记录；近 100 万名缓刑犯的数字记录（包括犯罪历史和判决结果），近

27万名违反缓刑规定的罪犯的数字记录；缓刑监督官的邮件；内部审核和管理层报告。主要挑战包括：法庭记录和监狱数据之间缺乏统一标识符〔这使得追踪某一罪犯耗时更长，因为名字拼写不同（法庭数据和监狱数据），同一个罪犯的生日也不同〕；根据州法，缓刑犯文件是保密的。《新闻与观察者》在参赛表格中描述了报道的分析过程，指出："我们查阅各种数据，最终找出有问题的缓刑案例。我们通过分析缓刑数据知晓了：缓刑案例的长度——从违反规定到最终解决；逃逸者数量；逃逸者地理分布和案例数量；缓刑监督官的薪水对比局内大佬的收入；该系统内优秀官员作出的贡献；法官的判决；缓刑监督官的建议。"[50]

总体上看，该作品花费了一位记者6个月的时间，两位记者和一位编辑3个月的时间，一位数据库研究人员2个月时间，另一位研究员和一位摄影师1个月时间，加上法律咨询费用和交通费用。报纸主编估计此次10篇文章、3天接续报道的总成本为20万美元（等于2013年的216 500美元）。[51]

媒体收益

本次调查报道发生的时间正是美国报纸出现金融危机、人员流动频繁的时间段——《新闻与观察者》也不例外。2009年4月，《新闻与观察者》解雇了31位记者，总员工数下降至132名，而在2004年该报总员工数为250名。[52]麦克拉奇公司（McClatchy，该报的母公司）的毛利率从2007年的18.9%下降至2008年的11.6%，并且不断受到并购压力。该报的发行人奥拉奇·夸尔斯三世（Orage Quarles III）在描述报纸面临如下窘境——在削减职员的同时确保报纸报道高价值新闻的传统——时说道："我们想要确保自己不会做一些会永久损害报纸运作的事……我们的目标是尽可能保证高质量，即使明知道我们的职员越来越少。这需要权衡，不仅仅是编辑室内部的权衡。每家报纸都不景气。一大批有天赋的人不得不离开编辑室。”[53]

在资源急剧萎缩的大背景下，该报执行主编约翰·德雷舍(John Drescher)仍非常重视调查性报道，原因至少有三个：它为消费者提供别处没有的信息；它可能会改良社会；它可以让不断减少的员工保持高昂的斗志。尽管报纸的许多专线已经不复存在，德雷舍还是将调查小组的人数由两位全职记者拓展至三位，因为他非常看重问责新闻在报纸长期战略中扮演的角色。正如他所说：“公共服务新闻是我们的最高目标。如果你阅读过我们有关心理卫生系统和缓刑系统的报道，你就会知道没有其他任何人做过类似的工作……同时我也觉得从事此类报道有利可图，这也是我们在市场中脱颖而出的原因。”[54] 如同其他许多和互联网上看似无穷的信息竞争的编辑一样，德雷舍也面临了这样一种选择，即哪一种新闻能让该报卓尔不群，从而使读者愿意订阅或者上网观看。他为报纸选择了三个主题：调查性报道，州政府和政治（鉴于该报位于州首府，这是个很自然的选择），体育（特别是大西洋海岸联盟赛事，以及与参赛队伍相关的大学）。虽然德雷舍可以通过在线读者数、在线评论数、读者邮件数量化参与的读者数量，但是他指出自己并未审视这些数字。[55] 这类新闻带来的经济效益支撑了报社追求的长期战略，让读者对报纸形成预期：订阅或登录其网站会发现什么类型的信息。该调查报道对报纸品牌期望的影响是其产生的最主要经济效益，但是我们却不太容易估量上述经济效益究竟有多少。

缓刑系列报道出现在一个付费订阅减少、网上流通增加的年代。星期日付费发行量从 2008 年 12 月的 206 309 人次下降至 2009 年 12 月的 189 390 人次。[56] 在系列报道出现的月份，在线流量出现了下滑。但是网上流量也可能与季节性高峰和北卡罗来纳研究三角（包括杜克大学、北卡罗来纳州立大学、北卡罗来纳大学教堂山校区）中的“疯狂三月”（March Madness）①现象有关。在 2008 年 11 月，该报网站的总独立访客数为 230 万，2009 年 12 月为 190 万，2009 年 1 月为 180 万，2009 年 3 月为 280 万。该报的报道改变了政策，影响了北卡罗来纳州 100 个郡，报纸目标郡（威克郡）居民通过购买报纸，为州内其他地区没有购买报纸的人群创造了溢出效应。就星期日付费发行量来说，报纸的家庭覆盖率在报纸的主场（威克郡）达到顶峰，为 35.5％。在邻近郡（缓刑政策改变也造成了影响），家庭购买星期日刊的比率要小很多。在达勒姆郡（该报不再报道该地新闻，并撤销了报道学校、法院、重新开发的专线记者），只有 11.3％的家庭订阅了报纸。尽管 2009 年的北卡罗来纳有 360 万户家庭，引发改变的调查报道实际上由本州少数家庭（6％）——那些选择订阅纸质报纸的家庭——的订阅和由此产生的广告收入支撑。

政策改变

缓刑系列报道产生的影响遵从先个体，再审议，最后实体的

---

① 通称的美国大学体育总会一级联赛男篮锦标赛，成立于 1939 年，目前是美国最大的全国性体育赛事之一。因为锦标赛的大部分比赛都在每年 3 月进行，故俗称“疯狂三月”。

规律。新州长贝弗利·珀杜(Beverly Perdue)表示自己要改革这一系统，指出有必要“时时刻刻监督处于缓刑期和假释期的罪犯，时时刻刻提醒他们：之所以能在街上自由行走是因为他们签署了一份合同，或者说一份协议——他们保证工作，不沾毒品和酒精，不惹麻烦，并且按时回家。至于那些破坏了这个系统的人，我希望他们立刻重返监狱”。[57] 总管缓刑系统的主管辞职，之后，“卡森案”所在地的地区主管也引咎辞职。[58] 在系列报道出现的 3 个月内，珀杜州长建议雇用更多缓刑监督官和假释监督官，提高薪水，增加培训，升级通信系统。[59] 一项新法案通过，规定缓刑监督官可以查阅缓刑犯青少年时期的档案，之前这些档案是机密信息。[60]《新闻与观察者》在这次调查性报道刊载三年后重新审视其带来的改变，总结了一些变革：

> 改变包括升级沟通系统，缓刑监督官、执法人员和法院工作人员可以更加方便地交流有关缓刑罪犯的信息。底层缓刑监督官接受了全新的培训。
>
> 他们有了全新的风险评估系统，监督人员可以对缓刑犯的居住环境、社会诱惑和暴力趋势进行评估……缓刑系统的预算从 2008 年的 1.61 亿美元增至 1.69 亿美元。[61]

缓刑监督官职员空缺率从 2008 年的 10％下降至 2011 年的 2％以下。2011 年《司法再投资法案》(*The Justice Reinvestment Act*)通过，它特别指出了一些追加改革：缓刑监督官的权力更大，可以要求缓刑犯执行更多命令；系统覆盖那些犯了较轻微重罪的罪犯的范围扩大；对所负责缓刑犯案件发生较少的监督官进行推荐。然而2012年《新闻与观察者》的一篇文章又指出了此类改革经常遇到的一个问题："本州新通过的缓刑法无经费支撑"。[62] 总体上看，该系列报道激发了人事、政策、经费分配改变，但是州预算不足却导致其进展缓慢，该报编辑指出："公共安全和有效率的矫正制度不仅仅是'物有所值'。"[63]

政策影响

很少有媒体机构会在报道登载多年以后重新研究新闻、记录报道引发的政策改变对真实世界施加了怎样的影响。部分原因在于，调查报道资源有限，编辑会更加关注新发现，而不是为过去的作品打分。对于追求公共服务奖项的记者来说，新话题和新作品更容易获奖。估量改变的多少并非易事，而且改变和报道是否存在明确的因果关系存疑，这也使得记者不大会从事政策分析。

尽管参赛表格和获奖引文都可能会强调系列调查报道的影响，但是政策改变是否带来了真正的改良和政策改变是否能通过成本效能测试，这仍然是开放的实证问题。为了研究《新闻与观察者》的政策影响，我雇用了曾经撰写该系列报道的作者中的一位，莎拉·奥瓦斯卡（Sarah Ovaska，现已从该报离职），帮助我重新审视2013年的缓刑制度/系统的运作发生了哪些变化。她为了本研究专门从北卡罗来纳公共安全局获取了资料，跟踪记录了自2000年1月至2012年12月所有因一级谋杀、二级谋杀或过失杀人进入州监狱系统的囚犯。之后，她利用从北卡罗来纳狱政局获取的资料确定被判蓄意谋杀的罪犯在犯罪当日是否正处于缓刑期或假释期。

她发现在2000—2008年间638起凶杀案件的元凶是正处于缓刑期的罪犯。[64] 这个数字比《新闻与观察者》当时统计的580起要多，原因在于当时的数字是来自2008年该报掌握的资料。由于凶杀案通常需要一年以上的时间走完法定流程，所以多出来的凶杀案很可能是在2008年12月以后该报登载报道后才定罪的案件。580这个数字经常出现在后续报道中，作为该州司法系统失灵的明证；而新数字638则意味着现实比想象中的更加恶劣。就某一发生在2009—2012年的凶杀案来说，发现、起诉、定罪耗时很长，这意味着2013年的资料并不能反映在这一时间段内州监狱系统内有多少缓刑犯犯下了谋杀罪。

一种估算系列报道的影响的方法是关注缓刑犯谋杀案件所占的比率是否出现下降，因为如果缓刑制度改革有了效果，那么这一比率肯定会出现下降。在2005—2008年间，根据北卡罗来纳州监狱数据，每年缓刑犯凶杀案占总凶杀案数量的15%。比如在2008年，处于缓刑期的凶杀案罪犯数量为66人，占北卡罗来纳总凶杀案定罪人数(437)的15%。根据奥瓦斯卡2013年获取的数据，2009年这一数字是306起凶杀案中的45起(15%)，2010年是239起中的29起(12%)，2011年81起中的10起(12%)，2012年12起中的1起(18%)。请注意，凶手被逮捕、审讯、定罪需要时间，最终上述数字肯定会出现上涨。

为了大概估计影响，我将目光锁定在2010年。如果因为2008年12月的文章和2009年的政策变动，改革在2009年完成，那么2010年则是改良后的缓刑制度运作的第一个整年。这一年中，缓刑犯谋杀率为12%。如果没有改革活动，那么缓刑犯谋杀率应该稳定在15%（2005—2008年的比率），即247起凶杀案中有37起缓刑犯凶杀案。37减去29——这意味着因为改革活动，在2010年处于缓刑期的凶杀罪犯的凶杀案件减少了约8起。更可靠的证据是财政预算。在2008—2009财年，北卡罗来纳州公共安全局成人狱政/社区狱政分局批准的预算为1.57亿美元，而在2010—2011财年，这一数字为1.68亿美元。

社会收益

《新闻与观察者》作了一个没有人作过的计算，即在北卡罗来纳州有多少人被缓刑犯谋杀。这场调查活动的最终成本为20万美元。该系列调查性报道用数据——2000—2008年间580人被缓刑犯谋杀——吸引了政客和公众的注意力，确实改变了政策和预算分配。然而即使改革活动成效显著，那些因报纸刊载问责新闻，引发政策调整，从而免于死亡的人也不会去感谢报纸。公共安全收益就是北卡罗来纳州居民被谋杀的概率出现轻微下降。我的估算是，在2010年，缓刑制度改良的成果是处于缓刑期的杀人凶手的谋杀人数减少了至少8人。

假设上述数字8人是正确的，接下来的问题是如何将这些因政策改变免于统计学死亡（statistical deaths）的案例用美元估价。因为不知道哪8个人会免于死亡，所以我使用了“统计学死亡”一词。联邦政府机关采用“统计学生命价值”（value of a statistical life）对监管影响进行分析。研究劳动力市场的经济学家也在研究（对工人来说）工资增长多少可以让工人接受略微提升的死亡风险。利用上述工资研究的数据，他们可以得出一个统计学生命的大概估值，用于研究监管影响。例如，在2013年，美国交通运输部发布了一份指导性文件，其中统计学生命价值等于910万美元（2012年美元不变价）。[65]根据上述数据，因缓刑制度改良免于死亡的8人相当于8×910万美元=7 280万美元（2012年美元不变价），这是2010年的收益。再看成本，相较于2008年的预算，2010年新增预算1 100万美元。现在将所有数值用2013年美元不变价表示，那么净收益为6 210万美元（7 390万－1 180万），而这一切的起因是《新闻与观察者》投资的216 500美元。上述计算没有考虑多种因素：读者（和广告主）认为系列报道具有的价值；2011年以后（因缓刑制度改革）每年都会产生收益（和随之而来的成本）；以及本模型没有考虑到的居民、警察、囚犯、缓刑犯的其他行为方面的改变。

然而，这样一个粗略的估计向我们展示了报纸引发的溢出效应的价值。在调查活动中每投入1美元，就会产出287美元的政策净收益，而这仅仅是缓刑改革后第一年的收益。报纸也获得了收益：调查性报道的招牌变得更加引人注目。虽然如此，报社无法直接将政策净收益变现。《新闻与观察者》的专线记者一年的工资约为61 500美元（等于2013年的66 800美元），如果可以将6 210美元净收益中的10％变现，那么该报的新闻编辑室（2009年有132位记者）就可以增加93位记者。[66]然而公共政策改变产生的净收益广泛分布于读者和非读者群体，报社也不可能将其变现。这也就是说许多能够产生巨大净收益的故事最终未被发现/未能面世，原因就是媒体机构不能变现新闻产生的影响。

KCBS 电视台："厨房里的故事"[1]

发现

这个调查性报道源于一起投诉。一位隶属洛杉矶郡卫生局的检查员告诉 KCBS 电视台：餐厅检查制度存在很大缺陷，检查员有时发现了卫生条件恶劣的餐厅，却没有有效的手段惩罚违法者。电视台开始搜集资料，并于 1997 年 11 月 16 日至 18 日播放了为期三天的系列调查性报道（采用了隐蔽摄像头拍摄法）。在引起公众反响和政策改变后，该电视台又进行了一系列后续报道。KCBS 在 1997 年调查记者和编辑协会奖的参赛表格中总结了他们的发现：

> "厨房里的故事"披露了洛杉矶郡卫生局如何明知故犯，放弃保护全郡 900 万居民的卫生安全。本调查报道促使洛杉矶议会开展了全国最彻底的卫生制度改革。
>
> 本系列报道首先调查了洛杉矶郡卫生监管制度，但我们并未就此止步。在为期 4 个月的便衣调查中，KCBS 电视台的"I 团队"发现了郡内数千家餐厅的卫生状况堪忧，其中有许多还是赫赫有名的餐厅。我们发现尽管不卫生的餐厅威胁着消费者的健康，但是检查员却常常让这些餐厅继续营

① Behind the Kitchen Door。

业。我们也发现有些餐厅已经多年没有接待过检查员，但是郡政府却宣称每年会检查餐厅 3 次。[67]

新闻成本

KCBS 请求从郡数据库中获取一份检查资料，但政府拒绝了这一请求。KCBS(包括他们的律师)与政府协商了 8 个月，在以诉讼相威胁后，郡政府最终提供了一份数据拷贝。KCBS 将这份时间跨度 2 年、包含 20 000 家餐厅的检查情况的文件交给了调查记者和编辑协会的美国计算机辅助报道协会(National Institute for Computer-Assisted Reporting，NICAR)，美国计算机辅助报道协会处理了这些数据，并向 KCBS 的“I 团队”返回了分析表格。记者可以借助上述分析表格计算餐厅接受检查的频率，按照检查得分给餐厅排序，并且拎出平均表现较差的餐厅。记者利用隐蔽摄像头拍摄了餐厅内部照片，在资料到手后，记者又花了 4 个月的时间创作报道。记者搜集了额外的文件，包括：大陪审团对卫生局食品安全检查的报告；卫生局滥用财政资金的审计报告；以及卫生检查员撰写的报告。KCBS 在阐释报道内容扩大化时指出：“一开始，我们仅仅准备调查餐厅恶劣的卫生环境。但是随着调查深入，我们发现故事远远没有这么简单：有证据证明卫生局官员的操作中存在违法行为。”[68] 该调查报道的成本包括 KCBS 三位员工(一位调查记者、一位制片人、一位监制)4 个月的工作。根据 1997 年地方电视台新闻职员收入调查，我估算该系列报道的工资成本为 62 000 美元(等于 2013 年的 90 000 美元)。[69]

媒体收益

在2月、5月、7月和11月，尼尔森公司（Nielson Company）对全美超过200个地方电视市场内电视节目的收视率进行"清扫式"研究。收视率的一个用处是：地方电视台可以根据收视率高低为节目广告报价。在"尼尔森大清扫"期间，电视台为了增加收视率（从而增加收益），通常会在地方新闻节目中播出与众不同的报道。KCBS在1997年11月的"大清扫"中分三晚播出了调查结果，旨在塑造调查性报道的品牌（"I团队"指代电视台内从事调查报道的职员）。尽管"厨房里的故事"没有获得调查记者和编辑协会奖项，但是KCBS调查记者乔尔·格罗佛（Joel Grover）和执行监制西尔维娅·蒂格（Sylvia Teague）（二者在餐厅报道中合作过）的另一份投稿获得了1997年调查记者和编辑协会电视市场前二十奖。[70]

政策改变

在KCBS开始播出系列报道后的第三天，"洛杉矶郡卫生局开展了一场前所未有的打击运动，迅速关闭了100多家卫生条件恶劣的餐厅，其中一家餐厅的老板是洛杉矶市长。"[71] 报道播出后的一个月，洛杉矶议会通过了一项法令，该法令于1998年1月生效，规定"卫生检查的结果必须被印刷在一张等级卡片上，并悬挂于餐厅窗户，消费者可以明确看到每一家餐厅的评分"。[72] 该郡同时要求餐厅从业人员参加食品卫生培训；如果某一餐厅连续两次未通过检查，就应该关闭，并且在达到卫生标准前保持停业状态。

政策影响

餐厅中会出现一种典型的信息不对称现象，因为餐厅经营者对食品质量和食品安全信息的了解要远高于消费者。消费者不了解信息，他们也没有能力监督餐厅，这意味着餐厅经营者缺乏投入资金改善餐厅卫生条件的动机。尽管洛杉矶内的餐馆在1998年1月前都面临着检查，但是等级以标准形式公开展示的新规定为经济学家计算信息公开对消费者选择造成的影响提供了途径。金哲（Ginger Zhe jin）和菲利普·莱斯利（Philip Leslie）在一篇题为"信息对产品质量的影响：以餐厅卫生等级卡片为据"（The Effect of Informationon Product Quality：Evidence from Restaurant Hygiene Grade Cards）的论文中研究了上述问题。他们研究了KCBS报道后的政策改革在洛杉矶区域引起的变化，发现消费者获取新信息使评分较高的餐馆收益上涨；提升了餐厅的卫生水准；降低了消费者在用餐后因为食品卫生问题前往医院的可能性。

社会收益

如果餐厅的卫生条件优良，那么消费者因用餐而染疾的可能性就会降低。金和莱斯利审视了1995—1999年间洛杉矶和加州其他区域内与饮食相关和与饮食无关的消化紊乱入院病例。在1997—1998年，洛杉矶内与饮食相关的入院病例降低了13.3%（从1997年的405例降至1998年的351例）。与之形成对比的是，与饮食无关的消化紊乱入院病例上涨了2.9%。在加利福尼亚州的其他区域，1997—1998年间与饮食相关的消化紊乱入院病例实际上涨了3.2%。金和莱斯利采用回归分析法得出结论：餐厅悬挂分级标识牌的政策使与饮食相关的消化紊乱入院率降低了约20%。我会采用较为保守的研究方法，将下降13.3%作为计算影响的根据。在强制悬挂等级标牌前，1997 年洛杉矶有 405 位入院病人。在新政策实施后，1998 年有 351 位。餐厅卫生条件提升也可以降低消费者染上微恙的概率——消费者虽然患病，但没有严重到需要前往医院。但是我们可以将洛杉矶内 54 个减少的病例作为计算 KCBS 调查影响的下限。

对上述影响进行美元估值需要参考罗伯特·桑德勒（Robert Sandler）和其合著者的著作。根据他们的估算，在 1998 年因食品引发的疾病造成了 8.86 亿美元的直接医疗成本（256 626 位住院病人，142 384 位门诊病人，787 977 例急诊，2 022 860 次拜访医生）。[73] 将医院设施成本和住院成本估值（4.92 亿美元）除以住院人数，我们可以得出 1998 年因食物相关疾病入院的成本约为每人 1 920 美元。将这个数字乘以 54，我们就可以得出在政策改变后第一年的收益约为 104 000 美元（等于 2013 年的 148 600 美元）。由于执行新政策之前政府也会派人定期检查餐厅，新政策只是将餐厅的等级用挂牌的方式展示给消费者，所以我们认为新政策的成本可以忽略不计。这样一来，政策净收益与新闻成本的比值约为 1.7（148 600 美元/90 000 美元）。这个估值很可能较低，因为 KCBS 发掘并创作新闻的成本是一次性的，而只要政策存在，政策产生的影响就是长期的。在新政策实施的第二年，即 1999 年，洛杉矶与饮食相关入院人数仍然保持在一个较低的水平（309），对比地方电视台播放报道之前（405）。我们的计算重点关注了入院人数，下列影响并未纳入计算：急诊人数减少；拜访医生次数减少；购买药物的次数减少。

《华盛顿邮报》："致命武力：哥伦比亚特区警方枪击案的调查"①

发现

该调查报道起源于"不存在的数据"。一位《华盛顿邮报》数据库专家注意到联邦调查局发布的《统一犯罪报告：补充凶杀报告》(*Uniform Crime Reports Supplemental Homicide Reports*)中并未提供警察正当杀人案件的数据。[74] 在获取并研究资料后，记者最终确定哥伦比亚特区的警察在枪杀市民案件中属于离群值。《邮报》接下来的调查活动最终产出了一份分为 5 个部分的系列报道，并于 1998 年 11 月面世。根据《邮报》1998 年的调查记者和编辑协会奖参赛表格可知，他们的主要发现有：

> (1)系列报道揭示了 20 世纪 90 年代哥伦比亚特区警官每个驻地的击杀人数比美国其他任何大城市的警官都要高。华盛顿警察的开枪频率是纽约、洛杉矶、芝加哥或迈阿密警察的两倍以上……(2)在过去的 5 年内，特区警察向 54 辆汽车开枪，阻止车主"用车辆攻击"警察，击杀了 9 名未携带武器的市民……特区警察向车辆开枪的频率是纽约警察的 25 倍……(5)1996 年使用枪支的特区警官中有接近 75%并未达

① Deadly Force：An Investigation of DC Police Shootings。

到使用格洛克半自动手枪（一种需要深度训练才能使用的武器）的特区基本火器训练标准。《邮报》发现在10年中发生了120起意外走火事件，导致19位警官射中自己或他人。[75]

《邮报》搜集了警察枪击案件的资料，并将其放入某种背景中研究，并为这种现象的出现提供了可能的解释。在系列报道的第一天，《邮报》指出："在过去的5年，特区警察击杀了57人（比芝加哥警察多出3人）。"[76] 他们的报道还提供了至少一种导致该现象出现的可能原因："特区枪击案数量的剧增与警察局装配格洛克9毫米手枪和（由于犯罪率上升）新招募了大量警员有关。1989年，在新手枪和新警员造成的影响还未完全显现时，特区警察击杀了4人；到了1995年，该数字攀升至16人。《邮报》发现在这个时间段，没有任何大城市经历了相似的增长。"[77]

新闻成本

在此之前，市面上没有关于特区和其他城市警察枪击案单独的、准确的、权威的信息来源。[78]《邮报》记者通过搜集多种文件获取信息，解决了这个问题。搜集的文件包括："民事法庭记录，刑事法庭记录，证词，警察官方出版物，政策事故报告，警察使用暴力情况调查报告，警察火器开火报告，证物室技术员报告，犯罪现场图，特区公司委员会关于涉及警察的诉讼案件的记录，保险记录，学界和警界专家有关使用暴力的研究，纽约、迈阿密、迈阿密-戴德、芝加哥、波士顿警察局有关枪击案的记录。"[79] 记者采访了警官、刑事辩护律师，以及枪击案受害者及其家庭成员，如此一来，记者对事件双方有了更加全面的了解。创作报道耗时约为8

个月。《邮报》在调查记者和编辑协会奖参赛表格中描述了参与报道的小组（内部名称是“Teamcop”）：“本项目耗费巨大，参与人员有3位记者，2位研究员，1位数据库专家，2位编辑，以及《邮报》的计算机辅助报道主管。”[80] 根据《华盛顿邮报》和美国报业协会签署的工资协议，我估算出该系列报道花了《邮报》341 000美元（等于2013年的487 000美元）。[81]

媒体收益

该系列报道获得了1999年普利策公共服务奖，这一奖项常常被看作新闻业的最高奖项。自1973年报道水门事件获奖以来，这是《邮报》第二次获得该荣誉。这次获奖使《邮报》牢牢竖起了问责新闻的招牌。执行编辑小莱昂纳德·唐尼精准地描述了“致命武力”的价值，他指出：“该报道是经典的（引发巨大）影响报道。它全面、密不透风的报道，有力的笔触，引人入胜的表述让读者意识到在自己居住的城市中存在严重的人权问题。”[82] 该报道的主要记者杰夫·利恩（Jeff Leen）在项目初期曾经与编辑瑞克·阿特金森（Rick Atkinson）和玛丽莲·汤普森（Marilyn Thompson）交谈过，他问调查小组需要投入多长时间。罗伊·哈里斯（Roy Harris）在他记录普利策获奖者史的书中写道：

> 他们也讨论了该项目的时限。利恩对阿特金森和汤普森说道：“这是个大事。”“你们想要做到多大？3个月？6个月？还是9个月？我永远也忘不了他们说的话，因为那些话让我以在《华盛顿邮报》工作为傲。瑞克和玛丽莲说道：‘不

限制时间。做到你满意为止。’”[83]

虽然该报道确实增加了报纸的发行量、订阅和广告收入，但是在当时，《邮报》的收益每年都在上涨。1998 年，华盛顿邮报公司的收入是 8.47 亿美元，1999 年是 8.75 亿美元，2000 年到达顶峰的 9.18 亿美元，之后在 2001 年下滑至 8.43 亿美元。报业普遍呈现出上述模式。[84]

政策改变

“致命武力”立刻引发了政策改变。特区警察总长查尔斯·拉姆齐进行了如下动作：规定了警察在何时可以向汽车中未携带武器的平民开枪，增加了 10 万小时的有关“使用暴力”的训练（包括“警察每年的格洛克手枪训练时长增加一倍”），改良了警察开火信息跟踪系统，委托专业责任办公室继续调查，请求司法部“重新审核 1988 年以来的特区警察致死枪击案”。[85] 司法部开始复审并协助“降低警察致死枪击案的出现率，保证彻底调查该类案件”。[86] 特区警察局认可《邮报》在政策改变中扮演的角色。[87]

政策影响

1998 年，特区警察射击了 32 个人，其中死亡 12 名。1999 年（“致命武力”报道后的一年），枪击下降至 11 人，死亡 4 人。特区警察总长拉姆齐认为部分原因在于新改良的政策：

> 警局过去滥用暴力的问题……主要是政策、训练、装备和监管的问题，而非我局警察的质量出现问题……我们竭尽全力，为警员提供清晰的使用暴力的政策，配备更好的装备，加强

训练，严格监管。最新数据显示我们的措施已经有了效果。[88]

到了 2000 年，特区警察只击杀了 1 人。在一篇题为“警察系统令人惊异的改变”(An Impressive Police Reversal)的社论中，作者指出积极影响来自调查报道的发现，以及特区警察总长的快速反应：“关键在于警局对于《邮报》报道的反应。当时上任没多久的警察总长查尔斯·拉姆齐没有寻找理由和借口，而是选择直面问题。”[89] 对比“致命武力”报道出现之前的年份，特区警察枪击致死率在后续的几年一直保持较低水平(2001 年 3 人，2002 年 5 人)。[90]

社会收益

降低枪击致死率最关键的一步是额外增加 10 万小时的使用暴力训练。将这一数字乘以 30 美元/小时(1999 年警察工资)可以得出该训练的社会成本，即 300 万美元(等于 2013 年的 4 195 000 美元)。[91] 在拉姆齐实施新政策的第一年，致死人数下降至 4 人(对比 1998 年的 12 人)。总暴力犯罪数也出现了轻微下降，从 1998 年的 8 988 件到 1999 年的 8 448 件，因此如果警察使用暴力与暴力犯罪数量相关，那么按理警察枪击致死率也会出现轻微下降。1 998—1999 年间，枪击致死人数下降了 2/3，这是一个非常显著的下降，鉴于此，警察总长的观点——新政策是导致这一现象出现的部分原因——比较可信。[92] 1998 年的死亡人数(12 人)并非离群值，因为《邮报》发现在一个为期 5 年的时间段，特区警察枪击致死人数平均每年为 11. 4 人。我根据以上数据计算了政策改变第一年的收益。还是根据统计学生命价值的值

(2012 年的 910 万美元;2013 年的 920 万美元)计算,那么政策净收益为(8×920 万美元) - 419.5 万美元 = 6 940 万美元(2013 年美元不变价)。政策净收益与调查新闻成本的比值为(6 940 万美元/48.7 万美元) = 143。上述数字没有考虑许多额外收益,比如:因为非致命枪击案也出现下降,受伤个体的医疗(痛苦)成本也出现了下降;枪击案牵涉的警员承受的心理创伤和由此造成的成本也出现下降。[93]

尽管此次获奖让《邮报》的名声更上一层楼,但是业内并不存在可以将报道挽救的生命的价值转化为等量订阅和广告收入的市场机制。媒体无法将政策改变的社会收益全部变现,这意味着利润驱动的媒体机构不会在调查报道中投入太多资源。媒体投资调查性报道的好处有很多,包括其帮助塑造提供独一无二的原创内容的品牌的功能。然而我们无法将收益与创作调查作品的个体/机构联系起来,这意味着许多昂贵的调查性报道因为利润不足而未能面世。

相对于什么?

表 4.5 总结了我对三个系列调查性报道的计算结果,包括:新闻成本;影响出现第一年的政策净收益;以及净收益与新闻成本的比值。在分析这些数字之前,我们需要先解答一个经济学中的核心问题:相对于什么?例如,表 4.5 展示了创作这些调查报道的成本是:《新闻与观察者》日报“误入歧途”216 500 美元(2013 年美元不变价),KCBS 电视台“厨房里的故事”90 000 美

元，《华盛顿邮报》“致命武力”487 000 美元。上述成本与近期非营利性媒体机构开展的调查活动的成本类似。ProPublica 开展了一场为期两年的有关扑热息痛的调查活动（该调查发现 10 年间在美国有超过 1 500 人死于过量服用扑热息痛），理查德·托福研究了其成本后总结道：“我们保守估计调查成本为 75 万美元；也可能更多。成本包括记者工资，新闻应用和网页开发费用，主编工资，影视制作费用，社交网络和公关费用，交通费，法律咨询费，民意调查费用的一半等。”[94] 调查性报道中心在 2011 年创作了主题为加利福尼亚公立学校建筑不抗震的系列调查报道，耗时超过 20 个月，成本（主要为员工的时间成本）为 55 万美元（等于 2013 年的 57 万美元）。[95]

普通新闻稿的成本很少有人讨论。肯·多克托（Ken Doctor）曾经采访过德瑟雷特媒体公司〔旗下有日报《德瑟雷特新闻报》（*Deseret News*）〕的首席执行官克拉克·吉尔伯特（Clark Gilbert），询问新闻的成本。克拉克曾经是哈佛商学院教授，后来转战媒体行业，这些经历使他能够估算出新闻的成本：“职员撰写的新闻每篇成本为 250—300 美元；特约通讯员新闻为 100 美元；美联社新闻为 25 美元；‘远程’新闻为 5—12 美元，主要由新兴的博主群体撰写。”[96] 新闻机构（不论是报社、地方电视台，还是纯在线新闻机构）提供的各类新闻成本各不相同。媒体愿意投资高成本的原创报道，部分原因在于追求产品差异化。吉尔伯特指出，媒体选择刊载低成本新闻并不意味着媒体不会创作高成本新闻。重视新闻成本与收益的战略“并不意味着我不愿意为内容付费……为了履行对受众的承诺，我们付出了数不胜数的努力”。[97] 赫斯特电视台与调查记者和编辑协会合作成立了地区实验室，记者可以在实验室中学习与问责新闻相关的数据挖掘技术。赫斯特电视台副总裁坎迪·奥尔特曼(Candy Altman)解释了为何要这么做："要想在一个碎片化的世界脱颖而出，唯一的办法是提供最优秀的内容。我们公司有一些非常优秀的调查团队，但是我们的团队在调查过程中还必须有效利用调查工具。"[98]

表 4.5　系列调查报道的成本效能，政策改变第一年(2013 年美元不变价)

调查	新闻成本	结果	政策收益	政策成本	政策净收益	每 1 美元新闻成本产出的政策净收益
《新闻与观察者》"误入歧途：北卡罗来纳州残疾的缓刑系统"，2008 年 11 月 7、9、11 日	216 500 美元	8 人免于被北卡罗来纳州缓刑犯杀害	7 390 万美元	1 180 万美元	6 210 万美元	287 美元
KCBS 电视台"厨房里的故事"，1997 年 11 月 16—18 日	90 000 美元	洛杉矶郡 54 人免于住院	148 600 美元	0	148 600 美元	1. 70 美元
《华盛顿邮报》"致命武力：哥伦比亚特区警方枪击案的调查"，1998 年 11 月 15—19 日	487 000 美元	8 人免于被华盛顿特区警察击杀	7 360 万美元	420 万美元	6 940 万美元	143 美元

注：表中结果、政策成本效能、政策净收益、政策净收益与新闻成本的比值均适用于政策改变第一年的政策成本效能。

表4.5提供了另一种衡量方法，即审视在调查报道引发政策改变的第一年内，避免了多少不良后果。就“误入歧途”来说，被北卡罗来纳州缓刑犯杀死的人数减少了8名；就“厨房里的故事”来说，洛杉矶郡因食品问题导致消化紊乱的入院病例减少了54名；就“致命武力”来说，被哥伦比亚特区警察击毙的人数减少了8名。但由于种种原因，估算报道影响的文献比较罕见。新闻报道和真实世界政策改变之间的因果关系链很长，所以人们仍然在讨论新闻报道究竟有哪些直接、间接影响。数据和模型非常昂贵，因为评估原创报道的影响需要下大力气搜集数据，并对数据进行分析。当下美国大部分新闻机构的报道资源不断减少，编辑更倾向于投资新的调查活动，却不大可能花钱研究过去故事的影响。

有时新闻会立即引发公共政策反应，比如2011年《西雅图时报》的系列报道“美沙酮和痛苦政治”(Methadone and the Politics of Pain)立刻使州专家委员会发布了一则紧急公告，警告公众服用美沙酮具有危险性。[99] 即便如此，要想记录新闻产生的(全部)影响还需要更多时间。尽管《西雅图时报》这份荣获普利策奖的报道统计了2003—2011年华盛顿州2 000多个美沙酮服用过量致死的案例，一周后发布的公告很可能也会使医生不再开具美沙酮，但是收集州和联邦层面的数据需要时间，这意味着(记者/研究者)需要花费2—3年才能收集到足够的有关药品销售和死亡案例的信息，从而分析调查报道的影响。[100]2012年佛罗里达《太阳哨兵报》(*Sun Sentinel*)刊载了系列报道“法律之上：超速警察”

(Above the Law：Speeding Cops)，记者利用收费站的 SunPass①数据分析了佛罗里达州执法机关人员超速行驶的问题。第一篇报道的标题和副标题总结了该系列报道的发现："警察不限速；90—130 英里/小时对警察来说是家常便饭；即使没有紧急情况，即使他们未在执勤；尽管时有车祸和死亡的情况发生，却很少受到处罚。"[101] 2012 年 2 月报道刊登，随后多名警察受到纪律处罚。报社在报道刊载 7 个月后复查收费站数据时发现"新闻发布后(警察)超速现象降低了 84%"。上述报道是普利策奖投稿新闻中的一部分，之后报纸又进行了后续报道，2013 年报社获得普利策公共服务奖。然而，类似上述对新闻影响的量化十分罕见。问题的类型和记录影响的难易程度决定了记者是否会研究自己作品造成的影响。

表 4.5 的倒数第二列记录了改变第一年产生的政策净收益(2013 年美元不变价)。缓刑系统系列报道为 6 210 万美元，餐厅新闻为 148 600 美元，警察枪击案调查为 6 940 万美元。最后一列记录了在新闻中每投入 1 美元成本会产生多少美元的政策净收益。罗利《新闻与观察者》系列报道为 287 美元，KCBS 新闻为 1.70 美元，《华盛顿邮报》报道为 143 美元。作为对比，我们可以看一下行政管理和预算局下属信息和监管事务办公室计算的联邦规章相关成本效能。就 2012 财年发布的 14 个主要联邦规章而言，信息和监管事务办公室发现规章产生了"约 532 亿—1 146 亿美元的年度总收益，年度总成本约为 148 亿—195 亿美元"。[102]

---

① 佛罗里达州电子收费系统。——译注

一些规章制度的年度收益与年度成本比值如下：劳工部风险沟通规定为3.0；能源部节能标准为5.5；环境保护局和交通部有关汽车尾气排放和燃油效率的规定为3.3。根据上述对比，投资调查性报道似乎更加划算。

还有两种评估调查性报道影响的方法，这两种方法考虑到了并非所有调查性报道都使政策发生了显著改变。ProPublica的理查德·托福指出"现有证据证明调查性新闻中的'高击球率'其实是一个相当小的数字"。[103] 一种计算平均影响的方法是用一家机构的总调查花费除以显著改变的数量。根据前文数据，ProPublica年度预算为1 000万美元，它的报道每年会产出8—10个显著影响，这样每引发一次显著改革的成本大概为100万美元。[104] 另一种评估报社调查性新闻的办法是：看媒体忽略了哪些新闻。联邦政府调查委员会公布一些本地记者未能发掘/报道的腐败和权力滥用事件。联邦调查局在俄亥俄州凯霍加郡发现了一起腐败事件，"最终近40人被起诉、定罪"。2010年，《克利夫兰诚报》(*Cleveland Plain Dealer*)指示其读者代表泰德·迪亚迪恩(Ted Diadiun)汇报了报社为何没能在联邦调查局公布事件真相之前找出问题。他总结道：

> 我重新阅读了报社新闻，结论虽然使人不快，但我们却无法回避：当(地方官员)拉索、迪莫拉、麦克福尔等人践踏公众信任时，《诚报》的动作却缺乏进攻性，没能将一些众所周知的事实串联起来；可能也没有坚定地站在公众一方，未

能坚持职业操守。[105]

记者和政府调查员曾经是共生的：有时记者发掘问题，政府调查员进行进一步调查，而政府调查员查出的证据又返回至记者手中，记者借此开展进一步研究。然而如今专线记者数量下降，这可能意味着“政府发布报告、提起诉讼，记者跟进报道”的情况会逐渐增多。

结语

计算公共政策的成本效能非常复杂，成本高昂，且计算结果具有争议性。公共机构不大愿意将资源投入分析活动，因为这些资源本可以用作执行项目的花费。每年，行政管理和预算局的确会向国会提交一份分析联邦监管年度总成本和总收益的报告，但这仅仅是因为《监管知情权法》（*Regulatory Right-To-Know Act*）规定了行政管理和预算局必须出具报告。联邦机关也的确会试图量化其政策的成本效能，但这也是因为 12866 号总统令作出了强制要求。[106] 宪法第一修正案（幸好）没有规定媒体机构必须量化它们报道的影响。市场中竞争压力大，媒体人/机构渴求专业奖项，上述现实使调查资源更多地涌入新调查活动（下一起欺诈案、下一起腐败案），而不是研究、记录过去的调查活动产出了哪些有利影响。非营利性机构的投资者可能会投入更多资源研究媒体产出的影响，而随之丰富的数据可能会使问责报道的脉络更加清晰——因为他人可以清楚地看到新报道和新政策、新结果之间的因果关系链。

本章揭示了投资调查报道可以产出巨量社会收益。新闻的成本可能多达数千/数万美元，但是可以产出数百万美元的收益，这些收益广泛分布于某一社会群体中。为了解释为何新闻发掘和新闻创作的成本如此高昂，我将会在第五章研究调查记者和编辑协会时代调查性报道的创作过程。

第五章

新闻是如何生产的?

当记者的调查结果成为头条新闻时,其背后的故事会变成历史和回忆录。“我如何获得新闻故事”这一类型的报道遵循一个共同的结构,因为调查性报道有三个共同点:一是内容原创,二是关注涉及某一群体的重大实体话题,三是关注某些人试图保守的秘密或者将众人眼皮下隐藏的碎片事件拼凑在一起。原创内容涉及对某些事情出现差错——通常是在委托决策过程中——的见解,通常涉及构建案例的努力。由于官员享有酌情处理权,可以对行动和信息保密,因此记者在追踪新闻故事时往往需要克服障碍,去证实他们的怀疑。随后对新闻来源、文件和数据的搜索就像解开一个漫长的谜题。在探明机构解散或个人滥用权力的案例中,对调查结果的反思可能以新闻故事的影响结束:改变生活,引发辩论,更改法律。

随着手机、复印机、电脑、互联网和社交媒体的出现,调查性报道技术在过去的一百年中发生了根本性的变化。然而,在新闻工作者回忆录中体现了过去几十年里有关获取新闻故事的许多共同元素：对信息源的最初洞察，收集文件和数据以确定问题所在的挑战，以及媒介和市场对调查施加的时间限制。本章首先引用了记者的回忆录，追踪新闻报道方法的演变；接着阐述了调查记者和编辑协会时代，记者如何进行采访和发表见解，以形成调查性报道；最后我对本章编制的数据集进行分析，记录了新闻报道的变化。这些数据来自 1979—2010 年调查记者和编辑协会奖的竞赛问卷、1987—2011 年间在调查记者和编辑会议和研讨会提出调查报道建议的内情报告和 2005—2010 年间《信息自由法》对 14 个联邦部门或机构提出的要求。

研究调查记者和编辑协会奖的参赛作品使我们能够感知到一些美国最佳调查性新闻报道背后的努力程度。近 15％调查记者和编辑协会的调查涉及对政府档案的请求。与电视台相比，报纸更有可能参与对《信息自由法》或信息自由的请求，而在线类新闻参赛作品（通常来自公共诚信中心或 Propublica 等非营利机构）牵涉政府档案请求的报道比率最高。报纸或杂志上的调查平均需要 6 个月，电视报道的调查要 5 个月左右，而在线新闻机构的调查平均至少需要一个半月。调查时间根据故事主题和影响的不同而差异悬殊。负面故事，比如涉及利益冲突或裙带关系，更容易被记者捕捉，调查起来时间更短。一些个人的非法行为，例如腐败或处理不当，由于当事者煞费苦心地将其隐藏起来，因此记者要花更长的时间去报道。对社会影响严重程度较低的故事调查时间相对较少。那些会造成个人惩罚，如导致重新分配或处罚等内部制裁的新闻故事，需要更少的时间就能完成调查。在造成审议或实体影响结果的调查中，这些新闻可以促成新的立法的通过，这往往需要很长时间才能完成。

通过跟踪为调查记者和编辑协会会议和研讨会制作的有关报道方法的内情报告，我们可以得到一种方法，记录下新闻工作中哪些专业知识和创新可以获得支持。在20世纪90年代，调查记者和编辑协会内情报告的作者中有一半以上来自地方报纸，而到了2010—2011年，这一比例仅略高于1/4。与此同时，非营利组织、大学以及其他媒体如美联社和彭博社等的内情报告作者都有所增加。人才从地方报纸向别处转移意味着审查方面的转变，人们对当地事件的关注变少，更多的是关注非营利机构投资者感兴趣的国家新闻或政策话题。那些来自非营利组织和大学，拥有专业知识和丰富经验的人才，同时也是在初期发展和培训中得到地方报纸支持的人，这引发了一个问题，即下一代创新型调查记者将在哪里获得时间和资源，以发展他们的技能。

对于14个联邦部门和机构，媒体机构的《信息自由法》请求表现出类似的趋势。总的来说，媒体的《信息自由法》请求在2005—2010年下降了25%。尽管2005年地方报纸对这些行政分支机构提出了最多的《信息自由法》请求，但到2010年，地方报纸的请求量下降了近一半。其他媒体如美联社、彭博社及遵循政策制定细节的小众机构，提出的《信息自由法》请求实际上在这段时间内有所增加，并且到2010年成为登记请求数量最多的媒体。在这组机构中，有三家提出了超过100个《信息自由法》请求，分别是《纽约时报》(101)、公共诚信中心(121)和美联社(272)。每一家都代表着不同的收入模式：国家日报、非营利媒体和能够将成本分摊到许多订阅网点的新闻合作社。《信息自由法》请求活动从地方报纸向国家媒体和小众媒体转移提出了一个问题：我们是否仍能获知地方机构负责的新闻。

记者的回忆录和反思确实为调查的开展提供了启发性的见解。然而，如果与本章的数据分析结合起来，它们会得出一个综合性的评价，那就是在不同类型的报道中，调查性报道相对容易。《信息自由法》的存在，共享和分析数据的低成本，以及记者愿意分享他们的知识，意味着问责性报道应该在数字时代蓬勃发展。然而，让机构承担责任的难易度可能取决于政府机构是否愿意以可访问的方式提供有意义的数据，以及新闻媒体是否愿意和有能力在新闻生产过程中进行投资。在新闻的背后，缺少故事来源、文件和时间仍然是始终存在的主题。

回忆录和方法

艾达·塔贝尔在她的自传《不足为奇》(*All in the Day's Work*)中讲述了自己的一个故事——在“扒粪运动”时代，她是如何报道出一个最具爆炸性的调查性新闻的。她对标准石油公司运作的调查首先以3篇文章的形式出现在《麦克卢尔》杂志上，其中第一篇文章发表于1902年11月。[1] 调查报道连载了两年多，她在《麦克卢尔》杂志上发表了19篇文章，这些作品最终被收录于1904年出版的《标准石油公司历史》(*The History of the Standard Oil Company*)一书。塔贝尔的作品之所以引人注目，部分原因在于她巧妙地利用了文件来证明自己的观点。正如艾伦·菲茨帕特里克(Ellen Fitzpatrick)所指出的那样：

> 塔贝尔依据公共记录是她研究中最引人注目、最有说服力的方面之一。她指出:“自从1870年标准石油公司成立以来,几乎一直处于美国国会和其公司所在各州的立法机构的调查之下,因为其涉嫌接受来自铁路方面的回扣,并限制自由贸易。”法庭记录,州和联邦调查委员会的调查结果,产油地区的报纸报道,大量的“小册子文献”,以及民事诉讼的证词,为证明标准石油公司用来积累财富的方法以及保持垄断地位的方式提供了充足的证据。[2]

在她的书中,塔贝尔将很多文件列为附录,帮助读者理解这一案例,并帮助该杂志避免了面临诽谤诉讼的可能。总体而言,塔贝尔从事这项研究已经近五年了。随着文章的发表,因标准石油公司的运作而遭受损害的人们联系了塔贝尔,向她讲述了一些该公司的不法行为,在某些情况下,还提供了额外的文件来支撑他们的主张。麦克卢尔愿意支持这项工作,他在调查中投入了5万多美元,2013年其回报超过了135万美元。他甚至花钱聘请经济学家约翰·贝茨·克拉克(John Bates Clark,他因同名奖项而声誉卓著,这一奖项授予40岁以下的美国顶级经济学家)和约翰·R. 康芒斯(John R. Commons,他希望克拉克担任美国经济学会的主席)对塔贝尔的部分工作进行检查。

在《调查性报道:从法院到白宫》(*Investigative Reporting: From Courthouse to White House*)一书中,克拉克·莫伦霍夫(Clark Mollenhoff)讲述了他从20世纪40到70年代在《得梅因纪事报》当记者的经历,对如何创建一个调查的最佳实践进行了思考。在序言中，他将这本书描述为“努力探索自己的经验和其他新闻工作者的经验，这些经验将在公共服务新闻中得到普遍的应用”。[3] 他从波尔克郡法院、爱荷华州议会大厦和华盛顿特区发回的报道，揭示了前数字时代的调查工作是多么费时。在司法调查方面，他建议记者每天查阅（纸质）法庭记录，因为通过反复查看和回顾可以学习到相关模式。在采访方面，他建议打印出大量的备忘录，使用大写字母并将姓名着重标注出来，然后创建一个交叉归档和年表系统，以便追踪人员和组织间的关系。在前施乐①时代，记者是将泄露的文档堆叠起来，对着页面拍照，然后将它们还回原来的地方。在前数据库时代，他建议记者们保留早期工作的印刷副本，便于参考。立法者希望通过支持追加调查使报纸文章的副本载入《国会议事录》（*Congressional Record*），以此方式将其存为档案故事并增加他们的曝光度。他还建议与那些没有重叠发行文章的记者合作。通常，通讯社重点关注来自华盛顿和纽约的新闻，但如果一个新闻故事在多个地方同时被报道〔例如，在《德梅因记事报》和《普罗维登斯晚报》（*Providence Evening Bulletin*）〕，这就很难忽略它了。如果在一个新闻中提供了足够的证据，那么他认为这会引发政府进一步调查，随之可能引起变化。他对卡车司机工会的腐败调查获得了1958年普利策国家报道奖，并对卡车司机工会官员与国会调查的最终起诉和判决提供了帮助。

莫伦霍夫指出，水门事件使得公众在一段时间内减少了对华

① 施乐（Xerox），商标名，美国办公设备制造公司。——译注

盛顿各类腐败的关注，并表示：

> 由于华盛顿记者团将精力集中在与水门事件的相关调查上，如联邦调查局和中央情报局滥用权力，其他项目上的严重腐败和管理不善的证据无形中被忽略了……为期两年的新闻声讨导致尼克松总统难以继续任职，最终引咎辞职。但是相比之下，几千美元或几百万美元的盗窃似乎是微不足道的小偷小摸，即便对纳税人来说，累计可衡量的美元损失往往远远超过水门事件……由于在内阁和内阁级以下部门的严重腐败和管理不善问题上缺乏新闻编辑关注，华盛顿记者们对此感到沮丧和灰心，在医疗保险和医疗补助计划管理不善的证据收集上也没能积极地跟进……对管理不善和腐败等严重问题的新闻关注度不够，或者当负有监管职责的美国国家审计局和国会调查委员会要求提供记录，而行政部门官员行为傲慢，种种原因使得国会调查委员会的成员和那些委员会的工作人员感到灰心。……由于缺乏媒体关注，大多数国会委员会都没有有效地跟进调查，因此腐败问题更加根深蒂固。[4]

水门事件调查的故事由卡尔·伯恩斯坦和鲍勃·伍德沃德将其改编进电影《总统班底》(*All the President's Men*)，是最常被人们铭记的一个关于来源和泄密的故事。然而，以名录、列表和记录的形式出现在纸上的名字和数字，在引导记者向正确的人打电话的过程中发挥了关键作用。初步着手调查位于水门大厦的民主党全国委员会总部之后，伍德沃德和伯恩斯坦使用电话簿和纵横交错的人名录(以街道地址编制电话号码)找到了可能知道在水门事件中被捕者的人。[5] 当时,在迈阿密调查与案件有关的法庭记录意味着机票和旅馆的花费,而不是通过电脑搜索。一个不愿透露信息来源的人不让伍德沃德复印支票,但允许他手抄下来。[6] 伍德沃德不能影印那些与案件有关的大陪审团信息的卡片,但他可以一次记住一套信息,然后到法院的男士洗手间去复制他所记下的东西。[7]

在20世纪70年代,搜集和分享信息的代价很高,即使只是使用电话。《冲出地狱》(*Raising Hell*)汇集了调查性报道中心于19世纪70年代末和80年代初这一期间发生的调查故事。在这本书中,作者大卫·威尔(David Weir)和丹·诺伊斯(Dan Noyes)提到,为调查一个新闻拨打了三天的长途电话,共花费250美元,相当于2013年的800多美元。[8] 当描述到在那个时代对问责报道至关重要的信息获取资源时,他们指出,资金缺乏使得他们无法进行在美国被禁止的化学品调查工作,但其在发展中国家是行得通的。然而,这个新闻故事最终得以报道的原因是,“在1975年和1976年,《滚石》杂志的一名编辑戴维使用到了调查记者最需要的三个关键工具:长途电话、影印机和邮票”。[9]

菲利普·迈耶(Philip Meyer)是最早支持使用计算机解决新闻数据问题的人之一。他在著作《精确新闻学》(*Precision Journalism*, 1973)中提出了在报道中应用社会科学概念,如抽样和调查。他在自传《纸质路线:找到我的精确新闻》(*Paper Route: Finding My Way to Precision Journalism*, 2012)中,阐述了他是如何支持这种方法的使用的。1959年,作为一名报道戴德郡学校系统的年轻记者，他对提供给学校建筑保险的无投标合同产生了兴趣。他拿到了一份佛罗里达州保险代理人名单，在索引卡上写下当地代理人的名字，然后去法院，将这些名字与学校董事会选举中的捐款人记录一一对比。迈耶发现："通过一些人工分类的名单卡片，很容易发现，在学校董事会成员所有的竞选捐款中，超过一半来自保险机构的所有者或官员。"[10]《迈阿密先驱报》对此事的报道引发了大陪审团的调查，并改变了学校董事会的政策，转而采用竞争性的保险招标。

到20世纪60年代初，迈耶在华盛顿特区为《阿克伦灯塔报》（*Akron Beacon Journal*）工作。他选择专注于挖掘那些没有经济需求的文件中的模式。他解释说：

> 华盛顿的新闻来源不像在迈阿密，在这里《先驱报》掌握着大部分的权力。由于大量事件的发生和众多记者竞相调查同样的故事，作原创报道往往需要新闻来源和记者之间微妙且不言而喻的市场交易。为了说服一个消息来源人士与你达成完全的合作，向你提供其他人没有的信息，作为交换，你需要给予一些东西。那这个消息人士想要的是什么？当然，这是一个有利的倾向，所以两者间隐含的交易以此种方式建立，即给予消息来源人士想要的东西以换取独家信息。如果是调查国家级的新闻故事，你必须代表一个规模较大、拥有权力的新闻媒体，其具有设置议题的权力和/或创建一个可以坚持下去的制度框架的权力……我很快意识到，在俄亥俄州议会代表团以外，没有多少华盛顿政治家或官僚关心

> 《阿克伦灯塔报》对他们的评价……之后我意识到，如果我要为华盛顿的谈话提供原始材料，我将必须在书面证据中多做些工作。所以我运用了我的政治科学训练，寻找模式。[11]

迈耶在华盛顿的“第一个重要的数据发掘新闻”发生在1963年埃斯蒂斯·基福弗(Estes Kefouver)去世后。在遗嘱检验中，这位参议员的遗嘱显示他已经投资了制药公司，这会成为新闻，部分是因为该参议员作为参议院反托拉斯和垄断小组委员会的负责人对该行业展开了调查。迈耶从基福弗的经纪人那里得知了进行药物交易的日期，并将这些日期与基福弗在《国会议事录》中的演讲提及的时间进行了对比。迈耶发现：“基福弗会在参议院控诉一家公司，等待第二天其股票在股市受损，然后买入。原因是什么？对这种模式唯一合乎逻辑的解读是，调查仅仅是政治作秀，这位参议员知道不会产生实质的监管或惩罚性的政府行动。”[12]

在20世纪60年代，电脑稀缺且昂贵，但是迈耶通过一条令人意外的途径参与了调查和计算机分析：非营利性机构的支持。迈耶通过尼曼奖学金的资助完成了其1966—1967年在哈佛大学的学习，[13] 他用这一学年来学习定量课程。他学会了使用大学的数据-文本软件，这使得他能够使用IBM 7090大型计算机分析数据。在拿到奖学金后，他回到奈特-里德报业集团(Knight-Ridder)工作，得到指派的临时任务，帮助《底特律自由新闻报》报道1967年7月发生在底特律的骚乱及其后果。在底特律城市联盟的资助下，迈耶在暴乱地区设计并开展了一项民意调查。他聘请了密歇根大学社会研究学院的一名程序员，用学校的新型IBM

360计算机进行分析。由此产生的调查使迈耶形成了对暴乱者和非暴乱者动机的深刻见解,结果表明,暴乱不仅仅是由教育水平低下和低收入造成的,也不仅是生活在北方的南方移民的挫败感造成的。他强调暴乱的推动力来自一种相对剥夺感(relative depriation),在那里"每一个成功的黑人都是对落后的人显而易见的提醒,提醒着他们的失败"。[14] 他的调查工作刊登在报纸首页上,标题是:"非暴乱者:充满希望的多数人"(The Non-Rioters: A Hopeful Majority)。这篇文章获得了普利策新闻奖,获奖词引用了报道中的话:"1967年底特律骚乱的报道既体现了细致的现场新闻工作人员的出色表现,又具有对这场悲剧根本原因的迅速而准确的调查。"[15]

在《底特律自由新闻报》工作一段时间之后,迈耶成为计算机辅助报道这一新领域的先锋。借助在马里兰大学使用大型计算机的时间,他训练了其他奈特-里德报团记者使用社会科学技术,如测量构建。在大型计算机时代,计算机辅助报道的普及速度十分缓慢,因为大型计算机难以接触到,而且使用起来耗费时间和金钱。然而,一旦将计算机所具有的能力载入个人电脑,其在新闻编辑室中就能获得更多的重视和使用。尽管迈耶于1981年辞掉了全职的新闻工作,转而去北卡罗来纳大学任教,但后来他在1988年至2001年间担任了《今日美国》(*USA Today*)的顾问。艾伦·纽哈斯(Allen Neuharth)是《今日美国》的创办人,他不允许该报纸使用匿名消息来源,并且聘请迈耶作为顾问帮助该报作更多的数据报道。[16] 纽哈斯认为匿名消息来源会损害媒体的可信度,他说:"报纸里不允许有匿名来源……我认为新闻报道获得了一些重大的历史发展——比如五角大楼文件案，也许是水门事件，在这些事件中匿名消息来源更具有积极影响，而非负面影响。但总的来说，负面影响仍十分巨大，我们无法克服信任的缺失，除非我们禁止使用匿名消息来源。"[17]《今日美国》使用文档和数据库来替代依赖匿名消息来源的报道。迈耶强调，在利用数据报道的新闻故事中，信息来源和采访仍然是必不可少的，因为信息来源是理解文件及数据相关背景和含义的指南。

调查回忆录的一个独特类型是涉及隐藏在公众视线外的故事，可能是一位记者使用"欺骗"手段，从而写出有关不公正现象或权力滥用的文章。布鲁克·克勒格尔(Brooke Kroeger)所写的书《暗访报道：欺骗的真相》(*Undercover Reporting: The Truth about Deception*)提供了这种报道技巧的历史，总结了记者采取的隐藏目的和身份的方法：

> 他们伪装；住在或正处于故事地点；工作；实习；做志愿者；签约受雇或接受训练；成为付费客户、患者或客户；混入其中；发挥作用；与人同路；成为某种角色；忍受困难；提出请求；主动联系；避免纠正错误印象或给人留下印象；获取不完整的或误导性的信息；作出表现；收集尚未公布的信息；填好申请表格；利用雇主的无知；策划；获得保密许可；变装；转化个人经验；偶然间悄悄进入或碰到；使用特权访问；为进行测试而进入某处；监视或跟踪；秘密拍摄或录制；行使或鼓励他人行使作为普通公民、游客或顾客的权利而不表露真实意图；或者偶然间或通过无关的个人经验接触到第一手资料，

然后在出版物中揭露，就像是一直带着意图去做的一样。[18]

1977年《太阳时报》(*Sun-Times*)对芝加哥北部海市蜃楼酒吧运营的报道是新闻界最著名的暗访调查之一，那次调查的结果是，在经营酒吧的过程中，有25个部门涉及腐败。这些新闻故事揭露了酒吧与政府雇员包括警方之间相互产生的小规模敲诈和贿赂。这个系列的报道引发的结果包括检查员遭到解雇、贿赂被定罪以及派遣专案组进行调查。[19] 虽然三次暗访调查在20世纪70年代获得了普利策地方调查性专门报道奖，但普利策评选委员会并不完全认同对海市蜃楼酒吧的调查工作，部分原因在于其涉及欺骗。普利策委员会成员本·布莱德里(Ben Bradlee)在《华盛顿邮报》里指出："我们指示我们的记者不要在调查期间诈称自己、歪曲事实。"他认为，用普利策奖承认《太阳时报》的系列报道"可能会将新闻业引上一条错误的道路"。[20] 克勒格尔指出，在1979年至1995年〔《华尔街日报》的托尼·霍洛维茨(Tony Horowitz)于1995年获奖的部分原因就是他对鸡肉加工的暗访报道〕间，普利策奖并不承认暗访调查的成功。但她指出，即使在得不到普利策奖承认的情况下，媒体的暗访工作也依然存在。[21]

调查记者和编辑协会时代新闻故事的发现和讲述

调查性报告项目涉及两个相关流程，即发现一个潜在的故事并决定是否继续进行调查。这些都是问责新闻的重要部分，调查记者和编辑协会会议的内情报告提供了如何进行调查的建议，是调查记者和编辑协会网站上最受欢迎的讲义之一。普利策奖获得者迈克尔·贝伦斯（Michael Berens）的内情报告《寻找故事》（*Find the Story*）概述了如何“找到能够在全国范围内激起回响的当地优秀新闻故事”。在新闻侦察阶段，贝伦斯建议记者查看国家机构的报告和惩处措施、国家审计和联邦检察通识知识、与诉讼相关的文件和项目预算。在“循着材料；找出数据”的建议中，他表示：

> 确定每一个与你的主题相关的公共记录。例如：在一场致命的警察追逐撞车事件中，有多少机构涉及于此？警察、医护人员、法医——这是三条可靠的公共记录路线。但是致命的车祸也会报告给国家计算机系统（你是可以获得的），它会报告给联邦的致命事故报告系统（你可以通过调查记者和编辑协会与美国计算机辅助报道协会获得）。打破惯例，转而寻找诉讼（证词）和工伤补偿索赔（医疗信息）。谁赔偿损失？即使警察有过错，他们是否受到豁免法律的保护？每年有多少辆警车撞毁？[22]

在这个研究过程中，他建议记者们寻找数据并记录他们的工作。具体来说，他建议：

> 用电子表格组织数据……Excel电子表格是一个优秀的组织工具，可以保存名单、公司、预算编号等……提交初步的公开记录请求……创建一个时间轴……找到数据中的那个人。不

> 管这个话题有多不起眼，你都可以肯定有人在某个地方为此倾注了自己的生命……向所有数据库手册提交一个记录请求。除此之外，没有更好的方法来搜索保存的数据和所有的信息领域了。由于这些是用户手册，因此不需要任何修订。[23]

初期发现故事的最后阶段是为编辑制作一份备忘录，列出该工作的潜在相关性和影响，记录多媒体元素，并详细描述可能的报道策略和成本。

在另一份单独的内情报告中，贝伦斯提供了一个十项清单，以帮助一个有新闻故事想法的记者决定是否继续这个项目。大部分的清单项目都与继续调查这个故事可能的需求相关："它是新的吗？""读者会关注吗？""有记录在案的受害者能将这个故事带到生活中吗？""为什么是这个故事，为什么是现在发现？""我能用六个或更少的词来描述这个故事吗？"[24] 其中两项与工作的影响有关，即"是否有可能产生改变或改革？"和"我是否关心？"。其中两项更多地涉及文件和数据供应方面的问题："这个问题会被量化吗？我可以用文档或数据专门跟踪核心问题吗？我可以得到具体的发现吗？……是否有独特的新信息来源？我有没有举报人或新消息来源还未公开信息？我是否拥有独特的记录或数据存储，或者制造新情况的方法？"[25]

发现或构建新故事的一种日益有效的方法是使用社交媒体信息。罗利市的《新闻与观察者》报针对北卡罗来纳大学的学术造假进行调查的新闻，包括让运动员有资格参加比赛的虚假课程，是由北卡罗来纳大学足球运动员马文·奥斯丁发表的一条关于迈阿密海滩聚会的推特所引发的。有关大学球员如何进入迈阿密海滩的问题引发了美国大学生体育协会的调查，发现了体育经纪人向球员贿赂的金钱和礼物，《新闻与观察者》报的详细报道曝光了一个从未面世的"讲授式"课堂体系和没有老师指导的独立学习。这些欺骗性课程产生的高分使运动员能够参加美国大学生体育协会的体育比赛。[26]《60 分钟时事》(*Sixty Minutes II*)杂志记者在 2004 年得到信息提示：在伊拉克虐待犯人的士兵被予以逮捕，他们在开展调查时，利用了为返回部队的成员设置的与朋友、家人分享信息和评论的网站，来确认在阿布格莱布监狱可能参与虐待的人员。一名记者在另一个网站——"真相士兵"(Soldiers for Truth)上发布了帖子，要求提供有关的特定个人的信息，于是一位被控在阿布格莱布监狱虐待囚犯的士兵的叔叔与哥伦比亚广播公司的报道团队取得了联系。这最终成为丹·拉瑟(Dan Rather)在《60 分钟时事》报道的关于监狱虐待事件的故事，其中包括美国陆军士兵拍摄的照片。[27]

新算法从计算机科学和社会科学向新闻报道的迁移正在开辟分析文件和数据的新途径。美国调查记者和编辑协会下属的美国计算机辅助报道协会每年召开一次会议，作为调查记者分享新工具的场所。蔡斯·戴维斯(Chase Davis)在美国计算机辅助报道协会会议上提出的"5 分钟内的 5 种算法"，是记者间分享的新方法的代表。他提供了快速计算方法的示例，以帮助解决调查项目中常见的问题：发现异常值、相似条目、集群、相似文档、将数据分门别类。[28] Propublica 的书呆子博客(Nerd Blog)是调查报道的另一个算法建议来源。博客提供链接(标题为"使用我们的代码”）到商店的 GitHub 账户，该账户允许用户下载代码来创建时间轴，将数据的转录从文档中分派出来，或者快速搜索照片墙。书呆子博客向记者提供了如何通过 LISTSERVs、推特或谷歌搜索等在网络上询问编程问题的建议。该博客还提供了报道方法，列出了在调查新闻故事时如何从一个国家或地方的角度进行研究，比如对如何获得各州护士和医生的执照与惩处措施信息的指导。“下载我们的数据”模块链接到 Propublica 的数据存储，其中，非营利组织将用户导向网上其他地方的可用数据，用户可以通过《信息自由法》请求免费获得原始数据的副本，并对 Propublica 创建或清理的数据集收取一定的费用。[29]

技术的变化和数据的获取意味着对于某些新闻来说，调查性报道的范围和深度已经有所扩展和增加。马克·霍维特在成为调查记者和编辑协会执行主任之前，曾担任二十多年的记者和编辑，他指出，记者们曾经需要花费数天在郡办公室查看财产记录，而现在他们可以经常在线访问这些记录并在 Excel 表格中快速分析信息。在过去的几年里，对医疗许可问题的调查可能会以一位糟糕医生的故事为背景展开，再讲述另一个不称职的医生的故事，最后以医生的执照被吊销后做手术为例，引出有关国家监管问题更广泛的结论。霍维特解释，现在，在一些州，对数据更广泛的获取意味着记者可以通过分析全州范围内的医生惩处措施的信息来扩大其工作范围，并且跨州的信息模式汇总可以使调查具有国家级别的重要性。[30] 虽然市场力量可能会导致都市报等一些媒体将调查工作的重点放在当地关注的事件上，但在线数据的获取、软件和计算能力的进步意味着，那些选择这样做的记者更容易扩大其工作范围，去分析更大的地理区域和更多的人口。[31]

尽管技术的进步降低了获取和分析数据的成本，但政府内部的政策决定着提供何种类型的数据，这意味着向公众提供的信息是不平衡的，并且会因政策区域的不同而有所差异。从记者的角度来看，部分问题在于，对隐私和国土安全的高度担忧已经导致政府减少或限制了记者获取信息的渠道。2003 年，詹妮弗·拉弗勒(Jennifer LaFleur)在为出版自由记者委员会撰写的《遗失的故事：稳定的法律、法规和司法判决流程如何侵蚀对于重要问题的报道》(*The Lost Stories: How a Steady Stream of Laws, Regulations and Judicial Decisions Have Eroded Reporting on Important Issues*)中，描述了 1994 年的《驾驶员隐私保护法》意味着国家发布的驾驶员数据必须征得驾驶员本人的同意，并且只能用于特定的用途，如警察或保险公司使用。这对记者的实际影响是阻碍了他们查阅驾照数据，而这些数据曾经是许多类型的调查报告中的中坚力量。讨论这种禁止数据访问的新闻故事类型时，拉弗勒指出：

> 例如，1986 年和 1987 年，《普罗维登斯日报》〔*Providence (R. I.) Journal-Bulletin*〕的记者埃利奥特·贾斯宾(Elliot Jaspin)调查了校车司机的记录。这个新闻故事是将数据库运用于调查性报道的先创之一，其依靠对计算机记录的分析来显示机动车交通违规率的居高不下，以及对司机判重罪的高比率。这些新闻故事报道出国家对司机认证系统的随意性……这个故事激发了全国各地更多的记者使用数据库来调查政府机构和流程。此类故事引发了法律和公众对严重

问题及腐败的意识的改变。[32]

美国《健康保险流通与责任法》(*Henlth Insurance Portablilty and Accountability Act*)制定了一些规定,禁止医院向记者提供有关患者及其状况的信息,从而对犯罪和事故的报道造成了阻碍。在9·11事件发生后,《国土安全法》赋予了政府保留对关键基础设施公开信息的权力。评估政府之前限制记者在问责报道中使用基础设施数据的手段后,拉弗勒说:“获知有关工业安全漏洞和防范的信息并不是唯一一个公众有权利知道所在社区发生安全冲突的领域。在为保护我们国土安全而出台的新限制下,对有关大坝、核电站、管道和化工厂信息的获取变得更加谨慎。”[33]

2009年1月,奥巴马总统在上任的第一天就发布了《开放透明政府备忘录》(*Memorandum on Transparency and Open Government*),要求各联邦机构努力提高参与性、协作性和透明度。[34] 虽然开放政府的言论使记者获得数据听起来好像更加容易,莎拉·科恩指出,政府更有可能提供的数据是,公司可以开展一项业务,从而从公众当中搜集建议或想法,或者通过允许个人扮演消费者的角色得到数据(例如,找到更安全的汽车座椅、更健康的食物)。[35] 她注意到,在开放政府的举措下,官员不太可能提供能够帮助记者对选民负责的数据。回顾奥巴马总统的第一个任期内透明度政策的实施情况,她总结说:“我们得到的教训是,我们无法依靠这个政府或任何其他政府自愿和主动分享有关管理的人工信息,例如电子邮件、日历、合同和其他文件,并使其负起解释说明的责任。”[36] 她指出，尽管公众应该是政府数据的拥有者，但实际情况往往是“机构已经决定员工、供应商、承包商和受让人是数据的拥有者”，这就限制了公共问责必需的信息流动。[37] 那些共享出来的信息通常不是用于制定决策的原始数据，而是经过清理后的版本。例如，美国联邦网站 usaspending. gov 虽然看似是一个追踪政府向私人部门支付款项的账套网站，但事实并非如此。科恩强调：

> usaspending. gov 进一步推进了交易的神秘过程。大多数机构有两个系统。一个是真实操作的——员工订购商品，授予赠款，处理发票，并以其他方式管理预算资金。其中的错误非常少，并且这些错误会由没有得到报酬的接收人或每季度必须结算账目的审计员找出。但这不是公众所能看到的。一旦他们完成交易，员工就会以标准形式将信息重新输入第二个系统，该系统仅用于对外公开。它对该机构或其运作没有影响。[38]

数据成本可能会使记者所致力的故事类型产生偏斜。哥伦比亚大学新闻学院院长兼两次普利策奖获得者史蒂夫·科尔，确定了两类调查记者难以报道的新闻故事。[39] 一类是私营企业的故事，由于公司提供信息的压力较小，因此成为记者难以报道的目标。虽然记者可以向联邦政府提出相关机构和公司间交易的《信息自由法》请求（科尔在他关于埃克森美孚公司的书中正是这样做的），但没有一种类似的工具可以让记者从公司处获取关于公司行为和决定的信息。从理论上讲,股东可能有一些要求,希望获得有关公司运营信息的权利,但实际上,经理们承受的压力很小,他们很乐意将大量数据保密。科尔指出,这意味着只有一小部分重要的企业故事会暴露于公开查询之中。第二种类型的调查工作涉及边缘化人群的复杂故事。这可能需要大量的时间和资源才能让记者建立一个新闻模式,比如对弱势群体失败的服务。尽管难以获得公司内部的产权信息以对报道公司故事作出突破,但没有类似的界限使得贫困问题难以报道。然而相对于收集一个复杂话题的信息成本而言,关于边缘化群体的故事可能没有大量受众,因此调查记者就不情愿付出努力做这一“得不偿失”的事。

在关注信息处理方面的进步中迷失了方向,这是人力资本仍在扮演的核心角色。《华盛顿邮报》前执行主编菲尔・贝内特担心,对文件和数据的强调会将报道的目标范围缩小到存在足够数据支持的领域,从而形成可能的成功。[40] 这会使调查团队看起来更像一个建立文件记录的法律团队,而不是一个培养人力资本的记者团队。贝内特注意到,人工情报(即从人力资本处收集的情报)相对于通信情报(即信号情报,比如从数据中收集到的信息)的降级意味着,随着新闻事件的实时进展,有时调查记者可能会被排除在事件报道之外。例如,由于缺乏对人力资本的投资,调查记者很难对金融危机的发展进行深入的报道。《华盛顿邮报》的调查编辑杰夫・利恩认为,成功的调查工作通常需要将不同方法混合使用。[41] 他说,在报道中谈论计算机处理的能力就像指着一座山说“那里面有铀”。为了充分利用这一资源,你需要修建一条道路，挖掘、提炼和精制这些材料，使之达到武器级别。即使有了数据和电脑计算的存在，记者们还是需要作出大量的报道，解读出这些信息的意思。利恩指出，水门事件的报道就是通过90%的人力资源和10%的书面工作完成的。面对当今的数据库（由于它的启示力量，他喜欢将其比作巨型手电筒）和社交媒体世界，他对一个理想调查故事中信息来源的分类作出了估计：50%来自人力资本；30%来自文件，通常是通过提供小费获得的；10%来自数据库；2%来自社交媒体；其余来自其他来源。他指出，成熟的记者需要能够通过追踪上述途径进行调查。

来源、文件和时间：调查记者和编辑协会奖参赛作品的创作特点

调查记者和编辑协会奖的参赛表格至少有两个目的。它们让竞赛评委了解到调查工作报道了什么内容，故事是如何开始的，报道是如何产生的，以及故事对人们和政策产生了什么样的影响。它们还可以作为未来记者处理类似故事的指南。这些表格提出具体的问题：故事是如何开始的，报道的时间长度，使用的文件类型和人力资本，使用的数据库，以及是否涉及《信息自由法》请求。[42] 通过对超过 12 500 个参赛作品使用关键词搜索，我研究了不同时间和不同媒体的新闻故事产生模式。在之前关于美国调查记者和编辑协会新闻故事的研究中，我已经通过完整阅读样本参赛作品对作品和故事来源或创作时间的编码信息抽取了样本，用调查记者和编辑协会提供的相关时间段内的所有参赛

表格和关键词搜索来处理这个问题。这扩大了我所研究的一系列故事的范围，但也意味着如果使用的关键词不能完全捕捉到该方法，则可能造成特定报道方法或来源的计数不足。例如，如果故事的消息来源是从政府开始的，但记者在描述故事开端时没有使用“政府”这个词，那么这个故事就不会作为政府来源的故事显示在结果中。这意味着表格中报告的数字有时应该被视为最小值而不是实际值，并且表格结果显示的是相对模式，而不是对故事开始或创作的不同方式的精确估计。

表 5.1 描述了调查记者和编辑协会奖的参赛作品如何通过媒介开始和创作。表 5.1 对故事起源方式进行的分类中，调查报道最有可能的开头方式是来源提示。来自消息来源的提示更有可能成为调查记者与编辑协会奖新闻故事的出发点，而不是对突发新闻，或者趋势或模式的探索。新闻故事因媒介而异。独家报道为纸质报刊和在线转载者提供了灵感，但在电视或广播电台这样的新闻机构中，这种方式是少有的，因为它们对独家报道的界定并不明确。与编辑相比，记者更有可能成为调查观念的发起人。报纸和电视记者使用的匿名信息提示不相上下，但杂志或在线记者的使用频率却要低得多。公司的信息（例如，来自一个公司的消费者、工作人员和股东的建议）更频繁地用于电视调查，与当地电视新闻中以消费者为导向的故事是保持一致的。无线广播是采纳政府新闻故事最多的播报途径。读者提示的信息更有可能成为在线媒体调查的开始，大概是因为他们易于接触在线记者。

一个故事如何展开和追踪也因媒介不同而存在差异。在线新闻媒体(通常是非营利组织)提交的调查记者和编辑协会奖参赛报道中,1/5 的故事涉及利用信息自由、《信息自由法》或其他公开记录法向政府提出文件请求。与电视调查相比,纸质新闻更有可能涉及政府文件请求。除电视记者外,其他人几乎从未使用过隐藏式摄像机来追踪故事。超过 1/10 的电视调查报道涉及暗访报道,图书作者和在线记者偶尔也会使用这种方法。诽谤问题(例如讨论诽谤案件的威胁或实际存档案件)最有可能出现在图书和线上。报纸记者对国税局 990 表格的使用量更高,这也反映出其使用的文件更多,其中包含有关免税组织的数据。对于调查性图书和在线媒体的报道来说,律商联讯数据库的使用度非常高,每个类别都有超过 1/10 的参赛报道提到了对律商联讯的依赖。

表格 5.1 不同媒体调查记者和编辑协会奖参赛作品的创作特点(数量=12 502),百分比

创作特点	报纸	电视	图书	广播	杂志	在线	总体
故事以……开始							
独家报道	3.3	0.4	1.6	0.5	1.2	2.9	2.2***
爆炸新闻	0.7	0.4	1.6	0.5	0.4	0	0.6**
编辑的想法	0.7	0.1	0.8	0	0.9	1.8	0.6***
记者的想法	1.5	0.9	2.4	0.5	1.1	2.9	1.4***
匿名消息	2.1	2.1	0.8	1.1	0.7	1.1	1.9***
公司消息	2.8	5.0	0.8	3.3	3.5	5.5	3.5***
政府消息	1.7	2.3	1.6	4.9	1.9	2.2	1.9**
读者消息	0.4	0.1	0	0	0.5	1.1	0.3***

（续表）

创作特点	报纸	电视	图书	广播	杂志	在线	总体
谣言	0.4	0.1	0.4	1.1	0.2	0.4	0.3**
消息来源提示	7.3	9.9	1.6	4.4	5.7	12.1	7.8***
浏览者提示	0	2.5	0	0	0	0	0.7***
趋势或模式	2.5	1.6	1.2	1.1	2.1	2.9	2.2**
调查故事的过程中	1.6	1.8	2.0	3.8	2.1	1.8	1.7
故事涉及……							
政府记录请求（例如：《信息自由法》、信息自由或公开记录）	16.6	11.6	13.9	12.0	7.0	20.6	14.2***
隐藏摄像机	0	8.3	0	0	0	0.4	2.4***
国家税务局 990 表格	1.2	0.6	0	0.5	1.0	1.1	1.0**
诽谤问题	1.0	0.3	2.0	0.5	1.3	1.8	0.9***
律商联讯（LexisNexis）	5.8	4.4	11.5	3.8	7.3	11.0	5.7***
暗访报道	0.5	12.8	1.2	0.5	0.9	1.1	4.1***

注：在判断创作特点的出现是否与媒介无关的卡方检验或费希尔精确检验中，*** =0.01 为统计学显著；** =0.05 为统计学显著；* =0.10 为统计学显著。

故事的产生也随组织的规模和每十年阶段而不同。独家报道更有可能出现在大型报纸而非小型报纸（小型报纸记者可能兼顾的报道面更多）上。有关或来自公司的消息更有可能成为电视台、小型或大型市场调查报告的开始，而并非任何规模的报纸都适用。电视调查更有可能以政府或大型市场消息来源为开端，而非在于小型市场的调查。更多的资源意味着会有更多时间和专业知识来发现趋势和模式，这些就是大型报纸和大型电视台相对于小型报纸和较小地方电视台拥有更多调查的源头。随着时间的推移，调查报告的开头在调查记者和编辑协会奖作品中发生了变化，21 世纪第一个十年的故事更有可能以公司消息或某一人力消息来源的信息开始。

不同类型的新闻媒体对政府记录的请求很频繁，在大型和小型电视市场中，有近 1/5 的报道涉及政府记录。在报纸中，发行量中等的报纸使用信息自由、《信息自由法》或公开记录请求是最频繁的。这与一些记者的观点一致，他们曾写道，这些报纸将使用文件作为一种与其他更大型的报纸相区别的方式，而大型报纸更有可能直接接触到政策制定者。

在律商联讯的使用方面，与发行量较大的报纸相比，中等发行量报纸的报道更有可能使用这个数据库进行调查。大型市场的电视台比小型市场的电视台更有可能使用律商联讯，而且在调查中使用暗访报道的可能性几乎是小型市场电视台的两倍。相比于小型市场的电视台作品，来自小型报纸的参赛作品更有可能请求政府记录，使用律商联讯。相对于 20 世纪 90 年代提交的新闻参赛作品，21 世纪头十年的记者不太可能使用隐藏摄像机或暗访报道，而是更倾向利用律商联讯，不太可能涉及诽谤问题，而且更可能借助来源提示。政府记录请求更多地是在 21 世纪前十年的调查记者和编辑协会奖竞赛作品中进行讨论，尽管这可能部分是因为从 2000 年开始，参赛表格明确询问所用文件是否涉及信息自由请求。[43]

从 1984 年的奖项开始，调查记者和编辑协会奖参赛表格向记者询问“报道、编写和编辑故事的时间长度”。为了找到记者在回答这个问题时可能提供的数字答案,我使用了关键词"耗时"(spent)和"总时间"(total)搜索相匹配的时间。记者们对这个问题的理解各不相同。一些人报告了花费在新闻项目的总时间,并指出他们当时也在追踪其他的故事。另一些人提供的则是对项目的预计时间,数天或数周,尽管他们写道,实际上花费的天数是更长的。[44] 在研究了近 2 000 个故事后,我能够估算出新闻制作的时间。参赛新闻制作的平均天数随时间的推移而增加,从 19 世纪 80 年代的 96 天增加到 90 年代的 120 天,又增加到 21 世纪前十年的 170 天。调查新闻工作时间的增加可以反映出几种趋势:这可能是由于媒体混合提交作品给调查记者和编辑协会奖这一变化造成的。它也可能反映出,该行业经济压力加大,调查时间更长,并且可能更深入,因为这些报道被视为各媒体在竞争激烈的信息市场中脱颖而出的方式。

调查记者和编辑协会奖参赛作品进行调查的平均天数反映了不同资金来源提供的资源。图书的平均时间为 960 天,在线新闻为 154 天,报纸为 128 天,杂志为 120 天,电台为 100 天,电视为 97 天。图书花费的调查总时间越长,越能显示出对某个共同话题感兴趣但分散在各地的读者支付的款项汇总之后如何支持更长时间的调查。然而,书中提供的观点和证据也可能会取自作者此前为其他媒体所做的工作。第六章将探讨记者如何将报纸和杂志的工作转化为图书。线上报道的长时间酝酿可能缘于以下事实:许多提交给调查记者和编辑协会奖的在线作品来自非营利机构(例如,公共诚信中心,ProPublica),而通过基金会和其他捐助者的资金可以进行长期调查。报纸和杂志中,每项调查大致需要 6 个月的时间，这显示了提交给调查记者和编辑协会奖的参赛作品的该类调查需要大量时间。这些数字与当前报纸记者估计的时间一致，他们所在的媒体单位希望有记者团队专门负责调查工作并且每年出两个系列报道。[45] 尽管电视和电台记者在调查项目上花费最少的时间是允许的，但他们最终提交给调查记者和编辑协会奖的工作，所用的时间仍然是很长的。

由于调查和揭露的问题性质不同，调查故事所耗费的时间和资源差异很大。故事的产生制作也会和故事的最终影响产生关联，部分原因是其所产生的证据和细节会影响故事的社会反响和影响。表 5. 2 显示了不同结果的报道中，用于生成故事与政府记录请求、使用律商联讯和暗访报道的平均工作时间，来探索这些关系。对于调查记者和编辑协会奖参赛作品，某些类型的新闻报道调查时间少于平均水平。有关利益冲突和裙带关系的调查速度较快，也许是因为这种关系更易于发现和记录。关于浪费和风险的新闻，可能比隐藏性新闻更明显，因此调查时间较短。但是涉及腐败和处理不当的调查，其时间长于平均调查时间。事实上，这些类型的委托代理问题涉及非法的管理，可能会使记者更难察觉出其行为，因为违法者试图隐藏犯罪行为，由于涉及非法行为的指控，因此证据的标准也可能更高。

总共近 12 700 份调查记者和编辑协会奖参赛作品里面，《信息自由法》、信息自由或其他公开记录法的政府记录请求，在 14. 2%的故事中都是显而易见的。表 5. 2 强调，所列的大多数关于委托代理关系失灵的调查，对政府记录的请求都高于没有详细说明具体失灵问题的调查。在涉及政府记录请求的调查中，占比最高的前三名调查类型是性骚扰、处理不当和铺张浪费。在这几类故事中，记者可能会要求记录下个人行为或其他人事的文件记录，并提供揭示这些行为的政府行动（包括调查）。报告还可以帮助建立和量化行动达到既定目标或预期标准的程度。例如，对铺张浪费的调查可以显示支出是否超出范围，或者行动是否偏离预期目标。律商联讯的使用率高于平均水平的调查包括那些问题核心为隐藏信息的调查（例如，瞒骗，欺诈），在这种调查中，数据可以证实有问题的关系（例如，裙带关系，腐败），对过去行为的记录可以帮助揭露问题（例如，盗窃，处理不当）。在涉及非法行为的报道中，暗访报道采用度更高，因为违法者会经常采取各种措施向公众隐瞒违法行为。暗访工作成为观察和揭露潜在非法行为的一种方式，这就是为什么这一手段在有关滥用、瞒骗、欺诈、盗窃和不安全状况（可能引发法律责任或罚款）的故事中使用更为普遍。但是，许多委托代理关系失灵的报道并不需要进行暗访工作。例如，有关利益冲突报道的暗访难度要低得多，因为通过记录交易和关系分析更容易追踪信息。

表格 5.2　调查记者和编辑协会奖参赛作品的创作特征，从调查结果和影响的角度

	创作报道的平均天数	政府记录请求的百分比	律商联讯使用的百分比	暗访报道使用的百分比
调查结果				
滥用	147.4	21.8***	7.6**	5.7**
行贿受贿	220.3	17.7	7.8	6.5
利益冲突	109.4*	20.4**	7.5	1.0**

（续表）

	创作报道的平均天数	政府记录请求的百分比	律商联讯使用的百分比	暗访报道使用的百分比
腐败	177.2*	18.4***	7.8**	4.5
欺骗	311.1	12.6	11.2***	7.0*
歧视	163.8	17.3	7.2	4.3
挪用	145.0	16.7	1.9	1.9
欺诈	128.5	14.9	7.7***	9.3***
不公正	366.8	23.1**	6.2	0
处理不当	322.3**	26.2***	10.6***	2.6
管理不善	128.4	21.5***	8.1	3.1
误用	112.0*	20.5**	9.1*	1.7
玩忽职守	140.0	20.8***	7.4	3.6
裙带关系	22.5***	18.6	14.0**	2.3
庇护	152.7	21.5*	8.9	1.3
风险	121.9**	21.6***	7.6**	4.3
性侵犯	148.6	13.9	8.2	4.1
性骚扰	213.1	30.5***	6.8	3.4
盗窃	172.9	16.0	10.2***	8.4***
不安全	151.3	21.5***	7.0	6.5*
浪费	107.4**	25.3***	7.8	5.2
个体影响				
竞选失败	149.4	18.6	4.9	1.0
降职	140.0	13.6	3.4	5.1
处分	76.9***	27.3***	1.8	10.9**
罚款	125.5	19.5*	7.8	3.9

（续表）

	创作报道的平均天数	政府记录请求的百分比	律商联讯使用的百分比	暗访报道使用的百分比
解雇	122.7	25.7***	8.8***	8.3***
指控	182.5	14.6	6.7	4
起诉	137.9	21.6	8.1	18.9***
重新分配	91.3***	22.1**	3.9	13.0***
替换	127.5	16.5	7.6	6.3
辞职	144.2	23.3	7.4**	3.2**
调动	116.1	22.7**	6.4	4.6
制裁	118.9	25.0*	3.1	9.4
下台	117.0	31.8**	13.6	4.6
审议影响				
审计	110.1**	28.6***	4.7	3.0
推出议案	138.6	23.6***	8.1*	1.8**
辩论会	182.1	17.0	7.0	0.9**
听证会	136.2	17.2**	7.7**	4.6
调查	138.2	18.9***	6.6	7.6***
有关改革的讨论	138.4	21.1***	7.4*	2.3**
政策评审	106.8	40.4***	3.9	5.8
实体影响				
批准新政策	67.5***	15.4	7.7	0
政策变更	154.6	34.4***	7.0	7.0*
流程变更	121.3	20.6	5.9	5.9

（续表）

	创作报道的平均天数	政府记录请求的百分比	律商联讯使用的百分比	暗访报道使用的百分比
立法通过	218.4	23.7***	7.2	5.7
新规章	216.4	3.9**	9.6	11.5**
禁令	79.0***	13.3	8.9	6.7

注：10 989 个作品写明了创作时间，平均为 142.1 天。12 690 个作品具有其他创作特征信息，14.2%涉及政府记录请求，5.7%涉及律商联讯的使用，4%涉及暗访报道。在创作特征是否独立于调查发现或影响的卡方检验或费希尔精确检验，以及对于有无调查发现或影响的条件下创作时间的差异测试中，*** = 0.01 为统计学显著；** = 0.05 为统计学显著；* = 0.10 为统计学显著。

就报道的创作时间而言，影响力较小的故事需要的时间较短。在会产生个体影响的调查中，新闻引起的结果通常会针对组织内部，比如被重新分配或受到处分，相对于那些引发其他结果的故事，报道花费的时间更少。在具有审议或实体结果的新闻故事中，形成审计、批准新政策或禁令的故事所需时间少于平均时间。新闻故事如果促成立法通过，将花费最长的时间调查制作。

相对于其他类型的调查记者和编辑协会奖参赛作品，产生个体或审议结果的报道更有可能涉及政府记录请求。使用政府记录最多的新闻类别，其结果会影响个人职业和生活，导致当事人下台、受到处分或失去工作。对于那些引发更深入的官方调查和审议的新闻，关于问题存在的案例往往始于政府记录。在政府记录请求的协助下，有近 30%的报道产生了审计结果，而有 40%的调查性报道引发了政策评审。在涉及政策变更和立法通过的调查中，政府记录请求较高。使用律商联讯数据在影响方面差异不太明显，尽管导致解雇、辞职、听证会和改革讨论的报道更有可能使用该数据库。相对于那些引起系统性变化的新闻，暗访报道手段在关于特定不法行为的新闻中使用较多。对个体有影响的新闻故事，比如某人会受到处分、被解雇、被起诉或被重新分配，更有可能涉及暗访报道。与之相比，产生审议结果的调查，例如引起辩论、推出议案或有关改革的讨论，采用这种方法的可能性较小。然而，在会引起更多调查和新规章出台的报道中（可能源自工作场所和商业的暗访报道），采用暗访报道的比例高于平均水平。

通过调查记者和编辑协会内情报告共享人力资本

调查记者和编辑协会的使命宣言强调该组织注重在记者间分享想法："调查记者和编辑协会的使命是促进调查性新闻报道的卓越性，这对于自由社会至关重要。我们通过以下方式完成这一使命：向调查记者提供培训、资源和团体支持；提高专业水平；保护调查记者的权利；确保调查记者和编辑协会的未来。"[46] 调查记者定期召开调查记者和编辑协会年度会议、计算机辅助报道协会年度会议与调查记者和编辑协会地方研讨会，讨论他们的调查技能。在这些会议上，记者们通常会在小组讨论时提交一些内情报告，总结他们的主要观点和建议。随着时间的推移，调查记者和编辑协会已经将这些内情报告累积下来，纳入到一个数据库中，该数据库提供主题、作者、作者组织机构和日期的相关信息。我从调查记者和编辑协会那里获取了一份数据库的副本，以研究调查记者如何分享他们对新闻制作的见解，以及随着时间的推移，记者们在哪里进行调查记者和编辑协会与计算机辅助报道协会会议上的演讲，研讨会又是如何展开的等问题。

调查记者和编辑协会数据库从1987年到2011年的演讲中纳入了2 941份内情报告，其中的29个主题记者们分别创作了30份甚至更多的内情报告。在这些主题中，有16个与新闻故事发现和报道方法机制相关，13个与报道范围相关。产生内情报告最多的3个主题分别是计算机辅助报道、互联网（通常与如何使用互联网收集信息有关）和数据。关于新闻故事发现的演讲涵盖了如何进行信息搜集（例如背景、数据库、《信息自由法》、访谈、调查方法、公共记录）。其他会议内情报告提供有关故事叙述的建议（例如编辑、绘图、统计、写作）。有关特定政策区域的内情报告议题读起来像是关于州和地方政府问题的初级读本（例如犯罪、教育、环境、交通）。更多的全国性话题包括竞选资金、国际报道和军事。涉及私营部门参与者的领域包括商业、消费者事务和体育。

内情报告是一种分享最佳实践、推广创新方法并揭示如何探索特定专访和主题的方式。许多这样的见解都是基于经验所得，这些经验来自在调查记者和编辑协会或美国计算机辅助报道协会会议上演讲的记者曾经作过的调查。记者获得的知识是人力资本，通过培训和在职学习学到的一系列见解和想法。数据、算法、英勇故事和会议上分享的经验都是经典经济意义上的公共知识。一个记者对问责新闻的指导意见的消费并不能阻止另一个记者对这个想法的消费，即使他没有为此付费，也可以使用这个想法。如果你将内情报告看作广泛分享的信息，那么问题就会出现：其背后的原始经验和想法是如何获得支持的？通过分析内情报告作者的组织机构，我在表5.3中探讨了这个问题，因为这可能粗略地代表着，组织关系背后的资源支撑了演讲记者的专业知识。

为了构建表5.3，我将每个内情报告作者的组织划分到以下类别之一：政府（如联邦选举委员会、证券交易委员会），国际机构（如加拿大广播公司、丹麦国际分析报告中心），地方报纸，地方电视台，杂志〔如《时代周刊》《美国新闻和世界报道》(*U. S. News & World Report*)〕，非政府组织（如调查记者和编辑协会、美国计算机辅助报道协会、波因特研究所，以及非营利媒体，如公共诚信中心和ProPublica），全国性报纸（如《纽约时报》《今日美国》《华尔街日报》《华盛顿邮报》），国家电视台（如美国广播公司、哥伦比亚广播公司、美国全国广播公司），其他组织（如美联社、彭博社、律师事务所）和各个大学（如美国大学、亚利桑那州立大学、锡拉丘兹大学）。内情报告数据显示了演讲者的组织机构随着时间的推移发生了显著的变化。在20世纪90年代，54%的内情报告作者来自地方报纸。[47] 在21世纪头十年，这一数据下降到49%，然后在2010—2011年急剧下降到28%。这可能反映了报纸编辑人员的减少，2000年新闻编辑人员为56 400人，而在2007年至2008年间减少了6 000人，到2011年降至40 600人。[48] 这也可能反映了地方报纸付费出席会议的意愿下降。来自非政府组织以及调查记者和编辑协会、美国计算机辅助报道协会等非营利性媒体机构的内情报告作者的比重在同期内大幅跃升，从20世纪90年代的8%上升到2010—2011年的25%。来自大学（从5%到

11%）和其他组织（从 8%到 11%）的内情报告作者的比例也有所增加。

表 5.3　内情报告作者所在机构的组织类型所占百分比，按时期划分

组织类型	1990 年代（数量＝548）	2000 年代（数量＝2 383）	2010—2011（数量＝286）
政府	2.9	0.8	0.4
国际组织	0.6	4.9	2.1
地方报纸	53.7	49.1	28.0
地方电视台	6.2	8.7	6.3
杂志	4.7	2.9	2.8
非政府组织	8.2	8.6	24.8
全国性报纸	8.4	12.4	11.5
国家电视台	2.2	2.2	2.5
其他机构	8.2	6.3	11.2
大学	4.9	4.0	10.5

注：在组织类型是否独立于时期的卡方检验中，0.01 为统计学显著。

调查记者从地方报纸向非营利组织、大学和其他媒体机构的转移显示了人才的转变，并有可能改变人们对此的审视。如果说调查报道从业人员和指导人员的领先者曾经主要来自地方报纸，现在则是部分来自非营利组织和大学，这一转变会改变他们创作的新闻故事和发展的专业知识。他们可能就会很少关注地方的重要新闻话题，而更多地关注非营利媒体机构出资者所感兴趣的国家新闻或政策话题。表 5.3 中的数据提出了以下问题：什么样的媒体机构和报道类型现在支持生成可在不同记者间共享的专业知识，现今分享的部分专业知识是否来自最初早期阶段获得培训和经验的记者，那时地方报纸的市场利润还相对较高。

另一种看待专业知识如何得到支持和共享的方法是统计记者在一个组织中作为内情报告作者的总次数，这个数字我称之为作者的从属关系数量。表 5. 4 列出了 1987—2011 年期间最常出现在数据中的作者所属的组织范围。如果你将这作为衡量调查方法人力资本的指标，那么有几个模式是脱颖而出的。电视广播公司和节目没有出现在名单上，只有一家地方电视台符合标准，即纳什维尔市的 WSMV。五大新闻组织中有四个拥有全国性机构或覆盖范围：美国调查记者和编辑协会/美国计算机辅助报道协会（非营利组织）、《华盛顿邮报》《今日美国》和《纽约时报》。包括《西雅图时报》《洛杉矶时报》《新闻与观察者》（罗利市）以及《泰晤士报》和《华盛顿邮报》等在内的为家族所有或双重股权制的媒体机构，会增加家族所有者的投票权。大量地铁日报的出现，反映了在整个 20 世纪 90 年代到本世纪初，这些媒体对调查性报道的强烈支持。非营利机构出现了，例如公共诚信中心、美国大学、波因特研究所、美联社（一家新闻合作社）及《圣彼得堡时报》（一家由非营利组织波因特研究所控股的报纸）。其中两家媒体已经停止了定期出版报纸，即《西雅图邮讯报》（*Seattle Post-Intelligencer*）和《美国新闻和世界报道》。

1987—2011 年期间，内情报告数据中有 3 233 位作者与 595 个不同的组织或项目相关联。相对较少的组织却是大部分内情报告作者所在的机构。表 5. 4 中列出的 33 个组织，其中拥有 20 个或更多内情报告作者的机构，占整个内情报告数据库中所列组织的6%，但涵盖了作者所属机构的45%。排名前2%的组织——美国调查记者和编辑协会/美国计算机辅助报道协会、《纽约时报》《西雅图时报》《华盛顿邮报》和《今日美国》，内情报告作者占总数量的28%。这些组织为演讲者提供了分享报道方法和专题知识的工作场所。这些组织的记者和编辑通常是调查记者和编辑协会的董事会成员，这意味着他们经常出席会议并愿意支持其他同事来参加会议。尽管许多其他组织在美国调查记者和编辑协会/美国计算机辅助报道协会会议和研讨会上也会有演讲者出席，但是大部分都只有一名内情报告作者。其中有273个媒体只有1个内情报告作者，占据组织总数的46%，但只占作者数的8%。有1至5名内情报告作者的媒体占组织总数的78%，但只占作者数的26%。总的来说，专业知识分享来自表5.4中所列的相对较少的媒体组织。

表5.4　拥有20个或更多调查记者和编辑协会内情报告作者的新闻组织

作者所属机构的数量	组　织	同组中作者所属机构总数
20—29	美国大学，彭博新闻社，公共诚信中心，《夏洛特观察者报》(*Charlotte Observer*)，《哥伦布快讯》(*Columbus Dispatch*)，《丹佛邮报》(*Denver Post*)，《底特律自由新闻报》，《圣何塞水星报》(*San Jose Mercury News*)，《西雅图邮讯报》，《南佛罗里达太阳哨兵报》(*South Florida Sun-Sentine*)，《圣保罗先锋报》(*St. Paul Pioneer Press*)，《美国新闻和世界报道》，《威斯康辛州报》(*Wisconsin State Journal*)，WSMV(纳什维尔)	334

（续表）

作者所属机构的数量	组　织	同组中作者所属机构总数
30—39	美联社，《堪萨斯城星报》（*Kansas City Star*），《迈阿密先驱报》，《纽约日报》，波因特研究所，《圣路易斯邮讯报》	235
40—49	《亚特兰大宪政报》，《芝加哥论坛报》，《圣彼得堡时报》	136
50—59	《费城调查者报》	55
60—69	《达拉斯晨报》（*Dallas Morning News*），《洛杉矶时报》	191
70—79	《纽约时报》，《西雅图时报》	154
80＋	美国调查记者和编辑协会/美国计算机辅助报道协会，《今日美国》，《华盛顿邮报》	358

如果从单个作者来查看内情报告数据库，那么在1987年至2011年间，共有1 355名人员与3 341位内情报告作者有关。典型的经验是写作一份内情报告。这对于占了作者数量62%、内情报告原创作者数量25%的836个人来说的确如此。提供1到5份内情报告的作者在总作者数中占比很大（92%），在内情报告原创作者中也占很大一部分（58%）。然而，在此期间，美国调查记者和编辑协会/美国计算机辅助报道协会会议上有一些超级演讲者，他们是这一时期原创作者的重要组成部分。这些超级演讲者有14个人，每人写作的内情报告多达20份甚至更多，他们的作品总计有403份。这些作者在数据库中仅占人数的1%，但其作品占比高达12%。[49]

在14名顶尖内情报告作者中，有5人曾为调查记者和编辑协会工作过，担任过培训师，因此他们在调查记者和编辑协会与美国计算机辅助报道协会会议和研讨会上频频出现，发表演讲，也就不足为奇了。其中5人曾在非营利性媒体机构工作过，他们强调了这种组织形式在帮助传播最佳调查性报道实践方面发挥的作用。只有2位发言人是与广播电台有隶属关系，这反映了广播媒体在调查记者和编辑协会会议中较难频繁产生培训师。全国性报纸在维持调查工作中的重要性是显而易见的，14个人中有半数曾在《纽约时报》《今日美国》或《华盛顿邮报》任过职。《纽约时报》和《今日美国》能够汇集全国读者的关注，并将这些受众群体出售给广告客户。《华盛顿邮报》在华盛顿特区利用了自身巨大的市场渗透力，政府的兴趣也是许多人业务的一部分，以维持对熟练问责记者的投资。地铁日报的历史重要性（与全国性报纸截然不同）也得到了证实，14位演讲者中有10位在内情报告中叙述职业生涯时，都写了自己在某个时候与地铁日报发生的联系。如果把《纽约时报》和《华盛顿邮报》也算在内，那么就有13个人与地铁日报相关。在这些顶级记者中，大多数在他们的履历里列出了至少三种不同的新闻机构，这反映了那些具有调查技巧的记者们在新闻市场中是如何流动的。仅有2名演讲者的内情报告上始终只有一种新闻机构。

通过《信息自由法》请求活动监察监管机构

理论上，《信息自由法》可以让任何一个人（包括记者）请求获取政府文件和数据，从而使与美国联邦政府行政部门有关的调查报道更容易进行。实际上，联邦政府部门和机构并不愿意在规定的时间（即 20 个工作日）内迅速对请求作出回应。机构在遵从《信息自由法》方面存在滞后有很多理由，比如希望避免对其行为进行审查，或没有足够的资金支持。虽然司法部的网站 FIA. gov 跟踪《信息自由法》请求提交和处理的整个过程，但并没有一种集中的方式来检查个人在机构层面的《信息自由法》请求。[50]

媒体不同部门的《信息自由法》请求活动确实提供了一种方式来追踪新闻记者是如何履行监督职能的。为了具体研究哪些媒体正在审查哪些机构，我在 2012 年向联邦政府部门和机构提交了 35 份《信息自由法》请求。我所申请调查的部门和机构不是随机的，而是包括记者、非政府组织和学者经常在其报告中进行审查的政府部门。我请求查看这些部门从 2000 年到 2010 年的记录和/或涉及费用减免的记录（媒体经常要求减免费用，因为他们认为自己的工作符合公共利益，并且为民众理解政府行为作出了贡献）。其中有些机构很快提供了记录，有些机构则提供了不完整的数据，有些机构在申请的一年内没有作出回应。通过查看各个机构对《信息自由法》请求提供的记录（通常会列出申请日期、申请者姓名和申请者所属机构以及对申请内容的简短描述），网站上发布的机构记录以及在 GovernmentAttic. org 网站上保留的《信息自由法》请求记录信息，我得以收集媒体对 14 个联邦部门和机构自 2005 年至 2010 年的《信息自由法》请求的信息。这并不是记者向可能的联邦办公室提出《信息自由法》请求的随机或代表性样本。它是不同联邦机构和部门的一个快速概览，这些机构的《信息自由法》请求记录为描述媒体《信息自由法》请求活动的变化提供了足够的数据。

记者申请查看的文件和数据所涵盖的主题各不相同。14个部门和机构以及在其《信息自由法》请求记录中频繁涉及的主题分别是：美国铁路公司（事故/碰撞、报告）；国防合约审计局（审计报告、合同）；国土安全部（移民、恐怖主义）；环境保护局（合同、环保条例/违规）；联邦公路管理局（建设项目、安全）；联邦劳工关系局（国会信函、合同）；美国农业部食品安全检验局（检验记录、报告）；联邦贸易委员会（投诉、国会通信）；矿山安全与健康管理局（安全违规/事故、国会通信）；核管理委员会（核电站检查/调查/报告、承包商）；内务部露天采矿办公室（未提供主题说明）；司法部暴力侵害妇女问题办公室（《信息自由法》请求记录、国会通信）；地面运输局（国会通信）；田纳西流域管理局（国会通信、开支）。我在《信息自由法》请求记录中找出了提出请求的媒体，按照媒体类型对他们的所属机构进行了分类，并追踪了2005—2010年间审查模式是如何随着机构的不同和时间的变化而改变的。

调查记者和编辑协会奖参赛资料显示，《信息自由法》、信息自由和其他公开记录请求在关于政府委托决策的多种类型调查中十分普遍。表5.5显示，如果对14个联邦机构和部门中的媒体《信息自由法》请求活动进行衡量，你会发现这种审查形式的使用在2005—2010年之间显著减少。2005年，媒体对14个机构的《信息自由法》请求达到722次。而在2010年，这一数字下降了25％，共有543次申请。实际上，与2008年和2009年的400

多次相比,2010 年的申请次数是有所增加的,这是媒体市场急剧变化的时期。表 5.5 中显示,2005 年,在所有媒体类别中,地方报纸的《信息自由法》请求次数是最多的(288)。然而,在接下来的几年中,地方报纸的请求呈曲棍球棒模式,在 2008 年和 2009 年(新闻编辑室裁员年间)《信息自由法》请求分别降至 89 和 80 次。直到 2010 年恢复至 146 次,但仍然比 2005 年的水平下降了近 50%。

其他媒体类别的《信息自由法》请求模式与这些媒体在 2005—2010 年的经济命运相似。地方电视台的《信息自由法》请求减少,但下降幅度低于地方报纸的下滑。全国性报纸的《信息自由法》请求从 102 下降到 62 次,比全部媒体的下降幅度更大。杂志的《信息自由法》请求减少了近 2/3。在此期间,非营利性媒体的《信息自由法》请求仅下降了 14%,这与该类机构侧重资助调查工作相符。包括美联社、彭博社和许多小众出版物在内的其他媒体类别,旨在针对关注政策制定细节的人,比如说客、公司官员或政府雇员。那些为了盈利而参与政府活动的人可能会支持其他媒体类别的增长,这一类别在 2010 年成为对 14 个机构提出《信息自由法》请求最多的群体。总体来说,其他媒体的《信息自由法》请求次数从 2005 年的 131 次增加到 2010 年的 186 次。

地方报纸经常曝光当地联邦政策的实施问题。它们向联邦机构提出的《信息自由法》请求可能涉及当地的问题,但当地新闻故事的曝光模式也可以适用于其他地方。地方报纸《信息自由法》请求的减少可能会对一直接受这些记者审查的机构产生特殊

表 5.5 各类媒体机构《信息自由法》请求的时间和目的，2005—2010

媒体机构类型	年请求总数							针对联邦机构的请求总数								
	2005	2006	2007	2008	2009	2010	2005—2010	美国铁路公司	国防合约审计局	国土安全部	环境保护局	联邦公路管理局	美国农业部食品安全检验局	联邦贸易委员会	矿山安全与健康管理局	核管理委员会
地方报纸	288	195	174	89	80	146	972	49	26	120	362	53	44	85	150	33
地方电视台	34	30	42	32	31	22	191	20	1	32	31	10	20	58	4	5
全国性报纸	102	22	21	36	44	62	287	3	9	52	87	16	40	47	12	9
国家电视台	7	14	38	29	20	18	126	3	10	33	11	11	6	23	7	19
杂志	51	34	52	35	25	19	216	7	8	39	54	8	5	72	6	12
非营利性媒体	91	132	106	67	96	78	570	7	13	157	240	15	16	40	27	25
其他媒体	131	133	185	125	140	186	900	17	11	216	376	14	40	74	92	34
国际媒体	18	6	6	23	4	12	69	1	3	13	18	1	12	8	1	4
媒体合计	722	566	624	436	440	543	3 331	107	81	662	1 179	128	183	407	299	141

的影响。表 5.5 证实，地方报纸的《信息自由法》请求在一些部门发挥了特别大的作用。表中列出的 9 个机构或部门（在样本数据中至少有 80 次媒体请求），其中 6 个是地方报纸在 2005—2010 年间提交《信息自由法》请求次数最多的，分别是：美国铁路公司、国防合约审计局、联邦公路管理局、美国农业部食品安全检验局、联邦贸易委员会和矿山安全与健康管理局。地方报纸记者积极地审查这些部门所在地区的合同、检查和事故。非营利性媒体向国土安全部和环境保护局提交了大量的《信息自由法》请求。反恐战争、移民政策和环境政策经常被定性为国家问题，因而非营利性媒体调查这类话题，并始终聚焦在这类国家新闻上，从两个部门处获取信息。其他媒体类别向下面 3 个部门提出了最多的《信息自由法》请求：国土安全部、环境保护局及核管理委员会。其他媒体对政府业务的巨大兴趣促使它们查出这些政府部门政策、合同和检查活动实施的情况。杂志和地方电视台对美国联邦贸易委员会提出的《信息自由法》请求是最多的，反映出它们对商业新闻的兴趣（特别是涉及欺诈的故事）。全国性报纸则表现出对环境保护局行为的极大兴趣。总的来说，媒体对环保局提出《信息自由法》请求的次数是最多的（在 2005—2010 年 3 331 个媒体《信息自由法》请求中占 1 179 个），而对国土安全部的请求有 662 个，远远排在第二位。

除全国性报纸以外所有类别的媒体机构，提交《信息自由法》请求次数的众数是 1 次。在 226 家提交了《信息自由法》请求的地方报纸中，有 115 家只提交了 1 份。同样，2005—2010 年间，在向 14 个联邦部门或机构提交《信息自由法》请求的 94 家地方电视台中，有 60 家只提交了 1 份申请。这些地方媒体可能会以联邦的角度进行调查，并提交请求，将其作为收集数据和文件的一部分。然而，高需求者在所有请求中占据着重要的地位。575 家媒体机构产生的 3 331 个《信息自由法》请求中，有 314 家媒体只提出了 1 次请求。但是，有 33 家媒体分别提交了 20 次甚至更多的《信息自由法》请求，它们的请求数总共达到 1 737 次，超过这一时期媒体请求总数的一半。那些提交至少 20 次《信息自由法》请求的媒体的请求数占了地方报纸请求数的 1/3，国家电视台请求数的 44%，非盈利组织请求数的 71%，以及其他媒体请求数的 75%。

对环境保护局的《信息自由法》请求模式既显示出如何在分散的地理位置上展开审查，又展示了请求活动如何被视为集中在少数几家媒体机构中。在 2005—2010 年的这段时间里，265 家媒体机构向环保局提交了 1 179 次《信息自由法》请求。一些媒体仍只提出过一次请求。有 146 家媒体机构属于这种情况，而这 146 次《信息自由法》请求占环保局接收到的媒体请求总量的 12%。那些向环保局提交 1 份《信息自由法》请求的媒体机构包括许多地方报纸、专业出版物、杂志和 15 个地方电视台。环保局收到的大部分《信息自由法》请求（58%）来自 26 家媒体，每家媒体都提交了 11 次或者更多的请求。其中有 17 家媒体提交了 11 到 20 次《信息自由法》请求：《国会季刊》、《沃斯堡明星电讯报》（*Fort Worth Star-Telegram*）、美国绿色网（Greenwire）、司法观察组织（Judicial Watch）、《企业报》（*Press-Enterprise*）、《亚特兰大宪政报》、《波士顿环球报》、阳光基金会、《达拉斯晨报》、律商联讯、

《芝加哥论坛报》、《乳制品商业报》(*Dairy Business*)、道琼斯通讯社(Dow Jones Newswires)、《洛杉矶时报》、《查尔斯顿公报》(*Charleston Gazette*)、《休斯敦纪事报》(*Houston Chronicle*)和《华盛顿邮报》。这一群体包括始终热衷于调查报道的地铁日报，一家以国家政策制定作为地方新闻的全国性报纸(《华盛顿邮报》)，以及侧重政府事务的媒体。在此期间，有9家媒体机构向环保局分别提交了20多份《信息自由法》请求：《国会山报》(*The Hill*)、《丹佛邮报》、Propublica、PEC国家安全新闻处(PEC National Security News Service)、《纽约时报》、华盛顿实况出版公司(Inside Washington Publishers)、美联社、《环保局实况》(*Inside EPA*)和公共诚信中心。[51] 虽然它们仅占向环保局发送《信息自由法》请求的媒体的3%，但其460份《信息自由法》请求占环保局收到的媒体请求总数的近40%。这一组9家媒体包括几个非营利性调查机构，遵守环保局政策的商业小众出版机构，以及其他对管理事务感兴趣的机构，如美联社和《纽约时报》。这突显出对联邦政府的审查可能会集中在相对较少的媒体调查中，这些媒体有多种金融模式：非营利组织，为商业利益出售政府管理细节的小众媒体，以及能够聚集全国范围内对国家政策感兴趣的读者关注的全国性报纸，其通过将受众出售给广告商和重视其提供的特别报道的读者那里获得的订阅收入维持运营。

表5.6对于2005—2010年6年期间向14个联邦部门和机构提交《信息自由法》请求数达到20个或更多的媒体进行了细分。这一数据根据三个维度划分：寻求何种类型的信息(基于各机构提供的《信息自由法》请求概要的关键字搜索)；审查的一致

表 5.6 《信息自由法》请求达 20 次及以上组织的特征

媒体机构类型	《信息自由法》请求提及关键词的百分比						机构总数	总年数	《信息自由法》请求总次数
	通信	文件	报告	记录	合同	国会			
地方报纸									
《波士顿环球报》	2.9	17.1	11.4	22.9	42.9	0	5	3	35
《查尔斯顿公报》	10.1	28.3	14.1	15.2	1.0	3.0	3	5	99
《芝加哥论坛报》	10.7	25.0	17.9	17.9	0	7.1	6	6	28
《达拉斯晨报》	5.0	5.0	5.0	10.0	0	5.0	4	4	20
《代顿每日新闻》	6.7	10.0	0	43.3	0	0	9	4	30
《丹佛邮报》	18.8	3.1	6.3	6.3	31.3	9.4	5	3	32
《休斯敦纪事报》	0	4.8	14.3	0	0	0	4	3	21
《盐湖论坛报》	15.4	15.4	17.9	7.7	0	5.1	6	6	39
《华盛顿时报》	25	12.5	31.3	31.3	6.3	34.4	10	6	32
全国性报纸									
《洛杉矶时报》	5.9	14.7	11.8	5.9	32.4	2.9	6	4	34

（续表）

媒体机构类型	《信息自由法》请求提及关键词的百分比								
	通信	文件	报告	记录	合同	国会	机构总数	总年数	《信息自由法》请求总次数
《纽约时报》	12.9	15.8	15.8	25.7	10.9	5.0	10	5	101
《华尔街日报》	20.0	15.0	10.0	15.0	17.5	25.0	8	6	40
《华盛顿邮报》	8.9	11.4	15.2	16.5	11.4	5.1	8	6	79
国家电视台									
美国广播公司新闻网	40.6	15.6	9.4	9.4	0	21.9	10	6	32
微软全国广播公司	30.4	8.7	4.3	17.4	0	21.7	5	4	23
非营利性媒体									
公共诚信中心	24.0	8.3	8.3	15.7	30.6	5.8	8	6	121
电子隐私信息中心	0	14.3	14.3	42.9	10.7	0	3	6	28
司法观察组织	10.3	5.2	6.9	53.4	1.7	1.7	6	6	58
PEC 国家安全新闻处	6.5	4.3	0	21.7	4.3	2.2	2	5	46

（续表）

媒体机构类型	《信息自由法》请求提及关键词的百分比						机构总数	总年数	《信息自由法》请求总次数
	通信	文件	报告	记录	合同	国会			
ProPublica	30.2	22.6	5.7	11.3	11.3	13.2	8	3	53
政府监督计划	9.5	14.3	5.7	11.3	11.3	2.4	8	6	42
阳光基金会	74.1	3.7	0	5.6	0	72.2	10	4	54
其他媒体									
美联社	25.7	13.6	11.8	19.9	5.9	10.7	13	6	272
彭博社	18.8	15.6	6.3	6.3	3.1	18.8	7	6	32
《国会季刊》	30.0	5.0	5.0	15.0	5.0	35.0	3	5	20
考克斯媒体公司	11.1	5.6	22.2	11.1	2.8	11.1	5	5	36
《环保局实况》	23.9	8.0	5.7	15.9	0	51.1	2	6	88
华盛顿实况出版公司	30.4	4.3	0	10.9	0	30.4	1	6	46
奈特里德公司	13.0	0	0	13.0	13.0	4.3	7	2	23
律商联讯	8.8	5.9	2.9	17.6	0	0	6	6	34

（续表）

媒体机构类型	《信息自由法》请求提及关键词的百分比								《信息自由法》请求总次数
	通信	文件	报告	记录	合同	国会	机构总数	总年数	
《煤矿安全与健康新闻》	2.9	5.7	20.0	2.9	5.7	5.7	1	6	35
MuckRock	10.3	3.4	10.3	27.6	0	0	6	2	29
《国会山报》	24.6	9.2	4.6	6.2	3.1	43.1	13	6	65
非媒体机构请求者									
美国公民自由联盟	2.7	10.8	4.1	55.4	2.7	0	4	6	74
华盛顿公民责任和道德组织	4.2	16.7	0	31.3	22.9	2.1	9	6	48
民主党国会竞选委员会	89.3	7.1	1.8	0	0	87.5	5	2	56
民主党全国委员会	25.0	8.3	8.3	37.5	0	20.8	13	3	48
民主党参议员竞选委员会	83.8	13.5	5.4	0	0	78.4	7	6	37

（续表）

媒体机构类型	《信息自由法》请求提及关键词的百分比						机构总数	总年数	《信息自由法》请求总次数
	通信	文件	报告	记录	合同	国会			
INPUT	0	26.8	1.2	8.2	86.8	0	10	6	500
国家安全档案馆	0.7	28.7	4.7	22.7	0	2.7	14	6	150
环境责任公职人员	1.9	3.8	13.2	17.0	3.8	3.8	1	6	53
美国汽车工程师协会	16.2	8.1	10.8	27.0	0	0	1	6	37
服务业员工国际工会	2.9	4.3	5.6	17.4	49.3	0	12	6	69
华盛顿文档服务公司	5.4	10.8	8.1	10.8	0	0	3	3	37

注：与国会有关的《信息自由法》请求是通过各机构提供的请求摘要关键词识别的，例如：国会、众议院、参议院和立法机构。

性(由提交《信息自由法》请求的年数表示);报道覆盖范围的多样性(由媒体向14个部门和机构提交请求的数量表示)。在这些类型媒体的《信息自由法》请求中,通信是占比最高的:国家电视台(侧重于个人在决策制定中的故事);针对政府管理业务的华盛顿特区出版物(例如华盛顿实况出版公司的刊物、《国会山报》);非营利性媒体(包括ProPublica)。在上述提及的提交《信息自由法》请求的媒体中,关于通信占比最高的是阳光基金会,其请求近3/4都有关于此。这可能是因为,虽然国会作为阳光基金会的主要关注点,不受《信息自由法》的限制,但在《信息自由法》的条件下国会议员和机构之间的通信可以通过这些监管机构获取到。

文件在深度调查工作中发挥的关键作用是显而易见的,在地方报纸(《查尔斯顿公报》《芝加哥论坛报》)和ProPubica的信息请求中,有近1/4的请求摘要提及了文件。可以以电子版或纸质版呈现的记录是多种类型的媒体《信息自由法》请求的核心。至少20%媒体的《信息自由法》请求摘要提到了记录,包括地方报纸(《波士顿环球报》《代顿每日新闻》《华盛顿时报》)、全国性报纸(《纽约时报》)、几个非营利组织(电子隐私信息中心、司法观察组织、PEC国家安全新闻处)以及专门帮助人们操作《信息自由法》请求流程的MuckRock。有关浪费、欺诈或以权谋私的调查中,合同是研究的核心要素。《波士顿环球报》《丹佛邮报》《洛杉矶时报》和公众诚信中心提交了近三分之一或更多的《信息自由法》请求。那些侧重华盛顿特区和政府管理事务的媒体,例如《华盛顿时报》《华尔街日报》、《国会季刊》、《环保局实况》和华盛顿实况出版公司等的《信息自由法》请求摘要中,国会出现的次数达到1/4

甚至更多。

14个机构提供的《信息自由法》请求记录和费用减免请求还包含了非媒体请求者的信息，这也在表5.6中进行了总结。众议院和参议院一级的民主党竞选委员会显然已经了解相关机构的国会行动信息，因为其近80%或更多的《信息自由法》请求都提到了通信或国会。国家安全档案馆在一定程度上是作为记录政府活动的非盈利档案馆，接收的有关文件或记录的《信息自由法》请求量占比很高。那些试图将纸质记录仔细拼凑起来以获得信息的媒体对记录请求的可能性很高。美国公民自由联盟、公民责任和道德组织以及民主党全国委员会等在内的非新闻媒体机构的《信息自由法》请求中，至少有1/3是关于文件的。INPUT收集联邦合同数据并将这些信息出售给公司，其《信息自由法》请求摘要中提及合同的次数最多，占比最高(87%)。排在第二位的是服务业员工国际工会，其《信息自由法》请求将近一半都涉及合同(这一数字与其对合同谈判的侧重点一致)。

即使在提交20个或更多《信息自由法》请求的新闻媒体中，提交这些请求的方式和范围也存在差异。在33家高需求媒体中，只有6家向10个或更多机构提交了《信息自由法》请求：《华盛顿时报》和《国会山报》(华盛顿特区专刊)；《纽约时报》(对联邦政府感兴趣的全国读者)；美国广播公司新闻网(国家网络)；美联社(将报道发送给全国的地方媒体)；以及侧重联邦政府运作的非营利组织，阳光基金会。有些高需求媒体将它们的《信息自由法》请求集中在一个单一机构，例如《煤矿安全与健康新闻》(*Mine Safety and Health News*)集中向矿山安全与健康管理局提交请求，华盛顿实况出版公司集中向环保局提交请求。从2005年到2010年，这6年间所有提交过《信息自由法》请求的媒体名单更长，其中包括3家地方报纸，2家全国性报纸，1家国家电视网络机构，4家非营利性媒体和7家其他媒体。在33家媒体机构中，有17家愿意每年将其信息资源投入到《信息自由法》文件中，作为其报道的一部分。

《信息自由法》请求提交的总量也反映出媒体花费时间从联邦政府那里获取新信息的意愿。有3家媒体机构提出了100个甚至更多的《信息自由法》请求：《纽约时报》（101），公共诚信中心（121）和美联社（272）。每家都分别代表了支持调查的不同模式：《纽约时报》是一个读者遍布全国的日报，拥有受家族影响的双重股权结构；公共诚信中心是一个专注于联邦政府事务的非营利组织；而美联社是为地方报纸所有的新闻合作社，可以将联邦政府新闻报道的固定费用分摊到许多订阅媒体上。非新闻媒体组织在审查政府履职方面的强烈动机在表5.6中也得到明确显示。出售政府合同信息的INPUT向10家机构提交了500份《信息自由法》请求。国家安全档案馆是表格中唯一一个根据其档案任务，向各个部门和机构发送《信息自由法》请求的实体机构。几乎所有非新闻媒体申请者在2005—2010年这6年中都提交了《信息自由法》请求，因为它们对最新政府信息的需求一直很强烈。

结语

从本质上说，调查性报道需要原创性的工作。本章详细介绍了创作新的问责新闻会涉及的多种不同类型的资源：文件、数据、访谈和时间。本章的分析表明，资源和努力通常会转化为结果。平均而言，调查工作需要数月的时间，具体报道时间与细分类型和新闻产生的影响有关。媒体机构《信息自由法》请求的趋势并没有得到鼓励，2005—2010 年地方报纸向一系列联邦部门和机构提交的信息请求量下降了近 50%。在调查记者和编辑协会会议上分享的报道技巧和方法也反映出地方报纸的活动减少，其记者和编辑曾经占调查记者和编辑协会会议和研讨会内情报告作者数量的几乎一半。其他媒体，例如美联社、彭博社和小众媒体机构等，它们的《信息自由法》请求在增加，来自非营利性媒体和非政府组织的内情报告作者也在增加。这就产生了一个问题，即哪家机构的审查可以对地方政治机构负责。

那些允许启动调查的编辑通常不会写回忆录，因此我们对报纸或电视媒体为什么要“进行调查”知之甚少，而更多的描写是关于调查工作是如何完成的。搜寻一个新闻故事就像钻探石油一样，对调查故事继续进行的许诺，就是一个想办法利用资源探索出结果，而这个结果被各种不确定性包围的决定。第六章将探讨调查工作是如何得到市场支持的，并将特别讲述某些人的故事以及什么类型的故事可能会被报道。

第六章

如何获得支持?

重复新闻总是要比制造它容易。新闻作为公众商品即意味着,我消费一个事实并不妨碍你对同一事实的消费,或者说你不用付费就可以了解到这个事实,这使得新闻媒体经常复制其他媒体业已创作的故事的要素。随着时间的推移,这在美国新闻市场呈现出很多种形式。早期的殖民地报纸习惯一字不差重复关于诸如海运、商业和政治的媒体的新闻故事。在电报时期,电报公司或电报操作员可能会从无线电的新闻报道中窃取原创报道,然后再为其商业客户有目的地编撰,或者将信息出卖给竞争对手。[1]地方广播电台,然后是地方电视节目,都通过阅读当地报纸发布的故事,来开始(有时停止)对当地新闻的搜索。互联网用“聚集”(aggregation)和“共享”(curation)两个新术语取代了“借用”(borrowing)和“分享”(sharing)。《赫芬顿邮报》在一定程度上是通过重写他人的发现和链接到原始资料来构建商业模式的。在公平使用原则下,谷歌新闻提供了新闻媒体报道的标题和开场,以及相关文章的链接。对于一般新闻用户,浏览谷歌新闻可以满足他们保持消息灵通的需要，而对于新闻迷，谷歌新闻可以提供一个接触原始报道根本来源的门户。在一个事实容易被重复和重新利用的世界里，似乎引人注目的不是调查报告的低水平，而是所有的调查工作是否都完成了。

理解调查工作如何得到支持的关键在于定义这类工作的元素。在为原创内容付费前要考虑清楚。当媒体之间相互竞争是为了提供关于某个特定领域（如地理社区或小众利益）的故事时，提供在别处找不到的内容可以让你吸引到很多读者/观众，而你的竞争对手却做不到这一点。原创的内容，要么事实新颖，要么见解独特，又或者是通过独一无二的声音传递的，所以可以创造出品牌期望，从而帮助解决信息作为体验商品的挑战。如果你花费时间去消费，品牌化有助于弱化你在一篇文章中所发现的不确定性。原创是保证质量的一个方面，随着调查的不断深入，以前隐藏的制度故障会被发现，复杂的因果关系链和影响链也会愈发明朗。难以了解新闻故事里的深层内容，会导致对其质量和内容的过分要求。在地方电视新闻的市场背景下，寻求收视的新闻制作人经常把"调查"这个词应用于那些没有突破性的故事中。

原创作品需要资源，所以当广告商所重视的故事或具有付费订阅方式的故事存在一个目标观众群体时，出版商更愿意承担新内容产生的成本。拥有更多受众的新闻机构可以将这些成本转嫁给更多的读者或观众，这样一来，原创性就成为可以实现流通量或观众规模的一种功能。原创性也可以是一种在市场变化时采用的缘于不均衡的策略。完成调查工作可能有多种方式，比如失败的媒体找到可以继续跟进的方法;媒体引入新的名人尝试新节目,以吸引观众;媒体通过新技术应对新的竞争对手进军市场(例如电视的引入,或互联网的传播)。因此,原创的动机源于很多经济因素,包括竞争、品牌、质量、资源、受众和变化等。

在选择花钱做对社区具有重大意义的工作时,可以先考虑一下社区影响和社区定义所体现的价值。如果观众喜欢这种在第四章中有详细介绍的影响力的故事,做调查工作就能成为吸引读者从而盈利的策略的一部分。如果新闻媒体掌握在个人或家族手中,故事的公民影响力就能产生与利润截然不同的激励。如果一个新闻媒体所有者出于公民的自豪感、对意识形态的追逐、对利他主义的向往,或对公民影响力的认可及其传播效果等方面的考虑而去关注有影响力的政治和制度,那么他或她更能愿意将资源投入到问责工作而不是市场可能产生的回报中。哈罗德·德姆塞茨(Harold Demsetz)和肯尼思·莱恩(Kenneth Lehn)在20世纪80年代确实有这样的发现,家族或个人投资者在一个公司的所有权更多体现在媒体和体育领域,在这两个领域,所有者可能会因自身的社区影响力而获得满足和赢得名声。[2]

如果媒体机构是一个非营利组织,其利润机制将会被取消,取而代之的是创造实体影响的目标机制。非营利组织的所有者可能希望使某些特定的政策变得明朗,明确地想通过监视来改变政策。由于新闻奖通常用以奖励那些具有实体影响的故事,因此一个记者要想获得职业发展或赢得名声,往往会通过调查来制造影响,从而追求奖项。在致力于利润最大化的公司里,股东们无法密切监控管理者的行为,这实际上会给编辑和记者们更多挖掘让公司付出巨大代价的故事的机会。这些故事不会实现公司利润最大化，而能为新闻报道者带来认可和奖励。一个受新闻故事影响的社区的规模和性质也会影响开展怎样的调研。专注于国家大事的媒体能够吸引全国读者/观众的注意力，从而使更大范围的影响力转化为更多愿意出资的潜在观众，或者更多愿意致力于非营利组织的资助人。关注特定主题、地点或人群的媒体之所以能得到大家的支持，是因为它能吸引小众的兴趣或具有更为狭义兴趣的基金会的关注。

调查工作定义的最后一个要素也会影响到得到支持的具体形式，这个要素就是，有人可能试图将问题保密或者将问题隐藏。政府在不违背《信息自由法》的前提下通过拒绝请求和（实际上）鼓励请求者诉诸法庭来一定程度上增加获取信息的额外费用，这使得在行政和司法程序中拥有更丰富资源的媒体，将更有可能跟进成本高昂的案件。投入资源意愿的大小可能与受众的规模、所有者的利益及非营利组织的支持有关。公司对报道进行诽谤诉讼威胁的意愿，也可能使一些有争议的项目成为资金充足的媒体的领域。

让强大的机构和广大民众富有责任感，或者讲述关于社会正义的新故事，可以与自由主义的世界观相关联。这意味着，以调查为重点的报纸、杂志和在线网站也可以通过自由的关注进行区分。值得注意的是，这种自由的"倾向"或产品差异化，可能来自针对某一受众的盈利目标、媒体所有者想影响政策结果的欲望、记者和编辑对奖项和个人满足感的追求，或者非营利资助者的政策利益。关于边缘生活的社会正义故事有时通过暗访报道来讲述。在这种模式下,报道者和报道过程都会成为故事的一部分,因此时间的投资是通过观众对人情味的欣赏来获得回报的。暗访报道经常出现在将人性化的故事与新闻话题捆绑在一起的媒体(例如地方电视)上,以及涉及人性的独立调查(例如电视杂志集、书籍)中。

这本书的书名"民主侦探"含蓄地提出了一个问题,即是谁雇用调查记者来监督机构权力的运作。民主不是一个人、一个基金会、一个团体或一个机构,它也不充当雇用记者的代理人。本章引用了调查记者和编辑协会奖的获奖作品、报纸内容分析、书目和政治捐款数据,探究在公共事务报道市场中为得到工作支持需要花销多少、变革程度如何以及存在怎样的争议。

调查记者和编辑协会奖竞赛表明,尽管许多媒体偶尔会作一些调查,但向调查记者和编辑协会提交作品的大部分机构却仅仅集中在相对较少的一些媒体。在 1979—2010 年期间,超过 1 750 家不同的新闻媒体或节目提交了参赛作品,但在过去的二三十年里,有 753 家仅仅提交了一份作品。前 3%的 49 家媒体机构,每家提交了至少 51 份调查报道,占了近 30%的参赛作品。这些拥有许多参赛作品的媒体主要分为以下形式:可以利用广泛的受众来分摊成本的全国性新闻机构,家族掌权的大型报纸,以及非营利性组织。

对报纸而言,调查工作往往是打造品牌的重要组成部分。提交给调查记者和编辑协会作品的报纸更容易产生由与民主党议员相关联词汇组成的内容,更容易实现较大的发行量,更容易具有公民新闻工作的经历。这个品牌是长期的,并属于整个企业层面。在2002—2005年期间，那些提交给调查记者和编辑协会作品的数据与众不同的联营企业，在过去的30年里提交率也比其他媒体更高，在20世纪90年代更有可能做过公民新闻项目，首席执行官们在20世纪70年代到90年代也更多地关注社会责任。

经济逆转确实会决定哪些故事能够获得支持并为人们所知。在大萧条期间，与2006—2007年的调查记者和编辑协会奖参赛作品提交量相比，2008—2009年的数量下降了34%。某些类型的调查工作碰到了更大的困难，特别是那些与社会公正相关的调查。关注玩忽职守的报道数量下降了42%，关于社区发展和住房的报道减少了57%，其中暗访报道减少了52%。报社和杂志社的工作人员减少也可能产生回声效应。这一章的分析表明，这些媒体更愿意支持那些在生产调查图书上继续努力的记者。

关注地方和州两级社区问题的非营利组织已经开始填补报道空白。这里以三家地方报《明尼苏达邮报》(*Minnpost*)、《得克萨斯论坛报》(*Texas Tribune*)和《圣地亚哥之声》(*Voice of San Diego*)为例进行分析，它们的大规模捐赠者是那些在政治方面活跃的人。大多数向这三家媒体捐赠500美元或更多的人也捐赠了联邦选举。那些支持非营利性地方媒体的人的政治捐款更有可能倾向于民主党而不是共和党候选人。对调查工作的支持与民主党政治献金之间的联系，与营利性市场的调查品牌是一致的。在盈利市场，提交给调查记者和编辑协会参赛作品的报纸在新闻报道中更倾向于使用民主党语言。

支持途径：谁向调查记者和编辑协会提交作品？

设在美国总部的媒体机构在1979—2010年共有近12 700份调查作品参加了调查记者和编辑协会奖竞赛，这对深入了解调查性新闻在美国如何获得资金来源很有帮助。这些数据表明，调查记者和编辑时代的调查工作是由广泛的组织机构完成的，但是这种问责新闻的大部分内容往往集中在相对较少的媒体机构和节目中。调查记者和编辑协会奖参赛作品表格要求提交者列出他们的新闻组织，因而记者们会列出他们为其撰稿的媒体（例如报纸、杂志、网站）的名字，他们生产新闻故事的电台或网络或频道的名字，或者有时是制作新闻故事的具体电视节目的名字。在大约12 700个调查记者和编辑协会奖竞赛作品中，有超过1 750个不同的新闻媒体或节目被列为作品来源。如果将30多年里的每个新闻媒体或新闻节目的参赛作品数量进行统计，你会发现提交单个作品是最常见的提交模式。在1 752个媒体和节目中，有753个只出现了一次。虽然这些机构只提交了一次，却占据了全部参赛作品的6%。

各个媒体或节目参赛作品的平均数量是7.2个。最常见的提交数量（即1）与平均值（7.2）之间的差异表明提交作品的分布偏向于相对较小比例的媒体和节目。排名前10%的媒体和节目（提交了18个或更多作品）产生了59%的参赛作品。从1979年到2010年，排名前6%的媒体和节目，即104个媒体单位，各产生了31个或更多的参赛作品，占所有参赛作品的45%。排名前

3%的媒体和节目，即 49 个媒体单位，各提交了至少 51 个参赛作品，占了调查记者和编辑协会奖全部参赛调查作品的 29%。

表 6.1 列出了向调查记者和编辑协会奖竞赛组提交了 50 个或更多作品的新闻媒体和节目，这可以用来解释一些人为什么在 1979 年到 2010 年期间，至少部分时间开展了相对较多或持续的调查工作。这些数据也使得一些资金模式变得更为清晰。许多媒体都有全国性的受众，这意味着它们可以吸引全国各地的关注，并将成本分摊给广大读者和观众。其中包括国家新闻报纸（如《纽约时报》《华尔街日报》《华盛顿邮报》《今日美国》）、全国性杂志〔如《商业周刊》（*Business Week*）、《新闻周刊》（*Newsweek*）、《美国新闻和世界报道》〕、有线电视和网络新闻（如 ABC 新闻、CBS 新闻、CNN 新闻）。国家电视网络杂志节目也很普遍〔如 ABC 新闻黄金时间实况（Primetime Live），ABC 新闻 20/20，NBC 新闻日界线（Dateline），60 分钟〕，有时包括围绕调查工作展开的犯罪新闻、丑闻和人性化故事。非营利组织能在调查工作中谨记切实的承诺，这可以从表 6.1 它们显著的作用中清楚地看出，包括美联社、公共诚信中心、《芝加哥记者报》（*Chicago Reporter*）、《消费者报告》和《琼斯母亲》。表格中还包括一些有重要影响力的地方报纸，这些报纸作为 1918—2013 年期间新闻奖的得主出现在表格 2.4 中，其中包括《巴尔的摩太阳报》《波士顿环球报》《芝加哥论坛报》《洛杉矶时报》《迈阿密先驱报》《新闻日报》《费城调查者报》《圣路易斯邮讯报》。

表 6.1　向调查记者和编辑协会提交 50 个或更多参赛作品的新闻媒体和节目

媒体或节目参赛作品编号	新闻媒体和节目	组内全部作品数量
50—59	《阿斯伯里公园新闻》(*Asbury Park Press*)(耐普顿，新泽西州)，《巴尔的摩太阳报》(萨克拉门托，加利福尼亚州)，《消费者报告》，《哈特福德新闻报》(*Courant*)(哈特福德，康涅狄格州)，《信使日报》(*Courier-Journal*)(路易斯维尔，肯塔基州)，《查尔斯顿公报》(查尔斯顿，西弗吉尼亚州)，《印第安纳波利斯星报》(*Indianapolis Star*)、《圣何塞水星报》(圣何塞，加利福尼亚州)，《伯明翰新闻报》(*News*)(伯明翰，亚拉巴马州)，《夏洛特观察者报》(夏洛特，北卡罗来纳州)，《西雅图邮讯报》(奥兰多，佛罗里达州)，《圣路易斯邮讯报》	770
60—69	ABC 黄金时间实况，《亚特兰大宪政报》，《波士顿环球报》，《商业周刊》，公共诚信中心，《芝加哥太阳时报》，《迈阿密先驱报》，《密尔沃基哨兵报》，《琼斯母亲》，《纽约时报》，《新闻周刊》，《费城调查者报》，《旧金山纪事报》，《美国新闻和世界报道》，《今日美国》，《西字新闻》(*Westword*)(丹佛，科罗拉多州)	1 036
70—79	ABC 新闻 20/20，美联社，《芝加哥记者》，《芝加哥论坛报》，《克利夫兰诚报》，《太阳哨兵报》(劳德代尔堡，佛罗里达州)，《华尔街日报》	527
80—89	《达拉斯晨报》，《底特律新闻》，《新闻日报》，(纽约)，《旧金山湾卫报》(*San Francisco Bay Guar-dian*)，《堪萨斯城星报》(堪萨斯城，密苏里州)	420

（续表）

媒体或节目参赛作品编号	新闻媒体和节目	组内全部作品数量
90—99	CNN,《新时代》(*New Times*)(凤凰,亚利桑纳州)	186
100—109	ABC 新闻,《洛杉矶时报》	210
110+	60 分钟时事,CBS 新闻,NBC 新闻,《华盛顿邮报》	544

一些被列在表中的报纸与家族所有权有关,这种所有权要么是通过私人控制,要么是双重股权结构。双重股权结构让家族股份成员拥有更大的表决权。这往往给管理者更大的自由,让他们投资于耗资昂贵却高质的调查,并有可能产生社会影响。至少在这段时间内,家族的所有权或影响力在一定程度上操控着路易斯维尔《信使日报》(宾厄姆)、《洛杉矶时报》〔钱德勒(Chandler)〕、《纽约时报》(索尔兹伯格)、《圣路易斯邮讯报》(普利策)、《华尔街日报》〔班克罗夫特(Bancroft)〕和《华盛顿邮报》(格雷厄姆)。至少有两家报纸不再出版纸质版,《西雅图邮讯报》在 2009 年改为只发行在线出版物,2014 年《旧金山湾卫报》也开始关闭。更值得注意的是广播网络或节目和地方电视台开始淡出人们视线。没有广播节目或网络,没有独立地方电视台使之在调查记者和编辑时代上榜高产名单,这与人们认为这些媒体更倾向于报道突发新闻或复制他人的原创作品而不是通过调查工作持续投资于新内容的想法一致。

随着 2007 年 12 月经济大萧条的开始,广告收入的下降导致了报道工作人员的严重裁员。美国报业的新闻编辑室总就业人数急剧下降，从 2006 年的 55 000 人下降到 2009 年的 41 500 人。[3] 表 6.2 显示，报纸报道资源下降 25％意味着调查活动也在减少。来自美国媒体的调查记者和编辑协会奖参赛作品从 2006 年和 2007 年的共计 1 055 个，减少到 2008 年和 2009 年的共计 787 个。[4] 如果你认为参赛作品数量的下降在一定程度上反映了调查活动的减少，那么 34％的下降表明，伴随着广告和订阅收入中断的深度衰退，以及传统媒体与互联网的竞争，两者结合如何影响了投资调查工作的意愿。对与参赛作品数量下降 34％有直接关系的调查工作进行评估，显示了经济挑战影响问责报道的模式。大型报纸的参赛作品数量下降了 16％，但这比中型报纸的参赛作品数量下降了 34％要低得多。在小型电视市场方面，电视台的参赛作品减少了 47％，在大型电视市场中则减少了 42％。这表明尽管资源减少导致调查工作在新闻报纸和地方电视台中的全面弱化，但是大型报纸仍然可以使用这些资源，意味着大型报纸忠于调查工作的态度仍然比地方电视台或致力于发行量的地铁日报更强烈。

表格 6.2　调查记者和编辑协会奖参赛作品的变化，2006—2007 对比 2008—2009

	参赛作品数量		百分比改变
	2006—2007	2008—2009	
调查记者和编辑协会奖参赛作品总数量	1 055	787	－34.1

（续表）

	参赛作品数量		百分比改变
	2006—2007	2008—2009	
媒体规模			
小型报纸	84	62	-26.2
中型报纸	267	177	-33.7
大型报纸	100	84	-16.0
小型电视台	92	49	-46.7
大型电视台	102	59	-42.2
总计	645	431	-33.2
调查结果			
滥用	49	41	-16.3
腐败	48	53	10.4
欺诈	75	56	-25.3
处理不当	33	24	-27.3
玩忽职守	26	15	-42.3
风险	72	77	6.9
盗窃	34	39	14.7
影响			
解雇	29	36	24.1
指控	30	34	13.3
辞职	77	60	-22.1
听证会	50	38	-24.0
调查	143	119	-16.8
立法通过	19	12	-36.8

（续表）

	参赛作品数量		百分比改变
	2006—2007	2008—2009	
生产特点			
政府记录请求	274	223	-18.6
律商联讯数据库	111	72	-35.1
暗访报道	46	22	-52.2
政策议题			
健康	88	71	-19.3
教育	44	44	0.0
环境	34	36	5.9
交通	57	38	-33.3
法律、犯罪和家庭问题	272	154	-43.4
社区发展和住房问题	61	26	-57.4
银行、金融和国内贸易	96	86	-10.4
国防	57	45	-21.1
政府运作	50	41	-18.0
国家和地方政府管理	78	96	23.1

在2006—2007年和2008—2009年期间，新闻媒体所追求的故事类型及其影响也发生了变化。关于玩忽职守的故事，通常是对边缘人群进行社会公正调查，作品量下降了42%。关于处理不当的报道减少了27%，表格所呈现的各种类型中，这类故事的平均产出时间最长(322天)。关于风险、偷盗和腐败的报道实际上分别增加了7%、15%和10%，这可能与它们的低生产成本和

现实世界中这些类型的故事的发生率有关（例如，对金融机构的调查可能涉及有关风险的讨论）。关于影响的模式表明，人们将注意力转向个人的故事，而不是制度上的缺陷。这与人们的某种观点一致，即记录个人的不当行为比建立制度问题的模式更容易。导致解雇的报道增加了 24%，导致指控的案件则增加了 13%。与此相反，导致听证会的参赛作品减少了 24%。导致立法通过的参赛作品数量下降了 37%，平均产出时间为 218 天。评估参赛作品生产特性的变化时，重要的是要记住，参赛作品的总体数量下降了 34%。由于使用律商联讯的参赛作品数量下降了 35%，这意味着从使用了律商联讯完成的调查的比例角度来看，这段时期数据库的使用较为稳定。涉及政府记录请求的报道数量只下降了 19%，表明这种方法仍然是问责报道的一个重要因素。然而，涉及暗访报道的作品数量下降了 52%，这与地方电视节目的大幅萎缩以及这种方法在地方电视调查中的受欢迎程度是一致的。

在经济衰退时期，不同政策议题领域的故事分布也发生了变化。从 2006—2007 到 2008—2009 年，参赛作品总数下降了 34%，一些故事类别的数量经历了更大幅度的下降。社区发展和住房问题方面的社会正义调查减少了 57%。对法律、犯罪和家庭问题的调查减少了 43%。银行、金融和国内商业作为房地产泡沫破裂、抵押贷款和消费金融市场受冲击后的主要调查对象，其相关的作品数量仅减少了 10%。在资金削减之际，地方媒体更注重将当地新闻与全国性网上新闻区分开来时，对国家和地方政府管理的调查实际上增加了 23%。

如果我们将调查记者和编辑会议的出席情况作为调查活动的晴雨表，那么有证据表明，在经济衰退期间减少的问责报道确实会随着经济复苏而出现。在2015年的大会上，出席会议的人数达到了1 800人，而2002年为1 000人，2006年只有800人。[5]2003年，调查记者和编辑协会成员的人数为5 391人，2009年降至3 695人，但在2014年又回升至5 000人以上。[6]某些类型的调查活动可能会保持在21世纪初的水平以下，其中一个原因是报纸工作人员的流失。皮尤研究中心（Pew Research Center）在2014年估计，468家数字新闻媒体创造了近5 000份全职编辑工作。这些最大的本土数字新闻机构中〔如罪恶杂志网（Vice）、赫芬顿邮报网、"政客"新闻网、"嗡嗡喂"新闻网（Buzzfeed）〕都增加了调查记者的数量，但这种类型的报道在他们看来对打造品牌而言并不必要。[7]在这些数字新闻媒体不断增长的时代，从2003年到2012年，有16 200个全职新闻编辑室的工作岗位消失了。即使"原生数字"（born digital）新闻业务扩展到调查领域，聚焦问责故事的传统新闻业务的报道人员数量下降，也意味着地方和政府机构面临的来自记者的审查水平更低了。

是什么与一个调查品牌捆绑在一起？

另一种检视资助调查工作决策的方法是探索哪种类型的品牌或声誉与问责工作相关。马修·根茨科（Matthew Gentzkow）和杰西·M. 夏皮罗（Jesse M. Shapiro）对媒体倾向的研究提供了一种衡量一组新闻媒体数据集中的内容的产品差异化的方法，我在其中添加了提交给调查记者和编辑协会的参赛作品的信息。他们对媒体倾向的分析，始于对国会议员在2005年《国会议事录》中使用的短语的研究，这让他们得以找到那些民主党人和共和党人使用频率较高的短语。他们对每个党派经常使用哪些短语的发现作了总结。他们提到：

> 我们将“个人账户”“个人退休账户”和“个人储蓄账户”列入《国会议事录》中最具共和党色彩的短语之中，而“私人账户”“私有化计划”和其他变体则出现在最具民主党色彩的措辞中。同样，我们将“遗产税”归为最具共和党色彩排名第三的用语。“税收减免”这个短语是由共和党顾问弗兰克·伦茨(Frank Luntz)所提倡的一个术语，我们将其认定为具有鲜明的共和党性质，而“税收减免”这个词确实非常具有民主党风格。在外交政策方面，我们将“全球反恐战争”这一短语的变体归为最具共和党色彩用语系列，而“伊拉克境内的战争”和“伊拉克战争”这两个短语则被认为是有民主党色彩的，这再次与政党策略的描述保持一致。[8]

根茨科和夏皮罗制作了一组2005年《国会议事录》最常用的党派用语，然后搜索了2005年434份报纸内容的电子档案(这加起来可以代表超过70%的美国报纸日发行量)，这样做是为了了解这些相同的1 000个短语用于新闻文章的频率如何。这使得他们可以为每一份报纸开发一个倾向指数，从而表明新闻文章的语言与民主党和共和党使用的高度党派化短语具有怎样的相似性。

指数的值越高，新闻用词就越像国会中共和党人的演讲。报纸倾向的测量范围值从 0.30—0.39 或 0.40—0.49（如《芝加哥太阳时报》0.35，《纽约每日新闻》0.36，《亚特兰大宪政报》0.39，《新闻与观察者》0.41，《华盛顿邮报》0.43）到 0.50—0.59〔如《华盛顿时报》0.50，《安克雷奇每日新闻》（*Anchorage Daily News*）0.52，《每日新闻》（拉夫金，得克萨斯州）0.53，《比林斯公报》（*Billings Gazette*）0.57〕。

为了探讨与调查报道相关的品牌类型，我引用了根茨科和夏皮罗计算过的超过 400 份新闻报纸的倾向测量，并为每份报纸添加了以下信息：发行量、大都市统计区域（Metropolitan Statistical Area）人口、大都市统计区域家庭收入中位数，以及在 1979 年到 2010 年期间，更确切地说是在 2002 年和 2005 年之间，该报纸是否曾向调查记者和编辑协会提交过竞赛作品。[9] 我还补充了一些信息，即这篇新闻是否在皮尤研究中心的研究中被认可为 1994—2002 年间的“公民新闻”。刘易斯·A. 弗里德兰和桑迪·尼科尔斯研究了 1994 年到 2002 年期间的超过 650 个公民新闻项目。这些项目涵盖了 325 份报纸的工作，大约占当时美国报纸的 20%。在描述公民新闻的内容时，他们指出：

> 公民新闻已经发展出了一种清晰的模式。早期，新闻报纸关注的是新闻与民主的关系，这引发了人们对选举的关心。在一开始，这促使他们开发公民新闻的技术，包括公民议题、问题网格，以及其他让公民的声音出现在报纸上的方式。学会了如何做到这一点后，他们自然而然地开始关注更

广泛、更日常的方式，让公民和公共生活报道更好地得到解决。在寻找新的公民新闻解决方案的过程中，大量的社区问题报道也得到了解决。[10]

在审视公民新闻项目时，弗里德兰和尼科尔斯发现，15%的人将调查作为他们的主要目标。在公民新闻项目中使用的框架类型编码，他们确定96%是解释性的，63%是解决型的，28%是调查性的，21%采用人情味角度。[11] 基于对影响的自我报告，这些项目改善了公共审议过程（53%），使公共政策发生改变（37%），使志愿服务增加（17%），并产生了进一步调查（5%）。[12]

表6.3将400多种日报分为两组，总结了报纸媒体品牌和市场定位的不同，第一组在2002—2005年期间提交过调查记者和编辑协会奖竞赛作品（总计151家报纸）；第二组在此期间没有提交过竞赛作品（278家报纸）。那些提交给调查记者和编辑协会过调查成果的报纸，在2005年有新闻内容被认为更像是国会民主党人的语言。拥有调查记者和编辑协会奖参赛作品的报纸的平均倾向值是0.46，而没有参赛作品的报纸平均倾向值则是0.48。要想了解这在产品内容方面可能意味着什么，不妨思考一下《棕榈滩邮报》（*Palm Beach Post*）和《明星论坛报》（*Star-Tribune*）（明尼阿波利斯-圣保罗）的倾向值为0.46，而《亚利桑那共和报》（*Arizona Republic*）（凤凰）和《盐湖城论坛报》（*Salt Lake Tribune*）的倾向值为0.48。[13] 从事调查工作的报纸媒体的发行量几乎达到所有报纸平均发行量的5倍，参加调查记者和编辑协会奖竞赛的媒体平均发行量为232 840份，而没有参加竞赛的媒体

平均发行量只有 47 150 份。尽管向调查记者和编辑协会提交竞赛作品的新闻报纸所在的大都市统计区域,其人口的家庭收入中位数(43 910 美元)比其他报纸所在地的(41 050 美元)更高,但是平均大都市统计区域人口并不存在统计学显著差异。1994 年至 2002 年期间,人们在从事公民新闻工作方面的意愿也存在着鲜明的对比。从事调查工作和提交参赛作品给调查记者和编辑协会的报纸媒体中,有 70%在早期从事公民新闻。那些没有提交参赛作品给调查记者和编辑协会的报纸媒体中,只有 22%选择启动公民新闻项目,这在一定程度上涉及或者吸引了皮尤研究中心对公民新闻的注意。

表 6.3　调查记者和编辑协会奖参赛历史中的报纸特点

	平均值				占报道公民新闻报纸的百分比	数量
	报纸倾向	发行量(份)	大都市统计区域人口	大都市统计区域家庭收入中位数(美元)		
2002—2005 年有调查记者和编辑协会奖参赛作品	0. 46	232 840	3 128 340	43 910	70. 3	151
2002—2005 年无调查记者和编辑协会奖参赛作品	0. 48***	47 150***	2 791 210	41 050***	22. 0***	278

注:在有调查记者和编辑协会奖参赛作品与无调查记者和编辑协会奖参赛作品的报纸的经济情况调查或卡方检验中,** =0. 01 为统计学显著;*** =0. 05 为统计学显著;* =0. 10 为统计学显著。

新闻内容、发行流通、公民新闻和调查工作之间的这些统计关系，与新闻史和回忆录中提供的关于调查工作产生方式的证据是一致的。调查性新闻通常涉及监督机构负起责任，有时以故事的形式讲述，这些故事往往关注的是一些有影响力和资源的机构和个人的行为产生的对个体利益的损害。隐藏在光天化日之下的社会不公正现象也是调查性新闻的一种题材。由于上述原因，调查性报纸的新闻内容会使用更类似于国会民主党人风格的语言，就不奇怪了。那些关注滥用制度权力和那些“抚慰痛苦的人，困扰安逸的人”的调查，或者那些提升社会边缘化人群地位的故事，与一个在内容上倾向民主党的品牌相匹配(相对于那些不涉及调查工作的内容而言)。

调查工作的影响也可以产生公共产品：公共政策的改变、企业或非营利组织的改革，以及那些意识到自身行为将被仔细审查的代理人作出的更好的委托决策。20 世纪 90 年代的公民新闻项目经常通过故事，甚至是旨在强调关于社区问题的讨论以及在诸如选举、公民生活、社区发展和教育等领域引发集体行动的社区会议，让报纸明确地参与到公共产品的生产中。由于揭示社区机构如何真正运作是讨论改革的一种途径，因此调查工作有时会成为公民新闻项目的一个组成部分。关注社区的成果，并在 20 世纪 90 年代通过公民新闻影响变革的报纸，毫无疑问更有可能成为从事调查工作，并在 2002—2005 年的后期将作品提交给调查记者和编辑协会。从事调查工作的报纸发行量较大，这与在这种昂贵的报道方式上投入资源的意愿是一致的，因为这种方式可以在更大的受众范围内分摊成本，并凭借具有社区影响力的原创作品吸引读者,获得良好的业绩和声誉。

表 6. 3 中的模式是相关性分析,而不是关于支持的因果关系的具体证据。报纸可以在新闻内容中使用国会民主党派的语言,参与公民新闻项目,并产生强有力的调查工作,以多种理由提交给调查记者和编辑协会奖竞赛。这些表格表明,自由主义倾向、公民新闻和调查工作的内容选择会集中起来,形成一种品牌或产品差异。然而,这种元素的混合可以由报纸基于种种原因进行选择。在拥有对倾向于民主党的框架更感兴趣的读者的领域,用以增加发行量的目标读者会导致表中的模式。如果家族媒体所有者通过公民新闻项目或具有影响力的调查从为一个社区作出贡献中获得收益,那么产品类型的选择可能就包含了表中自由主义倾向、公民新闻和调查内容的综合。如果管理者、编辑和记者由于有一定的自由,不牵扯股东的利益,而拥有提供看上去超越最大利润的内容的自主权,则他们便可以以这里所反映的方式再次选择其对社区的影响。

表 6. 4 显示,在根茨科和夏皮罗的报纸样本中,调查性工作的品牌个性确实存在于这些公司层面。在 2002—2005 年期间,不论是调查记者和编辑协会奖参赛作品所属报纸在样本中的百分比,还是其提交给调查记者和编辑协会的参赛作品的平均数量方面,有三家联营企业均表现突出:卫报公司,80%和每种报纸平均 11. 1 个参赛作品;麦克拉奇报业集团,75%和每种报纸平均 4. 9 个参赛作品;奈特里德报团,63%和每种报纸平均 4. 3 个参赛作品。相对于其他联营报业集团,这些公司在报道中的立场倾向比较中性,内容较为自由:卫报公司为 0. 44,麦克拉奇报业集

表 6.4 不同报业公司的报纸特征

所属公司	平均值					样本内报纸总数量	提交调查记者和编辑协会奖参赛作品报纸的百分比	2002—2005年提交调查记者和编辑协会奖参赛作品报纸的百分比	2002—2005年每种报纸提交的调查记者和编辑协会奖参赛作品平均数量	报道公民新闻报纸的百分比
	报纸倾向	发行量（份）	大都市统计区域人口	大都市统计区域家庭收入中位数（美元）	大都市统计区域学士及更高学位者百分比					
考克斯媒体公司	0.47	93 590	863 660	38 950	22.8	17	41.2	29.4	1.4	31.3
E. W. 斯克里普斯公司（E. W. Scripps）	0.49	126 330	1 849 650	39 680	23.0	14	78.6	42.9	1.4	41.7
甘尼特报业集团（Gannett）	0.47	79 440	2 323 720	41 070	22.5	90	61.1	32.2	1.3	39.2
赫斯特报业集团（Hearst Newspapers）	0.49	229 230	2 055 770	41 800	22.0	10	60.0	40.0	4.1	40.0
霍林格国际公司（Hollinger International）	0.46	79 660	8 016 750	49 590	27.0	8	100.0	25.0	1.3	50.0

（续表）

所属公司	平均值					样本内报纸总数量	提交调查记者和编辑协会奖参赛作品报纸的百分比	2002—2005年提交调查记者和编辑协会奖参赛作品报纸的百分比	2002—2005年每种报纸提交的调查记者和编辑协会奖参赛作品平均数量	报道公民新闻报纸的百分比
	报纸倾向	发行量（份）	大都市统计区域人口	大都市统计区域家庭收入中位数（美元）	大都市统计区域学士及更高学位者百分比					
奈特里德报业集团	0. 45	174 330	1 652 090	41 520	25. 0	27	88. 9	63. 0	4. 3	75. 0
李氏企业（Lee Enterprises）	0. 51	36 880	104 200	35 480	24. 8	10	50. 0	10. 0	0. 1	40. 0
麦克拉奇报业集团	0. 45	222 900	1 579 680	47 090	27. 1	8	87. 5	75. 0	4. 9	85. 7
媒体新闻集团（MediaNews）	0. 47	64 360	5 589 720	45 590	26. 0	41	39. 0	19. 5	0. 8	21. 6
莫里斯多媒体公司（Morris Multimedia）	0. 49	62 010	327 950	39 440	23. 0	10	40. 0	30. 0	0. 8	33. 3
纽约时报公司	0. 45	173 560	2 960 330	45 330	23. 7	7	85. 7	42. 9	2. 9	28. 6

（续表）

所属公司	平均值					样本内报纸总数量	提交调查记者和编辑协会参赛作品报纸的百分比	2002—2005年提交调查记者和编辑协会参赛作品报纸的百分比	2002—2005年每种报纸提交的调查记者和编辑协会参赛作品平均数量	报道公民新闻报纸的百分比
	报纸倾向	发行量（份）	大都市统计区域人口	大都市统计区域家庭收入中位数（美元）	大都市统计区域学士及更高学位者百分比					
纽豪斯报业集团（Newhouse Newspapers）	0.45	182 630	5 062 400	43 720	23.7	17	100.0	47.1	3.7	41.2
卫报公司	0.44	475 990	10 400 000	48 240	28.1	10	100.0	80.0	11.1	66.7

注：两份全国性报纸《纽约时报》和《今日美国》不在分析之列。对于不属于大都市统计区域的较小型城市报纸，使用了郡级统计数据。

团为0.45，奈特里德报业集团为0.45。与其他联营报业集团相比，这几家公司对于公民新闻项目的参与率也很高：卫报公司达66.7%，麦克拉奇报业集团达85.7%，奈特里德报业集团达75%。它们旗下报纸的平均发行量比其他公司要高，就卫报公司和麦克拉奇报业集团而言，它们在市场中的订阅者家庭收入中位数更高（卫报公司平均为48 240美元，麦克拉奇报业集团为47 090美元）。相反，李氏企业旗下的报纸在2002年至2005年间，向调查记者和编辑协会提交的参赛作品的比例要小得多（样本中只有10%李氏报纸参加了调查记者和编辑协会奖竞赛）。此外，媒体新闻集团参加调查记者和编辑协会奖竞赛的比例也相对较低（19.5%）。李氏报纸的倾向数值最为保守（平均值为0.51），平均发行量最低（36 880），平均大都市统计区域人口最少（104 200），订阅者家庭收入中位数处于一般水平（35 480美元）。李氏报纸对公民新闻项目的参与程度适中（40%），而媒体新闻集团的公民新闻工作参与比例最低（21.6%）。

表格结果表明品牌定位可能会持续很长时间。2002—2005年的参赛作品具有较高值的联营报业公司，其在1979—2010年期间向调查记者和编辑协会提交作品的报纸所占的百分比，同样名列前茅。就样本中的卫报公司而言，旗下所有的报纸在这一时期至少提交了一次调查记者和编辑协会奖参赛作品。就麦克拉奇报业集团而言，87.5%的旗下报纸参加了调查记者和编辑协会奖竞赛。就奈特里德报业集团而言，这一比例高达88.9%。2002—2005年间调查记者和编辑协会奖竞赛参与率最低的李氏企业和媒体新闻集团，在更长时间跨度内的百分比同样一直垫底，媒体新闻集团的参与率只有39%，而李氏企业则是50%。在1979—2010年和2002—2005年间，整体参与率变化最大的联营报业集团是霍林格国际公司，其在较长时间内参与率为100%，但在2002—2005年间提交调查记者和编辑协会奖参赛作品的报纸却只占25%，这种变化可能缘于该公司财务前景的恶化。[14]

与调查性工作相关的品牌定位具有延续性，其进一步证据来自大卫·卢米斯(David Loomis)和菲利普·迈耶的研究。对于19家上市公司或被组织从而使财务信息被公开报道的公司，大卫·卢米斯和菲利普·迈耶收集了它们在1970—1996年间偶数年份的财务报告中的总裁报告。他们从中一共收集了179条信息。他们使用内容分析软件检索了涉及利润的关键词(例如收购、效率、收入、市场、利润、税收和不赢利)，以及涉及社会责任的关键词(例如慈善、社区、文化、公平、新闻、读者、服务和信任)。[15]他们利用这些词的相对频率来创建一个公司层面的指数，其中正值反映了更高的社会责任相关词语使用频率。卢米斯和迈耶将这些报业公司分为两类：1997年以前有公共新闻项目的公司和同期没有公共新闻项目的公司，他们发现在1970年至1996年期间，"衡量利润与社会关注之间的平衡(来自总裁致词)，极大程度预测了哪些报纸公司在20世纪90年代将会和公共新闻运动联系在一起。"[16]

总裁报告反映并提升了企业文化，经济学家将其部分定义为旨在向消费者传达品牌内容，并为管理层和员工引导价值观的信号。[17] 如果这些品牌定位变化缓慢，那么人们会期望用30年间(例如1970—1996)的总裁报告来预测随后几年公司行为的变化。在表 6.4 的 13 家报业公司中，卢米斯和迈耶计算出有 5 家具有正指数值（即反映出对社会责任的高度重视）：甘尼特报业集团、奈特里德报业集团、李氏企业、麦克拉奇报业集团和卫报公司。4 家有非正指数值：E. W. 斯克里普斯公司、霍林格国际公司和纽约时报公司有负指数值，考克斯媒体公司的指数值为零。2002 至 2005 年期间，那些在公司报告中一贯强调社会责任的公司，参加调查记者和编辑协会奖竞赛的报纸的未加权平均百分比达 52%，相比而言，那些更注重利润的公司，此数值仅为 35%。同样地，1994 到 2002 年间，那些在总裁报告中相对更重视社会责任的公司，旗下从事公民新闻的报纸的未加权平均百分比达 61%，相比而言，那些更多谈论利润的公司的这一比率仅为 38%。

调查类图书市场

像纸质杂志一样，精装图书和平装图书也可以建立国内乃至国际读者基础。通过售往全国各地，一本书可以挖掘那些关心国家问题的读者。图书还可以起到聚合的作用，即聚合那些分散各地的小众受众，利用他们强烈的兴趣凝聚读者。为了研究调查类图书的市场，我使用了一份每年在《调查记者和编辑协会杂志》（*IRE Journal*）上汇编的书目，该杂志旨在跟踪“美国记者撰写的调查性和阐释性的图书，这些书以英文出版，并在便利的零售店销售”。[18] 1998—2011 年期间，每年约有 200 本图书位列此书目，因此总共有 2 827 本书要审查。由于记者为报社或杂志社工作，所以他们通常能够获得知识、经验和时间，来撰写调查性或阐释性的图书。对这 2 200 多本书，我能够从书的内容或封面收集作者职业的信息。

表 6. 5 总结了旗下记者向调查记者和编辑协会的图书名录贡献了 20 本以上图书的新闻机构，其新闻工作者在发布这些图书时的工作地点或曾工作过的地点情况。该表还以两种方式描述了这些调查性图书的内容。第一种方式报告了调查类图书在亚马逊官网主要类别图书中所占的百分比。亚马逊可能会将多个一级分类和次级分类与一本书关联起来。第二种方式报告了基于与政策议题类别（见第二章的讨论）相联系的关键字的图书中所覆盖的主题。通过在亚马逊搜索与这些图书相关的标题和类别，我可以使用与政策议题主题相关的类别描述，对这些图书进行分类。

显然由《纽约时报》（173 本）和《华盛顿邮报》（109 本）的记者所出版的书扮演了重要角色。他们的产出远远高于《华尔街日报》（50 本）等国家级报纸的记者，也高于《洛杉矶时报》（48 本）和《波士顿环球报》（23 本）等大型都市日报的记者。6 家销往全国的杂志同样支持作者编写调查性和阐释性图书。它们包括《大西洋月刊》（28 本），《新闻周刊》（36 本），《国家》杂志（24 本），《时代周刊》（35 本），《名利场》杂志（27 本）和《连线》杂志（20 本）。这 6 种杂志诞生的图书总数（170 本）大约相当于《纽约时报》记者生产的图书总数，这再次表明了这家国家级报纸在支持长篇图书方面的巨大作用。在调查记者和编辑协会的书目中，出版图书量最大的杂志是《纽约客》，在 1998—2011 年期间，它有 51 部著作被收录调查记者和编辑协会书目。

表 6.5 调查记者和编辑协会书目中报纸和杂志相关作者的著作涵盖的主题

新闻媒体	各类主题媒体出版图书的数量	占亚马逊图书分类的百分比					
		传记	商业	教育	历史	政治	科学
《大西洋月刊》	28	7.1	14.3	7.1	50.0	53.6	28.6
《纽约客》	51	21.6	23.5	9.8	51.0	60.8	17.6
《新闻周刊》	36	27.8	27.8	8.3	55.6	55.6	13.9
《国家》	24	16.7	12.5	25.0	41.7	91.7	0
《时代周刊》	35	20.0	25.7	2.9	42.9	57.1	22.9
《名利场》	27	48.1	25.9	3.7	48.1	29.6	11.1
《连线》	20	15.0	50.0	5.0	40.0	35.0	45.0
《波士顿环球报》	23	43.5	17.4	0	39.1	73.9	8.7
《洛杉矶时报》	48	31.3	25.0	12.5	54.2	64.6	6.3
《纽约时报》	173	23.7	23.1	12.7	43.3	50.3	12.7
《华尔街日报》	50	28.0	54.0	12.0	52.0	42.0	12.0
《华盛顿邮报》	109	27.5	14.7	12.8	50.5	54.1	13.8

（续表）

新闻媒体	涵盖的百分比									
	经济	教育	犯罪	金融	科技	通信	选举	体育	军事	战争
《大西洋月刊》	14.3	7.1	0	0	17.9	0	10.7	0	10.7	3.6
《纽约客》	7.8	9.8	5.9	3.9	5.9	9.8	3.9	7.8	7.8	3.9
《新闻周刊》	11.1	8.3	2.8	8.3	11.1	2.8	5.6	5.6	8.3	8.3
《国家》	8.3	25.0	0	0	0	16.7	12.5	4.2	8.3	12.5
《时代周刊》	17.1	2.6	5.7	8.6	11.4	2.9	8.6	2.9	11.4	5.7
《名利场》	11.1	3.7	7.4	11.1	0	7.4	0	7.4	0	0
《连线》	15.0	5.0	10.0	0	45.0	5.0	5.0	5.0	0	5.0
《波士顿环球报》	4.3	0	17.4	0	0	0	0	8.7	0	4.3
《洛杉矶时报》	10.4	12.5	6.3	4.2	2.1	4.2	6.3	2.1	16.7	8.3
《纽约时报》	12.1	12.7	6.4	4.0	5.2	4.6	4.0	5.8	10.4	7.5
《华尔街日报》	26.0	12.0	6.0	20.0	12.0	8.0	0	6.0	8.0	6.0
《华盛顿邮报》	11.9	12.8	3.7	5.5	4.6	8.3	11.0	5.5	19.3	14.7

注：表中列出的是与调查记者和编辑协会图书名录中的 20 个或更多标题相关联的媒体。

对于大多数新闻媒体来说，最受报道者欢迎的图书类别是政治。不过，与以下媒体相关的品牌存在例外情况。《名利场》杂志以其扼要的描述和叙事的手法而闻名于世，在传记（48%的该类图书出自其旗下记者）和历史（48%）类图书中所占比例最高。《连线》杂志最多的是商业类图书，占其旗下记者创作的图书的一半。《华尔街日报》在商业领域的图书所占比例最高，这与其关注金融新闻一致。各类杂志关注的细分市场重点，从其高低不同的图书类别占比中就可以明显看出。与《国家》杂志相关的记者创作的图书，92%涉及政治，13%关注商业，0%关注科学。教育是报纸的支柱主题，因为它们经常专注于特定的地区，所以报纸记者更有可能对之进行报道。亚马逊将《洛杉矶时报》《纽约时报》《华尔街日报》和《华盛顿邮报》记者12%—13%的著作归于教育类别，这一比例高于任何杂志，除了《国家》。

新闻媒体开拓的政策议题中的内容细分市场，也反映在它们记者所撰写的调查图书中。主题领域的占比起伏尤其具有启发性。作为思想杂志的《大西洋月刊》，在其记者从不撰写图书的主题中脱颖而出：犯罪、金融、通信和体育。《纽约客》《新闻周刊》和《时代周刊》分别占据了一个全国读者感兴趣的主题组合，但它们的新闻图书在所有主题行列中的比例都不高。从自由主义的角度来看，《国家》杂志是公共事务报道的一盏明灯，其中三个主题的图书比例最高：教育（占其图书的25%）、通信（17%）和选举（13%），犯罪、金融和科技领域图书的比例为零。《名利场》杂志也独树一帜，部分是由于其作者出版的图书未曾涉及的话题：科技、选举、军事和战争。《连线》杂志一如既往地符合自身品牌，出版的图书中科技类占比最高(45%的图书专注于此)。《波士顿环球报》在犯罪(17%)和体育(9%)方面的图书比例最高,教育、金融、科技、通信、选举和军事类为零。《洛杉矶时报》和《纽约时报》的图书涵盖了各个主题,并没有显示占比高低。鉴于"商人圣经"的角色,《华尔街日报》在经济(占比26%)和金融(20%)领域的图书最为集中。《华盛顿邮报》的图书业务主要和政府事务相关,尤其关注军事(19%)和战争(15%)。总体而言,这些报纸杂志编撰出版大量著作提出了一个问题,即在未来,随着这些新闻媒体中一些机构的员工人数在减少,记者们怎样获得专业知识和经验来完成长篇图书的著作。

非营利捐助者支持问责新闻

由于大都市报纸经费削减减少了覆盖许多公共事务专题报道的记者群体,因此专注于城市或州社区问题和政治的在线新闻媒体开始作为非营利性机构建立起来。这一波作为501(c)(3)非营利组织接受资助的无党派新闻网站,包括2005年开办的《圣地亚哥之声》,始于2007年的明尼阿波利斯的《明尼苏达邮报》,和2009年在奥斯汀创办的《得克萨斯论坛报》。这三家媒体都在对它们工作的自我描述中强调对公共事务的覆盖,其中两家突出了调查性报告,将其作为主要焦点。《圣地亚哥之声》明确指出,捐助者不会影响他们的调查工作:

> 我们的使命:不断为圣地亚哥地区提供突破性的调查

> 性新闻报道。向居民提供必要的知识和深入的分析,从而增加公民参与,使之成为政府和社会进步的倡导者。
>
> 我们的资金:作为一个501(c)(3)非营利组织,我们完全由个人会员、大型慈善捐赠活动、基金会和社区合作伙伴提供资金。我们依靠这些资助来继续我们的使命……捐助者、赞助商、补助方、合作伙伴、董事会成员和成千上万在财务上支持这项服务的个人,不会影响日常的报道、新闻或调查。[19]

《明尼苏达邮报》将自己形容为"无党派、非营利的在线新闻企业",同样地,它也突出了新闻在社区中的作用:"《明尼苏达邮报》传递给社区的信息很简单:高品质的新闻不仅仅是一种消费品,我们也不能仅仅依赖于私营机构提供它。高质量的新闻报道是一种社区资产,是民主、社区和生活质量的基础。"[20] 在一份反映《得克萨斯论坛报》最初五年运作的报告中,其创始人约翰·桑顿(John Thornton)指出:"我们认为公民话语可能处于危险之中,它变得不那么有知情权,反而更加充满党派偏见。我们相信这对民主不利,对得克萨斯不利。这就是我们创办《得克萨斯论坛报》的原因。"[21] 首席执行官兼总编辑埃文·史密斯(Evan Smith)也表示:"我们相信公共服务新闻是公益事业,其在得克萨斯州的现状还远远不够。如果我们能够帮助人们选择合适的工作,使银行里有足够的钱,并且坚持自己的使命,我们可以做得更好。"[22]

当这三个在线新闻网站揭露当地机构的运作方式时,收益变得极大地分散。然而,它们作为非营利组织运作的核心问题是谁将为此种报道支付费用。一个假设是，那些回应良好政府、公民责任和政治问责呼吁的人，可能也属于回应捐助政治运动的类似呼吁的人。那些进行政治运动募捐的人正在为了多种欲望行事——渠道、影响、网络、表达和意识形态消费（例如，你支持一种社会/政府愿景的观点）。[23] 为当地非营利、无党派新闻作出捐献，可能涉及各种动机，包括成为公众活跃人士本地网络的一部分，以及通过新闻网站举办的活动接触政策制定者。然而，前支配性动机可能仅仅只是意识形态消费，这种消费涉及支持选民知情权和政府问责的观点。这些新闻网站的责任宣言和募捐语言，强调更多地和利他主义有关的益处，并强调自身的工作是如何有助于社区整体利益的。虽然我无法分辨出哪些动机会影响非营利机构和政治捐献者，但在接下来的两个表格中，我会通过使用非营利网站支持者和联邦竞选活动参与者的公共数据，来探究这些群体之间的重叠情况。[24]

表 6.6 显示，根据联邦选举委员会的数据，对这三个网站，2011 年或 2012 年每年捐助较多的支持者也可能在 2008 年、2010 年或 2012 年的联邦大选中捐款。2001 年，在给予《明尼苏达邮报》500 美元或更多的捐助者中，有 51％也位列联邦选举的政治捐献者。2012 年，向《得克萨斯论坛报》捐助 500 美元或更多的捐款人，有 65％在 2008 年至 2012 年的联邦竞选活动中位列捐助者行列。根据联邦选举委员会的信息，那些在 2012 年向《圣地亚哥之声》捐赠超过 500 美元的人，59％也是政治捐献者。对于这些无党派、非营利性媒体网站而言，随着向非营利性网站的捐赠水平的提高，其捐助者中兼为政治捐助者的，所占的比例

表 6.6　非营利性捐助者和联邦政治捐款：联邦选举委员会追踪的 2008、2010 和 2012 年选举中非营利性捐助者的数量和政治捐款的百分比

给定年份向非盈利媒体机构提供的捐助类别	非盈利捐助者数量	政治捐助者百分比
《明尼苏达邮报》(2011)		
10 000 + 美元	13	85
1 000—9 999 美元	116	55
500—999 美元	90	44
总计	219	51
《得克萨斯论坛报》(2012)		
100 000 + 美元	3	100
10 000 + 美元	11	91
1 000—9 999 美元	203	63
500—999 美元	93	63
总计	310	65
《圣地亚哥之声》(2012)		
5 000 + 美元	21	62
10 000 + 美元	43	53
1 000—9 999 美元	57	61
500—999 美元	545	39
总计	666	42

也趋于上升。拿《明尼苏达邮报》来说，给该网站捐赠 500—999 美元的人中，有 44％是政治捐助者，而向该非营利组织捐赠 10 000 美元及以上的捐助者中，有 85％是政治捐助者。至于《得克萨斯论坛报》，捐助金额在 500—999 美元之间的人，63％是政

治捐助者，而在2012年为该网站捐赠至少10 000美元的人中，14人里有13人捐助了联邦竞选活动。而《圣地亚哥之声》，捐助金额在101—500美元范围内的人，39%是政治捐助者，5 000美元以上的捐助者中，62%捐助了联邦选举。尽管《得克萨斯论坛报》的捐助者在联邦选举委员会数据中被列入捐献者行列的总体比例较高，但这可能部分缘于该组织的目标即是政治捐助者的捐款。[25]

在营利性日报的世界里，那些使用更多民主语言的媒体机构更有可能参与调查工作。这就产生了一个问题，即重视调查性工作的地方非营利性公共事务网站是否更有可能吸引民主党和共和党的捐助者。对于这里研究的三个网站来说，确实如此，尽管这种模式的效果强度有所不同。为了探索这个问题，我用现有数据将非营利性捐助者在这一时间段向网站捐献的最大额度进行分类，然后总结他们在2008—2012年联邦选举中的政治捐献情况。这些政治捐献包括对民主党或共和党候选人和委员会、政治行动委员会、超级政治行动委员会以及其他外部团体的捐助。对于《明尼苏达邮报》的捐助者来说，90%的政治捐款都是给了民主党。对民主党与共和党的捐款比率为16。那些向《明尼苏达邮报》捐款更多的人具有略高的平均政治捐款数额。《得克萨斯论坛报》的数据是对民主党与共和党的捐款比率为2.7。然而，一个显眼的数字是，产生于“其他”类别的政治捐款超过3 800万美元，主要是鲍勃·佩里（Bob Perry）向保守的超级政治行动委员会和政治行动委员会的捐赠，如“重建未来”（Restore Our Future）和

“美国十字路口”(American Crossroads)。[26]“其他”类别占《得克萨斯论坛报》支持者总政治捐献的73%，其次是向民主党捐助的占19%，向共和党捐助的占7%。非营利性捐助者类别在该得克萨斯网的平均政治捐款稳步增加。《圣地亚哥之声》捐助者对民主党与共和党的捐款比率为1.5，对民主党的捐款占捐助总额的52%。那些《圣地亚哥之声》捐赠人的政治捐助，随着非营利性捐助者类别的提升而增加，但并不像《得克萨斯论坛报》的数据那样差异如此之大。

看看那些支持地方公共事务的新闻网站的政治捐赠模式，也会引发一个社会科学的标准问题：“相对于什么？”表6.7通过研究2012年大选中对巴拉克·奥巴马和米特·罗姆尼竞选活动的捐助探讨了这个问题。在每个新闻网站的捐助者中，至少有200笔捐款是给了奥巴马竞选团，而对罗姆尼竞选团的捐款则少得多。如果把对奥巴马和罗姆尼的总捐款金额按每个网站进行合计，对于《明尼苏达邮报》的捐助者来说，94%的捐款是给奥巴马的，而对于《得克萨斯论坛报》的捐助者来说，这个数字是64%，对于《圣地亚哥之声》的捐助者来说，这一数字是55%。与州内的捐款情况相比，前两个网站的捐助者在2012年总统竞选中的政治捐助更力倾向于民主党。《明尼苏达邮报》的捐助者90%以上的捐款都捐给了奥巴马，但在整个明尼苏达州，总共只有55%的捐款捐给了奥巴马，奥巴马在2012年赢得了该州54%的选票。在得克萨斯州，只有30%的政治捐款给了奥巴马团队，他们获得了42%的选票。但是，《得克萨斯论坛报》捐助者几乎2/3的捐款都捐给了奥巴马，与这一“红色州”的总体捐款和投票模式形成鲜明对比。相比之下，《圣地亚哥之声》的捐助者对民主党的政治捐款比例略低于整个加利福尼亚州模式，来自该网站捐助者的捐款有55％捐给奥巴马，而在全州奥巴马获得了60％捐款和61％选票。

表6.7　2012年竞选活动中非营利媒体捐助者向奥巴马和罗姆尼提供的捐款

	向奥巴马的捐款		向罗姆尼的捐款		占全部非盈利捐助者捐助奥巴马钱款的百分比	占州内捐助奥巴马钱款的百分比	占州内选举奥巴马者的百分比
	数量	总额（美元）	数量	总额（美元）			
《明尼苏达邮报》	217	253 495	11	17 500	93.5	55.3	53.9
《得克萨斯论坛报》	221	328 042	122	186 700	63.7	29.5	42.0
《圣地亚哥之声》	246	161 326	138	134 125	54.6	60.3	60.7

注：表中数字代表2007、2008、2009、2010或2011年向《明尼苏达邮报》捐助超过500美元的捐助者的政治捐赠；2009、2010、2011或2012年向《得克萨斯论坛报》捐助超过500美元的捐助者的政治捐赠；2012年向《圣地亚哥之声》捐助超过100美元的捐助者的政治捐赠。

在一个投机取巧和理性忽略的世界里，大多数人选择不去阅读或观看很多当地新的非营利性新闻网站的问责新闻报道。更少有人会花时间通过成为会员或进行捐款来支持这些组织。当调查改变公共政策时，愿意为公共事务非营利性网站捐献可观捐款（例如500美元或以上）的人群相对于受益地区的居民而言数量微不足道。然而，这些捐助者确实存在，上述表格显示他们通常具有如下几个特征：大多数人为联邦竞选活动捐款；他们的政治捐款更可能流向民主党而不是共和党，对于《明尼苏达邮报》和《得克萨斯论坛报》而言，相比两家网站所在州民主党的政治捐款整体情况，它们对该党的倾斜是更加显著的。

结语

可能对社区造成实体影响的原创性调查报道，有人也许会试图隐瞒它的主题，这种原创性工作是代价高昂和具有争议的。然而，有多种激励措施支持这类调查工作。通过产生广告受众或消费者订阅，利润会驱动一些问责性新闻的产生。在有限的地理区域内对受众的竞争，通过杂志、图书或网络聚集小众兴趣的能力，在更大的受众群体中分摊调查成本的机会，以及技术和市场参与者发生变化时建立消费者对品牌新期望的需要，都是能够促使资源投入调查性工作的经济因素。与内容产生的财务收益不同，媒体所有人会支持调查工作，是因为他们重视其对政治机构运作的影响。编辑和记者通过他们报道的故事寻求影响力，其原因有很多：职业发展、声望和奖励，以及取得当地（有时甚至是全国）工资水平的满意度。影响可能是非营利媒体和它们的捐助者最关心的问题。无论产生调查资源的激励措施如何，只有当这些资源转化为对发现、创建和传播调查工作的人的支持时，才会有新的新闻报道。第七章通过探寻一位记者职业生涯所涉及的经济学和影响力，来探讨问责性报道的人文因素和范围。

第七章

凭一己之力改变社会的调查记者

“我怀疑。”

如果说调查报道圈里有什么口头禅,那一定是这三个字。帕特·斯蒂斯就是例子,他来自北卡罗来纳州,曾获得普利策调查性报道奖。无论是记者采访他工作,还是他和政府官员的讨论,甚至他在工作日志里写给自己的便条,“我怀疑”这三个字都频频出现。斯蒂斯从幼年起就形成了这个口头禅,之后一直延续下来。有一次,他在自传性的笔记中提到:

> 我父亲心算很好,带分数乘以带分数,如七又四分之一乘以十八又八分之七,结果他能脱口而出。但他上到七年级就辍学了。之后,他所学的知识基本来自社会上的摸爬滚打、当地报纸,以及《世界年鉴》这本书。他把《世界年鉴》读得很透。
>
> 后来,有时候我们吃完晚饭,他会和我们玩一个游戏。他来讲故事,其中一些源于《世界年鉴》,还有一些是他编的。

> 我们要做的就是区分两者。每当我觉得那是他编的，我会说："我怀疑。"如果我猜对了，他会按实际重讲一遍，继续下去。如果我错了，他会说："去把《世界年鉴》拿来。翻到412页（或其他页数），从中间读起。不是那段。上面一段。"我读的部分，几乎和他刚讲的故事一字不差。
>
> 后来我意识到这种训练为我之后的工作打下了基础。我成年后成了一名调查性报道记者。我作过很多"摊牌式采访"，采访中会提问很多尖锐的问题。我总是认真倾听受访者的回答，寻找漏洞。每当我发现他们撒谎了，我会大声地说："我怀疑。"[1]

之前的章节通过检验以下四个问题，说明了调查性报道的市场：这一类问责新闻揭发了什么？由此产生了什么影响？通过什么方式产生影响？如何获得资助？本章将通过定量定性分析方法，以独立报道人帕特·斯蒂斯为案例，继续探讨上述问题。我之所以着重分析斯蒂斯，是因为他的职业生涯既具有典型性，又有非典型性。他的职业道路折射了过去五十年报业经历的变化：晚报走向衰亡；调查性报道吸引了高额广告收入，日益崛起；许多记者愿意花时间研究新技术，采用计算机技术辅助报道；调查工作从单人报道转变为团队协作（有时包括多名记者，一名数据库编辑、项目编辑、摄影师和美编）；尽管家族报社愿意加大对公共事务的报道力度，却因为所有权链不得不违背初衷；信息自由法律的应用促使州政府和联邦政府公开电子记录；通过电子邮件或互联网就能实现和读者（或线人）的交流；在争夺头条的网络时代，建立本地影响的声誉变得非常重要；以及 2008 年金融危机后，新闻资源和机会锐减的时代背景下，记者设法功成身退。斯蒂斯在其他许多方面都与众不同。他很早就接受计算机辅助报道，并领导计算机辅助报道运动；他参与调查记者和编辑协会的活动，美国记者将他奉为导师；他还是普利策奖获得者。

斯蒂斯在北卡罗来纳州当了五十年记者。1966 年 6 月，他成为《夏洛特新闻报》旗下的全职专线记者，开始了他的职业生涯。《夏洛特新闻报》是南北卡罗来纳地区最大的一家晚报社。他的第一次专线报道覆盖很广：郡政府、地区法院和其上级法院、选举委员会、郡治安官部门、郡警察局。后来他专写市政府方面的报道，1969 年夏天开始作调查性报道。不过做了十八个月调查记者后，他又被调回做报社分配的一般性任务。起因是斯蒂斯跟进了一个关于州假释委员会的调查，最后他一无所获。斯蒂斯是这么说的：

> 我花了整整六个月进行那个任务，最后什么也没挖出。整个报道写得不知所云。我本应该早点收手，但当时没有准备备选方案，那时我根本不懂这些。我要面对的真正问题并不是这次失败，胜败乃兵家常事，失败本身在所难免。问题是《夏洛特新闻报》这家报社不能负担调查性报道的岗位。他们希望自家记者一周写出十二篇左右的新闻稿。（要是你外出一天却没写出点东西来，他们就觉得你生病了。要是你连着两天外出，没写新闻稿，他们会认为你辞职了，不告而别。）如果我花六周在一个调查项目上，他们就损失了大约七

> 十篇报道。那么我要写的这篇调查报道必须千里挑一，弥补那七十篇的损失。但谁也不能保证每次跟进项目，都能写出千里挑一的报道。[2]

1971年，斯蒂斯以调查记者的身份加入了《新闻与观察者》报。该报社位于北卡罗来纳州的罗利市。之后他一直在那里工作，直至2008年退休。斯蒂斯披露了许多政府机构存在管理不善，或渎职行为，凭此很快在州首府声名鹊起。1989年他参加了一次展示计算机辅助报道的会议后，便成了计算机辅助报道的狂热信徒，并积极推广这项技术。那时他已获得过十八个北卡罗来纳新闻协会的奖项，但他依然一头扎进电子文件和软件包的世界，把它作为发现新闻素材的新渠道。而许多记者还没有注意，或是还没有亲身实践这门新技术。[3]《新闻与观察者》（当地人常称之为《观察报》）允许斯蒂斯1993年花六个月在罗利组织了一场关于计算机辅助报道的大会。他在《观察报》报社开设课程，指导其他《观察报》的记者如何从州政府网站挖掘数据，利用电脑发现新闻素材，写出新闻稿。他以数据库编辑的身份帮助记者学习计算机辅助报道技术，将其运用于日常新闻及企业报道。最后，他又回归全职调查记者的身份。1996年，《新闻与观察者》获得新闻业的至高荣誉——普利策公共服务奖。获奖报道题为"猪场大亨"（Boss Hog），是于1995年发布的系列报道。获奖证书上提到"北卡罗来纳州养猪业日益壮大，而随意弃置的粪便严重威胁了当地环境和人类健康"，赞赏了记者帕特·斯蒂斯、约比·瓦里克（Joby Warrick）和编辑梅兰妮·西尔（Melanie Sill）为此次曝光作出的贡献。[4]2005 年开始,《新闻与观察者》开始专攻大型专题报道。在此期间,斯蒂斯和报社调查团队成员每年只负责几个项目,意在让报道一发布就引起轰动,产生重大影响。报社的主要系列报道多出自斯蒂斯之手,他涉及的题材包括公路上货车超载、水质监管不力、对超速汽车处罚力度和标准不一、精神医疗体系内普遍浪费等问题。这些专题系列都获得过奖项,并得到行业认可,多次促进北卡罗来纳州公共政策的重大变革。2008 年斯蒂斯从《新闻与观察者》退休,不过还继续担任报社顾问,提供调查技巧咨询。斯蒂斯的职业生涯,超过四十二年是作为全职新闻从业者度过的,而有近乎三十六年是从事调查记者的工作。

许多记者和公众钦佩斯蒂斯,不仅是因为他报道的影响力,还出于对他工作方式的赞赏。他的职业生涯履历,体现了他为人公正,做事严谨,持之以恒,对于负责的专题无所不知,却从不倨傲。乔·迪恩(Joe Dean)是北卡罗来纳州的内阁秘书,斯蒂斯曾调查过他所在的部门。他曾说:"我宁愿接受斯蒂斯的采访,由他来报道,也不愿意被其他我所知的记者来采访我。他从不会错误地引证我的话。他是为数不多几个报道我时不会胡编的记者,从不断章取义。他对待人的方式是我乐于接受的,非常开诚布公。我很尊敬他。"[5] 约比·瓦里克是斯蒂斯在《新闻与观察者》的同事,之后成为《华盛顿邮报》国家环境专题记者,也称赞斯蒂斯准备工作做得细致入微。"你千万别想误导他,或者糊弄他。这会惹恼他,让他更加坚决。采访时他彬彬有礼,却是有备而来。他提出问题时,好戏上演了。斯蒂斯来之前就作过充分调查,提问时他心中已有答案。”[6]

有段话这样总结斯蒂斯的多面人格：“‘神探科伦坡’，‘比特犬’，‘憨厚村夫’。帕特·斯蒂斯身上糅合了所有这些角色的特质。他还是获得过普利策奖的调查记者。”[7] 斯蒂斯曾提到自己的举止态度带来不少好处。“我一直认为，如果有人误解你，实际上你占了一个大便宜。如果他们看看我，说，‘这家伙成不了事。’嘿，这不算坏。他们可能低估我了。真正棘手的是他们死不松口。”[8] 另一则关于斯蒂斯的轶闻是，报道完“猪场大亨”后，他在办公室里放了不少座右铭勉励自己：“斯蒂斯在新闻间的办公桌上摆上自己的‘生存法则’。这些警句格言包括：‘永远不要自欺欺人’‘权宜之计一无是处’，以及‘终有一天你将名扬于世’。作为一名普利策获奖者，最后一句形容他再适合不过。”[9] 斯蒂斯如此总结他选择的工作方式：“如果我花一周，或两三周调查一起新闻，则必须面对二选一的抉择。要么极具娱乐性。人们会说，‘快看呐。’看完后让他们大吃一惊。要么必须极具意义。如果这两个目标都达不到，那我就不想再跟进下去了。我想应该还有其他新闻素材可以报道。只是那并非我的兴趣所在。”[10]

2006 年至 2014 年，美国报业的就业人数从 55 000 人下降至 32 900 人。2008 年，数以千计的人离开纸媒行业，和他们一样，帕特·斯蒂斯那一年从报社退休。[11] 随着从业人数的急剧减少，记者曾经肩负的社会作用也日趋下降。我们关注那些独立、杰出的调查记者，有利于揭示早期问责新闻的形式与影响。未来，新闻业会拿什么继续支撑或贯彻它的问责职能？这将是另一个问题，在第八章会讨论。本章的任务是通过分析帕特·斯蒂斯的职业生涯，来探讨这位高明的都市日报调查记者是如何影响一座城市、一个地区、一个州的。

生涯编码

在研究早期计算机辅助报道的过程中，我经常见到帕特·斯蒂斯的名字，因为他 1993 年曾协助主办了一场影响深远的全国计算机辅助报道会议，会议地点位于北卡罗来纳州的罗利市。美国计算机辅助报道协会的数据记者经常提起斯蒂斯，他就像他们的导师。我查阅普利策公共服务奖相关内容时，发现了关于斯蒂斯 1995 年报道“猪场大亨”的记录，报道发表于《新闻与观察者》，当时（2012 年）我还订阅了《新闻与观察者》，因此格外感兴趣。[12] 由于我在本书中开发了委托代理关系的编码框架，我很好奇这种把调查报道类型、影响编码的方法，可否应用于对记者个人生涯的产出进行编码。和斯蒂斯私下交流后，我意识到最了解他报道影响的人正是他自己。他几乎记得所有写过的新闻素材、后续的调查，以及问世后的最终影响。我想雇用斯蒂斯本人来对他自己进行调查，他同意了，于是本章的这一节得以问世。

我请斯蒂斯收集他全职记者生涯中作过的两种不同类型的报道。一类是报道后引起了某种改变。这类报道必须有他的署名，并且改变是由他报道中所曝光的新闻引起的。[13] 注意不管是一个专题系列，还是一篇有许多后续跟进的报道，在生涯编码这一节，都被视为单独的一个“报道”。第二种报道类型是问责报道，产生了新信息，也给当局制造了困窘，但没有带来改变。在本章的分析中，斯蒂斯称这些报道为“警棍”(dinger)。当我问起这名字的缘故时，他是这样回复的：

> 这是我自创的。其他记者可能也用过，但我用这个词很久了。它不像“给我剪掉”，或是“搞定它”这类词那么强硬，而是更加低调的表述。我喜欢这样。我们现在用这个词来指代那些让政府难堪，但没有引发改变的报道。它实际上涉及了无数罪恶。我在《新闻与观察者》报的时候，这个词用来指代一切让当局难堪的报道，无论它们是否引起改变。比如，“你调查好了吗？”“是的，我要用‘警棍’给他们一击。”[14]

尽管起初我建议他还可以记录那些“无疾而终”的报道，这类报道他花费了大量时间和精力，最终还是放弃了。斯蒂斯说这种情况很少，无法搜集：

> 我无法搜集那些无结果报道，原因有很多。首先，这类失败很少，而且间隔很远。为什么？因为《新闻与观察者》一般先给我时间调查，收集初步信息，试着判断这个新闻是否有调查的必要。如果我没发现值得挖的点，我会在一两天后放弃，再看看其他素材。我基本都会给自己留后手，我知道某个新闻至少能让报社收回部分投入。
>
> 其次，调查报道总是不断变化。很常见的是，一开始的线索让你觉得这篇报道大有希望，后来发现一部分内容有价值，一部分也许是准确的，但无法证明（至少你不能证明）（原

> 文如此)，还有一部分是不准确的信息。但你不会放弃，因为跟进过程中，你经常发现有趣的信息，或多或少将你原先关注的焦点转移。当一篇报道最终见报，有时会和最初的线索大相径庭。“猪场大亨”系列就是这种情况。[15]

要找到这两种报道的文本，需要在多种媒体里搜集：日渐式微的报纸、微缩胶片、影像资料及电子副本。1990 年 7 月至 2008 年 10 月的文本都是电子版，因此只要搜索作者姓名就能检索出。1971 年 6 月至 1990 年 6 月的报道，斯蒂斯查阅了《新闻与观察者》的存档，文档存储在微缩胶片中，按报道题材分类，查找州政府题材就能找到这一时期的相关报道。针对斯蒂斯 1966 年至 1971 年在《夏洛特新闻报》全职工作期间作的调查报道，研究员布鲁克·凯恩(Brooke Cain)仔细筛查了影像资料，也找到了相关报道。斯蒂斯还找出存放在自家阁楼上的个人剪报，足足有几箱，为搜集工作增力不少。最后斯蒂斯收集了 1966 年至 2008 年总共 314 份报道，其中 159 份报道引起“变革”，155 份归为“警棍”报道。每篇报道他都标明了涉及的机构或组织、包含的委托代理关系问题和产生的影响类型。[16]

表 7.1 根据斯蒂斯发现的委托代理问题类型，将他的报道分为“变革”报道和“警棍”报道两类。报道中存在许多不同的委托代理问题，除了我在第二章提到的种类，斯蒂斯又(主动)创造了其他类别。这些新类别包括制度失灵，他是如此形容的：“除非通过立法，发生重大重组，或者文化巨变，否则没什么能解决制度失灵。”还有工作庸碌无为的问题，只有当“处于食物链底端的某个

人或几个人把事情搞砸”，绩效才会派上用处。[17] 他还增加了其他类别的问题，如违背法律、有失公正、回避答复。尽管我常常一提到斯蒂斯发现的机构运行的问题，就将其作为委托代理问题，但他增加的分类，如违背法律、有失公正，还是让我见识到被选举任命的官员可以有如此多的方式背离民众期望、职业准则和法律要求。

这 314 篇报道，每篇的信息——人物、地点、时间，都不尽相同。然而斯蒂斯在这些报道中突出的潜在问题却大同小异，即使它们出现于不同机构或组织。在这些报道中发现的四大难题分别是：管理不善、制度失灵、浪费和绩效低下。每一类都至少占了全部报道的 1/4。报道发现的问题性质与最终是否引起变革或仅仅给当局带来尴尬相关。对于制度失灵和腐败，可以确定这类问题肯定和报道最后成为“变革”报道还是“警棍”报道相关。所有的样本里面，“变革”报道和“警棍”报道各占一半；而在制度失灵和腐败这两类问题中，最终引起变化的报道都占了总数的 2/3。浪费、庇护、滥用职权这类问题，毋庸置疑也肯定和报道最终引起的反响相关。上述委托代理关系中产生的故障，在调查报道中有 2/3 属于“警棍”报道。这说明斯蒂斯的报道中，聚焦制度性缺陷（如制度失灵）的报道往往会引起变革，这类报道可能影响许多人；另外涉及违法行为（如腐败）的报道也容易引发变革。而如果报道涉及的问题（如浪费或庇护）并未造成很多人受害，或者伤害只集中于少数人（如滥用职权），最后报道不太可能引起变革，而更可能让当局尴尬地接受审查。

表 7.1　帕特·斯蒂斯的“变革”与“警棍”两类报道中委托代理问题的比较

委托代理问题	“变革”报道涉及问题数量	“警棍”报道涉及问题数量	报道中涉及问题总数量
浪费	19	33	52**
管理不善	41	31	72
行贿受贿	1	1	2
裙带关系	2	2	4
庇护	9	17	26*
利益冲突	28	19	47
以权谋私	1	1	2
偏袒	8	11	19
滥用	1	1	2
处理不当	4	5	9
歧视	4	2	6
欺诈	1	0	1
腐败	18	9	27*
误用	3	0	3
瞒骗	9	12	21
制度失灵	43	19	62***
违背法律	11	5	16
绩效低下	30	21	51
滥用职权	15	32	47***
不公正	1	2	3
回避问题	0	1	1

注：在斯蒂斯的 314 篇新闻报道中，159 篇为“变革”类报道，155 篇为“警棍”类报道。在探究委托代理关系问题的出现与最终是否引起“变革”，或只是起“警棍”作用之间存在的关系的卡方检验或费希尔精确检验中，*** = 0.01 为统计学显著；** = 0.05 为统计学显著；* = 0.10 为统计学显著。

由于《新闻与观察者》位于北卡罗来纳州的首府罗利，关于州政府的报道都属于当地新闻。表 7.2 展示了帕特·斯蒂斯职业生涯中调查过的各类政府机构。留意一下他报道过的政府级别，会发现他最初关注的是州政府，后来是地方政府，最后是联邦政府。州长办公室的日常运行是他最常写的话题，其次是公路部门和地方政府的相关话题，后两者基本相当。如果人们仔细研究那些被报道过十次甚至更多的机构，会发现不管是否改变了该机构的政策设计，或让具体实施变化，还是仅仅将机构内的官员曝光于监督下，这些报道都呈现出固定的模式。大部分的州政府机构，如果斯蒂斯发现其中存在委托代理关系问题或制度失灵，他的报道一般都会引起改变。斯蒂斯调查的机构中，下列更容易产生变革，而非仅仅受到警示而已：酒精饮料控制/酒精管制执法部门、机动车部门、健康与人类服务部、公路巡警、自然资源与社会发展部、交通运输部公路分部。之所以能引起变革，部分可能是因为这些机构领导有力，能够在内部迅速推进变革。从表 7.7 可以更明显地看到，州立法者有时也受到斯蒂斯披露的报道影响，他们或立法改变政策，或拨款来影响被报道的部门机构。要引起顶层机构的改变则更加困难。如果调查围绕关于州长办公室本身，报道结果可能只是起到警示作用，而非改变。

与之相似，根据牵涉的政府部门和层级，斯蒂斯的其他报道主题所引起的反响也各有不同。要想让联邦政府有所动作，无疑十分困难，斯蒂斯关于联邦政府的报道中，“警棍”报道与“变革”报道的比例为 2 比 1。所有涉及地方政府级别的报道，从影响来看，“变革”报道和“警棍”报道的比例为五五开。关于法院及惩教部门的报道也是如此。不过，尽管他的报道改变了公共政策的制

表 7.2 帕特·斯蒂斯在北卡罗来纳州调查的组织机构和调查时期,“变革”报道对比“警棍”报道

机构	“变革”报道数量	“警棍”报道数量	报道总数量
酒精饮料控制/酒精管制执法部门	6	4	10
农业部	3	1	4
银行委员会	0	2	2
首府警察局	0	1	1
公墓委员会	2	0	2
海岸带管理部门	0	1	1
商业部	0	1	1
惩教部	8	8	16
法院	9	9	18
犯罪控制 & 公共安全部门	1	1	2
文化资源部	1	1	2
就业安全委员会	0	2	2
联邦政府	5	11	16
渡轮部	0	1	1
旧货市场	2	0	2
联合国大会	2	6	8
州长办公室	13	20	33
健康与人类服务部	12	7	19
公路巡警	8	4	12
工业委员会	2	0	2

（续表）

机构	“变革”报道数量	“警棍”报道数量	报道总数量
保险部	3	2	5
司法部	2	2	4
劳工部	2	2	4
地方政府	14	14	28
医疗补助欺诈控制小组	0	1	1
陆军军队	0	1	1
海军军队	0	2	2
船队管理部门	1	1	2
机动车管理部门	9	5	14
国民警卫队	1	0	1
自然资源与社会发展部	7	4	11
北卡罗来纳州立大学	5	1	6
州办公厅	1	1	2
政党	1	1	2
公共教育部	2	2	4
准公共机构	0	4	4
财政部	2	1	3
州调查局	0	3	3
州博览会	4	1	5
州政府	4	3	7
交通运输部门公路分部	16	13	29
旅游部	1	0	1

（续表）

机构	“变革”报道数量	“警棍”报道数量	报道总数量
财长办公室	1	2	3
北卡罗来纳大学行政总部	1	3	4
北卡罗来纳大学教堂山分校	2	0	2
野生动物委员会	1	1	2
其他营利性组织	2	3	5
其他非营利性组织	3	1	4
其他	0	1	1
十年			
1960 年代	6	7	13
1970 年代	53	42	95
1980 年代	57	57	114
1990 年代	22	16	38
2000 年代	21	33	54
总数量	159	155	314

定和执行，也影响了私营机构和非盈利组织的运营，从表 7.2 总体而言，斯蒂斯的报告很少涉及公司或非盈利组织，而是更关注州政府、地方政府和联邦政府的运转如何影响市场动向和非营利组织的行为。

表 7.2 中不同十年的调查类型反映了新闻市场的变化，以及斯蒂斯职业生涯的进展。20 世纪 60 年代的最后 4 年，他在《夏洛特新闻报》就职，只发表了 13 篇调查报道。一部分是因为作为

一名知名晚报记者，报社希望他每天写出几篇报道。在他的一篇调查报道取得成功后，有一段时期报社允许他分配部分时间在调查上，但长期调查跟踪还是占用了他的业余时间。七八十年代，他在《新闻与观察者》工作期间，每年平均发表 10 篇调查报道，其中有 5 篇最终引起现实变革。80 年代是他创作的高峰时期（这十年共发表 114 篇报道，其中一些引起了变革，一些警示了当局）。90 年代他的报道数量急剧下滑，这十年他共发表 38 篇报道。这也反映出报社对斯蒂斯的支持，当时他对计算机辅助报道很感兴趣，报社愿意让他尝试。于是他有时间和数据、电脑打交道，学习如何生成新型分析，1993 年他还在罗利举办了一场全国计算机辅助报道的会议，对《新闻与观察者》的记者进行培训，教他们如何成为一名数据库编辑。当他回归调查报道的工作后，他又竭尽全力帮助报社在 1996 年获得普利策公共服务奖。而 90 年代，他发表的调查报道中 58％引起了现实变革。2005 年开始，报社希望调查团队每年能集中发表几个重大报道，能够让社会产生显著改变，将报社打造成一个举足轻重、原创首发的新闻来源，凸显与其他地方媒体的不同。尽管这为调查工作注入大量资源，也确实引起了公共政策方面的显著变革，却也导致了斯蒂斯在做报道记者的最后十年，每年报道总体数量下滑，“变革”报道也逐年减少。

表 7.3 展示了斯蒂斯的“变革”报道和“警棍”报道的类型和影响的频数分布，可以看出他希望完成能引起显著变革的复杂报道。[18] 314 篇报道中有他单独完成的，也有和他人合作的，其中 143 篇有两个及以上明显的委托代理关系问题类型，15 篇有三个

表 7.3　帕特·斯蒂斯不同报道类型和影响的频数分布

报道特点	不同特点报道数量				
	0	1	2	3	4+
委托代理问题总数	0	171	128	14	1
个体影响总数	271	31	7	3	2
审议影响总数	204	74	29	5	2
实体影响总数	165	63	58	17	11

及更多这种制度失灵问题的类型。在第四章，我分析了调查记者和编辑协会奖对中型报社的青睐（《新闻与观察者》属于中型报社），说明了如果一篇报道产生了影响，最常见的类型是审议影响，紧接着的是个体影响。1994 年至 2010 年，所有获得调查记者和编辑协会奖的报道中，中型报社的调查报道极少产生实体的政策变革。但对于斯蒂斯来说，情况反转了。在 314 份“变革”报道和“警棍”报道中，110 份报道产生了审议影响；43 份报道产生了个体影响，如引咎辞职或岗位变动；大多数影响都是实体影响，有 149 份报道推动了诸如新计划启动、颁布新法规等工作。在产生实体影响的报道中，超过一半（86 篇报道）产生了至少两项实体影响，有 28 篇产生了三种甚至更多实体影响。在按“变革”报道和“警棍”报道编排的调查集中，我们当然期望这些报道的大部分最终能引起实体上的改变。表 7.3 显示了斯蒂斯的报道所引起的实体影响多于审议影响和个体影响，以及大量的项目引发了不同类型的实体影响。

表 7.4 统计了斯蒂斯报道中不同类型的影响，探讨了委托代

理问题的类型与最终报道结果的关系。斯蒂斯对这些报道编码时，补充了委托代理关系失灵的类型，还增加了个体影响（如降薪、释放出狱）、审议影响（如政治事件）、实体影响（如启动新计划或新措施、整改）的类型。斯蒂斯报道引起的个体影响类型中，出现次数最多的三类是辞职（15 篇报道）、解雇（8 篇）、降职（7 篇）。与之类似的是，第四章也提到过获得调查记者和编辑协会奖的报道中，排名前三的个体影响是辞职、指控和解雇。斯蒂斯的报道产

表 7.4　帕特·斯蒂斯报道的影响与委托代理问题的关系

报道影响	报道数量	影响类型与委托代理问题的关系
个体影响		
解雇	8	腐败 0.17，行贿受贿 0.24，欺诈 0.35
指控	4	庇护 0.17，腐败 0.27，行贿受贿 0.35
定罪	2	庇护 0.12，腐败 0.12，偏袒 0.15
罚款	1	制度失灵 0.11，处理不当 0.33
降职	7	腐败 0.26
重新分配	1	浪费 0.13，瞒骗 0.21
竞选失败	2	庇护 0.12，腐败 0.26
处分	5	处理不当 0.13
免职	1	利益冲突 0.13
辞职	15	利益冲突 0.12，腐败 0.25
受雇	5	处理不当 0.13，制度失灵 0.26
退休	4	管理不善 0.14
废除职位	1	庇护 0.19
降薪	1	滥用职权 0.14

（续表）

报道影响	报道数量	影响类型与委托代理问题的关系
下发逮捕令	2	
释放出狱	1	绩效低下 0.13，歧视 0.41
停职	4	腐败 0.27，行贿受贿 0.35
撤销（执照、申请、候选资格）	3	腐败 0.20
认罪	1	腐败 0.18，以权谋私 0.71
审议影响		
调查	42	欺诈 0.14，腐败 0.31
辩论会	38	
听证会	4	处理不当 0.15
有关改革的讨论	31	管理不善 0.12，制度失灵 0.29
政治事件		庇护 0.17，腐败 0.17
政策评审（伴随隐含的变革）		歧视 0.13，裙带关系 0.16，利益冲突 0.16
讨论或引发立法	8	制度失灵 0.17
实体影响		
通过新法律	31	制度失灵 0.35
新规章	4	腐败 0.17
政策评审（伴随隐含的变革）	2	制度失灵 0.16
启动新计划或新措施	63	制度失灵 0.11，管理不善 0.16
取消新计划或新措施	14	浪费 0.11
审计	18	腐败 0.12，利益冲突 0.13

（续表）

报道影响	报道数量	影响类型与委托代理问题的关系
新政策或新流程	46	管理不善 0.12，制度失灵 0.25
整改	53	欺诈 0.13，利益冲突 0.14，浪费 0.16
经费存储/筹集/划拨	36	处理不当 0.12
领导层换血	9	腐败 0.15，管理不善 0.22

注：如统计学显著性水平为 0.05 及以上，报道影响与委托代理问题彼此相关。

生审议影响的种类中，最常见的三类影响是引发调查（42 篇报道）、辩论会（38 篇）和有关改革的讨论（31 篇）。参加调查记者和编辑协会奖的报道中，最常引发的三大审议影响是调查、有关改革的讨论和听证会，与斯蒂斯最常见的报道影响有两类重合。斯蒂斯的报道所引发的高比率实体变革主要包括推进新计划或新措施（63 篇）、整改（53 篇）、新政策或新流程（46 篇），这从这些报道在实体影响类别中占据的高数量即可得见。他带来的另一个惊人影响是，引起实体改变的报道样本中，有 10％的报道促进北卡罗来纳州通过了一项新法律。三十六年来他奋战在调查报道一线，发布的报道中有 31 篇促成新法令颁布，意味着他的调查几乎每年都会让一部新法律出台。

表格还记录了报道影响和委托代理问题的相关性，0.05 及以上即为统计学显著。[19] 在 19 个不同类型的个体影响中，9 类和腐败相关。如果调查中发现了腐败证据，一般会引发诸如辞职、解雇、降职或停职的结果。揭发庇护的报道通常和这 4 类个体影响相关联：指控、定罪、竞选失败和废除职位。挪用、行贿受贿一般导致解雇、指控或停职。在7类引发审议效果的影响中，有证据表明制度失灵时，往往引起两种审议效果——有关改革的讨论和引发/讨论立法。报道产生的最常见的审议效果，往往和揭露欺诈或腐败密切相关。反映这类委托代理问题的报道常常涉及违法行为，继而引起政府的进一步调查。在10个不同类型的实体影响报道中，有几个特定类型引起了实体改变。斯蒂斯发现，政府系统在某个政策领域流程的崩坏，通常会推动新法律通过，促进新政策或新流程的采纳、政策评审、新计划或措施的启动。披露腐败常推动建立新法规、审计或领导层换血。斯蒂斯对管理不善的发现常带来3种类型的实体影响：启动新计划或新措施、采取新政策或新流程、领导层换血。

表格中反映的类型和相关性，没有体现斯蒂斯报道对人的直接影响。表7.5补充了他的报道中涉事主角的工作头衔。由于表格中的数字是从记录事后影响的跟进报道中引用而来的，同时这类报道并非总是写于一个新闻调查容易发掘的历史背景中，因此数字很可能小于实际情况。这张表说明帕特·斯蒂斯的报道曾左右了一百多人的职业生涯。他的报道揭露了委托代理关系失灵，政策执行者同时也遭到起诉，共有9人降职，10人被开除。北卡罗来纳州大大小小的政府机关或团体里，都有人因他的报道被解雇，说明其报道范围之广，包括自然资源与社会发展部、交通运输部、北卡罗来纳州公墓委员会、健康与人类服务部，以及酒精管制执法部门。而政府机构中处于顶层的决策者往往更倾向于退休或辞职。斯蒂斯报道引发的18次辞职中，有的人是从州政府、地方政府下台，有的是从联邦政府下台。斯蒂斯的报道曾导致许多参选人竞选失败，有一次令竞选人中途退出，还影响过一名州众议院候选人的竞选及多位郡委员的竞选结果，北卡罗来纳州劳联-产联主席曾试图连任，斯蒂斯的报道击碎了他的美梦。形形色色的人物因他的报道被指控，既有工会主席、服务站老板、广告代理合伙人，也有交通运输部的小领导、自然资源与社会发展部的人力资源规划师，报道影响了公共领域和私营部门，迫使它们采取行动。改革也为不少人的职业生涯带来积极影响。他的报道至少让 46 人得到工作，其中包括北卡罗来纳伦理委员会主席，19 名受雇于农业部的猪场检验员，公共供水部门 24 名新雇员，1 名受雇于自然资源与社会发展部的护士，还有 1 名法院记者。

斯蒂斯的报道不仅让许多决策职位大换血，让一些人身陷囹圄，也让一些人重见天日，还影响了牵涉多方的经费流向，政府机构、州府职员、当选官员和受监管公司都卷入其中。表 7.6 中记录的文章(后文中将提及)会提到受斯蒂斯调查影响的经费流向。由于未包括因曝光而改变的预算，这个数据还是比实际的小。而表 7.6 回顾的 26 个案例，都受斯蒂斯报道影响，其中有的导致偿还或退款(13 篇文章)，有的导致罚款，有的导致合同变更或地产值变化，还有的导致了货币交易方面的变化。如果将那些数字换算成 2013 年的美元不变价，斯蒂斯的职业生涯中，其报道对政府经费的影响大约超过 470 万美元。在 8 个案例中，经费前后变化都超过 10 万美元。最大的一个数字是 243 万美元，当时《新闻与观察者》报道了北卡罗来纳交通运输部的一个会计失误，推动 12 000 名员工退款给州政府。以下还有一些颇具意义的赔款和罚款：一名州长私自将州政府飞机用于参议员竞选，赔偿州政府41万5 483美元；一家养猪场将2 500万加仑污水排入纽河①，罚款16万7 500美元；一位工会领导滥用联邦就业培训经费，用于个人名义下的公司，罚款11万2 701美元；养老院收费虚高，经报道后负责人退还多收费用30万2 080美元；农业部与州博览会重签合同，涉及10万6 637美元；业主同意将船用坡道和地产交予州政府，共计价值52万9 575美元。[20] 表7.6展示了自1972年至2003年26个关于经费或数额的变化的报道案例，其中既包括州官员、地方官员、联邦官员，还牵涉州长办公室、州立法者和内阁部官员。其中涉及的形形色色机构，以及五花八门的审查决议，都足以说明斯蒂斯调查范围广泛。

表7.5　帕特·斯蒂斯的报道对具体个体所产生的影响

影响	个体数量	具体情况
降职	9	自然资源与社会发展部财务技术支持小组组长、交通运输部秘书、交通运输部公路管理员、就业安全协会主管、就业安全协会副主管、机动车管理部门代理官员、惩教部副秘书、参议员特里·桑福德的办公室行政助理、大学生篮球联盟篮球总监
解雇	10	自然资源与社会发展部人力资源规划师、自然资源与社会发展部社会就业分部主管、社区改善计划监督员(2)、交通运输部部门主管、北卡罗来纳公墓委员会主席、交通运输部公路分部官员、健康与人类服务部公共信息办公室主任、交通运输部分部主任、酒精管制部门主管

① 纽河，又名卡诺瓦河，地处美国西弗吉尼亚州高利布里奇。——译注

（续表）

影响	个体数量	具体情况
受雇	46	北卡罗来纳伦理委员会主席、农业部农场监督员(19)、自然资源与社会发展部护士、公共供水部门新雇员(24)、法院记者
废除职位	1	酒精管制部门特别代理人
降薪	1	酒精饮料控制委员会主任
辞职	18	交通委员会委员、机动车分部高级官员、劳工部代表委员、北卡罗来纳环境保护与发展部主管、维克郡学校校监、机动船队管理部门主管、旅游部主管、惩教部秘书、惩教部仓库经理、健康与人类服务部员工(因委员会粗心造成)、交通运输部州公路分部官员、健康与人类服务部健康服务主管、自然资源与社会发展部公园管理员实习生、自然资源与社会发展部发言人、参议员特里·桑福德员工助理/公证人、参议员特里·桑福德办公室行政助理、机动车分部官员、州长特别助理
从遴选委员会免职	1	电子数据系统公司员工
退休	6	惩教部副秘书(3)、健康与人类服务部分管主任、农业部州展览会员工、健康与人类服务部分管主管
停职	7	自然资源与社会发展部人力资源规划师、机动车分部副专员、交通运输部分部门主任、兼职骑警(4)
落选	3	郡委员(2)、竞选连任的北卡罗来纳州劳联-产联主席
退出竞选	1	州众议院候选人
下发逮捕令	66	拖欠法院罚款的人
定罪	2	广告机构合伙人、学校秘书

（续表）

影响	个体数量	具体情况
指控	6	州劳联-产联主席、州劳联-产联副主席、服务站老板、交通运输部分部主任、广告机构合伙人、自然资源与社会发展部人力资源规划师
认罪	1	保险代理人

表7.6　受帕特·斯蒂斯报道影响的政府拨款、经费数额

专项基金/市场估值(美元,2013年美元不变价)	报道年	报道/系列标题	事件摘要
2 430 000	2003	交通运输部官方发薪账簿出错	由于会计失误,多付员工工资。在《新闻与观察者》开始调查后,公司要求员工归还多付的钱。
529 575	1986	北卡罗来纳州最贵的船用坡道仍归业主所有	舷梯供应商同意将地产、船用坡道交给州政府。
415 483	1984	亨特竞选团不再蹭用州政府飞机	斯蒂斯披露,亨特调用州政府名下飞机,用于个人参议员竞选活动。两周后,亨特的参议员竞选委员会支付了州政府使用费用。
353 394	1979	巡警自愿保证金基金带来的税务问题	检察总长发表观点称北卡罗来纳公路巡警的自愿保证金基金应缴税,骑警的应税收入可能扩大超过35万美元(2013年美元不变价)。
302 080	1980	牟取暴利的3家养老院	《新闻与观察者》披露此事后,养老院负责人被责令退还多收费用。

（续表）

专项基金/市场估值（美元，2013年美元不变价）	报道年	报道/系列标题	事件摘要
167 500	1995	猪场大亨：北卡罗来纳州猪肉革命	经由《新闻与观察者》五次报道后，州政府对涉事养猪场罚款，该养猪场曾将百万加仑的污水排入纽河。
112 701	1979	工会领袖的私人公司签下州政府就业培训合同	劳联-产联主席滥用联邦就业培训经费，名下公司从中获利。
106 637	1994	公平交易？	农业部与州博览会负责人重新商讨协议，停止对某些游乐设施的特殊津贴，原本游乐设施收入的35%需上缴州政府，现上升至38%。如此一来，相较之前的协议，政府每年可增加超过10万美元的税收。
59 999	1987	记录显示，酒精饮料控制委员会主席不常在首府	报道曝光酒精饮料控制委员会主席大部分时间都在自己位于夏洛特市的法律公司工作后，其放弃薪酬，无偿工作了6个月。
43 615	1984	经查旧货市场因大骚乱延交租金	北卡罗来纳州旧货市场场地新负责人向州政府支付了拖欠的租金。
35 717	1988	参议院租用桑福德名下办公室	参议员特里·桑福德在不知情的情况下，将个人所有的独立产权办公室，重新租给参议员办公室，之后他取消租约，并将收取的租金退回给政府。

（续表）

专项基金/市场估值(美元,2013年美元不变价)	报道年	报道/系列标题	事件摘要
28 175	1977	研究表明旧货市场支付的租金过低	《新闻与观察者》报道3个月后，北卡罗来纳农业委员会提高州旧货市场展会的租金标准，此前展会租用了政府名下的两栋大楼。
27 884	1977	法官重审争议判决	学校秘书因挪用公款遭起诉，第一轮申诉地区法官误判其免职，经上诉其被责令退回挪用经费。
23 917	1979	调查欧加经贸雇员政治庇护事件	州政府退还欧加经贸付给亨特州长的酬劳。
17 669	1997	交通运输部不再从官员名下公司采购	州交通委员会成员归还交通运输部采购费用。交通运输部秘书指示部门不再从她的公司采购。
14 650	1981	州政府重新核对发薪账目	州酒精执法部门主管先降职，之后调任，新岗位工资高于正常标准。其薪水降至常规水准。
9 341	1988	共和党候选人和警卫度过了几十个工作日	《新闻与观察者》曾询问一位犯罪控制与公共安全部副秘书，哪些时间是他的非工作时间，后来这位副秘书的累积假期遭扣除。
8 853	1979	数千人不知道他们的钱款在州政府手中	已通知16人有余款在待归还基金中，并予以归还。

（续表）

专项基金/市场估值（美元，2013年美元不变价）	报道年	报道/系列标题	事件摘要
7 740	2003	饱受攻击，劳工部官员辞职	劳工部副局长偿还州政府个人电话费用及矿工数日的工资。部门同时要求他支付私用公家汽车的费用，他曾私自将政府汽车用于往返夏洛特的住宅和罗利的办公室。
5 647	1969	法院将严惩拖欠罚款的行为	《新闻与观察者》曾报道过诸多欠缴法院罚款的现象，法院随即要求欠费者尽快缴款，拒不缴纳将下发逮捕令。
2 952	1972	[主席]电话费州政府买单	用州政府电话信用卡支付个人电话费，州酒精饮料控制委员会主席将费用补交州政府。
2 237	1988	北卡罗来纳官员开公车至特洛伊市	保险部门调查主管被要求预估公车往返费用，归还州政府。
2 066	1984	埃德米斯坦竞选团队公车私用	州调查局特工曾载检查总长鲁弗斯·L. 埃德米斯坦前往各地竞选，之后埃德米斯坦向北卡罗来纳州司法部门支付车费。
934	1986	菲利普斯九名下属全额报销宾馆住宿费用	州教育厅长向州政府偿还钱款，他曾在一家宾馆开了10个晚上房间，公款报销。
695	1980	州政府调查美国车辆管理局官员购买二手公车中的猫腻	车辆管理局驾照副主管购买二手公车前，利用职务之便公款维护车辆。现已偿还州政府修车费用。

（续表）

专项基金/市场估值(美元,2013年美元不变价)	报道年	报道/系列标题	事 件 摘 要
48	1994	官员支付州政府非公务话费	三名州立法委员使用其办公室电话进行非公务通话,话费已偿还州政府。
4 709 509			改变的专项资金、影响的价值总数(2013 年美元不变价)

1971 年,斯蒂斯从夏洛特市的一名专线记者变成州府的调查记者。他的报道也开始产生一个新影响——推动新法律通过。1971 年,他报道了地方政府是如何遗漏掉财政收入的(例如:“百万钱款打水漂”),促进了立法部门修订地方政府财政法令。2008 年,他在自己记者生涯的最后一年,发表了精神健康系列报道,有力推动了精神健康方面的立法建设。新法规定,病人被诊断患精神病前,需要有持许可证的专业人员对其进行检查;同时提供数百万资金支持当地的应急小组,为更多的精神病患者购买住院床位或床位日。斯蒂斯 36 年来的调查报道,共推动 31 项法律在北卡罗来纳州通过,上述两个案例也在其中。表 7.7 将这些法律分为三大类:(1)拨款给新政策或新计划;(2)改变对公司或个人的管理条例和规定;(3)对政府职员的行为增设限制。这 10 项法律,有的要求新增经费,有的影响州收入,它们包含了一系列的措施:援助州立精神病中心;成立偷税漏税整治小组;道路养护;计算机控制信号灯;公路和大桥修复;检测水质并雇用监测员;资助当地精神健康医疗团队;要求出售州立石油回收炼

制厂，以及允许农业部公开销售农产品。有 9 项法律针对个人或公司行为，包括管理里程表、竞选报告要求、酒驾定罪及驾车特权、慈善团体筹款和运作标准、员工赔偿覆盖面、户外广告、信贷保险、养猪场和超速问题。[21]

表 7.7 帕特·斯蒂斯的报道推动的法律

报道年	报道/系列名称	法律概要
1971	百万钱款打水漂	修订地方政府财政法令
1972	二手车供应商“减少车辆使用时间”	更改车辆里程将成违法。里程表被动手脚，供应商赔偿受害消费者，同时供应商为买家提供信息，帮助他们判断车辆状态和价格
1973	霍尔斯豪泽未按要求汇报	要求详细报告竞选费用和赞助；限制竞选赞助资金数额
1973	某些郡司机违章惩罚轻	针对有二次违章记录的司机第三次及以上违规，车管局可在五年内认定其判罚一直有效
1973	现行酒驾条例让醉驾司机有二次改过机会	修订现行酒驾条例，第一次违反酒驾将受到驾驶限制
1977	迪克斯人手不足，只好“囚禁”病人	划拨 1 500 万美元给四所州智力障碍中心及本州精神病学中心；分配资金用于增设精神病医院的儿童病房
1978	州立石油回收炼制厂损失 328 714 美元	庭审要求出售炼油厂
1978	州调查局聚焦公路测试收费	交通运输部雇员将因伪造测试或检查报告面临重罪
1979	数千人不知道他们的钱款在州政府手中	要求财政办公室找到无主钱款和房产的合法拥有者；取消合法拥有者认领财物的时间限制

（续表）

报道年	报道/系列名称	法律概要
1980	根据交通罚单数量提高部分骑警收入	禁止给交通罚单定配额
1981	重新核对发薪账簿	废除州酒精执法部门特别代理职位
1981	慈善机构募捐不受监督	北卡罗来纳颁布新法律，设立慈善基金募捐、使用的基本执行标准。新法要求绝大部分慈善机构支付牌照费、公布财务声明。1988年6月，这项法令遭到美国最高法院驳回
1982	北卡罗来纳州逃税现象严重	加大逃税处罚力度并设立税务欺诈调查小组调查逃税现象
1983	自动贩卖机收益进入医院VIP腰包	要求北卡罗来纳大学所有的自动贩卖机收入都用于补贴餐厅运营损失
1985	惩教部门官员未经检察总长授权，雇用私人侦探	未经检察总长同意，禁止州立部门雇用私人侦探
1987	北卡罗来纳工人安全保障低，州赔偿法的缺陷让员工吃亏	提高因工受伤或死亡工人的赔偿金，要求赔偿法令惠及更多农场工人和小企业员工
1987	监狱系统下，缄默的工人和他们的秘密收入	要求官员在建造大型工人居住点时得到立法机关批准
1988	州立农场亏损	允许农业部出售农产品至公开市场，获得利润；允许人力资源部选择性价比最高的方案，节省预算
1989	广告牌	阿拉曼斯/橘子郡边界通往威尔明顿市的州际公路上，一段时间暂停户外广告牌的竖立；提高户外广告牌竖立许可费

（续表）

报道年	报道/系列名称	法律概要
1989	劳工部签署的合同引发问题	参议院决议要求参议院委员会就部分质疑北卡罗来纳雇员是否有权享受《工资支付法案》(*Wage Payment Act*)的问题，对该州劳工部的工资支付条例展开调查。之后该州人事委员会决定，申请者受州《人事法案》(*Personnel Act*)保护，不应被迫签订约定某些特定工作的劳动合同
1993	信贷人寿保险或是圈套	改进信贷保险法规，要求信贷保险降低保险费率
1995	猪场大亨：北卡罗来纳州猪肉革命	在全州范围停止修建或扩建养猪场粪便处理场与粪池。创建“蓝丝带”(Blue Ribbon)任务推动深入研究养猪场对周围环境的影响。拨款控制大型养猪场和养鸡场产生的污染。经费共资助了19个新岗位，包括8名监督员，监督牲畜粪便处理系统的运作
1996	公路药物监测小组针对黑人	关于个别交通站，要求其进一步收集信息
1997	亨特首席助手为不明酬劳辩解	要求州政府雇用最合适人选，不应注重其个人政治关系或影响力
1997	威廉姆逊向交通运输部委员会辞职	裁减交通运输部委员会人员数量，改进委员遴选方式，增加对违反道德规范行为的披露，增加培训要求。禁止委员插手存在个人利益冲突的财政事务
1998	厄运之路	增拨款项用于道路维护
2000	红绿灯失灵	拨款改善交通信号灯，建立红绿灯计算机控制系统

（续表）

报道年	报道/系列名称	法律概要
2005	承压的公路：卡车压坏马路对超载货车的处罚过高	重量限制；只要车主未缴清罚款及税金，警察可以一直扣押货车；将费用用于公路和大桥修护
2006	北卡罗来纳的饮用水安全吗？	划拨资金检测新挖的水井，雇用水质监测员
2007	超速不受限	要求车辆管理局对使用“不当速度表”的驾驶员记录在案，让超速司机更难逃过检方和法官的指控，控制车速，降低再犯率
2008	精神健康	在病人确诊患精神病前，需由持执照的专业医生对病人进行检查；提供数百万资金支持当地应急小组，为精神病患者购买医院的床位或床位日

一直以来，调查性报道的一大职能就是监督政府，斯蒂斯报道所披露的问题让 12 项法律通过，影响了诸多政府机构和部门行动范围。新法律带来以下改变：影响了地方政府的财政管理方式；禁止交通运输部人员伪造报告；要求车辆管理局对多次违章司机进行扣分；促使财长办公室归还无主款项；禁止交通罚单定额制；取消酒精执法部门中的特别代理职位；限制州政府机构雇用私人侦探；涉及大额结算，要求政府人员得到立法机关批准；为州政府工作人员跳槽提供更多自由；要求单人值岗的交通站进行数据收集；要求州政府雇用人员时不考虑申请人的政治关系；更改交通运输部委员遴选办法和道德监督。这些法案影响了诸多政策领域：公共安全、环境保护、刑事司法、民事权利和卫生健

康。改革影响了上百万北卡罗来纳人民，他们有着不同的社会角色，诸如工人、司机、消费者和病人。

报道屡屡推动新法案通过，反映了斯蒂斯专注于调查工作的能力。这些引起立法的系列报道或文章中，有 7 篇产于 20 世纪 70 年代，11 篇产于 80 年代，6 篇产于 90 年代，5 篇产于 21 世纪。20 世纪 90 年代数量下降，反映了《新闻与观察者》分工的变化，90 年代早期，斯蒂斯花费了大量时间研究计算机辅助报道，之后于 1993 年组织了全国计算机辅助报道大会。他后来成为一名数据库编辑，帮助其他记者在报道中加入更多数据信息。2005 年开始，《新闻与观察者》进入大项目时代，在此期间报社编辑希望调查性报道团队关注大项目，希望对公共政策和社会有更大影响，因此催生了四大系列（即“承压的公路：卡车压坏马路”“北卡罗来纳的饮用水安全吗?”“超速不受限”和“精神健康”）。自 2005 年至 2008 年，这些报道每年都推动一部新法案通过。这意味着在斯蒂斯记者生涯的最后四年，他的报道每年都成功引发了意义深远的立法改革。

与水质和数据打交道的斯蒂斯

过去 50 年间，帕特·斯蒂斯的报道反映了这样一个现象，许多市场失灵类型都涉及水质问题。干净清澈的河水是公共消费品，即使居民没有为水源保护付钱，他们也应享受到良好的水文环境质量，能够在河里行船或游泳。水质问题一旦爆出，就能立即不受限制地传开，这是由于水质信息本身也是一种公共商品，且有供应不足的趋势。公共卫生也是一种公共商品。不少公司和农场将化学废料和粪便排入土壤中，最后渗入地下水，产生了大量污染，是负外部性的典型案例。当排污方比附近居民更了解排入空气或水源里的究竟是什么，信息不对称就产生了。许多地区如果可能出现水源垄断，常意味着该地区由某个公共水务管理局负责这片地区的供水，而缺乏竞争、管理漏洞往往预示水质堪忧。相对于许多关注环境保护的地区，穷人受制于资源条件，不能确保拥有一个安全健康的环境。这意味着垃圾可能被倾倒在低收入社区附近，周围的地下水以及（农村地区）井水受污染的风险大大增加。因此，无论是作为消费者、居民、钓鱼爱好者还是徒步旅行者，追求环境公平都是检测人们能否享受安全水源的标准之一。

由于市场和政府在水源供应和保护领域失误频发，帕特·斯蒂斯最终写就了各类水质相关的市场失灵报道。半个世纪的职业生涯中，斯蒂斯有 40 年投身于调查性报道工作，很多重大系列报道正是反映水质问题对人类健康的潜在威胁的。在本部分，我详细介绍了斯蒂斯四个水质相关的报道，它们代表了他对问责报道的处理方式，说明了其报道的影响力，还透露了他整个职业生涯中，技术和数据的变革是如何影响他可调查的报道类型的。

细菌小镇

1967 年 12 月 14 日，《夏洛特新闻报》发布了一篇题为“污水遍布史密斯维尔，美国细菌小镇或面临瘟疫威胁”的报道。斯蒂斯将人们的目光吸引至公共卫生问题上，同时紧紧围绕种族问题。通过采访、照片、地图，并借助一家调查公司提供的信息，他在报道中讲述了一起污水泄漏事件造成的危险，这起事件发生在北卡罗来纳州，史密斯维尔的小片黑人社区内，阴沟里的化粪池和厨余垃圾污水池发生了泄露。正如他在这篇重大报道的开头提到的一样：

> 史密斯维尔是一座位于科尔内留斯的"有色小镇"，正好出科尔内留斯市边界，远离美国第21号公路，往南15英里就是夏洛特。很少人知道这个地方——没人想要知道。
>
> 科尔内留斯也不想，并拒绝合并它。梅克伦堡郡也不想要，该郡的卫生部门选择不在该地区执行相关法律。连北卡罗来纳州也不想管它，该州主管建议史密斯维尔镇的居民写信给他们的众议员。
>
> 有些人住所附近有化粪池，但至少有9个是泄漏的。有些地方有公共厕所，但卫生部门宣布至少有22所不适宜使用。至少有10处住所没有室内或露天浴室。[22]

斯蒂斯从卫生部拿到了这些调查数据，小镇共有102所住宅，该数据覆盖3/4住户。斯蒂斯采访了夏洛特-梅克伦堡的卫生部主管莫里斯·坎普(Maurice Kamp)，他对这个问题并非一无所知，但声称"不会为此道歉"，对那里发生的一切他无能为力。在这篇采访斯蒂斯突出的部分中，坎普提到：

> 这么说吧，我们犯了错，我们不该寄希望于他们会规规

> 矩矩。但我不会为此道歉。我不会去那里大发脾气……那里实在太臭了。你要相信，如果可以的话，我希望明天就把那里清理干净。但我们是要和人打交道，我们需要他们从善如流……假如我们对郡里所有违法者都依法严惩，那么很快会遭到强烈抗议，平日里的小镇平民会变得判若两人。[23]

斯蒂斯同时引用了另一位医生的评估，他曾医治过那个社区的病人，认为尽管许多人接种了疫苗，但小镇仍存在"疫病风险"，其中包括"肝炎、白喉和伤寒"。

斯蒂斯这篇报道发布后，效果立竿见影。第二天，郡委员会主席詹姆斯·G. 马丁（James G. Martin）立即面见了坎普（马丁之后在1985年至1993年间担任北卡罗来纳州长），二人决定建立垃圾掩埋场并立即投入运营，要求史密斯维尔的业主将垃圾运至掩埋场，同时修建"简易公厕"，以防家庭化粪池出现泄漏无法使用。[24] 马丁主席称郡政府会朝长期方案努力，于是第二年郡政府改造了下水管道系统，其中一条新管道就连接史密斯维尔。这一系列的水质事件报道，促使斯蒂斯将其中涉及的委托代理问题划分为（种族）歧视和绩效低下，而报道的实体影响包括启动新计划或新措施和整改。[25] 在当时，斯蒂斯报道的影响轰动一时，一位当地律师写信给他："你为公众曝光问题，并积极促成解决，实在是一桩义举。平心而论，如果他们最终真能解决污水和水质问题，我个人觉得你居功至伟。"[26]

在当时，周边的郡许多少数族裔社区都不大响应政府的行动，而斯蒂斯的报道帮助一个小型黑人社区解决了水质和污水处理问题。1968年的总统选举，梅克伦堡郡仅有18.7%的选民投票给了乔治·华莱士，他是亚拉巴马州前州长，也是种族主义者，当时他是美国独立党的候选人。[27]《夏洛特新闻报》的编辑在一次新闻奖项竞选中，采用斯蒂斯的一篇作品参与社区服务奖的角逐，他提到那篇报道曾帮助许多无权无势的普通人：

> 有句话说得好，有时候，看似小事，影响却大。这也是为什么我们报社，没有做那些题目大、涉及广的报道，而是选择为读者提供相对成就小一些，却对人们的生活立竿见影的新闻。
>
> 斯蒂斯头几年报道的这些小事，恰恰反映了一个记者对挖掘丑闻的积极性，以及记者的信念与坚持。他一直关心着穷人面临的下水道污水难题，之后引起社论主编的注意，后来郡委员会也开始关注。最终，该郡的下水管道系统得到改善，解决了污水难题。报道还引起大量读者评论，他们写道："报纸应当更多地帮助那些孤立无援、得不到关注的人，这才是他们的职责。"
>
> 下一页将展示来自郡委员会主席的一封信，请注意这封信的措辞(及下划线部分)。当时我们恳请这位主席"实事求是地评价"这些报道，没有语言或具体评论内容方面的限制。能让主席在信里赞扬一名记者的"坚韧"，并肯定他的报道"逼迫"了委员会去解决问题，我想这非同一般。
>
> 我们发布深度报道、新闻分析等内容，但对于我来说，一名初出茅庐的记者，就能像老手一样跑外勤，还不缺乏同情

心和信念，最终让改变发生，这是最值得嘉许的。[28]

一条名为“糖”的污水河

一条污水河能藏着许多秘密：水流中混合了多少种化学物质、化合物、垃圾？又是谁把污水、垃圾倒入水中？污染对人体、野生动物和环境有什么潜在危害？哪些法律法规管治水污染，哪些监察机构应展开行动，它们又掌握哪些资源？最终，谁能肩负起责任治理污染源？小糖溪污染系列报道分成了四部分发布，帕特·斯蒂斯对上述问题一一作答。为了侦察情报，他花了大量时间，调动了许多资源。他在污染的水流里足足蹚过 19 英里，从排污管中取样，送去实验室化验，还采访了专家，了解周边化学物质的大致成分和影响。他和排污方对质，质问他们排放的是什么，采访监管机构如何看待污染问题，并列出有污染嫌疑者的名单，交给州政府和当地官员，还分析官员中谁可能有决心和能力阻止污水排放。6 周的调查后，《夏洛特新闻报》发表了他的报道，马上收到了反响。

1969 年，水污染话题引起了全美国的关注。6 月，克利夫兰市的凯霍加河上燃起了大火，《时代周刊》对此全面报道，引发了美国上下对污水系统的讨论。《夏洛特新闻报》允许斯蒂斯花大量时间调查当地一条被污染的支流。在这个系列报道的开篇，斯蒂斯这样概述他的调查发现：

小糖溪流经夏洛特市中心，穿过这个城市最出名的公园，也经过千家万户。

整条溪流都是露天阴沟。

州法律规定中，并不要求小糖溪有鳟鱼，但不意味着水里连鱼都无法生存。

不一定要求水质十分干净，达到可以游泳的标准，但也不意味着可以把它变成一个垃圾场，任何未经处理的工业垃圾或生活污水都可以成吨往里倒。[29]

这个系列报道分成四部分，每部分标题解释了问题根源和可能的解决办法："提示：不要靠近溪水"；"法律漏洞让水污染有机可乘"；"污染成本低于处理成本"；"谁能治理小糖溪的污水问题？"在系列报道的最后一篇，开篇斯蒂斯阐述了治理溪水可能带来的改变：

如果市议员和郡委员一直无所作为，小糖溪将一直是一条露天污水沟。

根据相关法律，小糖溪的治理不在他们的职责范围内。

应该由水和空气资源委员会及卫生委员会负责。只是他们说没有足够资金派专人来勘察，也没有接到命令寻找排污方。[30]

《夏洛特新闻报》对斯蒂斯的调查投入甚多，因此将他的报道登在显眼位置。这一系列的几篇报道都放在了头版，系列名为

“一条名为‘糖’的污水河”。报道的作者署名处还附有斯蒂斯的照片（有时也会是一小段祷告词，暗示该报提供捆绑信息，而这一捆绑主要针对的是美国南部读者）。[31] 这一系列报道后来赢得北卡罗来纳州新闻协会社区服务奖一等奖，《夏洛特新闻报》为此特供一个版面来庆功，标题就是“一等奖”，还附上一张斯蒂斯在小糖溪蹚水的照片。《夏洛特新闻报》总结了这次系列报道的成果以及初步影响：

> 帕特·斯蒂斯在去年夏天整整6周时间里，都在调查一条臭烘烘的溪水。他和化学专家、律师、工程师以及小溪旁的居民交谈，还告知有关机构不明污染物的污染源，尽管那些人本应该早就清楚。
>
> 斯蒂斯调查的结果堪忧。一条露天污水沟附近鼠群出没，有工厂将未经处理的废料倒入水中，废料里有些是有毒物质。小溪部分河段已不见水生物的踪迹。而夏洛特不少孩子还会在水里嬉戏。这条溪水流经历史悠久的自由公园，这座公园是当地人的骄傲。小糖溪贯穿整个夏洛特市。
>
> 令人欣慰的是，斯蒂斯不辞辛劳地调查，还是让小糖溪的情况慢慢变好。
>
> 梅克伦堡郡委员会和夏洛特市议会共拨款5万美元，用于资助水污染控制项目。
>
> 北卡罗来纳州水和空气资源部门就《夏洛特新闻报》提交的30项投诉意见展开行动，还派遣两名官员前往夏洛特调查。他们要求一家排污方说明为何拒绝处理废料，否则将

强制停业。一月，卫生部官员开始着手调查小糖溪，寻找污染源。卫生部还成立了一个八人小组，寻找污染方，并订购分析水样所需的实验设备。其他记者也开始报道小糖溪。帕特·斯蒂斯为小糖溪做了不少实事。他之所以能有时间和资源调查小糖溪，和报社对社区的关心密不可分，《夏洛特新闻报》投身于社区服务中，并希望为社区做更多实事。

我们自称为"一家公众可与之谈心的报社"。我们时刻准备倾听人们的心声。当你阅读《夏洛特晚报》的时候，改变开始发生。[32]

在另一页关于这一系列报道的广告版面，有一行加粗标题："我们对当地水污染的报道，让华盛顿也嗅到污水的恶臭"，报社直接利用特色报道吸引人们订阅：

我们的记者不仅仅报道事实。他们投身于事实当中，和社区站在一起。

难道你不想获悉更多事实吗？拨打我们发行部的电话376－2431，明天你就能收到报纸。[33]

斯蒂斯的调查和1858年弗兰克·莱斯利对泔水牛奶的曝光有许多共同之处。斯蒂斯跟踪污染的线索，在报纸上公布具体的涉事人名和地址，而莱斯利提供的名单中也留了泔水奶供应商的地址。报道的第二天，他将9家排污机构公之于众，包括ABC工业公司纺织部、盔甲公司、夏洛特纪念医院、混凝土材料公司、多克特斯建筑事务所、琼斯化学品公司、雷可德化学品公司、维拉高地垃圾场，同时发布了它们如何回应自身污染排放的问题。正如莱斯利对泔水牛奶进行抽样分析，斯蒂斯也把溪水的样品交给了一家第三方机构——化学-细菌实验室，进行分析。实验室检测出了水中含有果胶（常见于棉花加工过程产生的废料中），取样点靠近一家纺织工厂，样水看上去就像印刷厂排水管里流出来的黑水。和莱斯利一样，斯蒂斯也认为是法律漏洞和监管疏忽让公众承受健康隐患。他提到：

> 我们的法律不但存在漏洞，而且本身就偏袒排污方。
>
> 在西独立大道，一条欧文溪的支流附近，一家重工厂将工业废料倒入溪中，水已变得漆黑。但显然，工厂的行为不违反任何法律。
>
> 准确地说，在北卡罗来纳州，1962 年 3 月 1 日之前，除非州水和空气资源委员会命令其停止排放，倾倒未处理的垃圾废料进河里，排污方完全不违法。
>
> 假设这个机构都不知道西独立大道那里发生了什么，那么可以认为工厂没有触犯法律。[34]

为期四天的报道结束后，第二天，《夏洛特新闻报》发布了一则头条新闻，讲述郡委员詹姆斯·马丁建议，郡议会应该迎难而上，着手清理当地溪流。马丁告诉记者：

> 是时候告诉州水和空气资源部门，“我们将遵照你们的

> 规定和目标，在当地河流附近巡查，找出排污方。”现在是“采取行动”的最佳时间，这一系列的报道干脆利落地将一条受污染的水源摆在我们面前，我们无法忽视不健康的环境，也意识到目前监管的无力。[35]

马丁表示，州政府缺少执法人手，“整个北卡罗来纳州，没有哪个机构有多余的两三百号人来处理水污染，所以问题一直被搁置。”[36] 他认为，“是时候让梅克伦堡郡政府承担责任，主动输送人手到卫生部门以解决问题了。”[37]

郡政府的确也迎难而上了，“到1970年为止，市民抗议成功让郡政府拨款10万资金用于启动城-郡范围的反污染计划，2013年这项资金上升至62万7 500美元。郡政府还制定了一项法令，要求所有排污方都必须取得排污许可。”[38] 郡环境与卫生部门派遣监察员在当地河流附近巡查，他们发现了800家排污方。到1973年，只有200家左右排污方没有遵守排污法令，一些排污方因此遭到法院起诉。郡政府每年花费近7万5 000美元预防河水污染，还维持了一座实验室，以及“一支包括工程师和化学专家的七人小分队”，委派公民委员会“跟进污染案件，如出现污染，可送交至地区法院，排污方将面临罚款或监禁处分”。[39] 1973年，郡环境与卫生部门主任终于能向人们汇报，“之前被污染的河流已得到明显改善。现在水里又有鱼了。”[40] 回顾这个系列的时候，斯蒂斯一针见血地指出事件问题所在，即被曝光的制度失灵和违法行为，指出这次报道引起了社会讨论和进一步调查，最后将报道实体影响总结为推动了计划、行动的实施，进而“有效改善了问题”。[41]

猪场大亨：北卡罗来纳州猪肉革命

1995年3月16日，罗利市的《新闻与观察者》发布了一条头版新闻，标题很简单：“政府官员发现养猪业殷勤友好”。文章由帕特·斯蒂斯和约比·瓦里克撰稿。报道第一句概述了记者发现的利益冲突问题，“托马斯·J. 麦金是一名兽医，在州农业部监督家猪疾病控制项目，曾多次以出差为名和管辖内的养猪企业高层见面，私下打猎。”[42]“猪场大亨”系列开篇从一名兽医做客养猪公司，与高层游猎展开，而这家公司是全美最大养猪企业——墨菲家族农场。之后斯蒂斯和瓦里克进一步深入分析北卡罗来纳养猪业的经济政治影响。斯蒂斯回顾了在报道过程中的关键一刻：

> 我去见一个线人，他这样问我：“你知道一头猪会产生多少粪便吗？”我心想：“不知道，我也不在乎。”他说一头成年家猪的排便量是正常人的四倍。之前他曾告诉我有些农场养了1万头猪，甚至更多。以前我对养猪业不感兴趣，但那时他的话吸引了我的注意力。我知道1万的四倍可是4万。这意味着其中某家养猪场所产生的粪便比一个4万人的小镇还多，我想这肯定缺乏合理监管。这正是“猪场大亨”所要

反映的问题。[43]

估量一番后，斯蒂接着跟进调查，不过他和瓦里克没有继续调查兽医，转而分五次发布了一个题为“猪场大亨：北卡罗来纳猪肉革命”的系列新闻，由此改变了北卡罗来纳养猪业的法规。这篇报道获得了普利策奖。报道的开头，他们模拟了一个简单的头脑实验：

> 想象一个和纽约一样大的城市，突然出现在北卡罗来纳州的沿海平原上。再将这个城市的规模扩大一倍。
>
> 现在想象这座城市没有配备下水道处理系统。这 1 500 万人的排泄物都直接冲进露天粪池，或洒在田里。
>
> 现在把这些人换成猪，那么你不用费劲想象了。它已真实存在。
>
> 几乎在一夜间，位于 95 号州际公路东面的几个郡内，一大片养猪场凭空而起。它就像一座特大城市，容纳了 700 万头猪，金属制的猪圈是它们的住所，每头猪产生的排泄物是正常人的四倍。
>
> 每年所有的粪便加在一起大约有 950 万吨，都弃置在千千万万个土坑里，粪便在这些猪粪池里分解，之后洒进农田。整个过程臭不可闻，但行业官员称这种方式经验证能有效防止有害化学物质和细菌污染水源。
>
> 可新证据表明并非如此。[44]

该系列报道的标题和副标题直接指出不断扩张的养猪业带来了危害，而养猪业的壮大离不开其背后的政治扶持。第一天："新调查表明猪粪池正在渗漏：州地下水和河流有污染之虞"；第二天："公司接管：几家大公司雇佣数百名农场合同工，形成特许经营系统。与此同时，传统农场经营正在消亡"；第三天："墨菲的铁律：温德尔·墨菲，北卡罗来纳州的猪场大亨，曾领导全美最大的养猪企业，还参与过立法工作。他称政府和公司是一对好拍档"；第四天："金钱的味道：北卡罗来纳州蓬勃发展的养猪业带来就业和税收。但一些居民觉得代价过高"；第五天："谁是幕后老板？猪肉的高产为北卡罗来纳的政治活动注入成千上万资金。一些政府官员本身也是养猪业主"。[45]

一开始，要从猪粪池和含猪粪的农田里找出有害物质，这本身就是一个有争议的话题。在针对这个系列报道的访问中，温德尔·墨菲说过"猪粪池会自我封闭"，断言"在美国找不到一丝一毫的证据证明地下水会因猪粪池污染"。[46] 然而，斯蒂斯和瓦里克还是找到了："过去两年对北卡罗来纳州东部养猪场进行的一系列研究，其结果显示大部分粪池都出现渗漏现象。而那些没有黏土垫层的粪池渗漏得最严重……这些研究以论文形式发表在学术刊物上，最后总结提到粪池正在造成养猪场附近地区的污染。"[47] 由于环境管理部门缺乏人力，也无心调查，想知道粪池对于粪便处理有多大效果几乎不可能。环境管理部门从未安排过对养猪场的检查，也从未突击抽查，只有需要调查投诉时才会有人员出现在猪场。一位环境工程师指出，"我们的人手极其有限。

单调查农业废料问题，就工程浩大，我们调不出全职人员来调查。”[48] 尽管州农业部有一个数据库，收集了该州所有农场的信息和面积，但农业部的律师认为“农场面积应为商业机密”。于是当环境监督者接近获取这些信息时，州立法机关开始关心养猪场的隐私问题：“受养猪业的强烈要求，州农业部于 1993 年通过一项法令，防止州环境保护局得到猪场的位置，以及猪粪池的位置。”[49]

北卡罗来纳的养猪业从家庭农场经营转变为公司养殖，意味着养猪场的总数下降，每家养猪场的养殖数量上升，大公司可以将养猪大量分包给州其他经营者，并左右北卡罗来纳的政治。北卡罗来纳州的养猪数量之所以能 4 年翻一倍，缘于养猪场的成本降低，这和宽松的市场监管环境不无关系。温德尔·墨菲来自杜普林郡，曾任参议员 10 年，他自己的公司也成为全国最大的猪肉供应商，他帮助制定利于养猪业的法案，并推动法案通过。斯蒂斯和瓦里克指出了墨菲的政治影响：

> 郡政府想要解决臭气，却无法行使分区管辖权。那些最大的养猪企业更像是工厂，而非农场。一排配备温控设备的厂房，容纳了超过 1 万头猪，饲料和水都是通过机器投喂。1991 年，一项墨菲参与发起的法案规定，这些配有各色设备的工厂也和传统家庭农场一样，不受分区管辖。
>
> 一家大型养猪场产生的污水比北卡罗来纳州大多数城镇产生的都多。墨菲又发起了一项修正案，原本对非法排污的养猪场的罚款也化为虚有。另一项修正案则恢复了一些

州政府的权力。

在过去几年，北卡罗来纳州建了数千猪场和养鸡场，设备投入就高达数百万美元。费耶特维尔地区开普菲尔农场信贷公司的一位领导说，该公司给养猪业的贷款总计1亿美元。墨菲支持通过了两部法案，帮助养猪场免除了所有建筑材料、设备的销售税。[50]

"猪场大亨"系列报道诞生于斯蒂斯钻研计算机辅助报道之后，因此报道中大量使用了数据和文件资料。利用电脑数据，斯蒂斯可以扩大调查的地域范围。"细菌小镇"新闻关注社区问题，小糖溪和核桃溪调查关注的是郡层面的问题，而"猪场大亨"系列转向关注某个行业，聚焦于北卡罗来纳州东部的25个郡。尽管关于渗漏率的准确数据较少，斯蒂斯和瓦里克还是能够广泛利用数据库，发现养猪业背后的钱权交易。正如斯蒂斯获得普利策奖后，在布拉德利大学作讲座时提到的：

电脑让我们大大受益。

我们找到两年内北卡罗来纳州政府打出的所有长途电话记录，包括使用州政府信用卡打出的长途电话，所有记录约4 000万条。

我们发现了一些有意思的线索。

例如，平均每个工作日，每一小时，州政府都会有人给墨菲农场打电话。在两年内，政府官员平均每周给墨菲公司打电话50次。墨菲农场就像州政府的一个卫星。或者恰恰相反，州政府才是卫星。[51]

斯蒂斯能通过通话记录联系到具体的立法举动。他指出：

1993年7月8日的早上，有一通从立法委员会办公室弗农·G.詹姆斯的座机拨出的电话，詹姆斯是一名来自帕斯阔坦克的农场主，也是众议院农业委员会的主席。那一天，詹姆斯所在的农业委员会投票否决了一项法案，而那项法案计划对养猪场施加严格的排污管制。

我问议员詹姆斯，他是否打过电话给墨菲先生，讨论排污管制法案。詹姆斯如此回答："如果我打了，也毫不奇怪。温德尔来找过我，他十分反对这项法案。"[52]

1990年起，《新闻与观察者》开始建立一个记录政治募捐的数据库，记者戏称其为"造钱机器"。斯蒂斯和瓦里克在调查养猪业为候选人提供了多少政治资助时，这个数据库为他们提供了绝佳的资源。斯蒂斯描述这个"造钱机器"时提到：

那时数据库包含了25万条转给北卡罗来纳政客的政治捐款记录。

我们发现，大量捐助来源于养猪业，也在报道中体现了这点。不过，其中一笔捐助尤为引人注意。

1992年10月15日，正好在州长选举结束的3周后，墨菲一家又给吉姆·亨特捐赠了两万美元。温德尔·H.墨菲捐助了两千美元，他的妻子、母亲、姐姐、儿子、儿媳、女儿、继子以及弟弟和弟媳各捐款两千美元。[53]

这条记录对调查工作意义重大。斯蒂斯和瓦里克以及项目编辑梅兰妮·西尔用6个月时间打造出“猪场大亨”系列报道。整个调查理出“一大摞资料记录，足足有16英尺高，其中包括：养猪场的贷款申请文件、竞选团队财务花销报告、立法委员会会议录音、财务资料披露报告、政府信件、邓白氏信用评估报告、联邦航空管理局飞机编号、联邦990纳税申报表格、州环境执法文件、高校研究者已发布和尚未发布的数据、游说费用记录、公司记录。[54] 他们采访了500多人，包括农场主、猪肉生产商、律师、州政府和联邦政府农业与环境机构的官员，还有“北卡罗来纳州以下部门的官员：交通运输部、行政部、司法部、商业部、财政部和州长办公室”。参评调查记者和编辑协会奖时，斯蒂斯和瓦里克查询过不少商用及政府线上数据库，以及电子数据，光数据库的名单就几乎占满一张纸。[55] 在调查过程中，有人提出了一个问题，就是使用这些资料最终有何意义：

这个系列报道的最后部分，是在一个下午和我们的主编梅兰妮·西尔的谈话中诞生的。她问我们，“所有这些资料意味着什么？”

我们开始滔滔不绝地解释，几分钟后，她打断我们：

“不，简练地概述整个事件。用一段话告诉我，这些意味着什么。”

> 她要我们把16英尺高、装满资料的文件柜，一个数据库，以及500份采访信息，浓缩成一段话。我们想了想，告诉她我们可以把整个新闻凝练成一句话：
>
> "到底谁才是老大？"
>
> 这句话成为本系列最后那部分报道的主题。[56]

这个系列的五部曲发布后，引起的反响正是对上述问题的清楚回答。读者来信像雪片一样飞向报社，人们疯狂地拨打报社电话，几乎都是表达对报社工作的赞赏。州政府开始对养殖场附近的私人水井进行检测，一开始检测了900多口水井，结果显示"超过1/3的水井受污染，近10%的水井氮污染超标，被认定为不可饮用。在一些案例中，养猪场明显有错"。[57] 然而，猪肉生产商长时间以来权势太大，有恃无恐地阻挠了改革。斯蒂斯说道："这次系列报道后，短期内涌现了一大批提案，如果这些法案通过，将会限制养猪业的扩张。立法委员会压抑了人们所有的不满情绪。相反，州长和高级立法领导决定重新组建一个强有力的委员会（按照他们的说法），来调查猪肉生产的环境威胁，并对解决方案提出建议。"[58] 为了庆祝立法会议，北卡罗来纳猪肉生产商在北卡罗来纳州大会上赞助设立了"猪肉节"，在那一天农场主和猪肉生产商拜访议员，州议会上下享用以猪肉为主题的午餐会，还有乐队演出。"猪场大亨"系列报道几个月后，瓦里克在《新闻与观察者》发布了一篇新报道，其中提到养猪业赢得一场又一场的胜利："三月起，在猪肉生产商的扶持下，多项原本可以积极限制养猪场的法案纷纷流产。郡政府曾力争针对大型养猪场的监管权，但猪肉生产商利用分区法令让他们希望落空。就在本周，他们在法院又获得一项重大胜利：有人起诉养猪场的臭味扰民，法院判其败诉。”[59]

猪肉节当天下雨了，之后接连下了约二十天的雨。瓦里克是如此形容这场暴雨的后续发展的：

> 刚开始雨只是淅淅沥沥，之后淫雨霏霏，最后到处都是一片汪洋。六月底，养猪场的粪池如同泉眼一般喷涌而出。几周内，共有 8 处家畜粪便溢出，其中一处溢出 2 500 万加仑，污染了附近的纽河。
>
> 于是极短的时间内，立法委员会又拾起那些被否决的法案，重新考量立法。1995 年七月底，州政府进行了一项针对养猪业主的强制性培训，投入几百万美元帮助农场主改善经营模式。州政府首次开始监督北卡罗来纳州的各大养猪场；同时开始有计划地征收罚款，甚至关闭了一些拒绝清理的养猪场。[60]

州议会授予各个郡监管大型养猪工厂的分辖权。新法案要求养猪场、粪池和其他功能区——例如住宅区、教堂和医院——之间保持更大空间。新的财政资金支持增设了 19 个新岗位，包括 8 个家畜粪便处理系统的监督岗位。超过一百家养猪场处在监控下，此前它们将农场的粪便通过管道、下水道排入河里，还有些是直接从土壤渗漏到水源里。之前提到的一家农场，因溢出 2 500 万加仑污水，判罚 11 万美元。北卡罗来纳最大的屠宰业停止扩张。1997年，州政府通过了一项针对养猪业扩张的停歇期规定，两年内禁止扩大或新建养猪场，立法委员会此后时常更新这项措施。[61]

1996年，《新闻与观察者》获得新闻业的最高荣誉——普利策公共服务奖。获奖证书上肯定了“梅兰妮·西尔、帕特·斯蒂斯和约比·瓦里克的工作，随着北卡罗来纳养猪业不断壮大，他们曝光了粪便处理系统背后的环境与卫生危机”。[62] 受“猪场大亨”系列报道引起的改革影响，再加上1995年养猪业的污水泄漏事件，北卡罗来纳州的养猪业终于停止了扩张。自从养猪业暂停法案生效以来，养猪业只申请过一次扩张许可，之后又撤回。[63] 一篇分析北卡罗来纳1982年至2006年养猪业发展的文章，发现在此期间养猪场的数量呈下降趋势。[64] 家猪数量在20世纪90年代早期迅猛上升，但1997年回落至1 000万头左右。自1997年开始，粪池数目稳定，一直保持在4 000多的数目。接近2 000家养猪场仍沿用90年代初的方法处理粪便。不过，北卡罗来纳水资源部门每年至少去农场督察一次，16名监察员负责检验水源，3名负责检验土壤。养猪业发展停滞，报道最大的影响是成功遏制了养猪业带来的消极影响，研究显示，在养猪场工作会摄入大量有害物质，生活在恶臭环境的居民也承担着健康风险，水源污染也包含健康隐患。[65] 尽管养猪场附近的居民之后仍面临生活质量问题，但“猪场大亨”系列还是帮助大量居民免受污染困扰。在监督员更密切的监察下，现存养猪场带来的潜在风险大大降低。

北卡罗来纳的饮用水安全吗?

截至 2006 年,《新闻与观察者》已进入大项目时代。报社希望调查报道小组每年专注于几个重大调查,能给社会带来深远影响。这些努力既是团队合作的结晶,也少不了大型数据库的帮助。2006 年 3 月,报纸发布了北卡罗来纳州饮用水相关报道,是报社迈入新时代的标志报道。斯蒂斯和两名记者、一名数据库管理员合力完成了这个连载三天的系列报道,深度解读了州政府对饮用水监管的变化。

对比斯蒂斯此前关于公共卫生和水资源的报道,这个系列由于大量使用计算机辅助报道方式,报道本身实现了较大飞跃。他早期的报道聚焦单一社区的饮水污染问题,或是流经某个城市或郡的河段,或是环绕北卡罗来纳州东部养猪场附近的河流。斯蒂斯从州政府那里得到几千个地方供水系统的数据,扩大了报道范围,可涵盖整个州的潜在水质问题。1967 年,他曝光史密斯维尔水质问题,报道影响了一百户家庭,而此次曝光影响范围扩大至上百万人口,他们都是水质问题的潜在受害者。利用州政府检测数据,他能够为读者详述水源中发现的污染物,以及污染程度。20 世纪六七十年代,斯蒂斯关于水质的报道多从水的气味和外观进行描述(再加上委托商业实验室作的检测,看是否存在特定化学物质);而到了 2006 年,他可以用州政府检测结果,从国家监管层面,比较北卡罗来纳饮用水中不同程度的污染物。他对州水质条例、联邦水质条例了如指掌,能够辨认出北卡罗来纳州一些城市的监管者存在样品检测方式上的问题，还能识别出州政府和各个地方机构间在数据共享上的差距。利用数据和计算机辅助报道，斯蒂斯可以区分出哪些问题是监管者未发现的，哪些是发现了但还未采取行动的，还有哪些问题未告知可能受影响家庭，有时还能确定这些问题的具体数量。

北卡罗来纳州的格林维尔市发现供水中含铅，《新闻与观察者》决定探究北卡罗来纳州水质监管系统的运行方式。到2006年为止，州政府和地方机构经常保存着它们与受监管实体的往来记录的数据库，故而斯蒂斯向政府要求拷贝这些数据。过了一段时间，《新闻与观察者》证实了电子记录为公共记录，如公众未填表申请，有关机构仍应提供电子记录。最终报社成功拷贝四组数据，未花费任何费用。北卡罗来纳环境与自然资源部公共供水分部提供了一组关于公共供水系统的数据信息，其中包含违反州政府和联邦法规的历史记录，以及铅、铀、大肠杆菌污染检测结果。儿童环境卫生分部所设立的儿童铅中毒监督系统数据库提供了含铅样本数据，由州政府从有孩子的家庭中收集而来。州公共卫生实验室提供了私人水井检测结果的数据库，包括污染物结果信息。斯蒂斯还从威克郡环境服务地下水项目中获得了其对私人水井的检测信息。

四组数据非常大，仅公共供水分部提供的数据就有80份表格。文档记录混乱，意味着记者必须花数小时和公共事务官员开会或通话，讨论确定几百个数据库中各字段的准确含义。要弄清含义颇具挑战性，因为“水质监管过于复杂，州政府雇佣‘规章管理人’来跟进水质监管的各种变化，由‘规章管理人’为公共供水系统的同事和主管解释这些变化”。斯蒂斯的本系列报道在竞选调查记者和编辑协会奖时参赛表格中提到,“报道过程中最困难的部分是弄清相应的法律法规。”一旦记者拿到数据,理解了规章,进行探索性分析,就能在监管系统的调查上取得明显突破。他们说:“我们分析了公共供水分部的数据库后发现:几乎所有的供水系统都收到过违规通知,很多违规并不严重,州政府很少为此征收罚款;有几百个系统是无照经营;有一些系统的铅检测违背环境保护局规章;监管公共供水系统的州政府机构人手不足,无法严格监督近 7 000 个供水系统。”[66]

最终,连载三天的系列报道暴露出监管资源不足、规章执行草率的问题,监管机构在保护饮水安全的过程中,未能提供安全防护措施。第一天,标题为“干净井水难以确保:北卡罗来纳州有超过 25 000 处土壤受污染,但没有相关法律确保井水的安全”,标题曝光了北卡罗来纳州 200 多万居民从私人水井里取水,州政府却不检测水井,未公布已发现的水质污染(包括砷污染、放射性污染),附近的居民对此一无所知,另外仅有 8 名职员监督掘井过程是否符合标准。第二天的报道显示,州政府对北卡罗来纳州 7 000 个公共供水系统监管的花费,人均只有 17 美分。资源有限,导致几百起细菌污染案件尚未调查,有 2/3 的罚款无人征收,同时公共供水分部的数据库错误百出,还有 9 个月的记录未录入系统。第三天的报道关注于铅污染,披露了州政府和地方官员隐瞒铅含量超标的水源信息,当发现某水源铅污染时,供水站未通知附近居民,官员有时会偏向检测污染物较少的居民区,并不再对受污染住宅进行水质采样。[67]

报道还附加了解说环节，为水井主人提供对策信息（例如："是否应该检测自家水井？如何检测？""应该检测哪些项目？""如果检测出污染物，应该如何处理？"）。饮用公共供水的居民可从当地卫生部门和供水系统，或从商业饮用水实验室获取信息。连载最后一天，在"如何为水质安全尽一份力"的标题下，报道提供了 6 个相关政府官员的照片、地址、电话和电邮地址，此外，还列出调查后州政府已提出的解决方法，同样放在醒目位置。这是因为："公共信息官员对关键采访进行了录音。至少录音 5 次，其中 2 次由专业公司完成，花费 9 927 美元。政府将录音作为解决问题的指南。"[68] 预先了解记者的发现，意味着第三次以及最后一次的连载报道一发布，州长的新闻秘书就可以声明，州长将"在五月向立法机构申请 240 万美元，用于加强监管公共水站和私人水井"。[69] 最终，一系列改变应势发生，其中包括：立法规定新井必须完成污染物检测；加强严格监管公共供水系统（要求 250 多个供水系统每年参加铅检测）；公共供水分部雇佣了 24 名新员工，针对一些孩子铅摄取量过高，政府还检测了这些家庭的供水（之后发现达勒姆地区公共供水系统铅超标的问题）。[70]

斯蒂斯刚开始采访政府官员，询问他们水质监管问题，几个有关机构便开始互通信息。最初，监管的责任落在该州环境与自然资源部、环境卫生分部、公共供水分部，公共供水分部的主管杰西卡·迈尔斯（Jessica Miles）开始协调回应。各机构共享了斯蒂斯采访过的官员信息和问过的话题。可能接受采访的人会拿到预先准备好的答案,来应对可能的问题。州长办公室强调,在报道问世前,就需要准备好相关的政策应对。表 7.8 提供了北卡罗来纳州政府内部邮件的节选,值得注意的是他们根据斯蒂斯的报道来制定政策应对报道引起的关注监督(邮件中,他们称斯蒂斯为“获得过普利策奖的记者”)。由于这些邮件记录都公开了,斯蒂斯也能看到,于是在 3 月 29 日的报道里,他详述了州长所建议的改革,还提到这些邮件。斯蒂斯写道:“十二月的时候,环境与自然资源部当时的发言人唐·路透(Don Reuter)给官员送去一张《新闻与观察者》记录请求的清单,以及报社记者提过的问题。那张清单也送了一份到州长办公室。相关部门迅速行动起来,着力解决报道指出的问题。”[71] 表 7.8 的邮件流量反映了报道使政府的注意力转移至水质监管上。最后一部分连载结束,第二天,也就是 3 月 29 日,斯蒂斯报道了州长不仅努力推动立法改革,四处筹集资金,还在以下方面取得改进:“他们采购了 44 个文件柜,雇佣了一批临时工整理纸质文件。工作人员加班加点把资料录入到系统……征收拖欠多年的罚款,将拖欠期限控制在几个月内……审核公共供水系统,要求它们严格执行铅检测。”[72]

表 7.8 还包含了读者发给斯蒂斯的邮件节选,报道中也附上了他们的电邮地址。读者赞扬了报道能够囊括已改变的政策,突出已做的调查工作使报纸值得订阅。一位前政府官员提到,他很高兴再也不用受制于斯蒂斯的调查报道了。其中最高称赞来自北卡罗来纳州环境与自然资源部的前秘书比尔·霍尔曼(Bill Holman),他称,“你在三天内达成的工作,环境与自然资源部的秘书处十三年都没能做到。”

表 7.8 “北卡罗来纳的饮用水安全吗?”带来的反响

在本系列报道于 2006 年 3 月 26—28 日发布之前，北卡罗来纳州政府已收到不少邮件：

2005 年 12 月 22 日，唐・路透，北卡罗来纳州环境与自然资源部公共事务办公室主任：

> 附件是《新闻与观察者》记者在饮用水系列调查中提过的问题和信息请求的清单，请查收。环境卫生部门的公共信息官劳拉・莱昂纳德(Laura Leonard)整合了所有资料，感谢她细致全面的工作。

2006 年 1 月，劳拉・莱昂纳德，环境与自然资源部环境卫生部门公共信息官：

> 环境与自然资源部(罗斯秘书)和州长办公室计划宣布“饮用水保护活动”。活动参考《新闻与观察者》2 月中旬前发布的报道。我不知道除了(1)私人水井法案、(2)公共供水系统职位需求，这个计划里还有什么。也可能有其他项目，因此需尽快把信息给我。

2006 年 1 月 9 日，约翰・麦克法迪恩(John McFadyen)，环境与自然资源部环境卫生部门公共供水分部副部长：

> 登普西打电话通知杰西卡和其他人，针对帕特・斯蒂斯(获得过普利策奖的记者)和《新闻与观察者》马上要发布的报道，让他们今天见面讨论部门职位问题。州长办公室对这件事非常重视，如果有需要可以以我们的名义进行干预。登普西希望我们在报道发表前解决部分问题。他暗示现在先解决带宽问题，这样我们可以处理积压的数据录入工作，更新其他电子记录。

2006 年 1 月 23 日，杰西卡・迈尔斯，环境与自然资源部环境卫生部门公共供水分部部长：

> 特里下周一接受帕特的采访，这是他想了解的答案清单。他会先和我们大家碰面，一起开个吹风会。这对我们来说无疑是个好机会，便于总揽全局，我们大部分对于整个事件所知不多，没有人有全面认识。

（续表）

2006 年 2 月，杰西卡·迈尔斯，环境与自然资源部环境卫生部门公共供水分部部长：

我们在昨天之前完成了积压的数据录入处理工作，总算达到州长的要求，感谢你们。我们正为《新闻与观察者》的系列报道作准备，我们最近忙上忙下都是因为这篇报道，预计 2、3 月报道问世，目前还有一些其他重要任务和事项待完成。一旦报道发表了，可能还需要我们对一些问题作出迅速反馈。庆幸的是这样一个重要时刻，虽然要解决的问题很多，但最后会改善我们的工作，我们可以更有效地保护公众健康。

2006 年 2 月 8 日，麦克·凯利（Mike Kelly），环境与自然资源部环境卫生部门副部长：

我们需要安排一次全员出席的会议。会议目的就是根据目前我们所掌握的公共供水系统、信息、文件、后续和其他相关问题，进行一次事后回顾。预计这篇报道会在 3 月 1 日前后发表，我们必须做好万全措施，按计划进行。

2006 年 2 月 10 日，杰西卡·迈尔斯，环境与自然资源部环境卫生部门公共供水分部部长：

你能否告知我，环境保护局在铅法规修订上有哪些方向吗？甚至任何与取样计划、取样地点和取样通知有关的具体要求。《新闻与观察者》的分析指出某些案例中，供水系统变更了取样地点，却没有按照法律要求通知政府。它们也没有按要求通知户主。在不久的将来，我们很可能不得不提议修订法规。规章会更严格，杜绝特权的存在。我看到一些消息，建议最近几周发布关于铅问题的声明，会非常有助于了解人们想提议哪些类型的改革。

2006 年 2 月 16 日，杰西卡·迈尔斯，环境与自然资源部环境卫生部门公共供水分部部长：

烦请速提供一份所有你曾参与的供水系统项目的总结，项目目的是解决供水系统某类问题，总结篇幅大约为几句话，请突出其中一两个

（续表）

优势项目。州长秘书想在接受《新闻与观察者》记者采访前，找出一些具体突出的成功案例。

读者邮件：

我相信你的报道会唤醒很多北卡罗来纳的居民，迫使州政府行动起来，解决我们糟糕的水质问题！你的新闻无疑让许多居民认识到这个问题，帮助他们改善健康！

只要有你的报道，我就会订阅《新闻与观察者》。

我们完全支持贵报社所作的调查报道。这真是公共事业中的一桩伟业，真正地鞭策了政客们，激励他们有所建树。

你对公众饮水质量的报道令我印象深刻。

尽管我是个水管工，但我只喝瓶装水，也许听上去有些荒唐。我想，可能是因为我知道自来水并没有经过什么处理，即使最好的水管检验员也无法检测所有水管安装方式。

非常棒的系列，报道详细，政府的反应也非常及时有效。我很高兴自己从政府离职了，所以就完全不用担心帕特·斯蒂斯和他的报道了。要官僚面对媒体时侃侃而谈？他们简直不能再谨慎多疑了。

比尔·霍尔曼，北卡罗来纳州清洁水源管理信托基金执行总裁：

能如阳光一样照耀世间实在难能可贵！你们的饮用水系列报道令人赞叹！这些日子你们完成的工作，比环境与自然资源部秘书处几年时间做的还要多。

斯蒂斯的高效也缘于他大量的研究准备。他研究了无数关于供水系统和水井治理的法规，收集了许多水质检测电子数据，这些数据大多是未完善、不健全的，搜寻数据字段间的含义与关系，分析所有信息，足以使他找出问题盘问官员，而官员们却可能还没充分意识到这些显而易见的问题。表 7.8 中，一封来自公共供水分部领导的邮件，提到她的上级特里·皮尔斯（Terry Pierce）

需要一张清单，上面需列明斯蒂斯采访中可能提到的问题，以及对应的大致答案。斯蒂斯在最终报道见报的两个月前采访了皮尔斯，当时的采访记录展现了斯蒂斯精准提问的能力。表 7. 9 列明了采访中斯蒂斯对皮尔斯的一系列发问。表格中提问的顺序反映了斯蒂斯采访的次序，展现了他是如何让问题不断深入的（直到最后他问了一个有关大学篮球的问题）。[73] 整个提问脉络让他在系列报道中得出以下结论：

> 皮尔斯在采访中说，要求检测私人水井的法案从未通过，部分是因为皮尔斯级别的官员以及其他人没有成功说服立法机构和公众。
>
> “我认为，人们错误地以为有人正在着手处理了。”他说，“如果你前往这些未进行水井净化项目的郡，问某个路人甲，我和你打赌他多半会告诉你，‘噢，卫生部门肯定看过了。’”[74]
>
> 直到最近，我们才可能知道所有问题出在哪里：员工拖了几个月才录入检查记录和检测结果。“我不是找借口。”作为环境卫生部门的主管，也是米尔的上司，特里 · L. 皮尔斯说，“事实就是事实，而我们正想方设法改正。”[75]

表 7. 9　2006 年 2 月 7 日斯蒂斯采访北卡罗来纳州环境与自然资源部下属环境卫生部门的主管特里 · 皮尔斯的提问节选

那么，现在是 2006 年。怎么很早之前没有发生过？
有哪些势力——什么人联合反对它？他们是如何打压它的？
我得知去年部门反对这项法案。是真的吗？这是委员会主席告诉我的。

（续表）

你工作中所需要的资源，你都掌握了吗？

为什么你会让如此多的无照经营者运营供水站？这已经触犯法律。

你知道的，如果它们都经检测，更利于我跟进。但我知道，北卡罗来纳州的居民中，有40%公共供水系统或来源于系统的饮用水在2004、2005年未经全套检测，这就有一点是不确定的。我的意思是，有很多水源因为没有作过检测，或者就没有经营者，最终都通过了，人们就不了解那里的水质情况，也无从得知，因为它们没有作完全部检测。而且实际上，还有很多水源是这种情况，有几百个以上。那么，你是什么时候和相关职员谈话的？

我猜我正在问的是这个。我所理解的是，目前对供水系统的工作模式是，即使法律上要求监管，仅因为没有经营者，你们就不管它们。你们一直等到事情不妙才说——噢，顺便一提。有时不一定都这么说，但很可能是这么一句："噢，顺便一提。你们缺一个经营人。我们也会派人过去的。"

你为什么这么说？你没有去看吗？你不知道吗？你知道也觉得这没关系吗？什么？

首先，你知道我在说什么吗？

他们一旦检测出一户人家水中含铅，下次检测就不去那儿了。他们把这户剔除，又找了另一家替代。好的，很快他们就找到一组能通过测试的住户。他们不停测试，直到铅达标为止。好吧，他们对检测组挑三拣四。这是违法行为。没人能那么做。

为什么你们到处用罚款威胁人们，却从不付诸实践？为什么威胁人们？你们没想过下的命令最终成了一番空话吗？

好的，如果你家的水由公共水站供应，水里含砷，也许只是十亿分之一，含量在环境保护局标准范围内，但我想问你个人的标准。如果是自己饮用，你认为砷控制在多少范围是安全的？同时，我想问你知道州政府的建议吗？

为什么公共供水部门不告诉血铅超标患者，他们的自来水铅含量过高？

但这两所住宅含铅。他们告诉你了，所以你知道。可是你没有告诉那些血铅超标患者。为什么？告诉他们就可以帮助这些人吧？

我告诉你。我必须告诉你，我做这行大半辈子了。工作这么多年，你们这个部门的记录是我见过最差的。从来没见过这样的记录。

那么，你今晚会看北卡罗来纳大学篮球队和杜克大学的比赛吗？

方法和使命

1996年获得普利策奖后，斯蒂斯收到很多邀请，请他谈一谈自己多年报道的技巧。但由于一直保持对报道方法总结、记录的习惯，他几十年前就谈过这个话题。1978年的时候，他制定了十条报道原则，之后几十年的调查工作中一直以此为指南。

1. 简单纯粹，不要花招。

2. 报道是否适宜公开，你的想法并不重要。重要的是你的消息来源怎么想的。

3. 检验信息的不是信息的来源，而是信息本身的真实性。人们口中的理由通常都不是好理由。

4. 你觉得找到要找的东西时，留个心眼，抱着怀疑态度工作。

5. 好的报道不是写作，而是按合适的顺序提问合适的问题。先问简单的问题，注意受访者是否避重就轻，是否抵触回答；保持好脾气，不吓唬人。采访中最重要的是把握时机。

6. 先安抚他们情绪，之后穷追猛打，让他们吐出真话。

7. 慢慢来，不要尝试一蹴而就，欲速则不达。消除戒备，就是最坚固的盾；彼此互信，就是最锐利的矛。

8. 不偏不倚。

9. 一目了然。

10. 最终的考验并非有关新闻的真实性，而是你能否证实它的真实性。[76]

斯蒂斯的许多原则都是围绕证实新闻真实的。之所以强调这点，部分是因为斯蒂斯早年在《夏洛特新闻报》任职时曾犯了一个失误。在报道一场由贝比·鲁斯出场的棒球联赛中，斯蒂斯写了一篇报道，是关于在比赛尾声作了误判的裁判的。他是这样解释的，“那时我第一次作这类不留情面的报道，我第一次试着寻求外援。”他不知道裁判的名字，就询问了隔壁一位棒球专家。那人告诉他裁判的姓名，但结果名字错了。几十年后，斯蒂斯表示，“我无法告诉你这件事对我的影响多大。”后来，他用铅笔逐字核对他的每篇报道，确保每个词都确认过，这个习惯也让他出名。后来，他报道中的错误就极其罕见了。1971 年，《夏洛特新闻报》撤销了斯蒂斯的一篇报道，他知道这篇新闻真实无误，但报社还是改稿了。不到一周，他就离开了报社，前往《新闻与观察者》报到。[77] 2008 年，他做记者的最后一年中，他作的一篇关于精神健康的系列报道参选调查记者和编辑协会奖，《新闻与观察者》在提交作品时，建议其他新闻从业者从斯蒂斯对事实核查的重视中好好思考。“抓紧时间做好事情。每个细节都检查三遍。让那些有可能因为调查结果焦虑不安的人好好辩解吧，即使他们的辩解并不可信。”[78]

斯蒂斯对真实无误的坚持，还体现在他工作中的三个方面：经过深思熟虑，才决定追踪哪条线索；长时间大量的研究和准备；坚持不偏离文件和数据本身。斯蒂斯的调查往往发于细微，但这些细微信息既源于早先报道的努力积累，也有常年电话、开会留下的人脉联络，还因为人们深知他处事公平。正如他指出的："大体而言，好的调查来源于好的报道。这个行业没有免费午餐。事实上，几乎所有的信息，即使是匿名的，都得益于我们或报社常年积累的声誉。"[79] 报道过程中，斯蒂斯也收集其他信息，先放一边，来日再进一步回顾。他提到："我保留了很多信息，时不时地会再阅读它们。我相信，刚看到这些零散信息，可能我还不了解它的意义。随着时间过去，我知道的更多。一条六个月前或者几年前得来的消息，再读可能截然不同，焕然一新。"[80] 完成一篇调查报道后，斯蒂斯会查看线索文件，开始挖掘新的新闻：

> 当我完成一个项目时，会立即开始发掘之前几周甚至几个月的线索。一周、十天或者可能两周，我会为 8—10 个新闻源打无数电话，尝试着收集足够信息，决定下一篇新闻报道的内容。一旦我作好决定，我会把其他线索先放一边，完全关注于那篇要做的新闻。[81]

整理这些线索的过程中，斯蒂斯主要专注于两个问题：新闻是否可行，是否值得花时间。他也希望在调查结束时，一篇新闻报道已初见雏形，类似于最小可行产品。在一次关于调查性报道的谈话中，他是如此描述的："我也希望所选题材能给我留有退路，我知道如何从小型题材发展成大型题材，至少为《新闻与观察者》赚回部分投资成本。我想拼尽全力，不成功便成仁。但我更想稳扎稳打，全身而退。”[82]

每次跟进调查，斯蒂斯通常一周工作 70 小时，接连几周。他曾经这样描绘自己是如何开展调查的，“很少有工作让我这样联想，但新闻调查就像你一直盯着钟摆，希望它会停下来。”[83] 斯蒂斯会为报道作充分准备，有一次在纽约的调查记者和编辑协会会议上，他讲话的题目就是“决定性的采访”（The Showdown Interview）。斯蒂斯建议在调查第一天就准备采访，创建提问文件，以在调查过程中不断新增提问。素材探索包括对政策或项目管理的理解，对政府职员或其他相关人员的采访，以及收集和分析文件、电子记录。这就意味着，“理想的状态是，你对他们的职责了解不流于表面，而要有更多了解，你计划要报道的比他们实际做的要多。理想状态下，我们的报道面面俱到，对于任何重要问题，我们几乎都知道答案。”[84] 预先计划涵盖了许多小细节：周一制定时间表，为周末的准备提供额外时间；采访时多备一些磁带和电池，以防万一；坐在受访者对面，关上门保证录音质量；先从简单问题问起，循序渐进地提高问题难度；一定要问为什么，因为“任何新闻里，事情的起因往往是最有趣的部分”。他还建议记者要“有礼貌”，因为“说‘请’‘谢谢’，并不影响我们问那个人‘你是不是盗用了那笔钱？’”。所有的准备和努力，最终都帮助他在决定胜负的采访中取得想要的成果：“确认你的所有信息后，再去收集新信息……做了错事就勇于承认……在报道发表后，消灭反击。我们可以通过消灭错误，在对的时机，语气平和地告诉对方报道的内容。”[85]

在他所建议的调查报道方法中，斯蒂斯根据自己的直觉，劝告记者避免行为经济学中的三类决策错误：锚定效应（例如，执着最初的判断，不与时俱进），可得性启发（例如，受最容易回想、最近发生的信息影响），沉没成本误区（例如，根据已花费的成本来决定调查的后续进行，而非权衡考虑未来成本和潜在收益）。[86]他认为记者应提醒自己，只关注自己相信的有很大危险，他提到，“当我们太渴望某件事是真的，而对那些提醒有问题的警告视而不见时，危险已近在咫尺。”[87] 记者不应仅仅听信传言，还应学习规章制度，了解报道题材方面的专业词汇，花时间填补理解上的空白。他提到，“如果无法理解新闻素材，我们就像记录员，仅仅在重复听到的东西。我们所犯的严重错误，往往是因为我们不理解我们想解释的内容。”[88] 谈论调查报道时，斯蒂斯一直强调记者不应要求过多，即使为一个点子花费了大量时间调查，不得已时也应甘于放弃。正如 2005 年他在一次调查报道座谈会上说到的：

> 放弃不一定是坏事。一篇无法做成的稿子，或它不值得你继续投入，放弃会让你继续前进，找到有价值的素材，做出一篇能见报的新闻。稿子被枪毙，你拿不到薪水；只有见报了，你才能拿到薪水。即使如此，在这个行业里，最好的时刻还是你远离了那些不能成功的点子，或是没有价值的素材。
>
> 在调查性报道中，不是付出多少得到多少，而是看最后你得到的结果。所以你还是要尽可能地付出。[89]

这些方法都有强烈明显的目的性。斯蒂斯对新闻业使命的见解，可以通过经济学的表述来形容。斯蒂斯明白调查报道对社会有着举足轻重的影响（如公共商品、正外部性或负外部性），也明白调查报道需要挖掘原创（以及搜寻资料、展开报道的后续固定成本），还要和人打交道，如政府官员，他们总想掩盖真相（有时必须付出交易成本，才能获取公共文件及数据）。选民将权力委托给当选官员以及被任命的监管者，而由于某些隐蔽行为和隐蔽信息，这些权力代理人在某些方面却免于受到监督。如果记者致力于调查这段委托代理关系中代理人决策失灵的问题，他们揭露的新闻便可以改变公共舆论，改变读者和选民的集体行动，可以促使官员回应公众舆论，变革政策，或带来更多的监督影响。

斯蒂斯没有用这些经济学名词进行表述。对于记者来说，世界充满了信息不对称、权力委托和潜在的滥用权威。他获得普利策奖之后的几年，曾在堪萨斯大学作过一篇名为“自由社会中的新闻业”（Journalism in a Free Society）的演讲。当时他展示的观点，正和上述观点相符。斯蒂斯对记者目标的定义是，带来一系列公共商品和正外部性，正如他所言：

> 记者的工作是锄强扶弱。
>
> 我们致力于不同种族、性别、宗教间的包容。
>
> 任何地方发生了腐败行为或不法行为，我们都会予以曝光。
>
> 我们支持公共教育。
>
> 我们保护环境。
>
> 我们宣扬艺术。
>
> 当工人处于危险的工作环境中时，我们站在他们那边。

优秀的报纸会监督政府。[90]

斯蒂斯看到，选民授予政府行使决策权，需要记者定期监督，尤其是考虑到其他人不可能站出来实施监督。他坚称：

从市议会、地方房管机构，到州议会甚至国会，我们让官员悬崖勒马。

这对于保证社会自由至关重要，除了记者，没有人能做到。

政府的头等目标是维持自身权力，无论公正与否。我们必须清醒认识到这点。如果不监督，政府必定会滥用权威。[91]

斯蒂斯对记者职责的描述，让人回忆起"扒粪时代"和"进步时代"："我们需要多发表新闻，发声抗议。如果记者发挥自己的职能，报纸会常常和某个集团有所冲突，至少是和掌权集体意见不一。记者给掌权者带来的大多为坏消息，同时也相信如果读者理解这些问题，就可以找到解决途径。糟糕，我们可能都给出一个解决方案了。"[92]

斯蒂斯在《新闻与观察者》中对不公平个案的曝光和报道，体现了他对公平正义的重视。格洛里亚·科恩盖，一位居住在北卡罗来纳乡村的贫困妇女，她的兄弟七年级就辍学了，并有犯罪记录，之后被指控在烈酒商店内持枪抢劫，锒铛入狱，但他是无辜的，格洛里亚为兄弟四处鸣不平，却没有得到任何人关注。但是她说："当我和帕特交流时，我发现他和别人不一样。我全家人都开始喜欢帕特。我们发现他很真诚。他接了我兄弟的案子，说有任何发现，都会写出来发表。如果能帮助我们，他会发表。如果最终会伤害我们，他也会发表。帕特·斯蒂斯是个真诚、努力的好人。"[93] 斯蒂斯报道后，新发现的证据显示科恩盖的兄弟是冤枉的，因此最终被宣判无罪。

斯蒂斯关注个人遭遇司法不公的案例，引起了政策改变。他作了一系列关于《北卡罗来纳工人赔偿法》的调查，后来，一位前州精神病医院护士找到他，说她曾被要求出席防卫课程培训，在培训中受伤，她的肩膀自此留下病根，落下终身残疾，州医院之后也因此辞退了她。斯蒂斯提到：

> 你追求的正是这类故事。因为你知道在奈特代尔、威尔逊，无论在哪里，都不应该这样对待一个人。这种做法是难以容忍的。
>
> 我写了她的故事，不到一周，人力资源部就帮她找到了新工作。后来，州人事办公室改变政策，如果州政府或各机构员工因公受伤，不能履行职务，州政府将帮助他们找到能胜任的工作。
>
> 这个报道很简单……但在某些方面却是我最喜欢的一个报道。[94]

斯蒂斯认为，展现一个项目或政策的运作情况，不等同于倡导具体的解决措施。虽然"猪场大亨"系列报道获得普利策奖，给北卡罗来纳养猪业带来巨变，他还是认为："我想影响社会，但我不能涉足'如何关闭养猪场'。作为公民，我十分关心这些问题，但我不是政策倡导者。我不会自讨没趣。"[95] 当谈到报道反响热烈，北卡罗来纳养猪业薄弱的监管得以成功加强，斯蒂斯强调："人们的政治倾向或背景，我并不在意。但如果有人做了坏事，报纸应该跟踪报道。我的想法是，他们（猪肉生产商）仍可以为所欲为，但必须让他们面对公众舆论的压力。"[96]

计算机辅助报道的崛起和流行

调查记者和编辑协会把斯蒂斯的调查性报道的方法称为"纪实之心"（document state of mind）。他对真相探索和求证的推动，让他在职业早期就开始收集大量记录和文件，作为政府项目、政策运行的见证。1988 年的一次和记者的座谈会上，他说，"二十多年来，我每天都同许多州政府和地方记录打交道。大部分都可以归于 GS1321 类别下。从这些记录中产出了很多优质新闻。"[97] 斯蒂斯鼓励利用记录，部分是因为它们优点突出。回顾 1988 年，那一年斯蒂斯从联邦政府的记录里没有得来太多素材，报道较少。他说："这些年，关于联邦政府的记录，我收集的不多。这应该让你明白一点，不，实际是两点。第一，利用《信息自由法》寻找好题材很困难，成本高。第二，报业人士在这一领域做得并不好，你们每个人还有很多机会发挥。"[98]

记者要克服获取记录、分析记录的成本难题，但斯蒂斯强调，一旦你努力了，你就可能写出新闻，而没努力过则不一定。他职业生涯中有十年时间，因为另一个原因，文件成为有价值的素材。1978年，法院决定，对不能揭示匿名消息来源的记者，加大罚款力度。为此，《新闻与观察者》禁止旗下记者在报道中引用匿名消息来源。这意味着记者需要更加努力，让更多人去寻找记录，或自己搜集可用于系列报道调查的记录和材料。[99]

在20世纪80年代晚期和90年代初期，计算机辅助报道开始发展，尤其对于调查工作来说，它已成为记者扩大引用资料范围的另一途径。计算机辅助报道是指利用计算机，运用多种方式发掘、展开新闻故事，包括使用商业电子数据库，获取、分析政府电子记录（通常在电脑磁带上），通过表格或数据库管理软件、其他数据包创建内部数据组并进行分析。[100] 从1989年的调查记者和编辑大会开始，斯蒂斯步入计算机辅助报道的大门。当他看到埃利奥特·贾斯宾和丹·伍兹（Dan Woods）将信息从电脑磁带复制到个人计算机时，他意识到记者可以在电脑上研究整个机构的数据库。斯蒂斯百感交集，他既惊讶，又兴奋，他已意识到这种技术将带来极大便利。后来他曾说："当大会结束，我走下来，来到前排讲台。说得更专业、具象一些，就好像受牧师呼唤，信徒顶礼献身一样。我和贾斯宾握手。他说他秋天要去密苏里大学，等他到那儿，要教新闻从业者计算机辅助报道。我告诉他自己也会去。"[101] 1990年3月，斯蒂斯从贾斯宾那里出师，同年他参加了一个全国调查性报道大会，之后斯蒂斯获得报社执行总编的支持，在他的引领下，《新闻与观察者》推广了计算机辅助报道的使用。他用了将近一年时间学习计算机、数据、分析；撰写了一本计算机辅助报道手册；为报社记者开展培训课程。[102] 他花了半年时间，全力组织一场当时最大型的计算机辅助报道会议。这场会议由《新闻与观察者》于 1993 年 10 月在罗利举办。有两年时间他一直在做数据库编辑。对于其他记者来说，数据库编辑意味着要获取、分析大量数据。尽管最后他还是回归全职调查记者的工作，但计算机辅助报道的经历带给了他全新的技能和视角。[103]

对于《新闻与观察者》的员工来说，斯蒂斯的努力没有白费。1993 年，报社平均每周都会发表接近两篇计算机辅助报道。[104] 到 1995 年，报社内超过 60 名记者都曾使用计算机辅助发表报道。[105] 在一份 1996 年 5 月他为编辑列出的正在进行的计算机辅助报道清单中，报道的主题包罗万象：火情监测、虐待儿童、SAS（当地一家公司）、北卡罗来纳州篮球赛、巡警药物测试、疗养院、青少年车祸死亡、大学公正问题、排污方、学校行政工资、达勒姆郡法院案件积压、罗利市任命问题、地产税赖债、达勒姆停车票、抚养未成年儿童家庭援助计划、学生考试成绩问题。[106] 尽管产量惊人，但 1995 年，斯蒂斯为波因特研究所编写的从计算机辅助报道中获得的经验小结中，他还是冷静客观地评价了这门技术的适用范围和效力。他总结的经验包括：

> 第一，我们清楚要走的路还长。我以前认为，办课程，教记者，就能帮助他们……但事实上，很多记者还没有达到优秀程度。一个记者，如果做不到从口香糖纸上了解公共记录，那我们干嘛还期待他学会从数据库里获取、下载、分析数据呢？

> 第二，修行在个人。刚开始，我们决心让每个记者都掌握这门技术。之后的每一步决定都是为了实现这个目标。现在，我们的目标是帮助他们掌握这门技术。这两个目标有微乎其微却真实存在的差别。
>
> 第三，产出永远排第一。每个项目迟早都是产出排第一……
>
> 第四，计算机辅助新闻必须和新闻编辑室更相关。绝大部分记者，在绝大部分时候，不是在跟踪重大新闻，就是报道三天两头一反转的热点。在早先，我们不太关注那些消息。这类消息更难做，不过我们现在也开始关注了……
>
> 第五，计算机辅助报道带来的点子比我自己的更好。这一条对于我来说是最难体会的。然而最后我也接受了。因为我看到记者在报道中更有希望提出自己的观点。[107]

斯蒂斯强调，记录数据带来的新便利意味着对记者的期望更高了，因为原先很多不可能都成为可能。记者能接触到更多数据，就能给项目带来全新的分析。他说："在极短的时间内，优质报道的定义发生了彻底的改变。从前，阅读政府的声明，认真聆听官员的讲话，提出尖锐的问题，然后根据所处的背景，清楚准确、不偏不倚地报道出来，这样的政府报道就足够好了。"计算机辅助报道让记者能够更深入地探究政府官员，以及特殊利益发言人的讲话。他提到，以往新闻编辑室的惯例是被动接收官方表述，计算机辅助报道将改变这一惯例。可用的数据越来越多，若展望未来，新闻报道将迎来崭新的类型。1995 年，斯蒂斯在波因特研究所作的关于计算机辅助报道的演讲结尾如此总结：

> 我们不仅须改变我们的传统，还须关注计算机新闻。
>
> 我还是一个小男孩的时候，常和我哥哥去打野兔，他猎野兔好多年了。某个周六寒冷的早晨，他只是跟着兔子，用枪管敲兔子脑袋，不费一粒子弹杀了三只兔子。
>
> 我一直是菜鸟猎手，从未达到我哥的高度。除非兔子自己动，我根本找不到兔子。我完全看不到它们。
>
> 这就是我们面临的问题。我们看不到身边隐藏的新闻素材。因为我们还没学到家，不知从哪里下手。只有等到新闻素材闹出动静，我们才恍然大悟。[108]

斯蒂斯组织的调查记者和编辑大会于 1993 年 10 月在罗利举办，会议名为"计算机：新闻报道新前沿（用计算机数据武装你的呼声）"〔Computing：The News Frontier（Putting Bytes into Your Bark）〕。这场关于计算机辅助报道的会议是当时最全面的，也是最有深度的。超过 500 名记者从 42 个州赶来。[109] 大会的一些元素现在看显得有点过时了：一间供记者获取计算机辅助报道样本复印件的复印室；国际商业机器公司（IBM）为大会培训友情提供的 110 台电脑；当时来自《底特律自由新闻报》的丹·吉尔摩（Dan Gillmor）还发起过一次会议，名为"互联网的神秘和力量"（The Mystery and Power of Internet）。丹·吉尔摩之后成为较早的一批博主，还是自媒体和传媒创业的专家。不过在美国计算机辅助报道协会里，1993 年起的很多会议主题仍沿用至今，例如：

数据清理、绘图软件、电子表格、统计数据、数据库分析，以及潜藏在人口普查中的数据信息和来自联邦选举委员会的信息。相似的主题说明了，无论是20世纪90年代所谓的计算机辅助报道，还是新世纪涌现的数据新闻，或是现在讨论的媒体未来——计算新闻，这些报道方式之间都暗藏关联。斯蒂斯曾预测计算机辅助报道技巧将让记者获得竞争优势，发掘更多新闻，他的预测在后来得到证实。许多当时参会的年轻记者之后的职业轨迹正如斯蒂斯所预料。他们有的赢得普利策奖，有的斩获大量调查记者和编辑协会奖，还有些人20年后活跃在大学讲台，教导新一代记者。1993年的参会者后来进入大学的包括温德尔·科克伦(Wendell Cochran)、史蒂夫·多伊格(Steve Doig)、丹·吉尔摩、里奇·戈登(Rich Gordon)和布兰特·休斯敦(Brant Houston)。

斯蒂斯的经历使得他经常作关于计算机辅助报道技术方面的讲座。1996年，他给职业记者协会(Society of Professional Journalists)作讲座，展示最佳案例，说明如何利用数据和软件开展调查工作。他强调计算机辅助报道在许多方面和其他报道相似，因为“社区出现了问题，写稿时找不到线索，我们不断尝试却找不到答案，计算机辅助报道就派上最佳用场了”。[110] 计算机辅助可能需要我们花很多时间和精力去收集、整理数据，分析类型，(有时)还要进行统计测试。但这些努力读者都看不到。斯蒂斯提到：

> 数字常常在新闻中扮演至关重要的角色，它们有五大功能。数字能告诉我们发生了什么，但读者经常对数字带来的

问题更感兴趣。

数字也许是基础，但驱使人们去阅读的是人，人的经历、讲述、感受，是这些让一篇报道生动起来。[111]

在互联网时代，“书呆子数据箱”受许多网络公众媒体青睐，成为他们发布报道的途径，诸如 Propublica。[112] 尽管斯蒂斯警告记者不要下载含有太多数字的文章，但在 20 世纪 90 年代中期，斯蒂斯一直劝告记者，如果其他记者提出要求，应准备好分享自己的成果和方法。斯蒂斯重视透明性、可复制性，接受修正假设，这和计算机辅助报道这门科学方法都是一致的。他说：

很高兴能告诉所有人我们是如何作报道的。在一些案例中，我们把自己写的关键报道的复印件给了某些机构，允许它们研究其中所有数据。

我们秉持的理念是，对于自己的报道以及选择，我们毫不惭愧。如果我们犯了错误，无论如何都会在发表前找出来，引起大家关注。我们的报道以及结果，都允许复制。我们还会展示给你们看。[113]

斯蒂斯的优势还让他能够在建立计算机辅助报道项目的过程中，推荐最优方法。2005 年他写过一篇文章，题为“计算机辅助报道指南”（A Guide to Computer Assisted Reporting），他说记者如果想确立计算机辅助报道项目，需先计划好和中层管理人员打交道。他说：

你必须想办法绕开你的责编。他们要为报社提供足够多的好报道，处于极大压力下。注意他们要的是“好”报道，而不是伟大的报道。尽管记者或许甚至大有可能作出一份惊天报道，但是当采访结束，稿子写好了，他们仍不愿放弃两三个不错的报道。中层管理人员极少敦促麾下记者学习计算机辅助报道。[114]

斯蒂斯还建议将来可能成为计算机辅助报道项目发起人的记者，驳斥关于计算机辅助报道的两点误区：计算机辅助报道要花很长时间才能完成；大型项目最适合使用计算机辅助。他提到《新闻与观察者》作过两个类似于娱乐新闻的计算机辅助报道，很受读者欢迎。在北卡罗来纳，在不获得超速罚单的前提下，你的车能开多快？关于这个问题，斯蒂斯说报社通过分析巡警的资料，发现“我们州公路巡警设立的收费项目，超过 99%是针对时速高于 10 英里的车辆”。另一项发现是通过挖掘婚姻数据库得来的：“每月的 13 号，北卡罗来纳州举行的结婚典礼数量会下降 40%。”[115] 斯蒂斯刚开始做计算机辅助报道项目时，就建议报社“让所有新闻人员都掌握这种武器”。这意味着培训会议应对新闻编辑室所有人开放。他建议大家不要害怕培训班太拥挤，因为“很多记者不能习惯在日常工作中利用公共数据，也就无法意识到获取包含上百万条记录的数据库有多么重要”。他还建议为计算机辅助报道项目成立协会，而不是依靠一两个记者单兵作战。《新闻与观察者》把数据库和文件归档与维护、培训、电脑分析的责任分配给新闻研究部门，因此即使一些熟手记者离开去其他新闻机构，报社还是能继续维持计算机辅助报道。

利用计算机，斯蒂斯得以在报道中审阅更多的记录，拓宽了他探索挖掘的规模和广度。1967 年，他写过一篇报道，是关于梅克伦堡法院系统中重犯记录存在断档的问题。斯蒂斯亲自花了几周时间审阅了超过两千份法院案件资料，将结果仔细地誊写在标准便签本上。斯蒂斯在“猪场大亨”系列报道中用到了电话记录，之后他说：“我曾经处理过几百条电话记录。现在我可以同时处理百万条。”[116] 1997 年，在一场名为“如何从高高在上的公共官员手中获得公共记录”的座谈会中，斯蒂斯提到公共官员不愿公开公共记录，往往是因为不了解法律（“官员通常不知晓法律规定”），或心里有鬼（“一些官员知道他们的工作一塌糊涂。但是……他们不想让公众知道”）。[117] 他告诫记者，州政府官员不会轻易让他们得到记录，他们想方设法阻挠记者，例如收取高额查询费，否认记者有权查看记录，或要求记者提供请求详单。1997 年，他提到《新闻与观察者》已收集近 300 个数据库，许多来自州政府，近一半数据库是免费获得的。报社在每个数据库上平均花了 60 美元。由于报社制定了自我承诺规定，他们得以成功获得大量记录：“即使政府拒绝了我们，我们也不会走开。如果《新闻与观察者》的记者允许政府机构违背州政府或联邦公共记录法令，不提供信息，并且没有告知他/她的上级，他/她就违反了报社的规定。”[118] 斯蒂斯评估了数据请求的结果，告诉记者：

我的估计是一般我们要求电子数据，有八成机会能拿

> 到。有一成概率记者会碰到一些小问题，但很快就能解决。还有一成概率我们不得不据理力争。这也常常和我们的管理有关……有时报社会要求我们的律师向政府解释。但无论如何，我们决不会打退堂鼓。[119]

在2008年，斯蒂斯作为记者的最后一年，他和许多《新闻与观察者》的记者作了一系列关于北卡罗来纳州长麦克·伊斯利阻挠邮件等电子记录公开的报道（最终文章数量超过25篇）。在参选2008年调查记者和编辑协会举办的信息自由奖竞赛的作品中，报社提到：

> 州长办公室的高级官员多年来一直令其他执行部门主管删除敏感邮件，避免邮件公开，显然违反了州公共记录法令。州长为删除电子及书面政府事务记录的例行行为辩解。
>
> 这次公开后，《新闻与观察者》《夏洛特观察者》、北卡罗来纳新闻联盟、北卡罗来纳美联社及其他六家州新闻组织起草了一份里程碑式的起诉书，针对州政府和地区机关雇员随意删除邮件的行为，质疑了其合法性。正如为了公共利益，将关键公共政策所体现的21世纪电子记录管理方法加以报道，《新闻与观察者》为了大众福祉，也要求北卡罗来纳州实践自己的座右铭："奉行不悖，说一不二。"[120]

这个系列获得美联社编辑部第一修正案奖，2009年1月，他任职的最后一天，伊斯利州长发布了执行令，要求州政府官员按公共记录标准处理邮件,不能随意删除。[121] 那时,斯蒂斯已经退休了,执行令的发布为他的职业生涯画上一个完美的句号,尽管相关公共官员推诿躲闪,但在这场公共记录的争夺战中,斯蒂斯赢得了胜利。

结语

帕特·斯蒂斯的经历以及他优秀的报道,离不开他的付出。1966 年 6 月,他从北卡罗来纳大学教堂山分校毕业后,入职《夏洛特新闻报》,当时他的履历上包括三次暑期报道实习,在海军担任过近 20 个月的记者,曾为《塔赫尔日报》(学校报社)工作过 9 个月,在学校体育信息办公室工作过 3 年。《夏洛特新闻报》给他的周薪是 120 美元,换算成年薪是 6 240 美元。他被告知“报社从未给过刚毕业的大学生如此高的工资——就是说我最好接受”。[122] 斯蒂斯早年在《夏洛特新闻报》的经历,让他怀抱真诚与敬意地对待记录。他提到:

> 最初的几年过去了,我开始领固定工资。报社要求我们填写工作时间表时造假,无论我们实际工作时间是多少,都写成 8—12 点,1—5 点。这有点惹恼我了,于是我问能不能领固定工资,放弃报社偶尔安排的加班,这样填表时就不用造假了。他们很乐意。当时我没有提薪,后来也还是领固定工资,但我再也没加班了。我还是喜欢领固定工资,这样我进出报社的记录不会混乱。《新闻与观察者》报雇用我时,我

> 问能不能领固定工资，他们同意了。由于我自己是领固定工资的，所以我以为之后入职的四名调查记者也都是领固定工资。[123]

1971 年 5 月，他离开《夏洛特新闻报》。在报社所有记者中，他和另一个人的周薪并列第一。当时他的周薪是 217.5 美元（年薪为 11 310 美元）。入职《新闻与观察者》报时，他的周薪是 235 美元，之后每年至少提薪一次，直到他 2008 年退休。斯蒂斯“90 年代中期收入颇丰，报社还为他提供 401K 养老计划，以及另一个退休金计划”。

斯蒂斯定期会有加薪，尽管加薪幅度并不总是跟得上通货膨胀率。以下反映了他的工资水平：1971 年：12 220 美元；1980 年：26 495 美元；1991 年：48 100 美元；[124] 1995 年 3 月为止，他的工资一直是 59 280 美元。之后：“1995 年 3 月 12 日，刚完成‘猪场大亨’系列，报社就奖励了我 1 700.91 美元。为什么不是整数？他们算了联邦政府和州政府要收的税，以及扣除收入税后，这笔奖励金就正好是 1 000 美元。”[125] 1996 年报社赢得普利策公共服务奖后，斯蒂斯得到 5 000 美元奖金，并加薪 5 000 美元。

在他的职业生涯中，斯蒂斯自己只要求过一次加薪。1993 年 10 月，在一份给《新闻与观察者》的主编玛丽昂·格雷戈里（Marion Gregory）的备忘录里，斯蒂斯是这样说服对方的：

> 马上要审核年薪了，我希望你在评定我的年薪时能从以下几点考虑：

首先，自从你成为主编以来，我的收入增长就没有跟上通货膨胀率。如果1990年、1991年、1992年的每个10月，我的提薪幅度都和过去一年的通货膨胀率一致，那我的工资应该比现在多1 006美元。

其次，1992年10月里，我的周薪从1 004.78美元涨至1 010美元，多了5.22美元，提薪幅度终于超过通货膨胀率。这意味着过去三年你决定我的提薪时，根据我的绩效，你给我加的平均周薪年均不到2美元。我记得你刚上任时说过，你会根据绩效来奖励提薪。我希望你能说到做到。我有理由得到应得的加薪：第一，没有记者比我工作更卖力了。作为记者，我经常来得最早，走得最晚。我是典型的工作狂，一周工作60小时。我一年加班的时间超过1 000小时，合计多于25周。当然，我没有加班费，极少调休。这种程度的辛勤努力理应得到褒奖，尤其是我工作的新闻编辑室里，都市版编辑还得发信息提醒一些记者9点半记得来上班。第二，我圆满完成了上一次工作任务。附件是一份会议评估总结……我刚开始着手的时候，新闻编辑室还没有人会创建数据库。结束时，我们举办了一场全国计算机辅助报道会议。其中有非常多的人帮忙，但我一直从开始奋战到结束。

第三，报社其他记者一起合作，也未必能比我的调查报道作得好。我的报道让不少法令生效，送了不少人进监狱，也让不少人重获自由，其他记者在这方面的影响，加在一起也没有我多。在给优秀调查记者的评分中，我的得分是4，而报社现有的其他记者是0。这家报社没有人能在调查报

> 道上胜过我。
>
> 第四，我为报社员工带来的软实力，绝大部分员工，无论是记者还是编辑，都做不到。一，我是一个好老师。附件是一份会议评估总结……二，今年早些时候我去了位于印第安纳州首府的印第安纳大学和位于华盛顿的美国大学讲学。我还计划下个月去圣彼得堡的波因特研究所。这对我来说很有益，也对报社有益处。
>
> 第五，玛丽昂，就算只看我在这张备忘录的数学运算，你也应该付我更多钱。你手下大部分记者都不会算数。我希望你是没有意识到，我的绩效工资平均涨幅每周不到两美元。所以现在我向你要求加薪。[126]

这张便签展现了斯蒂斯的报道风格：基于事实、长于分析、深思熟虑。后来他还是没有提薪，但也收到一笔很可观的奖金，他觉得主编“这件事做得不错”。[127]

离开《夏洛特新闻报》时，斯蒂斯是报社的顶薪记者，同样，在《新闻与观察者》他也是顶薪记者。拿他的工资和其他报社记者比较，也足以说明新闻界对他专业技巧的认可。1970 年一项全国新闻记者收入调查显示，美国日报记者的收入中位数为 11 420 美元，美国南部记者的收入中位数为 11 484 美元，而处于 25 至 34 岁年龄段记者的收入中位数为 10 031 美元（斯蒂斯当时也处于这个年龄段）。[128] 1971 年 5 月，斯蒂斯在《夏洛特新闻报》的收入是 11 310 美元，尽管刚从学校毕业 5 年，他的收入已接近收入中位数了（而且还高于他所在年龄组的收入中位数）。1971 年加入《新闻与观察者》后，他的收入上升至 12 220 美元，让他的工资水平在记者整体收入中又提高了。1981 年，全国调查显示，美国日报记者的收入中位数为 21 000 美元，美国南部记者的收入中位数是 19 100 美元，处于 35 至 44 岁年龄段记者的收入中位数是 22 999 美元。1980 年，斯蒂斯在《新闻与观察者》的收入是 26 495 美元，明显高于当时的记者收入中位数。1991 年的记者收入调查显示，日报记者的收入中位数为 35 180 美元，美国南部记者的收入中位数为 31 500 美元，45 至 54 岁记者的收入中位数为 39 375 美元。斯蒂斯彼时在公共事务方面的报道已收获大批奖项，收入达到 48 100 美元。斯蒂斯在 90 年代中期收入颇丰，2008 年退休时，他的薪水已大大超过全国 90％的记者和通讯员（收入中位数估计为 77 480 美元），也大大超过北卡罗来纳 90％的记者和通讯员的收入（估计为 63 200 美元）。[129]

作为记者，斯蒂斯的专业与优秀为自己带来了高收入。可如果进入其他行业，他所掌握的调查、写作、计算机技巧也会让他身价不菲。如果拿斯蒂斯的收入和其他年龄相仿、受过四年大学教育的美国男性相比，那么到 1995 年（那一年“猪场大亨”系列发表），斯蒂斯在报社领的工资才超过这些人（斯蒂斯 1995 的年薪是 59 280 美元，而该年龄段、大学毕业的美国男性平均收入是 57 322 美元）。[130] 斯蒂斯几十年工作中收获了无数荣誉，还获得过普利策奖，到 2008 年退休，他在 90 年代中期的薪水已远远超过他这个年龄段、大学毕业美国男性的平均收入：75 366 美元。即便如此，如果那时他跳槽到公司的公共关系或政府关系部门工作，可能会挣得更多。

补偿性工资差异理论解释了为什么斯蒂斯明明可以在另一个领域赚更多钱，却继续做一名日报记者。新闻业带给他的金钱回报不是最高的，却有许多非金钱的补偿性因素：记者能自由选择想了解的话题，可以在调查中拼接每条线索，解开谜团，还有机会用自己的笔影响许多人的生活（这一点斯蒂斯经常实现）。每当斯蒂斯改变了与他有深厚渊源的社区，他会尤为自豪。斯蒂斯拒绝了更大型传媒机构的工作邀请，1989 年他提到："我干嘛要跑到华盛顿重新开始呢？那里的报道和这里没什么区别。"[131] 斯蒂斯选择留下，《新闻与观察者》对新闻责任的坚持与斯蒂斯的使命感高度契合："只要我的报道有新闻价值，公正无误，报社就会发表……我不确定其他地方是不是如此。我看重的是未来也能像现在一样。我喜欢《新闻与观察者》。我们不发布虚假新闻。"[132]

斯蒂斯还是留在当地报社继续报道，北卡罗来纳州人民何其幸运，而斯蒂斯的薪水也来源于他们的订阅费和广告收入。1966 年至 2008 年，长达 42 年的报道生涯，我估算按照 2013 年的美元不变价，斯蒂斯的工资总收入为 3 603 400 美元。按照当年的美元时值，斯蒂斯的工资从 1966 年的 6 240 美元涨至 2008 年的 95 000 美元；而按 2013 年的美元不变价估算，斯蒂斯 1966 年的工资相当于 44 870 美元，2008 年相当于涨至 102 790 美元。据此，如果按 2013 年的美元不变价，斯蒂斯 1966 年至 2008 年的年平均工资约为 83 800 美元。倘若人们按收益率 20％来计算，那么社会为斯蒂斯报酬付出的成本是 4 324 080 美元。用这一数字除以斯蒂斯报道所产生的结果收益（即 31 条法律，314 篇不同领域的报道，其中159篇带来实实在在的改变），可以清楚地估算他工作的成本。自1966年至2008年，他的报道促成了31项新法令问世，每项法令的成本为139 500美元。他作过314篇调查报道，每篇花费13 800元。其中，159篇报道引起了变革，意味着这类带来改变的报道每篇平均花费27 200美元。且由于一些报道项目不是斯蒂斯一人完成的，之前估算的社会成本没有包含所有人付出的努力，有所低估。另外斯蒂斯的工作广度也打了折扣，有几年他转做数据库编辑，帮助许多记者在报道中使用分析工具。不过总体而言，这份数据还是显示了按照2013年的美元不变价，调查报道带来的信息与监察引发的人事、政策、法律变动，花费的成本相对较低。

尽管社会对斯蒂斯的投资获得了超高收益，但这种机会在将来不一定常见。《新闻与观察者》新闻编辑室的员工总数2004年为250人，2009年下降至132人，2011年下降至103人，2015年下降至86人。[133] 即使如此，编辑约翰·德雷舍还是选择继续调查性报道工作，调查性报道仍是报社首要业务。信息获取便利的时代，产品差异化很重要，斯蒂斯辅助报社三名全职调查记者，帮助他们为报社带来褒奖与认可。[134] 斯蒂斯曾说他退休后，三名记者共同作出的调查报道成果，是报社“近40年来最好的”。

不过，2012年的时候他也提到，这三位主力记者（J. 安德鲁·科利斯、丹·凯恩、约瑟夫·内夫）崭露头角时，正值20世纪90年代纸媒的“黄金时期”，报社有余力培训记者，让他们在报道上大展身手。[135] 现在，纸媒该如何吸引新记者加入，怎样对他们进行培训，用绩效机制留住人才，已成为行业难题。

想想斯蒂斯1966年刚从北卡罗来纳大学教堂山分校毕业，6月入职《夏洛特新闻报》时，他的年薪是6 240美元，相当于2013年的45 000美元。2013年北卡罗来纳大学教堂山分校的应届生，平均工资为48 131美元。[136] 但是如果他们留在北卡罗来纳州，投身新闻业，前途就不如斯蒂斯当年光明了。根据美国劳工部发布的2014年统计数据，北卡罗来纳州记者的收入中位数为29 990美元，平均收入为38 710美元。全国范围内，新闻行业的相对吸引力也今非昔比了。2003年，记者和通讯员在所有职业中，收入高于人们的平均收入；到了2013年，情况反了过来。记者/通讯员在2013年5月的平均工资为44 360美元，而所有职业的平均收入为46 440美元。[137] 公关专家和记者之间的收入差距也在不断扩大。2004年，公关专家与记者的收入比是100∶71，2013年这个比例变成100∶65。[138] 不过值得庆幸的是新闻业仍有希望，华盛顿、纽约、洛杉矶依然提供大量新闻岗位；商业新闻的回报率颇高；互联网为新闻写作带来了回报和潜在影响力；人们可以利用网络成长为公知，为更广泛的受众提供更便捷的资讯；以及通过问责报道改变世界现出曙光。[139]

尽管《新闻与观察者》依然致力于调查性报道，但自2005年起，报社专注于大型报道，意味着每个调查记者每年需尽力发表1—2个大型系列报道。这项决策的不利之处在于，记者本来可以广泛涉猎不同领域，而报社制定的方针限制了记者的自由。记者就不大可能跟踪报道州议会会议，搜寻机构的内部账目，也没时间找一家咖啡馆，定期和线人接触、讨论，培养合作关系。[140]《新闻与观察者》的报道常常抽丝剥茧，列出线索，因此随着报社“警棍”类报道和“变革”类报道越来越少，线人主动联系记者的可能性也随之降低。[141] 之后报社不再向北卡罗来纳州东部派遣记者，而是将人力都集中在报社大本营附近，可以理解为报社对立法机构的影响降低了，因为代表们不用再担心自己的所作所为登上报纸，让当地读者看到。

但失之东隅，收之桑榆。《新闻与观察者》的调查报道，在网络上广受欢迎。诸如政府经费数据之类的电子数据资源，为挖掘官员渎职行为提供了全新的低成本方法。整体来看，帕特·斯蒂斯的职业传奇也为调查报道的持续发展提出了问题。斯蒂斯之所以能影响政府政策、立法走向和专项资金，改变万千人的生活，得益于金钱回报、报社激励、职业荣誉和社会责任的完美融合。《新闻与观察者》给予了他时间自由——他能够到处勘察，有时间参加培训、争取资料、分析数据、准备采访、检查验证，继而屡屡发表文章，并跟进后续结果，推动改革产生。不仅如此，斯蒂斯自己也竭尽所能，为了收集证据、检查确认，他不计回报地牺牲了自己晚上和周末的休息时间。然而最终这一切的发生，还是仰赖于当时纸媒广告模式处于黄金期，市场上能接触受众和消费者的途径很少。而如今这已一去不复返。不过，我们依然需要问责新闻，来监督政府机构履行职责。第八章我们将探讨公共事务信息中，有哪些供需因素可最大限度地发挥新闻的问责职能。

第八章

新闻问责与计算机算法

“重大爆料”这类新闻通常都和坏事联系在一起，尤其是对于调查性报道来说。[1] 新闻业确保问责制度，涉及原创报道和实体问题，而有些人不想问题公之于众。由于三个特点，调查性报道在市场上供应不足。第一，要作出一篇调查性报道成本很高；第二，很难将调查性报道的社会效益转化成收入来源；第三，政府机构常常将信息秘而不宣。

之前几章的研究论述了调查性报道的本质。调查记者和编辑协会奖年度竞赛中发布的报道，通常需要半年完成。当结果发表，引发讨论，有人被炒鱿鱼，有些案例中新法案通过了。我展开的案例研究显示，如果报道引发了公共政策改变，媒体机构在调查工作上花的每一美元，都能产生百倍的社会收益。调查性报道用掉几千美元的成本，能给整个社区带来百万美元的收益。帕特·斯蒂斯的职业生涯显示，最好的调查性报道可以持续改变法律和人们的生活。

不过，研究结果显示，这类问责新闻正处于危机之中，尤其是在地方层面上。获奖报道集中于少数几家媒体。当今时代，有潜力的记者时常入不敷出，工作培训时间少，比起 20 世纪 80 年代，获得普利策奖的调查记者的平均年龄增长了近 10 岁。地方报纸已不大可能让记者在行业大会里分享调查性报道创新或者最佳实例。在 2005 年至 2010 年间，提出《信息自由法》请求，调查联邦下属机构资料的地方报社数量减少了接近一半。2008/2009 年的经济危机，使得调查记者和编辑协会奖的参赛报道数量下降，报道方向转向个人错误，比起制度状况调查，这类题材的成本更低；诸如玩忽职守类的社会公正报道数量也下降了。[2]

1979 年至 2010 年间，报社报道在调查记者和编辑协会奖的竞赛中，占了超过一半的数量，在纸媒中，成为调查性报道的一大来源。然而，自 2008 年金融危机以来，各项指标显示，报纸占有的一系列资源大大缩水。2007 年至 2014 年间，日报的全职新闻编辑职位的就业率下降了近 40%。[3] 新闻编辑人员总数下降，减少了约 1 万 8 千名记者，肯·多克托指出，这些消失的地方日报职员，相当于“累计损失了大约 21 万 6 千年的地方知识”。[4] 报纸广告收入从 2008 年的 378 亿美元（数字广告 31 亿美元，平面广告 347 亿美元），下降至 2014 年的 199 亿美元（数字广告 35 亿美元，平面广告 164 亿美元）。[5] 报纸惨淡的经济前景使得报社市值大幅下降。皮尤研究中心用 2014 美元价值估计报社市值，计算了 20 年来主要畅销日报的估值变化：1993 年至 2013 年期间，《波士顿环球报》/《伍斯特电讯报》(*Worceter Telegram Gazette*)的市值下降了 96%；《费城调查者报》/《费城每日新闻》(*Philadelphia Daily News*)的市值从 2006 年到 2012 年下降了

91%;《芝加哥太阳时报》的市值在1994年至2011年间下跌了93%。《明尼阿波利斯明星论坛报》的市值在1998年至2012年间下降了95%。[6] 技术趋势既让纸质报纸原创内容的创收前路受阻,也在其他领域为信息环境创造了机会。一旦创建了数字内容,科技公司和社交媒体网络便可以比以往更容易搜索、汇总、管理和共享数据。2014年,约三分之二的推特用户以及相似比例的脸书用户指出,他们从社交媒体平台上阅读新闻。[7] 推特和脸书发布成为分享新闻的一种方式,也是记者发现新想法、新事件和新来源的一种方式。对于那些开始涉及公共事务的人来说,网络提供了更便宜、更快捷的方式来获得数据、视频和公众情绪。而在纸媒和广播市场中,选民利益的信息需求往往不敌消费、工作需求,甚至受娱乐需求压制。针对脸书上分享的新闻,研究人员发现,脸书用户分享的新闻链接,只有13%属于"硬新闻"(如国家新闻、政治或全球事务)。研究人员将其他内容归类为"软新闻"(如体育、娱乐或旅游)。[8]

总体来说,比起2007年,评估一个既定类型的问责报道,现在更可能取决于以下因素:发现的制度失灵类型,受影响社区的地理范围,新闻潜在受众的人口统计,可利用的数据,以及公共或私人采取问责行动的动机。然而相关问题并不是如何保住一定的调查性报道职位,而是如何通过调查性新闻保持其传统的问责职能。本章中,我将探索维持媒体监督职能的两种方式——政府政策的变化和计算新闻领域的扩大。

政府政策只需做到三个变化,调查工作涉及的麻烦成本就能降低:(1)真正改革《信息自由法》;(2)认识到公共事务报道对市场失灵的作用，应改革联邦政府研究与发展的政策，改变调查记者和编辑协会的非营利规则；(3)更加明确地实施政府公开和透明政策。《信息自由法》在联邦一级的改革将包括通过新立法，将文件和数据公开化编入法律，中央门户网站可以更容易地向各机构提出信息请求，支持各机构分享以前发布的文件。在州一级，改革包括扩大《信息自由法》所涵盖的政府部门，加快答复时间，并减少向记者索要信息的费用。

如果决策者认同市场上公共事务报道太少，各个机构就可以下决心支持调查性报道。如果人们视国防、教育和环境保护为公共商品，那么政府会为了促进它们，支持相关联邦项目的研究和发展。而认识到新闻是值得支持的公共商品，会促使美国国家科学基金会支持开放源代码软件(open-source software)研究，继而能帮助到记者。记者在转化非结构化信息为结构化数据进行分析时，面临多重障碍。在诸多政府研究中，加大对新闻的支持，将推动算法的发展，帮助发现和发表新闻。认识到公共事务报道的教育价值，美国国税局将会使提供硬新闻和调查性报道的新成立网站获得非营利性税收信息变得更加容易。

尽管政府的公开透明政策为新闻问责提供了巨大支持，但实施情况往往会暗含玄机，记者获取信息常常是通过交易，或恳求行内线人给予建议。对于很多政府部门而言，它们一般不会优先考虑提供数据，让公众反过来监督自己的决策。真正开放的政府会积极发布执政日程、合同、电子邮件和其他记录。搭建政府信息系统便于公众访问数据，也减少了自身后续修订和检索的成本。如果政府转向开放政策，真正改革《信息自由法》，研究政策改变，对于媒体来说有诸多有利之处。改革不偏向任何特定媒体，也不直接支持公共事务报道中的任何特定主题。通过让政府机构难以藏匿原始数据，这些政策有助于降低调查发现的成本。而计算新闻的进步也让政策影响力发挥至更高的水平。

与新兴的数据科学领域一样，计算新闻也不容易在定义上形成共识。一般可以将其定义为：记者利用越来越大的数据库和更复杂的算法来寻找报道模式的一系列实践。计算新闻的另一个可行定义是，结合数据、算法和来自社会科学的知识，补强新闻报道的问责功能。更广泛地说，其涉及改变新闻挖掘、报道呈现、新闻汇总、增值和存档方法的计算和新闻的相互作用。计算新闻包括利用算法制作的新闻（例如，通过代码生成的内容），通过算法作成的新闻（例如，通过软件呈现模式和失灵），以及关于算法的新闻（例如，调查算法是如何运行并影响决策的）。

计算新闻的进步可以通过两种方式提高问责新闻的经济效益。在供应方面，将数据和算法相结合的新方法可以降低挖掘新闻的成本。调查工作类似于钻探石油，关键在于你是否找到了资源。如果你要找的资源存在不确定性，那么前期准备成本可能很大。在理解新型大数据集的过程中，记者可能会发现异常现象、违法行为，并将此类模式联系上存在制度失灵的机构。在需求方面，以更加个性化和吸引人的方式向读者和观众讲述新闻，吸引订阅和广告，使得增加收入的可能性大大提高。计算新闻能让你在挖掘新闻、撰写报道时脱颖而出。提供独特服务，意味着可以享受产品差异化的好处，而新闻市场上充斥的真相大多千篇一律。

政策职责

宪法第一修正案向美国立法者提出了一个明确却难以实现的职责："国会不制定法律限制言论自由或新闻自由。"[9] 实际上，国会制定了许多影响言论自由和新闻自由的法律，不可避免、或多或少地限定了信息产权。关于版权、政府保密、透明化、广告、竞选赞助和非营利活动的法律，都可能涉及限制信息自由，这些限制会改变媒体在报道时的算法。资助政府信息官员、公共媒体、信息基础设施，甚至电话线和宽带接入的预算决定，都会影响新闻内容创建、发布。当今社会，政府官员作出的决定不可避免地影响媒体运行，而调查记者要让公职人员负责，一个重大挑战就是，如何让政府官员通过并实施最终监督自身的政策，进而减少他们的决策自由裁量权。

1966 年国会通过《信息自由法》，并不是因为选民突然要求"透明化"，而是因为立法者希望让行政部门公开内部行动，接受更多审查。[10] 这一立法得到记者的支持，他们从中获益，《信息自由法》规定联邦机构和部门持有的多种类型文件的所有权不属于政府，帮助记者降低了挖掘、跟踪新闻的成本。无论过去还是现在，获得文件资料的权利并不完全意味着能获得数据，仍取决于政府机构是否愿意按照《信息自由法》要求，一直遵守法律。在执政的第一天，奥巴马总统发布了关于透明化和开放政府的备忘录，强调联邦政府应保证透明公开、公共参与、大众合作。[11] 然而，2015 年，三项分析表明，联邦政府对《信息自由法》的实施情况依然远低于合格水准。有效政府中心(Center for Effective Government)评估了15家担负90%《信息自由法》请求的联邦机构，在能否坚持及时回应《信息自由法》请求方面，给了10个机构D或F等级的评价。[12] 一项国家安全档案分析发现，"国会通过《电子信息自由法》(*Electronic Freedom of Information Act, E-FOIA*)近20年后，只有40%的机构遵循法律指示，在它们的电子阅览室中系统地发布相关记录。"[13]2015年3月，一篇题为"奥巴马政府拒绝《信息自由法》请求创下新纪录"的文章，开头是这样评价的：

> 根据美联社对联邦数据的新分析，奥巴马政府去年审查的政府文件数量，以及罔顾《信息自由法》、不断拒绝公众查阅文件请求的次数，已再次打破纪录。政府在提供文件时花费了更长的时间来翻阅文件，更常见的是，政府无法找到文件，并且总是拖延很久才转交文件，这可能尤其值得注意。政府也在近三分之一的案件中承认，根据法律，最初政府扣留或审阅记录是不适当的，但承认这只发生在政府受到质疑时。今年年底，积压未回复的请求攀升至55%，超过20万件。[14]

真正的《信息自由法》改革将是一种有效的政策变革，加强对政府活动的监督，可以由记者、非政府组织或者要求使用政府记录的个人来执行。[15]2015年的《信息自由法》改革法案提出的政策改革建议中，已可以明显看出调查记者从联邦机构获取数据时面临重重难关。众议院和参议院的《信息自由法》措施中，都默认联邦政府文件和数据应公开。这就要求那些想拒绝文件使用请求的政府机构解释公开文件会带来什么具体可预见损害，或是说出阻碍公开文件的明确法律规定。将公开原则编入法律，也会让下一任总统不得不遵守《信息自由法》。一条对改革立法的评论提到："25 年来，许多机构能够扣留资料，在公布资料前先进行内部讨论或其他特权沟通，而新法案将中止一切。提倡公开透明的人们抱怨，政府经常广泛启动'商议权'，因此《信息自由法》原本要求公开的政府内部运作，都变得模糊不明。"[16] 人们所建议的改革将使一个《信息自由法》互联网门户网站得以创建，申请者可以一次性向多家机构提交文件请求，同时文件使用费也将迎来调整。然而，《信息自由法》改革的前景多不明朗，金融监管机构尤为担心，若通过《信息自由法》人们可以轻易挖掘银行的信息，银行很可能不愿意公开信息，而且即使不采取立法，也可以改进信息自由。例如，2015 年，7 个联邦机构启动了一项试点计划，它们遵照《信息自由法》，线上发布了文件和数据。[17] 这一努力涵盖环境保护局、国土安全部和国防部的部分机构，做到了"一人申请，大众共享"，更便于人们获得已发布的信息（尽管个人还无法申请查阅本人的资料信息）。

相比联邦政府机构，州政府的信息自由法律在及时提供以及申请者搜索文件和拷贝数据的收费方面，仍存在差距。通常情况下，州政府机构可能会利用高收费来阻止记者申请数据。每年 3 月份的"阳光周"期间，新闻媒体都会分享联邦政府、州和地方各级政府同意或拒绝信息自由请求的例子。2015 年，美联社回顾了报社支付给州政府的信息费，披露了记者在进行政府调查时遭遇的障碍。[18] 在加利福尼亚州，美联社需要"确认穷人吊销驾驶执照的比例是否过高"，向机动车部门提出数据申请，机动车部门回应申请数据的最低费用为 19 950 美元，最终美联社放弃请求。科罗拉多州，美联社向法律部申请州政府和联邦政府关于大麻的交流记录文件，法律部门给美联社的报价为 350 美元。堪萨斯州，老龄和残障服务部门估算，拷贝州长和其他两名官员关于医疗补助的邮件，需花费 600 美元。俄勒冈州，拳击和武术协会主席办公室被发现有 22 000 美元，记者向警方申请调查相关文件，州警方索要 4 000 美元，用于支付 25 小时的检索和审查时间，美联社于是放弃了请求。弗吉尼亚州，特里·麦考利夫州长办公室要求美联社支付 500 美元，理由是他们拷贝了州长 10 个月的日程文件。同样类型的文件，加利福尼亚州州长杰里·布朗免费提供给美联社。

信息自由法律要求公开的文件和数据，可以让记者掌握政府一系列范围广泛的行为。可以参考《州报》(*The State*)的经验，这是一家位于南卡罗来纳州首府哥伦比亚的地方报社。像许多位于州府的新闻媒体一样，《州报》将州政府的报道视为地方新闻。利用南卡罗来纳州的信息自由法律，报社发布了数篇头条新闻，显示了州政府可能提供的审查类型："开支使立法者薪水悄然增加"；"南卡罗来纳骑警遭投诉，司机有毒驾嫌疑"；"独家新闻：被告参谋和哥伦比亚市议员对簿公堂"；"40%南卡罗来纳儿童福利工作者工作超饱和"；以及"健康和环境控制部门未尽监管职责”。[19] 南卡罗来纳州最初的《信息自由法》于1974年通过，与其他州一样已很长时间未修订，再次修订可以清楚了解哪些信息需要改进。对南卡罗来纳州来说，公职人员的薪水和警察局的犯罪报告，都是应公布的公共数据，要掌握信息意味着需修改法律。2015年《州报》提到了现实的落差：“没有法律要求地方和州政府机构的高级官员使用州政府邮箱，或规定使用州政府邮箱意味着需遵守《信息自由法》。而一些官员仍然设法阻碍人们合法的公共信息请求，迫使人们进行耗时、高昂的申诉。”[20]

如果检索和拷贝费用降低，并能扩大明确公开的文件范围，那么记者可以更轻松地写出关于州政府和地方政府的问责报道。许多州新闻协会、报社评论员和非政府机构都支持改进实施州《信息自由法》。其中，南卡罗来纳州新闻协会的信息自由委员会为改革付出的努力尤为典型。由于南卡罗来纳没有一个权威机构有权针对《信息自由法》实施的投诉采取行动，当时他们组成一个任务组，致力于促进《信息自由法》的实施，然而他们的努力还是失败了。[21]

除信息自由法律外，如果政府承认调查性报道披露的市场失灵，许多影响新闻问责功能的政府政策也会迎来改变。联邦通信委员会中，很多委员长期以来一直否认信息市场中存在公共商品和正外部性。美国联邦通信委员会前主席马克·福勒在20世纪80年代曾称电视为“带图片的烤吐司机”，关于人们对新闻的偏好，他有一句著名言论：“公众兴趣决定公众权益。”2001年，当人们问及美国联邦通信委员会主席迈克尔·鲍威尔对“数字鸿沟”的看法，他宣称：“我认为这个‘鸿沟’和价格有关。人们想要，但付不起。”[22] 这一评论也暗示媒体市场的运作并无特殊之处，它同样需要根据内容的缺陷进行干预。联邦通信委员会在 2011 年发布的《瓦尔德曼报告》(*Waldman Report*)关注于将新闻作为一项公共商品，并有效概述了公共事务公开面临的困难，以及其带来的内容差距。然而，即使在这份 468 页的综合报告中，“市场失灵”一词也仅体现在脚注中。[23]

新闻市场的骚动显然在一些方面证明了“创造性破坏”(creative destruction)，经济学家约瑟夫·熊彼特(Joseph Schumpeter)曾用这个词来形容工业创新、技术变革和新开放市场带来的经济结构变化。传统媒体广告收入下降；社交媒体网络快速扩张；数字原住民组成的网络新闻网站诞生；搜索、汇总、内容管理、表达迎来了爆炸式增长；移动设备在日常导航和生活应用领域大获全胜；纸媒记者地位下降，所有的变化都可以迅速决定谁是新闻界的赢家或输家。可以理解政策制定者或许不希望对媒体机构进行补贴，也不希望更有效的信息共享方式取代现行流程。在日新月异的技术世界，政策制定者可能也会怀疑自身是否能及时有效干预。

在技术的飞速发展、周期性繁荣和萧条的背景下，公共事务新闻市场仍将继续提供公共商品和正外部性相关的市场失灵报道。调查性报道有三大基本要素：内容原创，对社会的正向溢出效应，以及政府官员总想对新闻挖掘强征交易费用，第三点尤为阻碍问责新闻在市场上的供应。重要新闻很容易通过社会成本效益测试，却往往不会被发现，因为它们的制作成本很高，而且尽管这些新闻带来改革，却不一定能吸引大量广告或订阅，没有得到应有的褒奖。政策制定者如果承认调查性报道中存在市场失灵现象，在政府间广泛采取行动，就能支持新闻的问责功能。政府行动可包括改变政策影响联邦对研发的支持、改变非营利性税收政策，以及公开政府运行。

即使记者拥有电子邮件缓存、一堆表格、一组音频和视频文件，并收集了电子文献，但仍面临许多学术研究人员和政府分析师常见的挑战：如何将非结构化信息转化为结构化数据进行分析？联邦政府的许多部门都资助了这类研发项目，帮助分析特定政策领域的数据。美国国防部高级研究计划署、国防部和国家科学基金会共同支持开发了一款分析软件，旨在提供一项公共商品：国防。[24] 国会图书馆、国家档案和记录管理局大力支持了政府运作深入教育方面的创新工作。国家人文基金会、国家科学基金会为数字人文和电子政务等领域的发展提供了资金支持。如果联邦政府资助的软件以开放源代码格式发布，人们便可以对软件进行改进，有助于调查记者的工作。然而大部分研究最终都只限于支持国家安全机构内部算法结构，有的后来发展为商业软件，但价格超出了新闻工作者的预算，有的模块一直只限学术使用。

记者在监督政府行为时面临的一系列可见问题，算法创新都可以帮助解决：扫描的文档有较多涂改、潦草模糊（对光学字符识别软件而言是一项挑战）；市议会会议、州立法委员会听证会或法庭诉讼中常需要转录、制作索引、搜索事件的音视频记录鉴于多重语音识的挑战，这类任务难度更高；将数据从便携式文档格式（PDF）的表单中提取，生成电子表格；挖掘文档时识别出涉及机构、主题和观点，与如何把它们串起来（是对审查辩论、规则制定、新闻发布和新闻报道方面提出的挑战）；以及长时间内结合多渠道信息来追踪某个机构或事件，寻找新的行动或决策。[25] 帮助记者解决这些问题，可以加强政府责任。但一些机构享受研发补助金、手握研发项目，却很少帮助记者，也没有意识到这是研究任务的一部分。如果国家科学基金会、国家档案和记录管理局以及国会图书馆等组织将公共事务报道作为公共商品加以支持，那么记者面临的计算挑战，将更容易吸引学术界和非政府机构研究人员的关注。[26]

对调查性报道涉及公共商品的市场失灵和正外部性的认识，也可能改变美国国税局对待非营利性媒体的方式。根据《国内税收法典》（*Internal Revenue Code*）第 501（c）（3）条，有一大批媒体机构是作为非营利机构运营，其中包括《消费者报告》《琼斯母亲》《国家地理》和地方公共广播电台等。在 2008 年金融危机之后，美国国税局开始接受更多来自地方新闻组织的申请，这些组织关注当地公共事务报道，通常是线上组织，它们希望以非营利性媒体的形式运营。2013 年，非营利媒体工作组基金理事会的报告发现，国税局明显拖延了向这些地方新闻媒体授予非营利地位。授予延误的机构包括旧金山公共新闻社（San Francisco Public Press）、芝加哥新闻合作社（（Chicago News Cooperative）在获批前已停业）、厄尔帕索的《报纸树》（*Newspaper Tree*）和新奥尔良的《镜头》（*The Leus*）。难以获得非营利地位，还阻碍了它们获得捐助和基金会资助。在与申请人沟通时，国税局官员经常不愿意承认非营利性新闻机构具有“教育意义”，尽管税收法规将教育意义定义为“关于对个人有益并对社区有利的主题的公共指导”。[27] 为了确保其非营利性地位，国税局要求调查性新闻网〔现在称为非营利新闻研究所(Institute for Nonprafit News)〕“在公司章程‘目的’条款中删除‘新闻’一词”。[28] 国税局通知一家位于罗德岛、负责当地公共事务的报社及网站的编辑，称“虽然居住在您社区的人可能对您的大多数文章感兴趣，但它们不具有教育意义”。该组织由于未得到501(c)(3)资格，暂停出版。[29]

基金理事会报告认为，调查性报道值得支持，这种新闻类型带来了公共商品和正向溢出效应。在指出为什么公共事务报道有时在市场上供应不足时，报告发现，成本高的问责新闻一般包括“需要不计其数文档和记录搜索的调查性报道；政府官员不遗余力抵制信息记录曝光的故事；作为获取某种知识最佳渠道的专线报道，这是由于了解某些政策需要花时间研究一系列机构和问题……地方问责新闻对公民极其重要，也极有价值，但不会产生强劲的消费者需求来推动媒体健康的业务模式。”[30] 该报告呼吁，未来，在评估非营利性媒体地位的申请时，“国税局应评估该媒体机构是否以具有教育意义的活动为主，为社区带来福利，而不是为牟取私利，以及它是否按照非营利、免税组织的标准运营。”[31] 尽管基金理事会报告《瓦尔德曼报告》以及联邦贸易委员会工作人员政策建议草案均将目光聚焦于此，提出重振新闻业，但迄今为止，国税局并没有为那些专注公共事务报道的非营利性媒体修改规则，虽然它们发挥了教育职能，完全有资格获得501(c)(3)授予。[32]

乍一看，政府公开和透明化政策似乎能让许多人群监管政府行为，如选民、非政府组织和记者，促进公职人员尽职尽责。奥巴马总统的政府公开政策明确基于使政府更加透明，加大合作和参与程度。然而，各级政府实施公开政策时，往往侧重于专业知识和建议的众包，其可以帮助政府作出决策，从而输出可用于商业活动的数据，即所谓的"数据资本转化为投资资本"，或使能够促进政府服务实施的数据可用。透明化政策为社会带来了巨大收益。[33] 但是，指望政府公开信息，从而使政府问责成为公共商品，并不是优先选项。普利策奖得主莎拉・科恩在一篇题为"透明化与公共政策：政府宣扬公开却未能尽责"（Transparency and Public Policy：Open Government Fails Accountability）的文章中指出，奥巴马总统第一届任期满后，政府宣扬透明化，内部仍存在不透明：

> 根据《信息自由法》的精神，一些公认为应公开的记录，仍然锁在橱柜里，或电脑中。尽管联邦政府一再要求公职人员公布日程，但公职人员却很少做到。经过两年努力，政府终于允许申请方审阅他们认为敏感的文件和审查信息，人们可以获得基本支出文件，如合同、赠款和采购订单等，即便如此，大多数城市早已公布的基本记录，在某些地区还是几乎不可能获得。[34]

科恩指出，透明化政策有时导致了两套文件产生，一套用于机构内部，另一套用于公众分享。[35]

想了解如何在联邦、州、地方政府层面改进对数据公开政策的执行，可以找一个最佳案例，对比特定机构或地区的处理方法。阳光基金会制定的《数据公开政策指南》(*Guide Lines for Open Data Policies*)，为如何界定公开数据、共享信息及政策实施提供了纲领。建议的数据公开政策中，特别有助于记者问责报道的包括：

> 主动在线发布政府信息。创建一个公开、全面的信息所有清单。规定适用于承包商或准政府机构的条款。
>
> 适当保护敏感信息。针对最大技术访问量，统一数据格式。要求发布元数据。
>
> 批量发布数据。创建信息公共访问程序页面。
>
> 设立或任命监督机构。为政策实施制定指南或有约束力的规定。确保有足够的资金执行政策。[36]

联邦贸易委员会举办了一场关于记者挑战的工作坊，莎拉·科恩为此准备了一篇评论，特别指出要有力推动公共事务报道，透明化政策在许多地方有待改进。她还指出，与其消极回应公众对信息自由的要求，政府机构可以主动发布“文档记录，如通信日志、内阁和副内阁级官员的日程安排、政治委任和签署合同的付款记录、赠款和审计记录等”。[37] 她还建议各级政府在设计或修订信息系统时考虑开放性，以便数据更易于公众获取。此举将减少校订需要，降低多种类型数据的发布成本，包括“人员记录、日程和电子邮件系统、支出记录、客户记录、检测和合规记录以及福利记录”。[38]

公开数据有助于让各行各业的参与者监督政府履行职责。以开放数据为基础构建的非营利性网站，有的将芝加哥区划法可视化（secondcityzoning. org），有的专门报道底特律补助金（detroitledger. org），有的描述旧金山犯罪趋势（sanfranciscocrimespotting. org）。[39] 非营利性网站提供的政府透明化应用包括纽约市政支出数据（Checkbook NYC 2. 0），以及一款报道追踪政府对社区投诉的反馈的应用（seeclickfix. com）。开放数据也为调查记者提供了发现新闻和报道新闻的新途径。华盛顿特区的一家公共广播电台 WAMU 利用公开数据证明，资助市议会竞选的开发商从政府获得重大补贴。《芝加哥太阳时报》的一位记者利用芝加哥北斗追踪（Plow Tracker）网站收集数据证明，芝加哥最资深议员住处所在的街区享受了殷勤的扫雪服务。[40] Propublica 数据库利用医疗保险和医疗补助服务中心的信息，向点评网站 Yelp 提供医院、透析中心和疗养院相关的数据，Yelp 又将这些信息更新至医疗点评版块，供网站数百万用户使用。[41]

以上建议的政策改革能进一步完善调查性报道，让调查性报道形成内容中立、不偏不倚的特性。这类政策能够降低与《信息自由法》、政府公开相关的新闻挖掘成本，支持计算研究，但本身并不是为了促进某类特定政策议题的报道，或宣扬某个政治观点。这些工具和数据可提供给记者、非政府组织和个人使用，他们可以通过印刷、广播或网络的方式交流发现。新闻的公共商品性质体现在内容一经发布，便可在许多平台上自由传播，帮助新闻发掘，有助于支持问责报道在各个平台上发布。

记者的确会根据报道成本更改新闻稿。想一想之前美国制造业工厂化工气体和污水排放的新闻。1986 年，美国政府通过了《应急计划和社区知情权法》（*Emergency Planning and Community Right-to-Know Act*），而在此之前，公司企业可以不公开它们的化工排放品品名和排放量。对于一部分化学品，《应急计划和社区知情权法》要求排污企业每年向美国环保局报告这些有毒物质的排放和转移情况。公众可以通过《毒性物质排放清单》（*Toxics Release Invertory*）了解这些数据。同时，1989 年，国会首次在一次监管计划中要求公司通过电子数据库向公众提供信息。结果，记者依据《毒性物质排放清单》中披露的污染信息，作出相关报道，引发许多公司股价大跌，跌势明显的公司减少了污染。[42] 随着数据公开，由此产生的监察也发生了系统性的变化。如果气体排放量较高，或涉及更多化工品，记者们更可能在监管计划的第一年，即 1989 年就撰写出关于某家公司有毒物质排放的新闻，但要是许多公司都有排污行为，或者它们知道自己处于高污染行业，那记者要报道出某家公司的污染问题就不太可能了。[43] 在既定的污染等级下，排污企业很有可能对危害健康的污染源采取减排。但如果社区居民政治参与热情不高，排污企业减排的可能性会降低。[44] 在严格监管的污染物方面，企业不太可能准确报告实际情况。[45]《毒性物质排放清单》计划的案例显示，记者报道时会使用新发布的政府数据，尽管监察影响取决于各种各样的因素，如该话题此前的信息，报道聚焦、传播的活动，以及产生审查的政治和经济程序。

尽管许多政策变化会让政府官员更加负责，但官员需要付出较多代价，而并没有集中让某一类选民受益，这就导致了这类政策的通过或实施变得不太可能。立法者可能许下诺言，保证记录公开，但如果数据公开意味着要付交易费用，那么立法者的承诺大多是象征性的，而非真实公开。例如，参议院竞选委员会的捐款记录就反映了象征性的信息透明。尽管众议院候选人、总统捐赠记录都是以电子文件形式保存于联邦选举委员会，参议院却采取了另一种方式："参议院多年来一直选择固守老旧的存档制度，整个流程是这样的：候选人将他们活动报告的纸质副本交给参议院秘书，参议院秘书又将它们提交给联邦选举委员会，联邦选举委员会必须雇用承包商将数据输入其电子系统中。整个过程估计每年花费 50 万美元，并且会延迟几周，甚至几个月的时间，不利于及时发布记录。"[46] 到 2014 年秋季，在 10 月 15 日文件提交截止日前，十一个竞选团体候选人已向参议院公共记录办公室提交了 8 万多页文件（其中许多还是从电子数据库中打印出来的）。参议院办公室随后扫描了这些文件，存为图片文件，并与联邦选举委员会分享，联邦选举委员会 13 天后在线公布记录图片，供公众查看。[47] 而竞选相关的电子数据库要在大选结束后的几个月才能查看。交易费用同样限制了对其他国会行为的监察，尽管众议院秘书办公室和参议院秘书办公室有人管理文件和数据，但只有愿意并能够前往其办公室的人，才可影印这些文件。[48]

机构层面，公职人员可能会抵制与《信息自由法》、政府公开或透明化相关的政策，因为审查限制了他们的自由裁量权，或是由于国会未提供充足资金支持，难以维持公开文件、数据的成本。

官员可以不遵守《信息自由法》条款，将透明化所带来的预期成本反施于公众，而申请者有时也敢于通过诉诸法律，来强制官员遵守法律。尽管政治上有诸多算计，掌权者在抵赖责任方面依然费尽心思，但支持监督职能的政策也取得明显进展，依然是可行的。面对国会与各行政部门，以及民主党与共和党的斗争，公众和记者更易于获得数据，有时还可以提供选举优势。当媒体机构迎难而上，诉诸法律行使公众的知情权时，法院裁决可能成为后人参照的先例，以便其他人获得类似数据。非政府组织的一系列任务是让政府数据和行动的获取更加便利，其中包括有效政府中心、响应政治中心（Center for Responsive Politics）、政府监督项目组织（Project on Government Oversight）和阳光基金会。支持这些非政府组织的慈善事业有效地克服了"搭便车"问题①，这些团体通常自掏腰包，提供并解析数据，或对透明化政策进行分析研究。民间黑客也可以通过编程为问责政府出一份力，花时间解决协调或收集的难题，为选民和记者挖出免费使用的信息。[49]

为支持记者问责职能，改进公共政策，这些政策变化涉及群体决策、数据产权相关的集体行动，以及政府资金流动。另一条与之平行的方法路线是既定的现行政策，我们只能依靠计算领域的进步，思考如何增强我们使用数据的能力，来保证政府履行职责。第二种方法不需要立法者或掌权者改变自身思维。渐渐地，

① "搭便车"问题是一种发生在公共财产上的问题，是指经济中某个体消费的资源超出他的公允份额，或承担的生产成本少于他应承担的公允份额。如一些人需要某种公共财产，但事先宣称自己并无需要，在别人付出代价去取得后，他们就可不劳而获地享受成果。——译注

该领域的进步被称为计算新闻，相对而言，作出决策改变的是各行各业的个体行为者，如计算机科学家、慈善家、企业家、研究者和记者。

计算新闻之路

职业新闻工作者协会(Sigma Delta Chi)是专业记者协会(Society of Professional Journalists)的前身，于1912年开始发行《羽毛笔》(*Quill*)杂志。该杂志关注新闻业的趋势和挑战。尽管日报们每年都会刊登很多调查、曝光和声讨，但《羽毛笔》似乎直到1948年才使用调查性报道这一术语。[50] 杂志用了许多其他术语来描述问责新闻，如丑闻揭露，那时调查性报道已风行几十年。

人们用了更长时间接受"数据新闻"(data journalism)这个词。《卫报》成立之初(当时还称为《曼彻斯特卫报》)，在第一期刊登了一张表，列出了曼彻斯特的学校、各校学生总数(男生女生分开计算)以及年度总支出，发行日期为1821年5月21日。[51] 1848年，霍勒斯·格里利(Horace Greeley)利用国会成员的身份，获得国会出勤报销记录，并以表格的形式发表在《纽约论坛》上，"每位议员对应他名下收到的里程数、按照邮政路线的里程数(另一种测距方式，参考议员所在地区到国会大厦的里程)，以及两者之间的成本差异。"[52] 这引发了众议院对差旅路线和报销费率的讨论。大约160年后，出现了数据新闻这一专有名词，所涵盖的正是此类分析。与计算机辅助报道和数据新闻等术语不同，计算新闻的问世，更多是对未来潜在工作类型的预期，而不是对现有活动进行描述。理解计算机辅助报道到数据新闻，再到计算新闻的演变过程，可以让人们了解数据和算法的创新运用，最终持续推动调查工作。

到了1989年，越来越多的记者开始使用数据库和计算机，密苏里新闻学院（Missouri School of Journalism）成立了调查记者和编辑项目，即后来著名的美国计算机辅助报道研究所。1995年，布兰特·休斯敦写了一本有关计算机辅助报道的教科书，是该领域最早的一批教科书之一。2015年出版的第四版中，休斯敦如此描述计算机辅助报道："随着时间的推移，计算机辅助报道带来了三大技能：在线资源（主要为查找和下载数据库）、电子表格和数据库管理。随着记者的新闻技术愈加纯熟，这三大技能又加入了其他工具，包括统计软件、地理信息系统、地图绘制软件和社交网络分析。"[53] 1998年，布鲁斯·加里森（Bruce Garrison）提到新闻编辑室正在运用计算机辅助报道（当时他简单地将其定义为"为新闻发布收集信息的电脑应用程序"）："记者生产力提高……信息收集成本降低……当地报道的质量提高……信息分析日益重要，对信息来源的依赖降低……你追我赶……更多信息可利用……技术可靠性和更高的信息准确性……为后续使用和其他需求提供更好的存储和更快的检索。"[54]

埃利奥特·贾斯宾建议，在大多数情况下，计算机辅助报道从业者可使用四种技术来追踪新闻中的报道。通过九轨快车（Nine Track Express）软件，可以将主机数据传输到个人电脑里："搜索、计数、排序和交叉索引。"[55] 在分析一些计算机辅助调查性报道的案例时，玛格丽特·德弗勒尔（Margaret DeFleur）表明，主流的分析技术都很基础：计数、百分比、排列顺序或前后比照。只有三分之一的报道需要计算平均值或估测趋势，仅有5%的报道可能会用到抽样、假设检验或概率估计。[56] 尽管运用的方法技巧不难，计算机辅助报道通常还是会产生较大影响，因为有时只要人们看到频率或百分比，或公共政策的结果类别，就足以刺激变革。例如，2013年，《太阳哨兵报》通过收集收费站数据，计算警车车速，并在报道中体现了超高车速出现的频率，为报社赢得了普利策公共服务奖。[57]

到2012年，《数据新闻指南》（*The Data Journalism Handbook*）首次出版的那一年，谈到报道创新时，记者可能会使用数据新闻这一术语，而不是计算机辅助报道。[58] 美国计算机辅助报道研究所官网如此解释相关术语分类的变化："过去的20年里，'计算机辅助报道'一词被广泛用于描述现在常说的'数据新闻'。"[59] 然而，数据新闻的定义所涉及的工作，可能不仅包括计算机辅助报道，还包括更广泛的报道类型。乔纳森·斯特雷（Jonathan Stray）将数据新闻定义为"从公众利益出发，获取信息、报道新闻、进行内容管理和发布数据"。[60] 亚历克斯·霍华德（Alex Howard）将记者对数据使用的变化描述为：

> 数据新闻，也可以理解为通过收集、清理、组织、分析、可视化和发布数据，对新闻事业的支持创造。更简明扼要的定义是数据科学在新闻领域的应用，其中数据科学可定义为从数据中提取信息的研究。数据新闻的最基本形式中，结合了：(1)数据处理，作为收集和验证数据的来源；(2)统计数

据的应用和查询；(3)可视化来呈现数据，比如击球平均数比较或股票价格对比。[61]

马克·科丁顿(Mark Coddington)从专业性与网络性、透明化与模糊化、取样与大数据、公众被动接受与主动搜索四个方面，分析计算机辅助报道、数据新闻和计算新闻的异同，发现计算机辅助报道的发展深受菲利普·迈耶的影响，迈耶于1973年发表了一篇关于精确新闻的文章，主张在报道中运用社会科学的方法(包括抽样和调查)，报道话题涉及调查新闻或公共事务新闻。数据新闻与问责报道之间关系不大，不过更有可能在新闻中为读者提供潜在数据。这对受众理解数据内涵有巨大意义，并让政府工作更透明。正如利利安娜·博内格鲁(Liliana Bounegru)所解释的那样：

> 数据新闻可以让任何人都能深入研究数据源，并找到与自己相关的信息，还可验证常见假设，或对这些假设进行挑战。数据新闻有效地代表了资源、工具、技术和方法的大规模民主化，此前只有调查记者、社会科学家、统计人员、分析师这一类的专业人员才会使用。虽然目前还是只有记者才能引用、链接到数据源，但我们正在朝数据无缝融入媒体结构迈进。[62]

科丁顿正确指出，这三种方法往往有重合，在同一系列报道或文章中，都有明显存在的痕迹。在概括这些差异时，他总结道："这三种实践方法，明显都是以数量为导向的新闻类型：计算机辅助报道根植于社会科学方法，以及调查性新闻的审慎风格和公共事务导向；数据新闻的特点在于开放参与和跨界混搭；计算新闻则侧重于信息抽象化和自动化过程的应用。”[63]

《数据新闻指南》中的小标题论述了技术方法不断发展的意义，点明了其功能和价值：过滤数据流；新闻叙述的新方法；利用笔记本电脑提供图片新闻；数字运算结合词汇挖掘；改善信息不对称；解答数据驱动公关；提供官方信息的中立解读；处理数据泛滥；节约时间；让受众看到别处看不到的信息；让新闻更丰富。[64]这些好处也需要成本，包括培训时间、探索时间以及开发数据和软件的资金。资源源源不断地投入数据新闻，这些成本带来了大量报道，但也有不少未发表，或发表了反响平平的报道。和计算机辅助报道及任何主题复杂的原创内容创作一样，数据新闻挖掘并不一定都会带来报道结果。正如一位从业人员提到的：“我们可能花上几天时间，结果一无所获。通过将不同的数据库融合在一张表里，记者可能会作出一个独家报道。但成功率为十分之一。通常需要很长时间，结果还不是立即产生，也不成体系。”[65]

与有其他数据报道经验的记者相比，有计算机辅助报道经验的记者更可能会有与众不同的调查理念。西尔万·帕拉西(Sylvain Parasie)和埃里克·达吉拉尔(Eric Dagiral)在查看芝加哥的报道时发现，“程序员记者”对新闻的构建有另一种设想：新闻应被看作一种可以在数据库里捕获的结构数据；数据集应与公众分享，以便受众能够深入探究；人们可以利用这些数据来探索政府的工作方式，并通过使用这些数据，促使政府负起责任。[66] 计算机辅助技术爱好者有时会质疑受众过滤数据的能力，怀疑他们能否提供背景让其他人了解政策的运作，并认为期望个人潜入数据寻找委托代理关系失灵问题，不太现实。

此前有人曾对调查性报道中心 2011 系列〔“摇晃的地面”(On Shaky Ground)〕进行研究，这一系列是关于地震安全与加利福尼亚公立学校的报道。研究中发现，有计算机辅助报道经验的记者更可能在写稿时更多地受到假设驱动，而那些纯粹依靠技术的记者则更多地从数据出发。该项目报道耗资约 55 万美元，项目最初包括清理数据库。有些数据库包含无效数据，另外(某些情况下)受利益相关方施压影响，有些数据库存在偏差。一位记者指出：“没有信息是永远干净的。没有数据是完美无瑕的。我可以接受这一点。但鉴于这种局限性，要弄明白利用这些信息能否作出负责任的报道，对于我们来说非常重要，也很有必要，同时也是非常困难的。”[67] 为了避免错误断言某所学校的安全问题，记者反复调查学校现场和数据库。实地走访学校有助于甄别数据库的问题。最后，清楚干净的数据，能够帮助记者找出有地震风险的学校，还在采访专家时派上用场，方便记者了解其他问题。文字报道讲述了政策失灵的大背景，而调查性报道中心公开的数据库则允许人们进一步分析个体，使家长能查询到子女学校的地震风险信息。报道引发了加利福尼亚州关于学校地震安全的讨论、审核和调查，这一系列获得了 2011 年调查记者和编辑协会奖(该奖项是调查记者和编辑界的最高荣誉)，并促进调查性报道中心旗下的“加利福尼亚观察”(California Watch)项目入围 2012 年普利策地方报道奖评选。[68]

2008年,伊尔凡·埃萨(Irfan Essa)教授在佐治亚理工大学举办了第一届计算与新闻学会议,会议邀谷歌新闻创始人克里希纳·巴拉特(Krishna Bharat)为主讲人。[69]计算新闻起步之初,人们便对它的定义展开了激烈讨论,而这门新方法也在不断演变。2009年,我与弗雷德·特纳(Fred Turner)在书中提到:"什么是计算新闻?相信几年后,记者、软件开发人员、计算机科学家和其他学者经过不断交流讨论,最终能够给出答案。但现在,我们将计算新闻定义为源于社会科学,结合算法、数据和信息,补充新闻问责功能的组合体。"[70]2011年与莎拉·科恩合作时,我们注意到计算新闻的"广义定义涉及改变新闻挖掘、报道呈现、新闻汇总、新闻变现和存档方法"。[71]

与调查记者的讨论展示了计算机可以解决的挑战,其中包括对不同来源的内容进行整合、在记录中查询机构、对文档进行汇总分类、为音频和视频文件编制索引,以及更轻松地从表单中提取数据。我们注意到这些领域的创新将帮助调查记者和消费者克服一个关键问题:"许多材料都太难获取,而即使获取了材料,内在信息又太少。"[72]2011年,一篇名为"计算新闻的前景"(The Promise of Computational Journalism)的文章中,特里·弗卢(Terry Flew)等人描述了计算科技在哪些方面能促进新闻业的意义建构:

> 自动化减轻了数据收集和解读、数字处理、网络分析、数据分类和处理等活动的强度,否则这些活动需要手动完成;

> 算法使运营商能在变量较多的情况下，遵照预定步骤完成指定目标、确认问题、找到合适解决方案，并通过可靠、一致和高效的方式验证信息；信息提炼允许不同层面或不同观点的存在，从中可以产生新想法，或者探索新的方向。[73]

尽管计算新闻基于计算机辅助报道和数据新闻，并包含它们的基本要素，但这门新方法有时涉及更大的数据集和更复杂的算法。计算新闻报道中的数据集常常比 Excel 可以合并的电子表格还大。企业和政府机构开始使用“大数据”，意味着记者要想监督它们，最终也要使用体量接近的数据。尽管“大数据”一词没有普遍认可的定义，塞斯·刘易斯（Seth Lewis）和奥斯卡·韦斯特隆德（Oscar Westlund）指出，它通常指的是那些就“数据容量、种类和传输速度”而言，普通计算机的存储和处理系统难以满足的数据。[74] 不同报道的功能类型，不同计算处理，在结合计算和新闻报道上的进展并不均衡。2012 年，尼古拉斯·蒂亚克普洛斯（Nicholas Diakopoulos）在评价计算机科学的文献时发现：“自然语言处理、数据挖掘、社会计算和信息可视化等概念在新闻与传媒业的应用，吸引了大量关注。机器学习、知识表示、信息检索和计算机视角等话题也引起了一些关注。但是很少有研究关注如何将机器翻译、用户界面实体化、代理或虚拟现实应用于新闻信息或新闻报道中。”[75] 在分析计算新闻近期发展的过程中，我看到三种不同类型的进步：用算法制作新闻，关于算法的新闻，以及通过算法作成的新闻。

在自动化新闻领域，结合数据和代码，算法本身就能编写一则新闻。现在，自动化新闻常应用于模式易于预测并可以定量测量的事件。叙事学(Narrative Science)这家软件公司分析了体育新闻的典型框架和常用语，通过重复使用技术统计中的结构数据，可以自动写出比赛新闻。该公司声称，他们的软件“能针对观众和赛事级别，无论是大学联赛还是职业竞技，都可以生成实时信息，如推特、比赛进展、赛事回顾和赛事分析”。[76] 2014 年，自动视野公司(Automated Insights)的软件通过算法生成了超过 10 亿则新闻，包括为超过 3 000 家公司编写季度财报。[77] 2014 年 3 月 17 日，地震停止三分钟后，《洛杉矶时报》立即在网上发布了一篇关于当地地震的新闻短讯。这篇短讯是由算法自动生成的，这一算法名为“地震机器人”(Quakebot)，由《洛杉矶时报》记者肯·施文克(Ken Schwenke)设计：“每当美国地质调查局发出警报，提示某个阈值超出规定范围时，地震机器人就会从地质报告中提取相关数据，并将其插入预先编好的新闻模板中。之后这则新闻会进入《洛杉矶时报》的内容管理系统，等待人工编辑的审查和发布。”[78]

迄今为止，算法生成的新闻尚未涵盖调查性话题，部分原因是要发现政府失灵案例成本相对较高，而且问责报道所需的数据常常需要交易费用。自动化新闻与问责报道联系最紧密的一次是叙事学公司与 ProPublica 数据库合作，就公立学校高级课程的普及问题，编写出超过 52 000 篇新闻。ProPublica 数据库利用 2009 年至 2010 年的联邦教育数据，开发了一系列题为“机遇差距”(Opportunity Gap)的报道，探讨贫困家庭的学生获得美国大学先修课程或高级课程的机会。叙事学公司用算法为数据库中的每所学校都生成了一则新闻，所以当父母搜索某个公立学校的数据时，搜索结果会出现这则新闻。[79]

如何用算法生成调查性报道，已成为一个新兴领域，尽管仍面临着技术挑战。蒂亚克普洛斯指出，需要“通过分析算法产生的原子决策（atomic decisions），来评估算法能力，这个过程包括优先级排序、分类、关联和过滤”。[80] 公司和活动策划方可能不太愿意揭露经济、政治、社会、人口因素如何影响他们与个人的互动。一些机构利用大数据和复杂的算法，来决定和人们的互动规律。然而，记者开始反过来操纵这些规则。

蒂亚克普洛斯讲述了《华尔街日报》记者所写的一篇关于网络价格歧视的文章，即根据消费者的不同特征，网上商家向消费者收取梯度价格。《华尔街日报》团队开发的软件能够模拟互联网搜索，模拟用户来自不同地区，使用不同类型的计算机或浏览器，甚至不同的浏览习惯。例如，《华尔街日报》记者曾伪装成来自美国各地的消费者访问史泰博（Staples）①网站，模拟搜索订书机报价。[81] 他们发现：“史泰博网站得到人们的位置后，显示的价格不尽相同。更重要的是，史泰博似乎还考虑到消费者与它的竞争对手的距离。如果竞争对手——实体商店（麦克斯办公或欧迪办公）离消费者不超过 20 英里，史泰博网站通常会显示折扣价格。”[82] 同时，史泰博也兼顾网上购物者在实体店的购买力，平均收入高的地区，人们明显更可能获得折扣价格。蒂亚克普洛斯叙述，记者在调查谷歌、必应的自动补全，苹果的自动纠错，以及高

① 美国线上文具购物网站。——译注

管使用的股票交易计划应用时，也经历过类似的逆向技术挑战。他指出，这类问责报道扩散的一个障碍是，“有技术特长的计算新闻记者，只有少数会对计算机算法进行深入研究”。[83]

运用算法运行问责报道，说明了计算新闻的独特性。面对越来越多的数据和更多的公众参与，新闻社会学相关的案例研究和思考也强调了这一现象的影响。塞斯·刘易斯和尼基·厄舍(Nikki Usher)指出，程序员记者模式的崛起，带来了一种开放源的报道方式，意味着“嵌入在开放源价值观中的迭代、改造、透明化和参与性，一旦应用于新闻技术和用户界面的结构性重组，所蕴含的价值都可以重新构建新闻编辑室，带来新文化，同时也将重新定义网络背景下的新闻业。”[84] 利用面向公众的数据库、地图和博客，包括根据法医部门自动发出的数据邮件，《洛杉矶时报》得以系统报道洛杉矶的谋杀案。《洛杉矶时报》的数据编辑本·韦尔什(Ben Welsh)指出，这种综合计算报道让读者不仅仅关注离奇案件：“犯罪新闻里，有很多夫妻犯罪档的精彩报道。这类新闻吸引了大量读者关注，我们还有专职记者全职跟踪。但是正如你所知，这些只是犯罪案件中的冰山一角。它们可能反映了某些文化倾向。而数据让我们尝试将犯罪理解为一种城市现象，更全面地理解它。”[85]

分析了2009年《纽约时报》的“毒水”(Toxic Water)系列，阿斯特丽德·基尼尔德(Astrid Gynnild)确定，这则关于饮用水安全的数据密集型报道，提出了500多个《信息自由法》请求，涉及美国所有州政府和多个联邦机构。[86] 之后，相关数据库的建立和报道的发布改变了环境法规，为饮用水项目带来更多资金。基尼尔德强调了这个项目规模很大，包括筹划多级政府间的互动，从多个信息源挖掘数据，并协调一个报道团队工作 10 个月。然而，计算新闻项目也可以在资源不多的情况下，快速完成开发。安娜·丹尼尔(Anna Daniel)和特里·弗卢注意到，《卫报》采取人海战术，发动群众监督议员开销，报道通过在网上发布报销单据，模拟游戏氛围，读者可以建议记者调查哪些单据。这导致议员报销数据发布 80 个小时内，便有 17 万份记录被审阅。[87]

计算新闻的进步可以通过多种方式改善调查性报道的经济前景。在供应方面，通过更好地利用数据和算法，能够研究降低问责报道的挖掘成本，使得调查更易开展。在需求方面，这一类研究让得以媒体机构用具有吸引力或个性化的方式来报道调查性新闻，吸引更多读者观众，并有希望通过广告和订阅，将他们的关注变现。曝光实体政策问题的原创新闻可能是昂贵的，并且一旦事实公开，那些不用承担原创挖掘的媒体就会纷纷转发。但是，报道的参与度和个性化还是会带来产品差异，读者和观众可能会持续从某家媒体寻求内容，因为在那里他们能得到独一无二、更有价值的信息。

竞选赞助新闻的挖掘和报道

要知道计算新闻如何演变，可以看看当代新闻记者是如何报道联邦竞选赞助的。这个话题的报道探讨哪些人资助了竞选，资助换来了什么，以及政治资助是如何变为钱权交换，有时如何影响政策并产生腐败的。

竞选资金支持及支出的新闻，通常从竞选人和竞选委员会向联邦选举委员会提交的数据开始。由于联邦选举委员会网站对用户不太友好，媒体和非政府组织已通过创建算法，让数据和潜在模式更易于访问和透明。[88] Propublica 数据库设立了一个竞选赞助数据接口，每隔 15 分钟就会查看联邦选举委员会是否更新数据，这意味着记者可以设置竞选赞助金额的警戒值，一旦超过就会发出警报。Propublica 数据库编写的联邦选举委员会详单，实现了用户在联邦选举委员会公布数据后，能够立即搜索和联邦政治团体相关的资助记录、支出记录。为了探究资助方和官员之间的长期关系，以及不同政治团体间类似的既定模式，德里克·威利斯（Derek Willis）在《纽约时报》的“最终真相”（Upshot）博客上，创建了一个名为“同盟者”（Bedfellows）的程序，用户可以在上面搜索 1980 年至 2014 年期间各个政治团体的数据。在卡歌（Kaggle）数据科技公司的主持下，调查性报道中心与调查性记者和编辑协会共同合作，举办了一次竞赛，得出了一些算法，算法发现了政治行动委员会存在非常规资助，一些委员会的资助方相对集中，还确认了这些委员会之间的相互关系。借助自然语言处理技术，这些算法能整理出联邦选举委员会资助数据中列出的资助公司和职业背景，查看竞选赞助的分布趋势。响应政治中心设立了异常追踪器，允许用户通过搜寻六种异常模式的实例，搜索联邦选举委员会的数据。例如，“立法者发起了一项立法，而仅有一家公司或其他机构曾为该法案游说，公司机构的员工或政府行动委员会也同时为上述立法者提供了资助。”还有一种情况是，“立法者从州外收到超过50%的分项赞助。”[89]

民众也在竞选赞助分析中发挥了作用。2012年，Propublica数据库的“消息机”(Message Machine)项目向读者征集电子邮件，最终这家非营利性新闻机构收到了3万多封政治邮件。[90] Propublica数据库利用自然语言处理和机器学习技术对邮件文本使用了逆向技术，研究不同的人口统计因素(包括赞助历史和所在州)对竞选活动的影响。在“文档大公开”(Free the Files)这个项目中，Propublica数据库反映，联邦通信委员会发布的政治广告花在地方电视台的费用文件，存在格式标准不统一的问题。Propublica数据库邀请了近1 000名志愿者，记录竞选人在33个摇摆选区的政治广告花销数据，统计出2012年总统大选花在地方电视台的广告支出近乎10亿美元。阳光基金会的“派对时间”(Party Time)网站允许个人上传筹款活动的邀请和信息，阳光基金会还从政治活动的媒体账号收集数据，作为补充，[91] 从中生成了自2008年以来所有政治筹款活动的数据，公众还能查看活动详细信息，例如某些活动要求的参加门槛。其中，“群政会”(Crowdpac)提取的信息最为成熟精准，这家商业公司记录竞选人的投票情况，以及竞选人在国会、脸书和推特上发表的声明，并根据竞选人从联邦或州层面收到的个人或政治团体赞助，获得候选人的意识形态分布，-10表示极端自由派，10表示极端保守派。例如，2016年总统竞选中，记者可以使用这套评分系统，利用赞助数据推导竞选人的意识形态分布。[92]

对赞助目的，包括钱权交易对现状的影响进行描述，能够涵盖对政策决策问题的分析，包括合同决议、监管行动和立法结果等。这里用到的计算新闻方法更加前沿，部分因为比起简单列举赞助金额，关于赞助结果变量的分析更难以描述。阳光基金会开发了一款“影响力”浏览器（Influence Explorer），允许用户搜索游说记录册，把游说者与背后客户、政治问题都联系了起来。政府研究室（GovLab）的法律信件程序搜集国会成员在网上发布的信件——通常是与政府机构的通信资料，为立法监督和干预政府决策管理提供了一个窗口。MuckRock 是一个合作新闻网站，允许用户免费搜索政府文件，这些文件基本是按《信息自由法》要求发布的，多达几千页。利用 MuckRock 提供的软件，读者可以花费较低成本申请政府记录，并用得到的信息写出一篇专题报道，诸如私设监狱、无人机使用等专题新闻。[93] Propublica 数据库通过抽样和回归分析，专门研究了总统赦免因素，总统赦免对决策有极大影响，却很少使用。路透社利用机器学习将最高法院收到的上诉分为不同类别，记者可以分析律师与案件类型，将两者进行关联（如某些被起诉公司的原告正是其雇员的案例）。这种方法在法案文本分类上非常有用，并能探究利益集团如何在不同州都引进某项立法。Propublica 数据库开创了一种全新的新闻报道方法，作为一家全国性非盈利媒体网站，Propublica 数据库创建了一个与政策结果相关的数据库，发表了一篇全国性报道，还就获取信息为当地记者提供建议，指导他们如何利用这些信息作出与当地政策相关的报道（有时记者如果利用众包来资助自己的调查，Propublica 甚至还为他们提供相应资助）。[94]

正如许多记者指出的，证实钱权交易成立可能是最难的环节，因为竞选赞助并不一定和政策行动有因果关系。有时最容易发现的是贪污腐败。美国政治新闻网站“政客”(Politico)曝光了议员阿朗·朔克(Aaron Schock)递交给竞选团队和办公室的报销行程超过17万英里，尽管公开记录显示他之后售出的座驾只行驶了大约8万英里，意味着“他多报销了9万英里”，曝光后朔克随即辞职。[95] 公共诚信中心的丽兹·怀特(Liz Whyte)认为，调查钱权交易，一部分挑战来自“政客有多种渠道获利，如竞选赞助(包括个人竞选活动、政治团体领导层、党委会)、他人送礼、为自己和家人争取工作机会，以及帮助与自身相关的慈善机构或基金会获得捐款”。[96]

理想状态下，算法能为挖掘渎职的确凿证据显示最有可能的人员关系。1999年以来，“每十一名立法人员中就有一人因违法或道德问题离职。”纽约州政府反贪调查机构莫兰委员会(Moreland Commission)雇用了一家咨询公司，这家公司使用“远观”(Palantir)软件，还精通政府的反恐调查技术，在扑朔迷离的关系网中，他们抓住了线索。[97] 莫兰委员会在初步报告中指出：

> 他们利用分析平台收集和分析了以下资料：选举委员会的竞选赞助信息；竞选官员的财务披露声明；政治说客和客户曝光；立法选举结果；立法创制权；从媒体、社交网络和其他数据库中，挖掘出的竞选官员相关的人物生平、职业背景等公开数据；以及由委员会调查人员精心搜集的独家调研。到目前为止，我们已经用这个分析工具关注并发现了不少线索和联系，如果没有这项工具，我们很难注意到这些问题，而现在委员会工作人员则可以将公司、机构组织和利益

相关者联系起来，构建时间线和关系网，创建档案。[98]

然而，随着委员会的调查目标开始缩小，库默州长突然解散了调查组。尽管莫兰委员会使用的分析平台对于大多数记者来说可望而不可即，但该案例还是反映了调查记者的工作需要，他们是监督者，应独立于政府的管制。

针对立法者个体的新闻目前主要集中在投票跟进，而不是政治赞助上。定制信息程序可以先从选民的地理位置着手。皮尤慈善信托基金（Pew Charitable Trusts）和谷歌合作，开启了选民信息项目，他们创建了一个软件，选民可以编辑文字“投票”，发送到指定的号码，或者在应用程序上搜索地址，接收投票地点和选票的信息。《纽约时报》开发了一个名为“代表”（Represent）的应用程序，它可以定位纽约任意地点，判定与其相关的150多位立法者所关联的地区，并联系投票、竞选活动，跟踪媒体文章中公布的数据。《纽约时报》后来发布了地区数据接口，可以提供纽约市任何地点的经纬度，并列出它所属的选区，将“市议会、州议会、州参议院，以及美国众议院代表”囊括其中。阳光基金会的国会应用程序允许用户选择要跟进的议员代表，用户能实时获得投票通知，还能关注立法者的推文、Youtube视频网站发布和媒体报道。政府信息爆料网站GovTrack. us的用户也可以跟进投票、账单和委员会会议信息。2014年，该网站发出了400万封与立法相关的邮件提醒，使用人数超过700万。[99]

媒体要在竞选赞助报道中真正实现个性化，应充分了解自身的新闻兴趣：要跟进的竞选人和其政策结果；对叙事、可视化、视频、数据、资料的偏好；迄今为止已写的报道以及接下来会写什么；新闻的来龙去脉和你对细节的了解程度。知道了这些后，你的报道方式就会别具一格，而且随着访问和互动的次数增多，你学习得越多，体会就越明显。比起竞争对手，你在媒体渠道中越知名，越能形成锁定效应，就像现在的亚马逊网站。分享这种经验的读者越多，网站学习的就越多，网络效应就越强。产品差异化越大，媒体获得广告或订阅的可能性就越大，变现的机会就越高。

这种个性化新闻和报道方式已部分实现，但还没有一家媒体在公共事务报道领域成功践行这方面的经验，无论是一般公共事务或还是竞选赞助的报道。2009 至 2010 年，谷歌与《纽约时报》《华盛顿邮报》合作，启动了"正在报道"（Living Stories）实验项目，它可以将某个新闻报道放在单个网页上，实时更新摘要，跟进发展新动态，用户还可以深入探索背景和多媒体的元素。[100] 后来这个项目中止了，部分是因为当时缺乏资源，技术也达不到要求。但从那时起，关于新闻展示的研究开始取得进展，到 2013 年，"地铁地图"（Subway Map）项目收集了各个主题的新闻报道，通过算法将它们组织成一系列事件，读者可以根据他们对某个主题的了解，以及是否想进一步了解更精细的细节，搜索"地铁地图"文章集。[101]《纽约时报》创建了一个实验性文本编辑器，记者写稿时，它可以自动为记者推荐标签甚至添加评注。[102]

未来，记者可能会从数据库提取背景信息，链接到之前的报道，并在撰写新闻时引用其他事件。西北大学信息实验室的"新闻背景"（News Context）项目希望通过研究，"创建一个开放源框架和工具包平台，包含自动识别、选择和展示不同用户所需的各种背景信息，方便用户更全面地了解新闻报道和其他信息。"[103] 这个平台涵盖对新闻对象的识别，分享新闻当事人或机构在别处发表的文章，更新转载，如原文提及的信息源，从不同地区、不同媒体的新闻生成报道范例，提供关于报道或事件相关方的推文。这个尚在设计的平台能作出明确的判断，在开放源环境下，读者能设置自己的偏好，如偏好数据还是人性化，背景翔实还是叙事简洁，时效性还是分析性。"结构化新闻"（structured journalism）方法也适用于竞选赞助报道，报道可以存入数据库，以便重复使用，之后的报道还可以参考先前的评论。[104]

当下，问责报道还没有稳定的经济支持，计算新闻的进步至少在金钱与政治的关系上，为支持调查性报道提供了两条路。其中之一是通过算法报道新闻，降低了新闻挖掘和报道的成本。竞选赞助方面，可以用财务报告中常用的算法，编写竞选赞助报道。算法相关的调查可以集中于定位选民和资助方。通过算法完成的报道本质上类似于电子打单，数据如果能证明资助和政策结果存在联系，就为更多调查打下基础。[105] 当然，概率评估不会面向公众，打个比方，你不会告诉公众 70% 的立法者有可能腐败。不过，该算法能帮助记者缩小立法行动的审查范围。随着新闻个性和新闻互动的充分发展，挖掘出的竞选新闻可以通过各种方式展现给读者和观众，让他们从中寻找创造新意、提供干货的原创媒体。[106]

不断发展的计算新闻

要刺激计算新闻的发展，谁的决定需要改变？如果计算机研究人员和编程人员觉得调查性报道目前岌岌可危，但问责功能值得持续发展，那么计算新闻将得到更快发展。计算机编程带来的社会收益反映在很多方面：无论计算机公司经营好坏，一上市便能取得高收益；它们也支持国家安全和国防，长期提供资金支持、技术进步；新兴的社交媒体为人们带来了更多自由和自我表达。如果人们能更加认可和支持问责政府的正向溢出，那么他们会花费更多的时间和注意力帮助解决问责报道相关的计算编程问题。美国国家工程院的十四个重大挑战中，多项政策涉及调查性报道主题（例如环境、健康、能源、国防和城市基础设施）。[107] 而如何利用计算机编程的进步，包括在政策领域，确保能为公共和私营组织行为负责，是工程院重大挑战的核心任务。如果能设置一些研究挑战，如美国计算机协会开展的数据挖掘和知识探索类竞赛，或用新闻作为研究创新技术的素材，举办文本信息检索会议，将迅速壮大该领域的研究阵容。关注促进社会福利的数据和算法，计算机编程还可以惠及弱势群体。[108]

慈善家热衷媒体，大笔投资公共事务网站，部分是为了确保网站运营转化为持续发展。鉴于优质的地区事务报道本身就是公共商品，能带来正外部性，而调查工作成本往往高于报道带来的经济收益，因此某些类型的报道可能总是需要补贴（就像交响乐团和艺术画廊，这种类型的地方公共商品值得人们持续支持）。

捐助者可以将注意力集中在研究一个问题上，即如何帮助非营利媒体形成产业化，比如哪些类型的激励措施能鼓励人们支持非营利媒体。很少有人能综合行为经济学、众包和慈善事业，并付诸实践，更谈不上为问责新闻获取资金、时间和关注了。计算新闻研究的问题中，也有一些前期成本相对较高，但存在巨大的潜在回报。谷歌的“登月”（Moonshots）计划就涉及多项实验性项目，如实现真正新闻个性化，依靠算法生成问责报道，开发信息精准、音视频和文本无缝转换的转录应用，通过分析企业、政府的公开数据，大幅降低新闻挖掘成本。

同时企业家也可以选择投资计算新闻，既有收益，也对社会有帮助。一些科技和媒体公司采用的双股结构，允许具有较高投票权的个人（通常是创始人或其后代）在追求利润最大化之外，还能选择公司要开发、追求的产品类型。那些对政府信息有需求的公司，比如一些让政府文件、数据更加透明的公司，有机会思考如何用它们产生的信息支持问责新闻。从事沉浸交互式新闻（包括虚拟现实）的公司，可以协助媒体花费低成本制作独特内容。由此产生的产品差异使得读者观众能接触到创造信息的新闻来源，从而为原创新闻挖掘带来更高的回报。最后，消费行业、媒体业和娱乐业可以进行重组，将公共事务报道和自身的龙头产品结合起来，吸引消费者。例如，社区机构的算法问责新闻，可以用于像“邻门”（Next door）这样的私人社交网络。

新闻教育工作者可以通过改变他们的教学、研究和管理来促进计算新闻的发展。许多学校的院系正致力于将非结构化的信息转化为结构化数据进行分析。数字人文学者正分析文本，计算机科学家在挖掘社交媒体，社会科学家钻研资料记录，所有的研究都可以通过算法用于记者的新闻报道，记者也可以改进研究结果，再运用于新闻报道中。新闻学课程可以加入与其他学科教授的联合教学，以及开展联合研究项目。鉴于公共事务报道很难完全实现收益变现，新闻教育工作者会希望扩大和深化毕业生在数据新闻方面的能力，但同时也应意识到，学生掌握了这些技能，比起钱少活多的调查性报道，他们还可以选择其他高收入工作机会。这意味着执政者可能需要为新闻奖学金另筹款项，以便那些掌握必要技能的学生能够将技术运用于文本数据处理，不会因为要还学生贷款，不得不放弃问责新闻。通信领域的学者可能还需要与计算机科学家交流，推动算法报道的进展，帮助消除重复性工作，解放熟手记者，让他们专注发表计算编程难以创造的见解。

记者将推动计算新闻向调查性报道领域发展，正如同样的驱动因素已经促进了问责制的创新。一些人致力于通过曝光制度失灵，变革法律或生活。对社会影响力的追求和不断改善的衡量方法，会吸引记者愿意在日益增多的数据中搜寻新闻。目前处于高回报新闻版块的记者，如商业、体育、娱乐版块，可能还有余力和资源去尝试调查更多迷局。而诸如结构化新闻、虚拟现实之类的新闻报道新方法，还需要加大对技能的投资。机器学习、情感分析之类的新闻挖掘新方法，还需要人们愿意寻找新数据来源支撑。市场和政府对算法的使用(或误用)，应该有一组对应的算法来监测，探测市场和政府是否存在滥用或欺诈，并进行曝光。调查工作通常围绕隐秘行动、秘密信息背后的力量展开，随着计算新闻不断发展，记者可以运用这一新方法以熟悉的轮廓挖掘和讲述新闻，即披露个人或政府机构是如何走向歧途的。

结语

1917 年，《纽约世界报》的记者赫伯特·斯沃普（Herbert Swope）获得了首届普利策新闻奖。凭借第一次世界大战期间对德意志帝国的报道，他获得了这一荣誉。之后作为《纽约世界报》的执行编辑，斯沃普在 3 年里，再次领导报社两次获得普利策公共服务奖。1922 年，《纽约世界报》关于三 K 党复兴发展的调查性报道，再次获得普利策奖。1924 年报社曝光了佛罗里达州监狱向私人雇主出租囚犯，囚犯在工作中遭虐待，该报道再次获奖。谈到他对新闻业的态度，斯沃普曾说："我希望我的报纸可以让公众知道他们想知道的，还有公众该知道的，无论他们是否愿意。"[109] 经历了 90 年的飞速发展，纽约的精神气质已大不相同。2007 年，鲁珀特·穆尔多克（Rupert Murdoch）买下《华尔街日报》后，批评报社长期以来一直坚持调查性报道，认为报社不该养太多记者。穆尔多克在会议上宣布："写一些读者感兴趣、想读的东西，新闻要有趣。不要老想着写报道赢普利策奖。"[110]

考虑到理性忽略、正向溢出和公共商品的存在，人们作为公民需要知道的信息，和作为受众想了解的信息之间，依然存在差距。从统计概率而言，个人投票对选举结果的影响微乎其微，那么为什么又要投入时间来了解公共政策？为什么编辑能放任记者花 6 个月时间调查一个事件，明知这则报道会改变法律和人们的生活，但不会给公司带来额外的经济回报？在整个媒体生态系统中，记者用行动实现监督、问责，创造了公共商品，他们和读者到底谁直接获益？相比其他信息需求，这里的逻辑差别很大。消费者搜索产品信息，工作人员搜索有用数据，观众搜索信息消遣，他们搜索这些信息阅读或观看，是因为他们从信息中获益。他们得以作出更好的购买决策，或找到更满意的办公场所方案，或看到更令人愉快的表演。从个人层面而言，这种搜索、成本和奖励之间的关系意味着，对于多数信息需求来说，当前正处于数字化的黄金时代。信息创作、准入门槛和分配的成本下降，涌入了海量信息，成功将消费者与服务、生产者与投资、观众与娱乐配对。旧金山湾区的企业家和工程师创建了包括谷歌、脸书、苹果、推特、色拉布（Snapshot）和照片墙等公司，这些公司最在行的就是将个人与创意、图片、动态结合起来。

今天，私人机构和公共组织拥有前所未有的个人信息，包括他们的位置、表情、图片、网络、购物、过去，甚至未来。随着人工智能和虚拟现实技术的进步，甚至可以创建与人们日常决策、期望相关的数据。人们往往为了得到某种利益，急切地同意向企业或政府机构共享个人信息。为了获取内容，你同意网站读取浏览器缓存；为了提速，你共享了所在位置；为了获得更好的商品匹配，或在未来发现低价，你共享了之前的"收藏夹"。虽然在大数据和数字量产的时代，很难让关键信息或重要观点不被发现，然而，问责新闻重视的是那些尘封的事件。《华盛顿邮报》调查记者鲍勃·伍德沃德对"水门事件"的后续影响进行了反思，他说："新闻业的核心困境是，你还没有意识到自己不知道什么。"[111] 调查性报道成本高昂，却也至关重要，它们曾经可以在信息市场中制造风浪。过去，如何将买家与卖家匹配起来，这一难题促进了报纸分类广告业务的崛起，广告收入曾经占据日报收入的40%，但今天却被克雷格列表（网站）和房产估值网Zillow所取代。观众之前的选择有限，只能和电视广告的消费者一样躺在沙发上，守着一个渠道。但今天，面对屏幕浏览、极速搜索和数百万视频的选择，留住观众的难度加大。报纸的派送、分发成本虽高，但在当时，所有消费者、生产商、娱乐业和选民信息都和当地主流报纸，或全民收看的广播电视节目捆绑在一起。有线电视、互联网和社交媒体打破了这种捆绑，让更多的娱乐类型和表达形式成为可能。但是，问责新闻这类成本高于需求，但社会影响极大的信息，也失去了原先的捆绑支持。

由于问责力度减弱，公众对许多信息不知情，意味着政府大权在握。政治制度建立在授予决策权的基础之上，有利于不同分工和专业技能的发展。然而，权力委托也可能引起权力滥用，因为代理人可能会违背公民的利益，暗地行动，或者利用公民无法全面了解信息，通过某些有违民意的议题，如果公民对议题完全理解，他们绝不会支持。信息成本如果与质量或信任的不确定性有关，市场往往无法作出选择，选择权在公司的分层结构内部。当出现负向溢出效应时，如污染、卡特尔[①]反竞争行为、商品与服务相关的信息不对称（如信贷、保险和医疗保健行业），信息成本会导致市场功能失灵。政府政策旨在改善这些市场失灵，但由于政府内部的利益团体，也可能出现法规不完善或官僚作风的

① 卡特尔，垄断组织形式之一。——译注

情况。

调查性新闻的独到之处是，发现了某些机构的个人违反法律、公众期望或职责规范。“扒粪时代”的新闻强调个人权力既可作恶，也可以维护公平。1903年1月，林肯·斯蒂芬斯在《麦克卢尔》杂志上发表了著名的题为“明尼阿波利斯的耻辱”的文章，他说：“美国的市政政治中，发生了任何不同寻常的事，无论善恶，几乎都出自一人之手。但人们不能这样做，‘帮派’‘联合企业’‘政治性政党’也不例外。”[112] 数字经济的特点是准入成本低、分配又快又省、海量资源、网络传播，它已将成本高、影响大的调查性报道推向危机。脸书有时会在一天内创下10亿人次访问记录，那时作为观众或选民的人，其个人行为可以忽略不计。同样的道理，问责新闻的经济激励力度也逐渐减小，因为信息和创意一经产生，便可以迅速传播，产生不错的效果。但个人努力仍可以为新闻业的问责功能作出巨大贡献。这些个人角色是多种多样的：程序员——寻找新闻挖掘和报道新方法；捐助者——支持问责新闻算法实验；教育工作者——愿意进行跨学科研究，将非结构化信息转化为结构化数据；记者——渴望投入时间和培训，发表的新闻也许金钱回报少，但能带来巨大社会收益；编辑——敢于关注并尝试解决政府或企业无法解决的难题，让正向溢出产生；线人——愿意提供官员渎职或犯错的证据；甚至于一位携带智能手机的目击者，只要他愿意对不公事件传播扩散。政府的制度失灵一直存在，不可避免。而计算编程与新闻的结合为人们拓展了报道途径，敦促执政者履行职责，这种新方法可以充当民主的侦探。

注　释

引言

1. 参看 John Mullay, *The Milk Trade in New York and Vicinity* (New York: Fowlers and Wells, 1853), 41, 和 "The Swill Milk Exposure: Description of the Engravings," *Frank Leslie's Illustrated Newspaper*, May 15, 1858, 380。
2. "Our Exposure of the Swill Milk System of New York and Brooklyn," *Frank Leslie's Illustrated Newspaper*, May 8, 1858.
3. "Our Exposure of the Swill Milk Trade," *Frank Leslie's Illustrated Newspaper*, May 29, 1858, 410.
4. "More Swill Milk Libel Suits," *Frank Leslie's Illustrated Newspaper*, August 21, 1858, 184.
5. "Our Exposure of the Swill Milk Trade," *Frank Leslie's Illustrated Newspaper*, May 15, 1858, 379.
6. "Routes of the Wagons Carrying Swill Milk from the Sixteenth Street Distillery, with the Number of the Houses Where the Swill Milk Was Served. Reported by Our Detectives," *Frank Leslie's Illustrated Newspaper*, May 8, 1858.

7. Michael Egan, "Organizing Protest in the Changing City: Swill Milk and Social Activism in New York City, 1842 - 1864," *New York History* 86 (2005): 205 - 225.
8. Andrea G. Pearson, "*Frank Leslie's Illustrated Newspaper* and *Harper's Weekly*: Innovation and Imitation in Nineteenth Century American Pictorial Reporting,"*Journal of Popular Culture* 23(1990): 83.
9. 参看"Routes of the Wagons Carrying Swill Milk"; "Our Exposure of the Swill Milk Trade—The Committee of the Board of Health," *Frank Leslie's Illustrated Newspaper*, June 26,1858,58;和"The Swill Milk Committee RenderTheir Report at Last," *Frank Leslie's Illustrated Newspaper*, July 10,1858,90。
10. "Our Exposure of the Swill Milk System of New York and Brooklyn."
11. Egan, "Organizing Protest," 223 - 224. 伊根指出莱斯利的报道在纽约市引发了多起正式质询,但直到 1862 年该州才通过相关法律严控牛奶交易市场。上述缓慢的改变向我们展示了既得利益者是如何阻挠改革努力的。
12. "Hot Shot For Mr. Conlin: Subject of a Letter From Mr. Byrnes to the Police Board," *New York Times*, January 14,1893,9; "Tenants in a Fire Panic: Excitement on Avenue A—Policemen Rescue a Sick Woman," *New York Times*, December 24,1900,11; "Bribe Offer Charged: Policeman Tells of Attempt to 'Fix' Liquor Case," July 6,1943,19; and "4 Held for Altering Names on Watches: Morgenthau Asserts Cheap Ones Were Sold as Expensive Brands," *New YorkTimes*, July 22,1977,20.
13. David Kirby, "It's Not Top 40: Irked Renter Makes a CD of a Noisy Store," *New York Times*, February 14,1999, CY7; Al Baker, "F. B. I. Is Seeking to InterviewJailed Activists," *New York Times*, May 17,2006, B1; and Jim Dwyer, "Charges, but No Penalty, for a Chief's Role in a Convention Arrest," *New York Times*, March 9,2006, B1.
14. "How Small-Pox Is Spread: A Tale of Mismanagement from Blackwell's Island," *New York Times*, January 12,1882,10.
15. Frances Cerra, "11 of 24 Auto-Repair Shops Pass a Test on Honesty," *NewYork Times*, December 8,1975,65.
16. Richard Severo, "Troubled Program for Disabled Is Mired in Internal Power

Battle," *New York Times*, December 27,1977,76.

17. Eric Lipton, "A Race for Parking Spots, with the Police Winning," *New York Times*, December 13,1999, B1.
18. Mullay, *Milk Trade*, iv.
19. 参看"Letter Grading for Restaurants," New York City Department of Health, http://www1. nyc. gov/site/doh/business/food-operators/letter-grading-for-restaurants. page; 和"Food Safety or Poisoning Complaint," City of New York, http://www1. nyc. gov/nyc-resources/service/1723/food-safety-complaint。
20. 参看 Jeremy White, "New York Health Department Restaurant Ratings Map," *New York Times*, http://www. nytimes. com/interactive/dining/new-york-health-department-restaurant-ratings-map. html。
21. 参看 Brian J. McCabe, "Grading New York Restaurants: What's in an 'A'?," *Five Thirty Eight* (blog), *New York Times*, January 19,2011, 和 Daniel E. Ho, "Fudging the Nudge: Information Disclosure and Restaurant Grading," Yale Law Journal 122(2012): 574 - 688。
22. President's Review Group on Intelligence and Communications Technologies, "Liberty and Security in a Changing World," Report from the Office of the Director of National Intelligence (2013): 95 - 97.
23. James T. Hamilton, "The Market and the Media," in *Institutions of American Democracy: The Press*, ed. Geneva Overholser and Kathleen Hall Jamieson(New York: Oxford University Press, 2005),351 - 371; and James T. Hamilton, "What's the Incentive to Save Journalism?" in *Will the Last Reporter Please Turn Out the Lights? The Collapse of Journalism and What Can Be Done to Fix It*, ed. Robert W. McChesney and Victor Pickard (New York: New Press, 2011),277 - 288.
24. 参看"2015 Census," American Society of News Editors (ASNE),http://asne. org/content. asp? pl=121&sl=415&contentid=415。
25. 有关媒体市场、政治和责任的研究请参看 Archon Fung, Mary Graham, and David Weil, *Full Disclosure: The Perils and Promise of Transparency* (New York: Cambridge University Press, 2007); Matthew Hindman, *The Myth of Digital Democracy* (Princeton, NJ: Princeton University Press, 2009); Paul Starr, "Goodbye to the Age of Newspapers (Hello to a

New Era of Corruption)," *The NewRepublic* 4(2009); Samuel L. Popkin, *The Candidate: What It Takes To Win—And Hold—The White House* (New York: Oxford University Press, 2012);和 Justin Grimmer, Sean J. Westwood, and Solomon Messing, *The Impression of Influence: Legislator Communication, Representation*,和 *Democratic Accountability* (Princeton, NJ: Princeton University Press, 2015)。也可参看 Yochai Benkler, *The Wealth of Networks: How Social Production Transforms Markets and Freedom* (New Haven, CT: Yale University Press, 2006); Markus Prior, *Post-Broadcast Democracy: How Media Choice Increases Inequality in Political Involvement and Polarizes Elections* (New York: Cambridge University Press, 2007); Bill Grue-skin, Ava Seave, and Lucas Graves, *The Story So Far: What We Know About theBusiness of Digital Journalism* (New York: Columbia University Press, 2011); Pablo J. Boczkowski and Eugenia Mitchelstein, *The News Gap: When the Information Preferences of the Media and the Public Diverge* (Cambridge, MA: MIT Press, 2013); Penelope Muse Abernathy, *Saving Community Journalism: The Pathto Profitability* (Chapel Hill: University of North Carolina Press, 2014); DeanStarkman, *The Watchdog That Didn't Bark: The Financial Crisis and the Disappearance of Investigative Journalism* (New York: Columbia University Press, 2014);和 Michael Shapiro, Anna Hiatt, and Mike Hoyt, *Tales From the Great Disruption: Insights and Lessons From Journalism's Technological Transformation* (NewYork: Big Roundtable Books, 2015)。

26. Katherine Fink and Michael Schudson, "The Rise of Contextual Journalism," *Journalism* 15(2014): 13.
27. Tom Rosentiel, Marion Just, Todd Belt, Atiba Pertilla, Walter Dean, and Dante Chinni, *We Interrupt This Newscast: How to Improve Local News and WinRatings Too* (New York: Cambridge University Press, 2007), 137. 其他媒体开展的调查类报道占政治类新闻的 0.8%，非政治新闻的 1.42%。

第一章 调查性报道的经济理论

1. Brant Houston and Investigative Reporters and Editors, *The Investigative*

Reporter's Handbook: A Guide to Documents, Databases and Techniques, 5th ed. (Boston, MA: Bedford/St. Martin's, 2009).

2. 有关从政府部门获取信息的难度,参看 Ann Florini, *The Right to Know: Transparency for an Open World* (New York: Columbia University Press, 2007);和 David Cuillier and Charles N. Davis, *The Art of Access: Strategies for Acquiring Public Records* (Washington, DC: CQ Press, 2011)。
3. 有关调查性报道的历史和反思有: John M. Harrisonand Harry H. Stein, *Muckraking: Past, Present and Future* (University Park: Pennsylvania State University Press, 1973); Leonard Downie, *The New Muckrakers: AnInside Look at America's Investigative Reporters* (Washington, DC: New RepublicBook Company, 1976); John C. Behrens, *The Typewriter Guerrillas: Closeups of 20Top Investigative Reporters* (Chicago, IL: Nelson-Hall, 1977); Michael F. Wendland, *The Arizona Project: How a Team of Investigative Reporters Got Revenge on Deadline* (Kansas City, MO: Sheed Andrews and McMeel, 1977); Steve Weinberg, *Tellingthe Untold Story: How Investigative Reporters Are Changing the Craft of Biography* (Columbia: University of Missouri Press, 1992); James S. Ettema and Theodore L. Glasser, *Custodians of Conscience: Investigative Journalism and Public Virtue* (NewYork: Columbia University Press, 1998); Judith Serrin and William Serrin, *Muckraking! The Journalism That Changed America* (New York: New Press, 2002); JonMarshall, *Watergate's Legacy and the Press: The Investigative Impulse* (Evanston, IL: Northwestern University Press, 2011);和 Charles Lewis, *935 Lies: The Future of Truth and the Decline of America's Moral Integrity* (New York: PublicAffairs, 2014)。
4. 乔纳森·斯特雷提过一个故事——2010 年黑客攻击谷歌公司,他发现该报道的大部分版本只是对一小部分原创新闻的改写。
5. 有关捆绑销售的经济原理,参看 Hal Varian, "Newspaper Economics," Google Public Policy Blog, March 9, 2010, http://googlepublicpolicy.blogspot.com/2010/03/newspaper-economics-online-and-offline.html;和 James T. Hamilton, All The News That's Fit to Sell: How the Market Turns Information Into News(Prince ton, NJ: Prince ton University Press,

2004)，20。

6. Steven Waldman, *The Information Needs of Communities: The Changing Media Landscape in a Broadband Age* (Washington, DC: Federal Communications Commission, 2011)，39 - 40.
7. 参看 Bob Ostertag, *People's Movements, People's Press: The Journalism of Social Justice Movements* (Boston, MA: Beacon Press, 2006); Gene Roberts and Hank Klibano, *The Race Beat: The Press, the Civil Rights Struggle, and the Awakening of a Nation* (New York: Alfred A. Knopf, 2006)；和 Juan Gonzalez and JosephTorres, *News For All The People: The Epic Story of Race and the American Media* (New York: Verso, 2011)。
8. 透过市场模型和竞争视角研究媒体内容的专著数量呈现增长趋势：Matthew A. Baum, *Soft News Goes to War: Public Opinion and American Foreign Policy in the New Media Age* (Princeton, NJ: Princeton University Press, 2003); Philip M. Napoli, *Audience Economics: Media Institutions and the Audience Marketplace* (New York: Columbia University Press, 2003); Tomas E. Patterson, "The Search for a Standard: Markets and Media," *Political Communication* 20(2003): 139 - 143; Tim Groseclose and Jeffrey Milyo, "A Measure of Media Bias," *Quarterly Journal of Economics* 120(2005): 1191 - 1237; Lisa George and Joel Waldfogel, "The 'New York Times' and the Market for Local Newspapers," *American Economic Review* 96(2006): 435 - 447; Stefano Della Vignaand Ethan Kaplan, "The Fox News Effect: Media Bias and Voting," *Quarterly Journal of Economics* 122(2007): 1187 - 1234; Markus Prior, "Media and Political Polarization," *Annual Review of Political Science* 16(2013): 101 - 127; Matthew Gentzkow, Jesse M. Shapiro, and Michael Sinkinson, "Competition and Ideological Diversity: Historical Evidence from U. S. Newspapers," *American Economic Review* 104(2014): 3073 - 3114; Nikki Usher, *Making News at The New York Times* (Ann Arbor: University of Michigan Press, 2014)；以及 James G. Webster, *The Marketplace of Attention: How Audiences Take Shape in a Digital Age* (Cambridge, MA: MIT Press, 2014)。
9. 参看 James T. Hamilton, *Channeling Violence: The Economic Market for*

Violent Television Programming (Prince ton, NJ: Princeton University Press, 1998),239 - 284,和 Hamilton, *All the News*, 137 - 159。

10. 参看 Joel Waldfogel, "Preference Externalities: An Empirical Study of Who Benefts Whom in Differentiated-Product Markets," *RAND Journal of Economics*34(2003): 557 - 568; Joel Waldfogel, *The Tyranny of the Market: Why You Can't Always Get What You Want* (Cambridge, MA: Harvard University Press, 2007); 和 Felix Oberholzer-Gee and Joel Waldfogel, "Media Markets and Localism: DoesLocal News en Español Boost Hispanic Voter Turnout?"*American Economic Review* 99(2009): 2120 - 2128。
11. Hamilton, *All the News*, 91 - 102.
12. James M. Snyder and David Strömberg, "Press Coverage and Political Accountability," *Journal of Political Economy* 118(2010): 355 - 408.
13. Anthony Downs, *An Economic Teory of Democracy* (New York: HarperBooks, 1957),244 - 247,265 - 271.
14. 参看 Silas Bent, *Newspaper Crusaders: A Neglected Story* (New York: Whittlesey House, McGraw-Hill Book Company, 1939); Louis Filler, *Crusaders for American Liberalism: The Story of the Muckrakers* (New York: Collier Books, 1939); Arthur Weinberg and Lila Weinberg, *The Muckrakers: The Era in Journalism That Moved America to Reform, the Most Signifcant Magazine Articles of 1902 - 1912*(New York: Simon and Schuster, 1961); Everette E. Dennis and William L. Rivers, *Other Voices: The New Journalism in America* (San Francisco, CA: Canfeld Press, 1974); Robert Miraldi, *Muckraking and Objectivity: Journalism's Colliding Traditions* (Westport, CT: Greenwood Publishing Group, 1990);和 Daniel Cohen, *Yellow Journalism: Scandal, Sensationalism, and Gossip in the Media* (Brookfeld, CT: Twenty-First Century Books, 2000)。
15. 新闻的公共商品属性和产生的正外部性导致市场失灵的情况引发了人们对媒体政策制定方式的疑问。参看 James T. Hamilton, "Private Interests in 'Public Interest' Programming: An Economic Assessment of Broadcaster Incentives," *Duke Law Journal* 45(1996): 1177 - 1192; Robert W. McChesney and Victor Pickard, eds., *Will the Last Reporter*

Please Turn Out the Lights?（New York：New Press，2011）；Mark Cooper，"The Future of Journalism：Addressing Pervasive Market Failure with PublicPolicy，" in McChesney and Pickard，*Will the Last Reporter*，320 - 339；James T. Hamilton，"What's the Incentive to Save Journalism?" in McChesney and Pickard，*Will the Last Reporter*，277 - 288；Victor Pickard，"The Great Evasion：Confronting Market Failure in American Media Policy，" *Critical Studies in Media Communication* 31（2014）：153 - 159；和 Victor Pickard，*America's Battle for Media Democracy*：*The Triumph of Corporate Libertarianism and the Future of Media Reform*（New York：Cambridge University Press，2014）。

16. 参看 Darrell M. West，Grover J. Whitehurst，and E. J. Dionne Jr.，*Re-Imagining Education Journalism*（Washington，DC：Governance Studies at Brookings Institution，2010）；和 Waldman，*Information Needs of Communities*。
17. James T. Hamilton，"Subsidizing the Watchdog：What Would It Cost to Support Investigative Journalism at a Large Metropolitan Daily Newspaper?"（paperprepared for conference on nonproft media at Duke University，2009）. 我在罗利市的《新闻与观察者》报的案例中有详述。
18. 参看 Hamilton，*All the News*；James T. Hamilton，"The Market and the Media，" in *Institutions of American Democracy*：*The Press*，ed. Geneva Overholserand Kathleen Hall Jamieson（New York：Oxford University Press，2005），351 - 371；和 Hamilton，"What's the Incentive?"
19. David Protess，Fay Lomax Cook，Jack C. Doppelt，James S. Ettema，Margaret T. Gordon，Donna R. Leff，and Peter Miller，*The Journalism of Outrage*：*Investigative Reporting and Agenda Building in America*（New York：Guilford Press，1991），23.
20. Hamilton，"What's the Incentive?"
21. Sasha Issenberg，*The Victory Lab*：*The Secret Science of Winning Campaigns*（New York：Random House，2012）.
22. Deborah Nelson，"Calculating the Risks and Rewards of Pursuing the Investigative Project，" *IRE Journal* 27（2004）：19 - 20.
23. Houston and IRE，"Investigative Reporter's Handbook，" 10；and Paul N. Williams，*Investigative Reporting and Editing*（Upper Saddle River，NJ：

PrenticeHall, 1978),12 - 34.

24. 参看 Roderick D. Kiewiet and Mathew D. McCubbins, *The Logic of Delegation: Congressional Parties and the Appropriations Process* (Chicago, IL: University of Chicago Press, 1991),22 - 38,这本书介绍了委托的利弊和解决代理人问题的可能方法,这里使用了其分析框架。也可参看 Nigel Bowles, James T. Hamilton, and David A. Levy, eds., *Transparency in Politics and the Media* (New York: I. B. Tauris & Co., 2014), xi-xxiii。
25. Kiewiet and McCubbins, *Logic of Delegation*, 26.
26. Albert O. Hirschman, *Exit, Voice and Loyalty: Responses to Decline in Firms, Organizations and States* (Cambridge, MA: Harvard University Press, 1970).
27. Dennis C. Mueller, *Public Choice III* (New York: Cambridge University Press, 2003),334.
28. Timothy Besley, *Principled Agents? The Political Economy of Good Government* (New York: Cambridge University Press, 2006).
29. Susan Rose-Ackerman, *Corruption and Government: Causes, Consequences, and Reform* (New York: Cambridge University Press, 1999),9 - 26.
30. 有关经济、政治不平等,参看 Larry M. Bartels, *Unequal Democracy: The Political Economy of the New Gilded Age* (Princeton, NJ: Princeton University Press, 2008); Martin Gilens, *Affluence & Influence: Economic In equality and Political Power in America* (Princeton, NJ: Princeton University Press, 2012); 和 Nicholas Carnes, *White-Collar Government: The Hidden Role of Class in Economic Policy Making* (Chicago, IL: University of Chicago Press, 2013)。

第二章 侦探、"扒粪者"和监督者

1. 参看 James Phelan, *Scandals, Scamps, and Scoundrels: The Casebook of an Investigative Reporter* (New York: Random House, 1982); Bruce Shapiro, *Shakingthe Foundations: 200 Years of Investigative Journalism in America* (New York: Nation Books, 2003); James Aucoin, *The Evolution of American Investigative Journalism* (Columbia: University of

Missouri Press，2005)；和 Leonard Ray Teel，*The Public Press*，1900－1945：*The History of American Journalism*（Westport，CT：Praeger，2006）。

2. Gerry Lanosga，"New Views of Investigative Reporting in the Twentieth Century，" *American Journalism* 31(2014)：490－506. 勒诺斯加通过分析普利策获奖文集纠正了人们对于调查性新闻的误解。他发现 1917—1960 年调查性新闻并未出现断流情况，其中近半数新闻在出版后宣称自己有积极影响。也可参看 Matthew Gentzkow，Edward L. Glaeser，and Claudia Goldin，"The Rise of the Fourth Estate：How Newspapers Became Informative and Why It Mattered，" in *Corruption and Reform：Lessons from America's Economic History*，ed. Edward L. Glaeser and Claudia Goldin（Chicago，IL：University of Chicago Press，2006)，187－230，该书利用了报纸的数字化文档。
3. Jon Marshall，*Watergate's Legacy and the Press：The Investigative Impulse*(Evanston，IL：Northwestern University Press，2011)，19.
4. 调查性新闻(一般开始的时候连载于杂志或报纸)最终成书的有：Nellie Bly，*Ten Days in a Mad House*（New York：Munro，1887)；Jacob A. Riis，*How the Other Half Lives：Studies Among the Tenements of New York*（New York：Scribner's Books，1890)；和 Ray Stannard Baker，*Following the Color Line：An Account of Negro Citizenship in the American Democracy*（Williamstown，MA：Corner House Publishers，1908)。
5. Marshall，*Watergate's Legacy*，23.
6. 参看 Judson Achille Grenier，"The Origins and Nature of Progressive Muckraking"(Ph. D. diss.，University of California，Los Angeles，1965)；Julian S. Rammelkamp，*Pulitzer's Post-Dispatch*，*1878－1883*(Princeton，NJ：PrincetonUniversity Press，1967)；Warren Theodore Francke，"Investigative Exposure in the Nineteenth-Century：The Journalistic Heritage of the Muckrakers"（Ph. D. diss.，University of Minnesota，1974)；和 Ben Procter，*William Randolph Hearst：The Early Years*，*1863－1910*（New York：Oxford University Press，1998)。
7. 将新闻内容数除以"一月数"从而得出相对度量的想法出自：Gentzkow，Glaeser，and Goldin，"Rise of the Fourth Estate，" 195。

8. 我认为搜索委托代理问题关键词得出的计数是不完美的，还应该排除漏判和误判。名词“权力寻租”在报纸中的用法可能并不一定适用于学术领域(在学术文献中权力寻租可能与通过游说方式从政府获取津贴或者税收优惠相关)。
9. Ellen F. Fitzpatrick, *Muckraking: Three Landmark Articles* (Boston, MA: Bedford/St. Martin's, 1994).
10. 同上，101。
11. 同上，102。也可参看 William Kittle, "The 'Interests' and the Magazine," *Twentieth Century Magazine* 2 (1910): 124 - 128; Mark Sullivan, *The Education of an American* (New York: Doubleday, Doran & Co., 1938); 和 Harold S. Wilson, *McClure's Magazine and the Muckrakers* (Princeton, NJ: Princeton University Press, 1970)。
12. 参看 Lincoln Steffens, *The Autobiography of Lincoln Steffens* (New York: Harcourt, Brace and Company, 1931); 和 Peter Hartshorn, *I Have Seen the Future: A Life of Lincoln Steffens* (Berkeley, CA: Counterpoint Press, 2011)。
13. C. C. Regier, *The Era of the Muckrakers* (Chapel Hill: University of NorthCarolina Press, 1932), 57 - 58.
14. McClure Publications, "Analysis of Distribution of Circulation: Based on the Issue of May, 1917: McClure's Magazine" (New York: The McClure Publications, 1917). 关于《麦克卢尔》杂志订阅数量在分析监管议题国会投票时的使用，参看 Alexander Dyck, David Moss, and Luigi Zingales, "Media versus Special Interests," *Journal of Law and Economics* 56 (2013): 521 - 553。
15. McClure Publications, "Analysis of Distribution of Circulation," 17. 有关“扒粪运动”没落的信息请参看 Marc Poitras and Daniel Sutter, "Advertiser Pressure and Control of the News: The Decline of Muckraking Revisited," *Journal of Economic Behavior & Organization* 72 (2009): 944 - 958。
16. 参看“The Pulitzer Prizes,” http://www.pulitzer.org/bycat; "Investigative Reporting Prize," http://shorensteincenter.org/prizes-lectures/goldsmith-awards-program/investigative-reporting-prize/; "Previous Winners," http://annenberg.usc.edu/AboutUs/Awards/SeldenRing/PrevWinners.

aspx;和"Worth Binghamrize for Investigative Journalism," http://nieman.harvard.edu/awards/worth-bingam-prize-for-investigative-journalism/。

17. 参看 James T. Hamilton, *All the News That's Fit to Sell: How the Market Turns Information Into News* (Princeton, NJ: Princeton University Press, 2004),24-26,里面讨论了所有制对新闻制作产生的影响。

18. David Shaw, *Press Watch: A Provocative Look at How Newspapers Reportthe News* (New York: Macmillan, 1984),178-214.

19. 2010 Pulitzer Prizes, http://www.pulitzer.org/citation/2010-Public-Service.

20. 2011 Pulitzer Prizes, http://www.pulitzer.org/citation/2011-Public-Service.

21. 参看 http://asne.org/content.asp?pl=140&sl=129&contentid=129;和 Mark Jurkowitz, "The Growth in Digital Reporting: What It Means for Journalism and News Consumers," Pew Research Center, March 26,2014, http://www.journalism.org/2014/03/26/the-growth-in-digital-reporting/。

22. 参看 Alex T. Williams, "The Growing Pay Gap between Journalism and Public Relations," *Fact Tank*, Pew Research Center, August 11,2014, http://www.pewresearch.org/fact-tank/2014/08/11/the-growing-pay-gap-between-journalism-and-public-relations/; 和 Jim Tankersley, "Why the PR Industry Is Sucking up Pulitzer Winners," *Washington Post*, April 23,2015。

23. 有关普利策获奖者的年龄情况,我主要参阅了 Elizabeth A. Brennan and Elizabeth C. Clarage, *Who's Who of Pulitzer Prize Winners* (Westport, CT: Greenwood Publishing Group, 1998),候选者资料和最新获奖情况来源于互联网。

24. 我使用如下网站查找获奖者和候选人的图书出版数据: https://www.worldcat.org/。

25. 参看 http://www.policyagendas.org/;和 Frank R. Baumgartner and Bryan D. Jones, *Agendas and Instability in American Politics*, 2nd ed. (Chicago, IL: University of Chicago Press, 2009)。

26. 参看"Datasets and Code books," Policy Agendas Project, UT Austin, http://www.policyagendas.org/page/datasets-codebooks#congressional_

hearings；和 Pro Quest Search，http://congressional. proquest. com/congressional/search/basic/basic search。

27. 参看 Ngram Viewer，https://books. google. com/ngrams。
28. William A. Bluem，*Documentary in American Television：Form，Function，Method*（New York：Hastings House，1965）；and Chad Raphael，*Investigated Reporting：Muckrakers，Regulators，and the Struggle over Television Documentary*（Urbana：University of Illinois Press，2005）. 上述图书研究了电视纪录片。
29. 参看 Hamilton，*All the News*，160－189；和 John Maxwell Hamilton，*Journalism's Roving Eye：A History of American Foreign Reporting*（Baton Rouge：Louisiana State University Press，2009）。
30. 参看 Vanderbilt Television News Archive，http://tvnews. vanderbilt. edu/。
31. 在 1975—1988 年，"调查新闻"一词在新闻摘要中总计出现 5 次。
32. 有关地方新闻节目竞争中的空间模型，参看 James T. Hamilton，*Channeling Violence：The Economic Market for Violent Television Programming*（Princeton，NJ：Princeton University Press，1998），239－279。
33. 在均值检验中，与 NBC 和 CBS 相比，ABC 每个月使用"调查新闻"的新闻故事平均数量，在 0.01 水平上的差异即为统计学显著。关于"独家新闻"的检验结果与此相同，在 0.01 水平上的差异即为统计学显著。
34. 每一家电视网络，我都对它们在旧主持人年份和新主持人年份各月的"调查新闻"术语平均使用次数进行了均值检验，并同样对它们各月的"独家新闻"术语平均使用次数进行了均值检验。在这六项均值检验中，只有 ABC 和 CBS 及其"独家新闻"使用的检验，达到 0.01 水平时为统计学显著。

第三章　故事是什么样的?

1. 参看 http://www. ire. org/awards/。
2. Brant Houston and Investigative Reporters and Editors，*The Investigative Reporter's Handbook：A Guide to Documents，Databases and Techniques*，5th ed.（Boston，MA：Bedford/St. Martin's，2009），v.

3. James Aucoin, *The Evolution of American Investigative Journalism* (Columbia: University of Missouri Press, 2005), 88.
4. Leonard Downie, *The New Muckrakers: An Inside Look at America's Investigative Reporters* (Washington, DC: New Republic Book Company, 1976), 2.
5. 采访史蒂夫·科尔,2012年10月。
6. 采访莎拉·科恩,2011年10月。她强调太多的报道关注"合法但错误"的事件,比如某机构没有达成设定的目标。
7. 采访大卫·博德曼,2012年4月。
8. 采访桑迪·贝尔格,2012年7月。
9. 采访马克·霍维特,2012年12月。
10. 采访约瑟夫·内夫,2012年12月。
11. 采访菲尔·贝内特,2012年11月。
12. 按主题、媒体机构、报道方式进行分类的研究有：Margaret H. DeFleur, *Computer-Assisted Investigative. Reporting: Development and Methodology* (Mahwah, NJ: Lawrence Erlbaum Associates, 1997); Gerry Lanosga and Jason Martin, "The Investigative ReportingAgenda in America: 1979 - 2007" (paper presented to the Association for Education in Journalism and Mass Communications, Chicago, IL, 2008); Gerry Lanosga, "'God Help Our Democracy' Investigative Reporting in America, 1946 - 1960" (paper presented at the annual meeting of the Association for Education in Journalism and Mass Communication, Boston, MA, 2009); Gerry Lanosga, "The Press, Prizes and Power: Investigative Reporting in the United States, 1917 - 1960"(Ph. D. diss., Indiana University, 2010);和 Gerry Lanosga, "New Views of Investigative Reporting in the Twentieth Century," *American Journalism* 31(2014): 490 - 506。
13. 参看 Steve Weinberg, *The IRE Book: Summaries of Many Top Investigations from* 1983 (Columbia, MO: Investigative Reporters and Editors, 1984);和 Tracy Barnett and Rosemary Armao, 100 *Selected Investigations from* 1992 & 1993 *Contest Entries* (Columbia: Investigative Reporters and Editors and University of Missouri School of Journalism, 1994). Aucoin, *Evolution of Investigative Journalism*。.
14. Jan Colbert and Steve Weinberg, *The Investigative Journalist's Morgue*

(Columbia: Investigative Reporter and Editors and University of Missouri School of Journalism, 1990), "Introduction."

15. 同上。
16. 参看调查记者和编辑协会的新闻故事, http://ire.org/resouree-Center/stories/。
17. 如果想要获知更加详细的数据和方法论、更加全面的相关书目,请联系作者邮箱: jayth@stanford.edu。
18. 最初,调查记者和编辑协会将不同媒体按规模只分为两类,到了2010年增加至5类,包括为地方周刊专门设置的类别。从1992年开始,广播电视网节目和联合有线电视网节目被单独拎出来作为一个大类。这意味着在竞赛早期,"前20电视市场"大类中的参赛者来自广播网节目(如ABC新闻20/20和CBS新闻60分钟)和有线电视频道(如CNN)。请注意大型报社是指发行量较大的大类(可能包含一些通讯社新闻);小型报社是指发行量较小的大类;中型报社是指二者之间的大类;分析中型时不包括周报。大型或小型电视台大类指的是市场规模(如:某个电视台是否处于前20地方电视台市场中,或在更小的市场中运作)。1992年起,调查记者和编辑协会奖参赛作品分类中大型市场大类不再统计全国节目和联合有线电视节目,但在那之前"大型市场"大类包含全国性节目的作品。
19. 政策议题项目的分类本来是被用来监测政策议题的变化的。研究者在检视《纽约时报》的头条新闻时,加入了更多反映地方问题的主题,如天气/自然灾害、艺术/娱乐、火灾、运动和休闲、死亡通知、教堂和宗教、其他/杂项/人情。我引用了23个政策议题项目的主题对调查记者和编辑协会奖参赛新闻主题进行分类。
20. 为了对调查记者和编辑协会奖参赛作品分布与公法主题分布的频率计数进行比较,我进行了卡方检验(0.01即为统计学显著),我认为参赛新闻和法律议题的"不同问题分布情况类似"的假设是不正确的。卡方检验也表明新闻在不同政策领域的分布与国会听证会、记名投票议案分布、最高法案例,以及《国会季刊》文章的分布更不相同。
21. 卡方检验否定了"新闻所属的政策议题领域与特定被检视媒体无关"的假设。
22. 参看 James T. Hamilton, *Channeling Violence: The Economic Market for Violent Television Programming* (Princeton, NJ: Princeton University

Press, 1998),239－284。在某一给定地方电视市场，通常会存在一家"高犯罪曝光率电视台"，它的特点是提供快节奏报道，关注犯罪嫌疑人而非政府官员。

第四章 有何影响?

1. Silas Bent, *Newspaper Crusaders: A Neglected Story* (New York: WhittleseyHouse, McGraw-Hill Book Company, 1939),40.
2. Jon Marshall, *Watergate's Legacy and the Press: The Investigative Impulse*(Evanston, IL: Northwestern University Press, 2011),14.
3. William A. Swanberg, *Pulitzer* (New York: Scribner, 1967),76.
4. Marshall, *Watergate's Legacy*,也可参看 Brooke Kroeger, *Nellie Bly: Daredevil, Reporter, Feminist* (New York: Times Books, 1994),和 BrookeKroeger, *Undercover Reporting: The Truth About Deception* (Evanston, IL: Northwestern University Press, 2012)。
5. George Juergens, *Joseph Pulitzer and the New York World* (Princeton, NJ: Princeton University press, 1966),236.
6. Ben Procter, *William Randolph Hearst: The Early Years, 1863－1910* (NewYork: Oxford University Press, 1998),54.
7. Leonard Ray Teel, *The Public Press, 1900－1945: The History of American Journalism* (Westport, CT: Praeger, 2006),6.
8. Procter, *William Randolph Hearst*, 170.
9. 同上,171。
10. 同上,202。
11. Teel, *The Public Press*, 6.
12. Norman J. Radder, *Newspapers in Community Service* (New York: McGrawHill, 1926), vii.
13. 同上,61。
14. 同上,152。
15. 同上,153。
16. Theodore L. Glasser and Francis Lee, "Repositioning the Newsroom: The American Experience with Public Journalism," in *Political Journalism: New Challenges, New Practices*, ed. Raymond Kuhn and Erik Neveu

(London：Routledge，2002)，203.

17. Lewis A. Friedland and Sandy Nichols，"Measuring Civic Journalism's Progress：A Report Across a Decade of Activity"（a study conducted for the Pew Centerfor Civic Journalism，2002).

18. 参看 Marc T. Law and Gary D. Liebecap，"The Determinants of Progressive Era Reform：The Pure Food and Drugs Act of 1906，" in *Corruption and Reform：Lessons from America's Economic History*，ed. Edward L. Glaeser and Claudia Goldin (Chicago，IL：University of Chicago Press，2006)；Gregory S. Miller，"The Press as a Watchdog for Accounting Fraud，" *Journal of Accounting Research* 44(2006)：1001－1033；Alexander Dyck，David Moss，and Luigi Zingales，"Mediaversus Special Interests，" *Journal of Law and Economics* 56(2013)：521－553；和 Gerry Lanosga，"New Views of Investigative Reporting in the Twentieth Century，" *American Journalism* 31(2014)：490－506。有关政治丑闻的新闻请参看 Riccardo Puglisi and James M. Snyder，"Newspaper Coverage of Political Scandals，" *Journal of Politics* 73(2011)：931－950；Shigeo Hirano and James M. Snyder，"What Happens to Incumbents in Scandals?"*Quarterly Journal of Political Science*7(2012)：447－456；和 Brendan Nyhan，"Scandal Potential：How Political Contextand News Congestion Affect the President's Vulnerability to Media Scandal，" *British Journal of Political Science* 45(2015)：435－466。

19. David Protess，Fay Lomax Cook，Jack C. Doppelt，James S. Ettema，Margaret T. Gordon，Donna R. Leff，and Peter Miller，*The Journalism of Outrage：Investigative Reporting and Agenda Building in America* (New York：Guilford Press，1991)，240.

20. 在某些情况下，由于单一矩阵内案例数量不足导致卡方检验并不适用，这时我们采用费希尔的精确检验验证"影响与媒体类型无关"的假设。参看 Alan Agresti and Christine Franklin，*Statistics：The Art and Science of Learning from Data* (Boston，MA：Pearson，2013)，567－570。

21. 统计学显著性测试旨在检测在一个 2＊2 矩阵中，某一特定发现的存在是否与某一特定结果的存在无关。比如，就表 4.2 中调查记者和编辑协会奖的美国 12 690 篇参赛作品而言，"引发'解雇'影响的新闻与一则新闻是否包含'滥用'行为无关"这一假设是错误的(0.01 即为统计学显著)。

22. Richard J. Tofel, "Issues around Impact," (white paper, ProPublica, 2013), 10, https://s3. amazonaws. com/propublica/assets/about/LFA_ProPublica-white-paper_2. 1. pdf.
23. 参看同上,2;以及 Charles Lewis and Hilary Niles, "Measuring Impact: The Art, Science and Mystery of Nonproft News" (paper presented at Investigative Reporting Workshop, the American University School of Communication, Washington, DC, 2013),4。
24. Media Impact Project, "Web Metrics: Basics for Journalists" (USC Annenberg School for Communication and Journalism, Los Angeles, CA, 2014),5－10.
25. Lindsay Green-Barber, "Offline Impact Indicators Glossary" (report prepared for the Media Impact Project, USC Annenberg School of Communication, Los Angeles, CA, 2014), http://www. mediaimpactproject. org/uploads/5/1/2/7/5127770/offline_impact_indicators_glossary. pdf.
26. 同上,7。
27. Lindsay Green-Barber, "Waves of Change: The Case of Rape in the Fields" (Berkeley, CA: Center for Investigative Reporting, 2014), 5, https://assets. documentcloud. org/documents/1278731/waves-of-change-the-case-of-rape-in-the-felds. pdf.
28. 同上,10。
29. Tofel, "Issues around Impact," 13.
30. 同上,11。
31. 同上,14。
32. 同上,18。
33. 同上,6。
34. 参看"Focusing Public Attention," http://www. propublica. org/about/focusing-public-attention-and-staying-with-a-story-relentlessly。
35. Tofel, "Issues around Impact," 20.
36. Tomas Eisensee and David Strömberg, "News Droughts, News Floods, and U. S. Disaster Relief," *Quarterly Journal of Economics* 122(2007): 693－728.

37. 参看 Robin Wauters, "Report: 44% of Google News Visitors Scan Headlines, Don't Click Trough," *TechCrunch*, January 19,2010, http://techcrunch.com/2010/01/19/outsell-google-news/。
38. 参看 Dean Starkman, "Major Papers' Longform Meltdown," *Columbia Journalism Review*, January 17,2013, http://www.cjr.org/the_audit/major_papers_longform_meltdown.php。
39. 也可参看 James M. Snyder and David Strömberg, "Press Coverage and Political Accountability," *Journal of Political Economy* 118(2010): 355-408,该书表明如果国会议员选区与报纸发行市场高度重合,那么报社更有可能报道与国会议员相关的新闻。
40. 参看 Sarah Cohen, "Transparency and Public Policy: Where Open Government Fails Accountability," in *Transparency in Politics and the Media*, ed. Nigel Bowles, James T. Hamilton, and David A. Levy (New York: I. B. Tauris & Co., 2014),95-102。
41. 参看 Sarah Cohen, James T. Hamilton, and Fred Turner, "Computational Journalism," *Communications of the ACM* 54(2011): 66-71;和 James T. Hamilton, "Subsidizing the Watchdog: What Would It Cost to Support Investigative Journalism at a Large Metropolitan Daily Newspaper?" (paper prepared for conference on nonproft media, Duke University, May 4-5, 2009)。
42. 审议影响可以看成是工具,如果审议影响导致个体或实体影响出现,那么审议影响就产生了价值。另一种观点是"知情的公众"本身就是一件好事,不论信息是否转化成行为。
43. David P. Baron, *Business and Its Environment*, 7th ed. (Upper Saddle River, NJ: Pearson Prentice-Hall, 2013),137.
44. 参看 Tofel, "Issues around Impact," 9。
45. 迈克尔·舒德森指出一些调查性新闻未能面世的原因包括无人注意、缺乏想象、没有同理心。参看 Michael Schudson, *The Sociology of News*, 2nd ed. (New York: W. W. Norton & Company, 2011)。
46. 我选择这三个案例的部分原因是它们的成本和影响资料较易获取。参看 Hamilton, "Subsidizing the Watchdog"; Roy Harris, *Pulitzer's Gold: Behind the Prize for Public Service Journalism* (Columbia: University of Missouri Press, 2007);和 Ginger Zhe Jin and Phillip Leslie, "The Effect of

Information on Product Quality: Evidence from Restaurant Hygiene Grade Cards," *Quarterly Journal of Economics* 118(2003): 409 - 451。

47. 参看"Probation Officers' Demotions Reversed," *The News & Observer*, September 10,2009。
48. "IRE Contest Entry ＃ 24004" (Investigative Reporters and Editors, 2008). 调查记者和编辑协会奖参赛作品概述可以参看(调查记者和编辑协会会员也可以阅读参赛作品的调查问卷于) https://ire.org/resource-center/stories/.
49. 同上。
50. 同上。
51. Hamilton, "Subsidizing the Watchdog," 4.
52. 参看 Fiona Morgan, "*The News & Observer*'s Next Life: It's Not Going Out of Business. It's Not for Sale. What's Its Future?" *Independent Weekly*, April 29,2009。
53. 同上。
54. 同上。有关报纸提供公共服务的传统,参看 Leonard Downie and Robert G. Kaiser, *The News about the News: American Journalism in Peril* (New York: Alfred A. Knopf, 2002),75。
55. 采访约翰·德雷舍,2012 年 8 月。
56. "Audit Report Newspaper: *The News & Observer*" (Arlington Heights, IL: Audit Bureau of Circulations, 2010).
57. Joseph Neff, "Bosses Hamstring Officer's Searches," *The News & Observer*, January 27,2009.
58. Joseph Neff, Sarah Ovaska, and Anne Blythe, "Probation Manager StepsDown," *The News & Observer*, February 12,2009.
59. Anne Blythe, "Perdue Proposes Probation Fix," *The News & Observer*, March 13,2009.
60. Sarah Ovaska and Joseph Neff, "New Law Gives N. C. Probation Officers Access to Juvenile Records," *The News & Observer*, July 31,2009.
61. Anne Blythe, "Chapel Hill Murder Case Forced Probation Reforms," *The News & Observer*, December 1,2011.
62. Craig Jarvis, "State's New Probation Law Goes Unfunded," *The News & Observer*, June 19,2012.

63. “Safety Watch,” *The News & Observer*, September 8,2012.
64. 如果想要获取案例分析的方法论和数据来源的详情,请联系作者邮箱 jayth@stanford.edu。
65. 参看“Treatment of the Value of Preventing Fatalities and Injuries in Preparing Economic Analyses”(Washington, DC: U. S. Department of Transportation, 2013),1。
66. Hamilton, “Subsidizing the Watchdog,” 3.
67. “IRE Contest Entry #14469”(Investigative Reporters and Editors, 1997).
68. 同上。
69. 参看 Bob Papper and Michael Gerhard, “Pay Scales: Are You Making What You're Worth?”*RTNDA Communicator* (1998): 25-30。
70. “IRE Contest Entry #14316”(Investigative Reporters and Editors, 1997).
71. “IRE Contest Entry #14469.”
72. Jin and Leslie, “Effect of Information on Product Quality,” 417.
73. Robert S. Sandler, James E. Everhart, Mark Donowitz, Elizabeth Adams, Kelly Cronin, Clifford Goodman, Eric Gemmen, Shefali Shah, Aida Avdic, and Robert Rubin, “The Burden of Selected Digestive Diseases in the United States,” *Gastroenterology* 122(2002): 1500-1511.
74. 参看“IRE Contest Entry #14926”(Investigative Reporters and Editors, 1998); Harris, *Pulitzer's Gold*, 346-355;采访杰夫·利恩,2012 年 11 月。
75. “IRE Contest Entry #14926.”
76. Jeff Leen, Jo Craven, David Jackson, and Sari Horwitz, “District Police Lead Nation in Shootings: Lack of Training, Supervision Implicated as Key Factors,” *Washington Post*, November 15,1998, A01.
77. 同上。
78. “IRE 1998 Contest Entry #14926.”
79. 同上。
80. 同上。
81. 参看“Agreement between the Washington Post and Washington-Baltimore Newspaper Guild, May, 19,1999, to May 18,2002”(TNG-CWA Local

32035）。

82. David Von Drehle, "Post Wins Pulitzer for Police Series," *Washington Post*, April 13, 1999, A1.
83. Harris, *Pulitzer's Gold*, 349.
84. 参看"Charts & Tables," *The State of the News Media 2005*, Project for Excellence in Journalism, http://www.stateofthemedia.org/2005/newspapers-intro/charts-tables/。
85. "IRE 1998 Contest Entry #14926."
86. 同上。
87. *Force Investigation Team 2002 Annual Report* (Washington, D. C.: Metropolitan Police Department Force Investigation Team, Office of Professional Responsibility Civil Rights, 2002), http://mpdc.dc.gov/sites/default/fles/dc/sites/mpdc/publication/attachments/ft_ar_02.pdf.
88. Cheryl W. Tompson and Phuong Ly, "Shootings by D. C. Police Decline 66 Percent in 1999; Chief Credits New Lethal-Force Policy Training," *Washington Post*, January 1, 2000, B01.
89. "An Impressive Police Reversal," *Washington Post*, February 6, 2001, A16.
90. "Force Investigation Team Annual Report," 11.
91. "Annual Report" (Washington, DC: Metropolitan Police Department, 1999), 29.
92. Tompson and Ly, "Shootings Decline 66 Percent," B01.
93. 参看 Harris, *Pulitzer's Gold*, 354。
94. 参看 Peter Osnos, "These Journalists Spent Two Years and $750,000 Covering One Story," *The Atlantic*, October 2, 2013, http://www.theatlantic.com/national/archive/2013/10/these-journalists-spent-two-years-and-750-000-covering-one-story/280151/。
95. 参看 Ken Doctor, "The Newsonomics of a Single Investigative Story," *NiemanLab*, April 21, 2011, http://www.niemanlab.org/2011/04/the-newsonomics-of-a-single-investigative-story/。
96. 参看 Ken Doctor, "The Newsonomics of a Story Cost Accounting," *NiemanLab*, April 28, 2011, http://www.niemanlab.org/2011/04/the-newsonomics-of-story-cost-accounting/; and Ken Doctor's series of articles

on media economicsat http://newsonomics. com/。

97. 参看 Doctor，“The Newsonomics of a Story Cost Accounting”。
98. 参看 Ken Doctor，“The Newsonomics of Going Deeper，” *Nieman Lab*，November 29，2012，http://www. niemanlab. org/2012/11/the-newsono-mics- of-going-deeper/。
99. 参看“IRE Contest Entry #25563”（Investigative Reporters and Editors，2011）。
100. 采访迈克尔·贝伦斯，2012 年 10 月。
101. 参看“2013 Pulitzer Prizes，” http://www. pulitzer. org/works/2013-Public-Service；和 IRE Contest Entry #25594（Investigative Reporters and Editors，2012）。
102. “2013 Report to Congress on the Benefts and Costs of Federal Regulations and Unfunded Mandates on State，Local，and Tribal Entities”（Washington，DC：Office of Information and Regulatory Affairs，2014），4.
103. Tofel，“Issues around Impact，” 20.
104. 同上。
105. 参看 Ted Diadiun，“Where Was the Plain Dealer?，” November 28，2010，http://www. cleveland. com/opinion/index. ssf/2010/11/where_was_the_plain_dealer_ove. html。
106. “2013 Report to Congress on the Benefts and Costs，” 3.

第五章 新闻是如何生产的?

1. 参看 Ellen F. Fitzpatrick，*Muckraking*：*Three Landmark Articles*（Boston，MA：Bedford/St. Martin's，1994），23－27；和 Ida M. Tarbell，All in the Day's Work（New York：Macmillan，1939）。
2. Fitzpatrick，Muckraking，25.
3. Clark R. Mollenhoff，*Investigative Reporting*（New York：Macmillan，1981），xi.
4. 同上，352—353。
5. Bob Woodward and Carl Bernstein，*All the President's Men*（New York：Simon & Schuster，1974），21.

6. 同上，41。
7. 同上，208—209。
8. David Weir and Dan Noyes, *Raising Hell: How the Center for Investigative Reporting Gets the Story* (Reading, MA: Addison Wesley Publishing, 1983), 44.
9. 同上，171。
10. Philip Meyer, *Paper Route: Finding My Way to Precision Journalism* (Bloomington, IN: iUniverse, 2012), 195.
11. 同上，216。
12. 同上，218。
13. 同上，235—257。
14. 同上，264。
15. 同上，265。
16. Phil Meyer, interview with author, May 2012.
17. 参看 Alicia C. Shepard, "Anonymous Sources," *American Journalism Review*, December 1994, http://ajrarchive.org/Article.asp?id=1596。
18. Brooke Kroeger, *Undercover Reporting: The Truth About Deception* (Evanston, IL: Northwestern University Press, 2012), 10.
19. Zay N. Smith and Pamela Zekman, *The Mirage* (New York: Random House, 1979).
20. Kroeger, *Undercover Reporting*, 269.
21. 同上，276。
22. 参看 Michael Berens, "Finding the Story, Tipsheet 3764" (Investigative Reporters and Editors meeting, Boston, MA, 2012), http://www.ire.org/resource-center/tipsheets/3764/。
23. 同上。
24. 参看 Michael Berens, "Project Checklist, Tipsheet 3763" (Investigative Re-porters and Editors meeting, Boston, MA, 2012), http://www.ire.org/resource-center/tipsheets/3763/。所列出的清单项目直接引自他的内情报告。
25. 同上。
26. 参看"UNC Scandal," http://www.newsobserver.com/uncscandal/。
27. 参看 Dan Rather, *Rather Outspoken: My Life in the News* (New York:

Hachette Book Group, 2012),5－31。

28. 参看"Tools, Slides, and Links from NICAR13," *Richochet by Chrys Wu*, blog, February27, 2013, http://blog. chryswu. com/2013/02/27/tools-slides-links-tutorials-nicar13/。
29. 参看 http://www. propublica. org/nerds/。
30. Mark Horvit, interview with author, December 2012.
31. 参看"Patient Safety"(患者安全), http://www. propublica. org/series/patient-safety;和"When Caregivers Harm," http://www. propublica. org/series/nurses。
32. Jennifer LaFleur, "The Lost Stories: How a Steady Stream of Laws, Regulations and Judicial Decisions Have Eroded Reporting on Important Issues" (white paper for the Reporters Committee for Freedom of the Press, 2003),2.
33. 同上,3。
34. Nigel Bowles, James T. Hamilton, and David A. Levy, *Transparency in Politics and the Media* (New York: I. B. Tauris & Co. , 2014), xi.
35. 参看 Sarah Cohen, "Transparency and Public Policy: Where Open Government Fails Accountability," in *Transparency in Politics and the Media*, ed. Nigel Bowles, James T. Hamilton, and David A. Levy (New York: I. B. Tauris & Co., 2014)。
36. 同上,96。
37. 同上,98。
38. 同上,100。
39. Steve Coll, interview with author, October 2012. See also Steve Coll, *Private Empire: Exxonmobil and American Power* (New York: Penguin, 2012).
40. Phil Bennett, interviews with author, November 2012 and December 2012.
41. Jeff Leen, interview with author, November 2012.
42. 从 1994 年的比赛开始,参赛表格要求记者填写有关获取电子信息的信息自由请求。到 2000 年,调查询问记者的信息自由请求是否涉及获取新闻故事的文件记录。有关报道方式的相关研究,请参看 Margaret H. DeFleur, *Computer-Assisted Investigative Reporting: Development and Methodology* (Mahwah, NJ: Lawrence Erlbaum Associates, 1997);

Miglena Sternadori, "Use of Anonymous, Government-Affiliated and Other Types of Sources in Investigative Stories" (M. A. thesis, University of Missouri, 2005)；和 Gerry Lanosga and Jason Martin, "The Investigative Reporting Agenda in America: 1979 – 2007" (paper presented to the Association for Education in Journalism and Mass Communications, Chicago, IL, 2008), 1 – 27。

43. 在不同十年中，参赛作品的变化也反映了媒体组合的变化。值得注意的是，对中型媒体使用记录情况的分析涵盖了从 1994 年到 2010 年的作品，这段时间是调查记者和编辑协会对媒体规模类别的界定相对具有可比性的时期。
44. 时间预估通常是指制作和发行新的系列故事的时间。
45. Joe Neff, interview with author, December 2012.
46. 参看"Mission Statement," http://www.ire.org/about/#Mission。
47. 一些内情报告是由多位作者写成，因此 3 341 位作者共书写了 2 941 份内情报告。
48. 参看 Rick Edmonds, Emily Guskin, Amy Mitchell, and Mark Jurkowitz, "Newspapers: By the Numbers," *The State of the News Media 2013*, Pew Research Center, May 7, 2013, http://www.stateofthemedia.org/2013/newspapers-stabilizing-but-still-threatened/newspapers-by-the-numbers/。
49. 1987 年到 2011 年间，调查记者和编辑协会数据库中写作内情报告数量达到 20 份或以上的 14 位作者分别是 Ronald Campbell, Rose Ciotta, Sarah Cohen, David Donald, Jaimi Dowdell, James V. Grimaldi, Andy Hall, Jennifer LaFleur, Eric Nadler, Paul Overberg, MaryJo Sylwester, Margot Williams, Derek Willis 和 Duff Wilson。他们所属单位的概况基于其在内情报告中所列出的情况。
50. 参看 www.foia.gov。
51. 华盛顿实况出版公司在制作《环保局实况》的同时，还出版和制作国防、医疗保健和国际贸易等主题的新闻通讯和网站。

第六章　如何获得支持?

1. 参看 Richard B. Kielbowicz, "Regulating Timeliness: Technologies,

Laws, and the News, 1840 – 1970," *Journalism & Communication Monographs* 17 (2015): 5 – 83。

2. 参看 Harold Demsetz and Kenneth Lehn, "The Structure of Corporate Ownership: Causes and Consequences," *Journal of Political Economy* 93 (1985): 1155 – 1177。
3. 参见 Rick Edmonds, Emily Guskin, Amy Mitchell, and Mark Jurkowitz, "Newspapers: By the Numbers," The State of the News Media 2013, Pew Research Center, May 7, 2013, http://www. stateoft hemedia. org/2013/newspapers-stabilizing-but-still-threatened/newspapers-by-the-numbers/。
4. 表 6.2 的关注点在于,参赛作品数量的下降反映了新闻报道的减少,但产生这一变化的部分原因是,由于资金方面的压力,人们参赛的意愿降低了。
5. 参看"IRE Holds Successful Annual Conference," https://www. ire. org/publications/ire-journal /search-journal-archives/1211/; "More Than 800 Journalists Attend IRE Conference," https://www. ire. org/publications/ire-journal/search-journal-archives/1690/;和"Humans of IRE," http://ire. org/blog/ire-conference-blog/2015/06/19/humans-ire-meet-few-philadelphia-conference-attend/。
6. 参看 Mary Walton, "Investigative Shortfall," *American Journalism Review*, September 2010, http://ajrarchive. org/article. asp? id = 4904; 和 Mark Horvit, "Turnout at Conferences Reflects Industry's Interest in Watchdog Work," *IRE Journal* 37 (2014): 4。
7. 参看 Mark Jurkowitz, "The Growth in Digital Reporting: What It Means for Journalism and News Consumers," Pew Research Center, March 26, 2014, http://www. journalism. org/2014/03/26/the-growth-in-digital-reporting/。
8. Matthew Gentzkow and Jesse M. Shapiro, "What Drives Media Slant? Evidence from U. S. Daily Newspapers," *Econometrica* 78 (2010): 45.
9. 参看 Matthew Gentzkow and Jesse M. Shapiro, "Political Slant of United States Daily Newspapers, 2005," ICPSR, http://www. icpsr. umich. edu/icpsrweb/ICPSR/studies/26242;和 Matthew Gentzkow and Jesse M. Shapiro, "Congressional Record for 104th-110th Congresses: Text and

Phrase Counts," ICPSR, http://www.icpsr.umich.edu/icpsrweb/ICPSR/studies/33501。

10. Lewis A. Friedland and Sandy Nichols, *Measuring Civic Journalism's Progress: A Report Across a Decade of Activity* (Pew Center for Civic Journalism, 2002), 19.

11. 同上,35,43。

12. 同上,56。

13. 四家报纸中,除了《明星论坛报》,另外三家在2002—2005年期间均向调查记者和编辑协会提交了参赛作品。

14. 参看"As Ex-Leader Awaits Sentencing, Hollinger Files for Bankruptcy," *Bloomberg News*, August 2,2007, http://www.nytimes.com/2007/08/02/business/02black.html。

15. David Loomis and Philip Meyer, "Opinion without Polls: Finding a Link between Corporate Culture and Public Journalism," *International Journal of Public Opinion Research* 12(2000): 279.

16. 同上, 276。

17. 参看 Jean Tirole, "A Theory of Collective Reputations with Applications to the Persistence of Corruption and to Firm Quality," *Review of Economic Studies* 63(1996): 1-22。

18. 参看 Steve Weinberg, "Notable Books of 2009," *IRE Journal* 33(2010): 9. The annual *IRE Journal* lists of investigative books were collected primarily from back issues of *IRE Journal*。

19. 参看"The Story Behind the Voice," *Voice of San Diego*, http://www.voice of sandiego.org/about-us/。

20. 参看 Laurie Kramer and Joel Kramer,"2014 MinnPost Year End Report," *MinnPost*, January 29, 2015, http://www.minnpost.com/inside-minnpost/2015/01/2014-minnpost-year-end-report-positioning-successful-future。

21. 参看 *2014: Five Years of the Texas Tribune* (Austin: The Texas Tribune, 2014): 4, https://s3.amazonaws.com/static.texastribune.org/media/documents/TexasTribune-5Years-sml-final.pdf。

22. 同上,5。

23. Stephen Ansolabehere, John M. de Figueiredo, and James M. Snyder,

"Why Is There So Little Money in U. S. Politics?" *Journal of Economic Perspectives* 17(2003):105.

24. 参看"Donors and Members," *The Texas Tribune*, https://www.texastribune.org/support-us/donors-and-members/;"MinnPost Member Benefits, *MinnPost*, https://www.minnpost.com/members;和"The Story Behind the Voice"。
25. 参看"Do the Math: How to Finance Non-Profit Journalism," http://ona13.journalists.org/sessions/finance-non-profit-journalism/#.VP8zFe-GHyyE。
26. 参看 Michael Janofsky, "Advocacy Groups Spent Record Amount on 2004 Election," *New York Times*, December 17, 2004。

第七章 凭一己之力改变社会的调查记者

1. 帕特·斯蒂斯的笔记,未发表,未注明时间。本章列出的资料源于斯蒂斯分享给作者的个人文件和笔记。
2. 2013年3月,斯蒂斯发给作者的邮件。
3. John Drescher, "Hero, or Hit Man?" *Independent Weekly*, May, 11, 1989, 11.
4. Roy J. Harris, *Pulitzer's Gold: Behind the Prize for Public Service Journalism* (Columbia: University of Missouri Press, 2007), 417.
5. John Drescher, "Hero, or Hit Man?", 12.
6. David Brown, "When Something Stinks," *Carolina Alumni Review* 85 (1997): 26.
7. Rick R. Smith, "'Columbo'. 'Pit Bull'. 'Good Ol' Boy'. Pat Stith Is All Those Things," *Spectator*, May 9, 1996, 13.
8. 同上。
9. Kelly Heyboer, "Computer-Assisted Reporting's 'Dirty Harry,' " *American Journalism Review* 19(1996): 13.
10. John Drescher, "Hero, or Hit Man?" 14.
11. 参看"Table A: Minority Employment in Daily Newspapers," American Society of News Editors, http://asne.org/content.asp?pl=140&sl=129&contentid=129。斯蒂斯退休时,《新闻与观察者》整体仍未放弃调

查报道。2012 年 6 月，斯蒂斯在发给作者的邮件中提到：

> 调查报道的成本太高，我一度觉得随着报纸不景气，很多调查报道就销声匿迹了。但也许不是这样。也许还有很多报社像《新闻与观察者》一样，编辑把调查报道看作报社在公众中打响名号的一种途径。我2008 年 10 月退休时，约翰·德雷舍加倍投资调查报道。他接替了我，还加了一名调查记者。那么结果呢？我认为《新闻与观察者》近几年的调查报道，总体上超过了报社之前的报道。至少是近四十年最好的报道。
>
> 但即使在《新闻与观察者》，威胁也仍存在。《新闻与观察者》有三名高级调查记者，内夫、科利斯和凯恩。他们正值壮年。他们经验老到，知道什么是什么；又年富力强，有精力跟踪新闻。但如果他们被挖走了，谁又能接替他们呢？或者更可能的是，他们会因为在这个行业待不下去了，不得不离开。要找到一人替代他们三人其中之一都很困难，更不用说找三个接替者了。当然《新闻与观察者》可以雇佣或提拔人做调查记者，不过给人一个调查记者的头衔，不会让他立马变成一名调查记者。《新闻与观察者》现在正享受 20 世纪 90 年代的余荫，那时正值丰年。但报社现在还在培养新一批调查记者吗？还有后备军吗？

12. Harris, "Pulitzer's Gold," 417.
13. 列表中的报道并不都是经典的长期调查。有些报道提供了某个政府计划的相关信息，如果没有斯蒂斯挖掘出政府内部调查，这些信息永远不会公之于众。
14. 2013 年 3 月，斯蒂斯发给作者的邮件。
15. 2012 年 8 月，斯蒂斯发给作者的邮件。
16. 对于一些立法可能受斯蒂斯报道影响，布鲁克·凯恩通过检查北卡罗来纳的立法记录和法律文本，确认了这类法律。
17. 2013 年 3 月，斯蒂斯发给作者的邮件。
18. 表 7.3 的委托代理问题数量指代表 7.1 列出的调查中不同调查类别的数量。为了得出个体影响、审议影响和实体影响的各自数量，我检验了表 7.4 中列出的一个报道中有多少种个体影响、审议影响和实体影响。一篇报道可以有一种以上委托代理问题，影响也可超过一种。
19. 注意，尽管相关性不一定证明因果关系，但斯蒂斯在生涯编码中，只将那些他认为是由报道引起的改变编入其中。在讨论委托代理关系失灵和个体影响、审议影响及实体影响种类的关系时，考虑到斯蒂斯报道分类的方法，有时会将相关性默认为因果关系。

20. 斯蒂斯的报道导致了北卡罗来纳州检察总长发表声明，捐给北卡罗来纳州公路巡警自愿保证金的基金需缴税，基金多用于给予退休巡警“津贴”，这可能会使巡警的应税收入上涨 35 万美金。
21. 尽管 1981 年的系列报道“慈善机构募捐不受监督”推动了新立法，要求慈善机构支付牌照费、公布财务声明、建立募捐标准和慈善金使用规范，最高法院还是于 1988 年驳回了这项法案。
22. Pat Stith, “Germtown, U. S. A.: Raw Sewage Makes Smithville Epidemic Potential ‘Awesome,’” *Charlotte News*, December 14, 1967.
23. 同上。
24. Joe Flanders, “Help’s on Way for Smithville,” *Charlotte News*, December 15, 1967, P. 1.
25. 斯蒂斯提供给作者的报道清单(2013 年 3 月)，72。
26. 1968 年 4 月，W. 托马斯 · 雷写给斯蒂斯的信。
27. 1968 年，梅克伦堡郡，52.4%的选民投票给了共和党候选人理查德 · 尼克松，28.9%投票给民主党候选人赫伯特 · H. 汉弗莱。
28. 1968 年 10 月，佩里 · 摩根(《夏洛特新闻报》编辑)写给社区服务项目法官的信。
29. 1969 年 9 月 15 至 18 日，帕特 · 斯蒂斯，“一条名为‘糖’的污水河”系列报道，分四部分连载。
30. 同上。
31. 系列报道的第一天，报纸首页，斯蒂斯的报道旁的晚间祷告为：“吁，天父，乞恕吾之冷漠疏忽。吾辈向汝永敞心胸，无论穷达，吾辈永沐圣爱。阿门。”1969 年 9 月 15 日。报道文章转至内页后，周围的广告带来不一样的信息。1967 年 12 月 15 日，当天报纸登有史密斯维尔的新闻，内页广告包括尊尼获加红牌苏格兰威士忌和好彩头 100s 薄荷香烟。
32. “The First Prize,” *Charlotte News*, January 31, 1970, 8A.
33. “Our Stories On Local Water Pollution Caused a Stink You Could Smell in Washington,” *Charlotte News*, February 7, 1970, 6A.
34. Stith, “Sewer Named Sugar.”
35. Pat Stith, “Clean Up Pollution, Martin Tells County,” *Charlotte News*,

September 19, 1969, 1.
36. 同上。
37. 同上。
38. "County Budget Battles Charlotte's Pollution," *The News and Observer*, August 15, 1973.
39. 同上。
40. 同上。
41. 斯蒂斯的报道清单，73－74。
42. Pat Stith and Joby Warrick, "Official Finds Hog Industry Hospitable," *The News & Observer*, March 16, 1995.
43. 2015 年 10 月，斯蒂斯发给作者的邮件。参看 Pat Stith, "Boss Hog," Robinson Endowed Lectureship Series, Bradley University, Department of Communication, Peoria, IL, April, 1998。
44. Joby Warrick & Pat Stith, "New Studies Show Lagoons Are Leaking,"
45. "猪肉的力量"，《新闻与观察者》1996 年 5 月 12 日（周日）再印了这一系列，并加入节选反馈和跟踪报道。猪肉系列报道中的注释和参考文献来自 1996 年再版文本。
46. Warrick and Stith, "Lagoons Are Leaking."
47. 同上。
48. Joby Warrick & Pat Stith, "DEM Finds It Hard to Challenge Status Quo," *The News & Observer*, February 19, 1995.
49. Pat Stith & Joby Warrick, "Law Restricts Access to Information," *The News & Observer*, February 19, 1995.
50. Pat Stith & Joby Warrick, "Murphy's Laws," *The News & Observer*, February 22, 1995.
51. Stith, "Boss Hog," 4.
52. 同上。
53. 同上，5。
54. "调查记者和编辑协会奖年度参赛作品 # 12688"（调查记者和编辑协会，1995），3。
55. 同上。
56. Stith, "Boss Hog," 13.
57. 同上，10。

58. 同上。
59. Joby Warrick, "Legislative Pig Pickin' Celebrates Pork Power," *The News & Observer*, May 25, 1995, A3.
60. Stith, "Boss Hog," 11.
61. 系列报道的影响总结,参见斯蒂斯"猪场大亨","调查记者和编辑协会奖参赛作品#12688";以及斯蒂斯的报道清单,7。
62. Harris, "Pulitzer's Gold," 417.
63. 2013年10月,苏珊·詹姆斯对北卡罗来纳州水资源部门的克里斯蒂娜·劳森进行采访。
64. Bob Edwards and Adam Driscoll, "From Farms to Factories: The Environmental Consequence of Swine Industrialization in North Carolina," in *Twenty Lessons in Environmental Sociology*, ed. Alan Gould and Tammy L. Lewis (NewYork: Oxford University Press, 2009), 155. 这一段数据和评估来源于这篇论文和劳森的采访。注意20世纪90年代至2006年,美国的猪肉产量增加,意味着北卡罗来纳猪肉产量下降的因素更多和公共政策相关,而非国家范围市场不景气。
65. Edwards and Driscoll, "From Farms to Factories," 162.
66. 这一段引用出自"调查记者和编辑协会奖参赛作品#22948"(调查记者和编辑协会,2006)。
67. 出自 Pat Stith, "Clean Wells Left to Chance," *The News & Observer*, March 26, 2006; Pat Stith & Catherine Clabby, "State Failing to Ensure Suppliers Test Your Water," *The News & Observer*, March 27, 2006; Pat Stith, Catherine Clabby, and David Raynor, "Silence, Flawed Test Data Hide Lead Contamination," *The News & Observer*, March 28, 2006。
68. Pat Stith, "Easley Wants Water Money," *The News & Observer*, March 29, 2006。
69. 同上。
70. 发现与整改的总结来自三天系列报道,"调查记者和编辑协会奖参赛作品#22948",以及斯蒂斯的报道清单,160-164。斯蒂斯把这些系列报道分成制度失灵和管理不善、审议影响(辩论、有关改革的讨论)、个体影响(雇佣24名新员工)和实体影响(整改、新规定、启动项目或行动、新政策或新程序和立法)。
71. Stith, "Easley." 注意表7.8为节选自州政府官员的邮件,和斯蒂斯收集的读者发给他的邮件节选。

72. Stith，“Easley.”
73. 2006年2月，特里·皮尔斯接受斯蒂斯的采访，记录员是辛西娅·W.赖斯。
74. Stith，“Clean wells.”
75. Stith & Clabby，“State failing.”
76. 1978年4月18日斯蒂斯未发布的报道草稿。
77. 引用和关于错误、修正的报道来源于德雷舍，“Hero，or Hit Man?”。
78. “调查记者和编辑协会奖参赛作品#24002”（调查记者和编辑协会，2008），4。
79. 帕特·斯蒂斯，“调查报道”（2005年，教堂山分校演讲草稿，未发表）。
80. 2013年3月，斯蒂斯发给作者的邮件。
81. 同上。
82. Stith，“Investigative Reporting.”
83. 斯蒂斯，未发表文章草稿。
84. Pat Stith，“The Showdown Interview”（lecture at IRE conference in New York，June 2000），2. 这一段所有的后续引用都来自斯蒂斯在调查记者和编辑协会上的讲话。
85. 同上，1。
86. 关于行为经济学，参看 Richard H. Thaler and Cass R. Sunstein，*Nudge*：*Improving Decisions about Health*，*Wealth*，*and Happiness*，2nd ed.（NewYork：Penguin Books，2009）。
87. Stith，“Investigative Reporting.”
88. 同上。
89. 同上。看到许多记者拼尽一切只为作出大型调查，斯蒂斯说：“你不可能一直处于巅峰。”2012年7月，斯蒂斯发给作者的邮件。
90. 帕特·斯蒂斯，“自由社会的新闻业”（在堪萨斯大学的演讲稿，未发表）。
91. 同上。
92. 同上。
93. John Drescher，“Hero，or Hit Man?”，11.
94. Smith，“‘Columbo，’” 13. 参看斯蒂斯的报道：“State Leaves Nurse Jobless after Injury，” *The News & Observer*，February 25，1987，p. 1A。
95. Smith，“‘Columbo，’” 15.

96. Brown,“When Something Stinks,” 29.
97. 帕特·斯蒂斯,1988年3月为记者演讲,未发表的笔记。
98. 同上。
99. 帕特·斯蒂斯2012年12月与作者的谈话。想到自己曾经处在一个满是政府文件的房间里,可以随意查阅想看的资料,斯蒂斯说自己就好像“进了宝藏,什么都想带走”(帕特·斯蒂斯与作者的谈话,2013年2月)。
100. 了解计算机辅助报道发展的精彩讨论和计算机辅助报道技术,参看Margaret H. DeFleur, *Computer-Assisted Investigative Reporting: Development and Methodology* (Mahwah, NJ: Lawrence Erlbaum Associates, 1997); Poynter Institute for Media Studies, *When Nerds and Words Collide: Reflections on the Development of Computer Assisted Reporting* (St. Petersburg, FL: Poynter Institute, 1999); 和 Brant Houston, *Computer-Assisted Reporting: A Practical Guide*, 4th ed. (New York, 2015)。
101. Pat Stith, “Reloading: Lessons Learned at The News & Observer”(1995年12月,波因特研究所媒体研究中心,为新闻研究与新闻编辑室研讨会作的讲座),2。斯蒂斯还如此形容1989年的调查记者和编辑协会大会:“那时他才意识到作为一个调查记者,他现在开始钻研计算机有点太老了,但还没老到可以忽视这门技术的崛起。‘我也有点希望自己再老一点,我就可以不用学它了。’但实际上他强烈地感到这门技术非常有趣。”(参看 Heyboer, “‘Dirty Harry,’” 13。)
参看 Houston, “Computer-Assisted Reporting,” 9。休斯敦指出那年对计算机辅助报道很有意义,贾斯宾在密苏里新闻学院成立了美国计算机辅助报道协会,《亚特兰大宪政报》的比尔·戴德曼凭借系列报道〔“金钱的颜色”(The Color of Money)〕获得普利策奖,该系列运用了计算机辅助报道审查亚特兰大地区家庭贷款的种族差异。贾斯宾和伍兹开展的项目名为“九轨快车”,帮助记者利用便携磁带机将大型数据从大型计算机磁带传输到个人电脑进行分析。
102. Stith, “Reloading,” 3. 他提到自己授课的六人班课程,“30个参与此课程的人里,只有一人是编辑。之后的情况让我们伤心。”
103. 2013年3月,斯蒂斯发给作者的邮件。
104. Stith, “Reloading,” 4.

105. 参看报社内刊 *Hot Type：A Newsletter and Critique for the N & O Staff*，文章题为“No Matter Your Beat，You Need Computer Reporting”。斯蒂斯写于 1995 年 8 月。
106. 斯蒂斯 1996 年 5 月 15 日写给梅兰妮·西尔的备忘录，未发表。
107. Stith，“Reloading，” 5.
108. Stith，“Reloading，” 8.
109. 关于 1993 年调查记者和编辑协会会议的全部细节，“计算机：新闻报道新前沿”，来自会议活动指南。
110. 帕特·斯蒂斯，“撰写计算机辅助报道”（Writing the CAR Story）（1996 年 9 月，于华盛顿专业记者社发表的演讲，未发表的演讲稿）。
111. 斯蒂斯，“撰写计算机辅助报道”。
112. 例如，詹妮弗·拉弗勒写的一篇 Propublica 关于总统特赦系列报道的方法论的帖子和论文，“Propublica 如何分析赦免数据”（How Propublica Analyzed Pardon Data），2011 年 12 月 3 日，可在下列网址阅读：http://www. pro publica. org/article/how-propublica-analyzed-pardon-data。
113. 斯蒂斯，“撰写计算机辅助报道”。Philip Meyer，*Precision Journalism：A Reporter's Introduction to Social Science Methods*，4th ed.（New York：Rowman & Littlefield，2002）. 迈耶也同样强调了记者能从这一科学方法中学到什么。这本书初版于 1973 年。
114. Pat Stith，“A Guide to Computer Assisted Reporting，” Poynter Institute，June 1，2005，3，http://www. poynter. org/uncategorized/69334/a-guide-to-computer-assisted-reporting/。
115. 同上。
116. Brown，“When Something Stinks，” 25.
117. 帕特·斯蒂斯，“如何从不深入民众的官员手中获取公共记录”（1997 年在堪萨斯大学的演讲，未发表）。
118. 同上。报社不用支付数据的间接费用或固定费用。他们只需支付计算机使用费用和磁带成本。州法律没有规定申请资料需要书面请求，因此斯蒂斯一般拒绝作多余的书面申请。他提到，每当要求提供申请信时，他会打开记者用的便签本写上，“亲爱的奥斯卡，给我许可记录。帕特”，然后把申请信交给奥斯卡。
119. Stith，“How to Acquire Public Records.”
120. “调查记者和编辑协会奖参赛作品 # 23924”（调查记者和编辑协会，

2008)，这个系列最终获选调查记者和编辑协会信息自由奖。

121. 参看 Elizabeth Spainhour，"New Year，New Governor，New E-mail Policies?，" Digital Media and Data Privacy Law blog，January 21，2009，http://www.newsroomlawblog.com/2009/01/articles/public-records/new-year-new-governor-new-email-policies/。

122. 2013 年 3 月，斯蒂斯发给作者的邮件。所有斯蒂斯工资相关的数据都来自此邮件，以及 2013 年 4 月他发给作者的邮件。1960 年，斯蒂斯在《夏洛特新闻报》的暑期实习周薪为 40 美元。他选择这份工作是因为："他父亲让他做衣架小时工，时薪 50 美分。他选择了新闻。这份工作不用待在乌烟瘴气的闷热房间里。'新闻很有特点。我为它痴狂。我下定决心要成为一个新闻人。'"(Drescher，"Hero，or Hit Man?"12)在海军服役两年后，1963 年他再次参加暑期实习，周薪已上涨至 65 美元，还在工作中获得个人第一个北卡罗来纳新闻协会奖。1965 年夏天，他再次参加暑期实习，周薪为 85 美元。

123. 2013 年 3 月，斯蒂斯发给作者的邮件。

124. 斯蒂斯在邮件中结合个人记忆、收入声明和退税记录，提供了他的年收入：1966 年：6 240 美元；1971 年：12 220 美元；1978 年：22 505 美元；1980 年：26 495 美元；1982 年：30 110 美元；1986 年：37 960 美元；1987 年：39 789 美元；1988 年：41 860 美元；1991 年：48 100 美元；1992 年：50 440 美元；1993 年：52 520 美元；1994 年：54 860 美元；1995 年：56 940 美元(1 月)及 59 280 美元(3 月)；2008 年：维持 90 年代中期水准。

125. 2013 年 4 月，斯蒂斯发给作者的邮件。

126. 1993 年 10 月，斯蒂斯写给玛丽昂·格雷戈里的备忘录，未发布。

127. 2013 年 6 月，斯蒂斯给作者的留言条。

128. 来自美国记者调研数据，David H. Weaver and G. Cleveland Wilhoit，*The American Journalist in the* 1990s：*U. S. News People at the End of an Era*(Mahwah，NJ：Lawrence Erlbaum Associates，1996)，94 - 95。

129. 2008 年记者和通讯员的年薪数据，参看 http://www.bls.gov/oes/tables.htm。

130. 关于历史收入数据，参看 http://www.census.gov/hhes/www/income/data/historical/people/。

131. John Drescher，"Hero，or Hit Man?"，15.

132. 同上。
133. 参看 Steven Waldman, *The Informational Needs of Communities: The Changing Media Landscape in a Broadband Age* (Washington, DC: Federal Com-munications Commission, 2011), 44, 和"the News & Observer Staff," http://www. newsobserver. com/news/local/article 27529687. html。
134. 参看"Meet the Investigations Team," http://www. newsobserver. com/news/local/news-columns-blogs/investigations-blog/article10278065. html, 和"Recent Awards," http://www. mcclatchy. com/recent _ awards/。
135. 2012 年 6 月,斯蒂斯发给作者的邮件。
136. 北卡罗来纳大学职业服务中心,"2013 年北卡罗来纳大学教堂山分校应届生第一份工作调查"(教堂山分校：北卡罗来纳大学学生事务中心,2014 年),3。
137. 参看 Jim Bach, "Reporters' Pay Falls below U. S. Average Wage," American Journalism Review, 2014 年 5 月 15 日,http://ajr. org/2014/05/05/reporter-pay-falls-u-s-average-wage/。
138. 参看 Alex T. Williams, "The Growing Pay Gap between Journalism and Public Relations," Pew Research Center, 2014 年 8 月 11 日,http://www. pewresearch. org/fact-tank/2014/08/11/the-growing-pay-gap-be-tween-journalism-and-public-relations/。
139. 关于记者如何看待自己职业的调查,包括影响社会和帮助他人的能力,参看 David H. Weaver, Randal A. Beam, Bonnie J. Brownlee, Paul S. Voakes, and G. Cleveland Wilhoit, *The American Journalist in the 21st Century: U. S. News People at the Dawn of a New Millennium* (Mahwah, NJ: Lawrence Erlbaum Associates, 2007)。

关于市场前景走下坡,对记者工作、职业满意度的影响,参看 Howard Gardner, Mihaly Csikszentmihalhi, and William Damon, *Good Work: When Excellence and Ethics Meet* (New York: Basic Books, 2001);及 Jim Tankersley, "Why the PR Industry Is Sucking Up Pulitzer Winners," *Washington Post*, 2015 年 4 月 23 日。
140. 帕特·斯蒂斯 2012 年 12 月与作者的谈话。
141. 帕特·斯蒂斯 2013 年 2 月与作者的谈话。

第八章 新闻问责与计算机算法

1. 参看 Leonard Downie and Robert G. Kaiser, *The News About the News: American Journalism in Peril*(New York: Alfred A. Knopf, 2002)。
2. 参看 Philip M. Napoli, Sarah Stonbely, Kathleen McCollough, and Bryce Renninger, *Assessing the Health of Local Journalism Ecosystems: A Comparative Analysis of Three New Jersey Communities* (a report prepared for the Democracy Fund, the Geraldine R. Dodge Foundation, and the Knight Foundation, 2015);和"Local News in a Digital Age," Pew Research Center, March 5,2015, http://www.journalism.org/2015/03/05/local-news-in-a-digtal-age/。
3. 参看 ASNE newsroom census figures at "2015 Census," American Society of News Editors, http://asne.org/content.asp?pl=121&sl=415&contentid=415。
4. 参看 Ken Doctor, "The Newsonomics of How and Why," *Nieman Lab*, July 25, 2014, http://www.niemanlab.org/2014/07/the-newsonomics-of-how-and-why/。
5. 参看 Michael Barthel, "Newspapers: Fact Sheet," Pew Research Center, April 29, 2015, http://www.journalism.org/2015/04/29/newspapers-fact-sheet/。
6. 参看 Amy Mitchell and Katerina Eva Matsa, "The Declining Value of U.S. Newspapers," Pew Research Center, May 22, 2015, http://www.pewresearch.org/fact-tank/2015/05/22/the-declining-value-of-u-s-newspapers/。
7. 参看 Michael Barthel, Elisa Shearer, Jeffrey Gottfried, and Amy Mitchell, "Evolving Roles of News on Twitter and Facebook," Pew Research Center, July 14, 2015, http://www.journalism.org/2015/07/14/the-evolving-role-of-news-on-twitter-and-facebook/。
8. 参看 Eytan Bakshy, Solomon Messing, and Lada Adamic, "Exposure to Ideologically Diverse News and Opinion on Facebook," *Science* 348 (2015): 1130-1132。
9. 参看 Richard A. Posner, "Free Speech in an Economic Perspective,"

*Suffolk University Law Review*20(1986)：1－54。

10. 对美国透明化政策发展进行广泛检查，参看 Michael Schudson，*The Rise of the Right to Know：Politics and the Culture of Transparency，1945－1975*(Cambridge，MA：Harvard University Press，2015)。
11. Nigel Bowles，James T. Hamilton，and David A. Levy，*Transparency in Politics and the Media*（New York：I. B. Tauris & Co.，2014)，xi。
12. 参看"Federal Agencies Still Struggle to Process Public Information Requests，" Center for Effective Government，March 10，2015，http://www.foreffectivegov.org/press/as-congress-considers-legislative-improvements-new-report-shows-federal-agencies-still-struggle-to-process-public-information-requests-in-a-timely-consistent-way/。
13. 参看"Most Agencies Falling Short on Mandate for Online Records，" National Security Archive，March13，2015，http://nsarchive.gwu.edu/NSAEBB/NSAEBB505/。
14. 参看 Ted Bridis，Associated Press，"Obama Administration Sets New Record for Withholding FOIA Requests，" March 18，2015，PBS NewsHour，. http://www.pbs.org/newshour/rundown/obama-administration-sets-new-record-withholding-foia-requests/；和 Trevor Timm，"As Legacy Media Cuts Back on FOIA，Digital-Only News Outlets Step In，" *Columbia Journalism Review*，August 25，2015，http://www.cjr.org/first_person/foia_requests_down_legacy.php。
15. 参看 Brody Mullins and Christopher Weaver，"Open-Government Laws Fuel Hedge-Fund Profits，" *Wall Street Journal*，September 23，2013。
16. 参看 Josh Gerstein，"Lawmakers Try Again on FOIA Reform，" *Politico*，February 2，2015。
17. 参看 Lisa Rein，"White House to Make Public Records More Public，" *Washington Post*，July 10，2015；和 Laurence Tai，"Fast Fixes for FOIA，" *Harvard Journal on Legislation* 52(2015)：455－543。也可参看 documentcloud.org and MuckRock.com。
18. 参看 Associated Press，"Cost-Related FOI Issues，Solutions in 18 States，" USA Today，March 13，2015，http://www.usatoday.com/story/news/2015/03/13/cost-related-foi-issues-and-solutions-in-18-state/70204762/。
19. 参看"How The State's Reporters Use FOI in Quest for Public

Information," The State, March13, 2015, http://www. thestate. com/news/local/article14662553. html。

20. 同上。
21. 参看 Corey Hutchins, "What Can We Do When a State FOI Law Takes a Hit?" *Columbia Journalism Review*, April 30, 2014; and Martha Neil, "Georgia Sues Carl Malamud Group, Calls Publishing State's Annotated Code of Laws Online Unlawful," *American Bar Association Journal*, July 24, 2015, http://www. abajournal. com/news/article/State_of_Georgia_sues_Carl_Malamud_says_he_published_its_annotated_code_of。
22. James T. Hamilton, *All the News That's Fit to Sell: How the Market Turns Information Into News* (Princeton, NJ: Princeton University Press, 2004), 1.
23. Victor Pickard, "The Return of the Nervous Liberals: Market Fundamentalism, Policy Failure, and Recurring Journalism Crises," *Communication Review* 18(2015): 82 - 97.
24. 这次讨论引起詹姆斯·T.汉密尔顿的密切关注,"拿什么激励来拯救新闻业?" *Will the Last Reporter Please Turn Out the Lights? The Collapse of Journalism and What Can Be Done to Fix It*, ed. in Robert W. McChesney and Victor Pickard (New York: New Press, 2011).
25. 参看 Sarah Cohen, James T. Hamilton, and Fred Turner, "Computational Journalism," *Communication of the ACM* 54 (2011): 66 - 71; 和 Hamitton, "what's the Incentive?"。
26. 参看"Potential Policy Recommendations to Support the Reinvention of Journalism" (discussion draft, Washington, DC: Federal Trade Commission, 2010), 30 - 35; 和 Steven Waldman, *The Information Needs of Communities: The Changing Media Landscape in a Broadband Age* (Washington, DC: Federal Communications Commission, 2011), 327 - 328, 350 - 352。两项研究都讨论了联邦政府如何可能支持算法的开发,以援助记者,以及数据的公布,以降低新闻发现成本。
27. Council on Foundations Nonprofit Media Working Group, *The IRS and Nonprofit Media: Toward Creating a More Informed Public* (Arlington, VA: Knight Foundation, 2013), 9.
28. 同上。

29. 参看 Joseph Hutnak, "What Happened to the Johnston Insider?" *Johnston Patch*, June 3, 2012, http://patch.com/rhode-island/johnston/what-happened-to-the-johnston-insider。
30. Council on Foundations, *The IRS and Nonprofit Media*, 5.
31. 同上。
32. 参看 "Potential Policy Recommendations," 21 – 30; Waldman, *Information Needs of Communities*, 352 – 358; 和 Council on Foundations, *The IRS and Non-profit Media*, 13 – 16。
33. 参看 Beth Simone Noveck, Wiki Government: How Technology Can Make Government Better, *Democracy Stronger, and Citizens More Powerful* (Washington, DC: Brookings Institution Press, 2009); Daniel Lathrop and Laurel Roma, *Open Government: Collaboration, Transparency, and Participation in Practice* (Sebastopol, CA: O'Reilly Media, 2010); 和 Joel Gurin, *Open Data Now: The Secret to Hot Startups, Smart Investing, Savvy Marketing, and Fast Innovation* (New York: McGraw-Hill Education, 2014)。
34. 参看 Sarah Cohen, "Transparency and Public Policy: Where Open Government Fails Accountability," in *Transparency in Politics and the Media*, ed. Nigel Bowles, James T. Hamilton, and David A. Levy (New York: I. B. Tauris & Co., 2014), 96。
35. 同上, 100; 和 Omri Ben Shahar and Carl E. Schneider, *More Than You Wanted to Know: The Failure of Mandated Disclosure* (Princeton, NJ: Princeton University Press, 2014).
36. 参看 "Open Data Policy Guidelines," http://sunlightfoundation.com/opendataguidelines/。
37. Sarah Cohen comments at 2010 Federal Trade Commission Meeting, March2010, https://www.ftc.gov/sites/default/files/documents/public_comments/2010/03/544505-00045.pdf.
38. 同上, 2。
39. 这些公开数据案例来源于阳光基金会, *The Impacts of Open Data* (Washington, DC, 2014), http://www.scribd.com/doc/219477511/The-Impacts-of-Open-Data。
40. 参看 Dan Mihalopoulos, "The Snowplows Hit Ald. Burke's Street—Five

Times," *Chicago Sun-Times*, February 3,2015。

41. 参看 Lena H. Sun, "You Can Now Look up ER Wait Times, Hospital Noise Levels, and Nursing Home Fines on Yelp," *Washington Post*, August 5,2015;和 Charles Ornstein, "'Stay Far, Far Away' and Other Things Gleaned from Yelp Health Reviews," *ProPublica*, August 6, 2015, https://www.propublica.org/article/stay-far-far-away-and-other-things-gleaned-from-yelp-health-reviews。

42. James T. Hamilton, *Regulation through Revelation: The Origin, Politics, and Impacts of the Toxics Release Inventory Program* (New York: Cambridge University Press, 2005).

43. James T. Hamilton, "Pollution as News: Media and Stock Market Reactions to the Toxics Release Inventory Data," *Journal of Environmental Economics and Management* 28(1995): 98 - 113.

44. James T. Hamilton, "Exercising Property Rights to Pollute: Do Cancer Risks and Politics Affect Plant Emission Reductions?" *Journal of Risk and Uncertainty* 18(1999): 105 - 124.

45. 参看 Scott de Marchi and James T. Hamilton, "Assessing the Accuracy of Self-Reported Data: An Evaluation of the Toxics Release Inventory," *Journal of Risk and Uncertainty* 32 (2006): 57 - 76; 和 James T. Hamilton, "Tracking Toxics When the Data Are Polluted: How Computational Journalism Can Uncover What Polluters Would Prefer to Hide," *Nieman Reports* 63(2009): 16 - 18, http://nieman reports.org/articles/tracking-toxics-when-the-data-are-polluted/。

46. 参看"e-Filing Senate Campaign Reports," https://www.opensecrets.org/action/issues/efiling-senate-campaign-finance-reports/。

47. 参看 Kathy Kiely, "Voting in the Dark: Senate Hides $57 Million in Campaign Contributions behind the Thicket of Dead Trees," Sunlight Foundation, October 28, 2014, https://sunlightfoundation.com/blog/2014/10/28/voting-in-the-dark-senate-hides-57-m-in-campaign-contributions-behind-a-thicket-of-dead-trees/。

48. 参看 Daniel Schuman, "House and Senate's Public—But Not Online—Documents," Sunlight Foundation, August 28, 2009, https://sunlightfoundation.com/blog/2009/08/28/the-house-and-senates-public-

but-not-online-documents/。

49. 参看 Alyson Krueger，"Civic Hacker，" *The Pennsylvania Gazette*，September/October，2013，52－56；and https://www.govtrack.us/。

50. Gerry Lanosga，"'God Help Our Democracy' Investigative Reporting in America，1946－1960"（paper presented at the annual meeting of the Association for Education in Journalism and Mass Communication，Boston，MA，2009）.

51. 参看 Simon Rogers，"The First Guardian Data Journalism：May 5，1821，" *Datablog*，*The Guardian*，September26，2011，http://www.theguardian.com/news/datablog/2011/sep/26/data-journalism-guardian。

52. Scott Klein，"Antebellum Data Journalism：Or，How Big Data Busted Abe Lincoln，" *ProPublica*，March 17，2015，https://www.propublica.org/nerds/item/antebellum-data-journalism-busted-abe-lincoln. 克莱因叙述了格里利使用国会差旅数据的过程。

53. Brant Houston，*Computer-Assisted Reporting：A Practical Guide*，4th ed.（New York：Routledge，2015），10.

54. Bruce Garrison，*Computer-Assisted Reporting*，2nd ed.（Mahwah，NJ：Lawrence Erlbaum Associates，1998），11，23－24.

55. Margaret H. DeFleur，*Computer-Assisted Reporting：Development and Methodology*（Mahwah，NJ：Lawrence Erlbaum Associates，1997），98.

56. 同上，107。

57. 参看"Database：Speeding Cops in South Florida，" Sun Sentinel，http://databases.sun-sentinel.com/news/broward/ftlaudCopSpeeds/ftlaudCop-Speeds_list.php。

58. Jonathan Gray，Liliana Bounegru，and Lucy Chambers，*The Data Journalism Handbook：How Journalists Can Use Data to Improve the News*（Sebastopol，CA：O'Reilly Media，2012）.

59. 参看 http://www.ire.org/nicar/about/。

60. 参看"A Computational Journalism Reading List，" http://jonathanstray.com/2011/01。

61. Alexander Benjamin Howard，*The Art and Science of Data-Driven Journalism*（New York：Columbia Journalism School，Tow Center for Digital Journalism Report，2014），4.

62. Gray, Bounegru, and Chambers, Data Journalism Handbook, 22.
63. Mark Coddington, "Clarifying Journalism's Quantitative Turn: A Typology for Evaluating Data Journalism, Computational Journalism, and Computer-Assisted Reporting," Digital Journalism 3(2015): 337.
64. The subhead listings here are direct quotes from Gray, Bounegru, and Chambers, *Data Journalism Handbook*, 6 – 11.
65. Juliette De Maeyer, Manon Libert, David Domingo, Fracois Heinderyckx, and Florence Le Cam, "Waiting for Data Journalism: A Qualitative Assessment of the Anecdotal Take-Up of Data Journalism in French-Speaking Belgium," *Digital Journalism* 3(2015): 442.
66. Sylvain Parasie and Eric Dagiral, "Data-Driven Journalism and the Public Good: 'Computer-Assisted-Reporters' and 'Programmer-Journalists' in Chicago," New Media & Society15(2012): 862 – 866.
67. Sylvain Parasie, "Data-Driven Revelation? Epistemological Tensions in Investigative Journalism in the Age of 'Big Data,'" *Digital Journalism* 3 (2015): 371.
68. Parasie, "Data-Driven Revelation?"369.
69. 参看"Journalism 3G: The Future of Technology in the Field," http://www.computational-journalism.com/symposium/index.php。
70. James T. Hamilton and Fred Turner, "Accountability through Algorithm: Developing the Field of Computational Journalism" (a report from Developing the Field of Computational Journalism, a Center for Advanced Study in the Behavioral Sciences Summer Workshop, July 27 – 31, 2009),2.
71. Cohen, Hamilton, Turner, "Computational Journalism," 66.
72. 同上,69。
73. 参看 Terry Flew, Christina Spurgeon, Anna Daniel, and Adam Swift, "The Promise of Computational Journalism," Journalism Practice 6 (2012): 159; 和 Jeannette M. Wing, "Computational Thinking," Communications of the ACM 49(2006): 33 – 35。
74. Seth C. Lewis and Oscar Westlund, "Big Data and Journalism: Epistemology, Expertise, Economics, and Ethics," *Digital Journalism* 3 (2015): 448.

75. Nicholas Diakopoulos, "Cultivating the Landscape of Innovation in Computational Journalism" (white paper for Tow-Knight Center for Entrepreneurial Journalism, City University of New York, 2012), 10.
76. 参看 http://www.narrativescience.com/sports。
77. 参看 Shelley Podolny, "If an Algorithm Wrote This, How Would You Even Know?" *New York Times*, March 7, 2015; Christer Clerwall, "Enter the Robot Journalist: Users' Perceptions of Automated Content," *Journalism Practice* 8 (2014): 519 - 531; 和 Celeste Lecompte, "Automation in the Newsroom: How Algorithms Are Helping Reporters Expand Coverage, Engage Audiences, and Respond to Breaking News," *Nieman Reports* 69(2015): 32 - 45, http://niemanreports.org/articles/automation-in-the-newsroom/。
78. 参看 Will Oremus, "The First News Report on the L. A. Earthquake Was Written by a Robot," *Slate*, March 17, 2014。
79. 参看 Scott Klein, "How to Edit 52,000 Stories at Once," *ProPublica*, January 24, 2013, https://www.propublica.org/article/new-data-analysis-at-some-schools-achievement-lags-behind-opportunity; 和 Jennifer LaFleur, "At Some Schools, Achievement Lags Behind Opportunity," *ProPublica*, January 24, 2013, https://www.propublica.org/article/new-data-analysis-at-some-schools-achievement-lags-behind-opportunity。
80. Diakopoulos, *Cultivating the Landscape*, 400.
81. 参看 "How the Journal Tested Prices and Deals Online," *Wall Street Journal*, December23, 2012, http://blogs.wsj.com/digits/2012/12/23/how-the-journal-tested-prices-and-deals-online/。
82. 参看 Jennifer Valentino-Devries, Jeremy Singer-Vine, Ashkan Soltani, "Websites Vary Prices, Deals Based on Users' Information," Wall Street Journal, December 24, 2012。
83. Diakopoulos, *Cultivating the Landscape*, 410.
84. Seth C. Lewis and Nikki Usher, "Open Source and Journalism: Toward New Frameworks for Imagining News Innovation," *Media, Culture & Society* 35 (2013): 615. 参见 Christopher W. Anderson, "Towards a Sociology of Computational and Algorithmic Journalism," *New Media & Society* 15(2012): 1005 - 1021; and Robert G. Picard, "Twilight or New

Dawn of Journalism? Evidence from the Changing News Ecosystem," *Digital Journalism* 2(2014): 273-283.

85. Mary Lynn Young and Alfred Hermida, "From Mr. and Mrs. Outlier to Central Tendencies: Computational Journalism and Crime Reporting at the Los Angeles Times," Digital Journalism3(2015): 390.

86. Astrid Gynnild, "Journalism Innovation Leads to Innovation Journalism: The Impact of Computational Exploration on Changing Mindsets," Journalism 15(2014): 720.

87. Anna Daniel and Terry Flew, "The Guardian Reportage of the UK MP Expenses Scandal: A Case Study of Computational Journalism" (paper presented at Communications Policy and Research Forum, Sydney, Australia, November 15-16, 2010), 4.

88. 参看 Derek Willis, "Introducing FEC Itemizer: A Tool to Research Federal Election Spending," *ProPublica*, August12, 2015, https://www.propublica.org/nerds/item/introducing-fec-itemizer-a-tool-to-research-federal-election-spending; Derek Willis, "New Software Helps Connect the Money Dots in Politics," *New York Times*, December 19, 2014; 和 Chase Davis, "Data Science, Meet Campaign Finance," *IRE News*, November 5, 2012, http://ire.org/blog/ire-news/2012/11/05/data-science-meet-campaign-finance/。也可参看 Michael A. Weber, Aron Pilhofer, and Derek Willis, *Unstacking the Deck: A Reporter's Guide to Campaign Finance* (Columbia, MO: Investigative Reporters and Editors, 2003)。

89. 参看"Anomaly Tracker," Center for Responsive Politics, *OpenSecrets.org*, https://www.opensecrets.org/resources/learn/anomalies.php。

90. 参看 Jeff Larson, "How ProPublica's Message Machine Reverse Engineers Political Microtargeting," ProPublica, October 18, 2012, https://www.propublica.org/nerds/item/how-propublicas-message-machine-reverse-engineers-political-microtargeting; 和 Amanda Zamora, "Crowdsourcing Campaign Spending: What We Learned from Free the Files," ProPublica, December 12, 2012, http://www.propublica.org/article/crowdsourcing-campaign-spending-what-we-learned-from-free-the-files。

91. 参看"On the Political Money Trail," http://politicalpartytime.org/。

92. 参看 https://www.crowdpac.com/; and Derek Willis, "Hillary Clinton

and the 2016 Democrats: Mostly Liberal, Together," *New York Times*, February 17, 2015。

93. 参看"Explore Companies, Lawmakers, and Prominent Individuals," http://influenceexplorer.com/; Daniel Schuman, "Legisletters: A Hub for Congressional Correspondence," Congressional Data Coalition, June 10, 2015, http://congres sionaldata.org/meet-legisletters-a-congressional-correspondence-aggregator/;和 https://www.muckrock.com/。

94. 参看 Dafna Linzer and Jennifer LaFleur, "Presidential Pardons Heavily Favor Whites," *ProPublica*, December 3, 2011, https://www.propublica.org/article/shades-of-mercy-presidential-forgiveness-heavily-favors-whites; Joan Biskupic, Janet Roberts, John Shiffman, "At America's Court of Last Resort, a Handful of Lawyers Now Dominates the Docket," *Reuters*, December 8, 2014, http://www.reuters.com/investigates/special-report/scotus/; "Data Science for Social Good," http://dssg.uchicago.edu/2000/03/01/org-sunlight.html; 和 Michael Grabell, "How to Investigate Workers' Comp in Your State," *ProPublica*, August 24, 2015, http://www.propublica.org/getinvolved/item/how-to-report-on-workers-comp-in-your-state。

95. 参看 Jake Sherman, Anna Palmer, and John Bresnahan, "Schock Resigns," Politico, March17, 2015, http://www.politico.com/story/2015/03/aaron-schock-resigns-116153。

96. 参看 Liz Essley Whyte, "Buying Influence: How to Track Lobbyists," IRE Conference Blog, June11, 2015, http://www.ire.org/blog/ire-conference-blog/2015/06/11/buying-influence-how-track-lobbyists/。

97. 参看"The Commission to Investigate Public Corruption" (Preliminary Report by the State of New York, 2013), 4; 和 Jimmy Vielkind, "Corruption Commission Seeks to Turn N. S. A. Software on Albany," *Politico*, October 14, 2013, http://www.capitalnewyork.com/article/politics/2013/10/8534606/corruption-commission-seeks-turn-nsa-software-albany.

98. "The Commission to Investigate Public Corruption," 6; and Susanne Craig, William K. Rashbaum, and Thomas Kaplan, "Cuomo's Office Hobbled Ethics Inquiries by Moreland Commission," *New York Times*,

July 23，2014。

99. 参看 https://www.votinginfoproject.org/；Andrei Scheinkman and Derek Willis，"Represent，" Open blog，*New York Times*，December 22，2008，http://open.blogs.nytimes.com/2008/12/22/represent/；和 Derek Willis，"Introducing the Districts API，" Open blog，*New York Times*，July 1，2010，http://open.blogs.nytimes.com/2010/07/01/introducing-the-districts-api/；http://congress.sunlightfoundation.com/；和 https://www.govtrack.us/about。

100. 参看 https://code.google.com/p/living-stories/。

101. Dafna Shahaf，Carlos Guestrin，and Eric Horvitz，"Metro Maps of Information，" *ACM SIGWEB Newsletter* 16（2013）：4；and Dafna Shahaf，Jaewon Yang，Caroline Suen，Jeff Jacobs，Heidi Wang，and Jure Leskovec，"Information Cartography：Creating Zoomable，Large-Scale Maps of Information"（Proceedings of the Nineteenth ACM SIGKDD International Conference on Knowledge Discovery and Data Mining，Chicago，IL，2013），1097－1105.

102. 参看 http://nytlabs.com/projects/editor.html；and Gurman Bhatia，"How Newsrooms Are Using Machine Learning to Make Journalists' Lives Easier，" *Poynter Institute*，August 5，2015。

103. Larry Birnbaum，Miriam Boon，Scott Bradley，and Jennifer Wilson，"Putting News in Context，Automatically"（paper prepared for Computational and Journalism Symposium，New York，October 2－3，2015）.

104. 参看 Chava Gourarie，"'Structured Journalism' Offers Readers a Different Kind of Story Experience，" *Columbia Journalism Review*，July 30，2015，http://www.cjr.org/innovations/structured_journalism.php；和 Laura Hazard Owen，"'Learning to Write Again'：A Duke Team Tests a New Way of Reporting on New York City Government，" *Nieman Lab*，June 26，2015，http://www.niemanlab.org/2015/06/learning-to-write-again-a-duke-team-tests-a-new-way-of-reporting-on-new-york-city-government/。

105. 就计算为竞选资助报道带来哪些进步，Propublica 数据库的德里克·威利斯指出，"如果能挖掘出捐助者，并了解他们属于哪一群体，对记者将非常有帮助。且有利于反映在筹备资金的实际过程中，虽然人们资助的原因不尽相同，但最终还是形成联盟。而支出是另一个有挖掘价值的领域，并需要更好的研究工具。我们需要像实现捐助者标准化一样，实现接受者标准化，这将使建立供应商和客户，或竞选人员的网络变得更为便利。"2015 年 8 月，威利斯发给作者的邮件。关于捐助者标准化，参看 Christophe GiraudCarrier, Jay Goodliffe, Bradley Jones, and Stacy Cueva, "Effective Record Linkage for Mining Campaign Contribution Data," *Knowledge and Information Systems*45 (2015): 389 - 416.

106. 参看 Matthew Hindman, "Stickier News: What Newspapers Don't Know about Web Traffic Has Hurt Them Badly—But There Is a Better Way" (Discussion Paper Series ＃D - 93, Shorenstein Center on Media, Politics and Public Policy, Har-vard Kennedy School, 2015)。
107. 参看 http://www. engineeringchallenges. org/。
108. 参看"KDD Cup," http://www. kdd. org/kdd-cup; and "Text REtrieval Conference (TREC)," http://trec. nist. gov/。也可参看 Lina Nilsson, "How to Attract Fe-male Engineers," April 27, 2015, http://www. nytimes. com/2015/04/27/opinion/how-to-attract-female-engineers. html。
109. Roy Harris, *Pulitzer's Gold: Behind the Prize for Public Service Journalism* (Columbia: University of Missouri Press, 2007), 132. 关于斯沃普的工作说明来源于 Harris, Pulitzer's Gold, 131 - 136。
110. Dean Starkman, *The Watchdog That Didn't Bark: The Financial Crisis and the Disappearance of Investigative Journalism* (New York: Columbia University Press, 2014), 296.
111. 参看"Watergate: 25 Years Later," *Washington Post*, June 17, 1997, http://www. washingtonpost. com/wp-dyn/content/discussion/2006/10/18/DI2006101801349. html。
112. Lincoln Steffens, *The Autobiography of Lincoln Steffens* (New York: Harcourt, Brace and Company, 1931), 381。

译后记

詹姆斯·T. 汉密尔顿是斯坦福大学传播学系主任、赫斯特教授，斯坦福经济政策研究所高级研究员，主要研究传播学、监管经济学、公共选择/政治经济学、环境政策。近年，通过计算新闻领域的研究，汉密尔顿正在探索如何更好地利用数据和算法，来降低新闻故事发现的成本。

《民主侦探：调查性新闻的经济学》是汉密尔顿教授的最新著作，着眼于研究调查性报道，即问责新闻。调查性报道占据新闻的比例尽管不到5%，但影响和意义重大。调查性新闻是公众监督政府、私人机构的手段之一，通过问责引发解雇和辞职，甚至改变预算和法律。本书解释了调查性报道何时、如何产生，通过援引历史数据，研究调查性报道出现的频率，这些新闻造成了哪些影响，撰写这些新闻的过程，以及谁为这些调查活动提供资金。汉密尔顿指出，美国的现实数据呈现令人沮丧的趋势。获奖的调查性报道变得越发集中：20世纪90年代，前五大新闻机构将主要调查性新闻奖项的30%收入囊中，在21世纪，这个比率变为50%。2005—2010年，依据美国《信息自由法》向联邦机关提交信息公开请求的地方报社数量下降了将近一半。作为斯坦福大学计算新闻实验室的联合创始人，汉密尔顿在本书的最后一章结合新闻学的最新进展，描述了新兴的计算新闻如何帮助监督型新闻保持生命力。尽管调查性报道在新闻市场中供给不足，但借助新兴的数据和算法，记者可以更加容易地发掘各大机构和机关的违规运营情况，不失为问责新闻的一条新发展道路。

大量案例分析是本书的一大特色，不仅有力地佐证了作者的观点，还让读者得以窥见美国调查性报道的许多真实过程。在书中，汉密尔顿着重用一章笔墨研究了美国新闻史上的一位著名记者帕特·斯蒂斯。在斯蒂斯的职业生涯中，他几乎每年都能促成新法律。因为他的调查性报道，加利福尼亚州通过了31项法案。

把新闻学放入经济学背景中去分析，是本书的另一大特色。有关新闻报道这种公共产品生产和消费的分析往往把关注点放于利润因素。然而，调查性新闻引发的正向溢出效应还有可问责性，经济学家将这种正面的结果称为正外部性。《义愤新闻：美国调查性报道和其议题建构》一书将调查性报道造成的正外部性分为三类：审议影响、个体影响和实体影响。披露报道可以促使政府机关启动审议程序，针对记者发掘的问题进行更加彻底的调查。当记者报道了某一个体的渎职行为后，该个体可能会面临被解雇、辞职、定罪等结果。实体影响同样有诸多形式，如出台新预算计划，通过新法规、法案，甚至建立新机构。有关调查性新闻的这三方面影响，汉密尔顿进行了鞭辟入里的详细论述。

本书是集体翻译的成果，译校人员包括（按姓氏笔画为序）：王佳星、马成亮、史万春、姚晨辉、强荧。在本书出版之际，我对团队成员的辛勤劳动和责任编辑认真负责的态度，表示衷心的感谢。译事艰难，再加上时间与能力有限，本译著一定有不当之处，诚请专家学者和广大读者批评指正。

强荧

2018 年 12 月 1 日

上海社会科学院创新译丛

- 不平等简史

  米凯莱·阿拉塞维奇　安娜·索奇　著

- 超越不经济增长：经济、公平与生态困境

  乔舒亚·法利　迪帕克·马尔干　编

- 未来之城：科幻小说中的城市

  卡尔·阿博特　著

- 民俗学的宏大理论

  李·哈林　编

- 技术体系：理性的社会生活

  安德鲁·芬伯格　著

- 金融部门、金融监管和中央银行政策

  托马斯·卡吉尔　著

- 谁统治地球：社会规则如何形塑我们的星球和生活

  保罗·F.斯坦伯格　著

- 城市与文化经济

  托马斯·赫顿　著

- 先进制造：美国的新创新政策

  威廉姆·邦维利安　彼得·辛格　著

- 民主侦探：调查性新闻的经济学

  詹姆斯·T.汉密尔顿　著

图书在版编目(CIP)数据

民主侦探：调查性新闻的经济学 / (美)詹姆斯·T.汉密尔顿著；上海社会科学院媒体融合发展研究创新团队译. —上海：上海社会科学院出版社，2019

书名原文：Democracy's Detectives：The Economics of Investigative Journalism

ISBN 978-7-5520-2643-6

Ⅰ.①民… Ⅱ.①詹… ②上… Ⅲ.①新闻学—经济学—研究 Ⅳ.①G210-05

中国版本图书馆 CIP 数据核字(2019)第 017163 号

上海市版权局著作权合同登记号 图字：09-2018-533

民主侦探：调查性新闻的经济学

著　　者：[美]詹姆斯·T. 汉密尔顿
译　　者：上海社会科学院媒体融合发展研究创新团队
责任编辑：应韶荃　陈慧慧
封面设计：李　廉
出版发行：上海社会科学院出版社
上海顺昌路 622 号　邮编 200025
电话总机 021-63315900　销售热线 021-53063735
http：//www.sassp.org.cn　E-mail：sassp@sass.org.cn
照　　排：南京前锦排版服务有限公司
印　　刷：江阴金马印刷有限公司
开　　本：890×1240 毫米　1/32 开
印　　张：14.625
插　　页：4
字　　数：302 千字
版　　次：2019 年 8 月第 1 版　2019 年 8 月第 1 次印刷

ISBN 978-7-5520-2643-6/G·825　定价：78.00 元